TTL-TASCHENBUCH

Teil 1

11. überarbeitete und erweiterte Auflage 2002

Die Deutsche Bibliothek -
CIP-Einheitsaufnahme

Ein Titeldatensatz für diese Publikation ist
bei Der Deutschen Bibliothek erhältlich.

ISBN 3-8266-0801-1
11. überarbeitete und erweiterte Auflage 2002

Alle Rechte, auch die der Übersetzung vorbehalten. Kein Titel des
Werkes darf in irgendeiner Form (Druck, Fotokopie, Mikrofilm oder
einem anderen Verfahren) ohne schriftliche Genehmigung des Verla-
ges reproduziert oder unter Verwendung elektronischer Systeme ver-
arbeitet, vervielfältigt oder verbreitet werden. Der Verlag übernimmt
keine Gewähr dafür, dass die beschriebenen Schaltungen richtig,
funktionsfähig und frei von Schutzrechten Dritter sind.

Printed in Germany
© Copyright 2002 by mitp-Verlag/Bonn,
ein Geschäftsbereich
der verlag moderne industrie Buch AG & Co.KG/Landsberg

Druck: WB-Druck, Rieden a. F.

Vorwort

In der neubearbeiteten und stark erweiterten Auflage dieses Taschenbuches werden nun jedem Baustein 2 Seiten gewidmet. Im aufgeschlagenen Zustand des Buches sind damit auf einen Blick sämtliche für den jeweiligen Baustein relevanten Informationen zu sehen.

Die obere Seite enthält die Pinbelegung der DIL-Gehäuse, dann, falls vorhanden, das Symbol nach der IEEE-Norm, die Pinbelegung der für die SMD-Technik wichtigen Flatpack-Gehäuse sowie die Herstellermatrix, die vorher im Anhang nachgeschlagen werden musste.

Die untere Seite zeigt die zugehörige **Wahrheitstabelle**, und dann wie gewohnt **Beschreibung**, **Betrieb**, Anwendung und Daten. **Familien** fällt weg, da diese Information aus der jeweiligen Herstellermatrix zu entnehmen ist.

Bei den DIL-Gehäusen wurden auf Wunsch zahlreicher Leser die Symbole für das "Innenleben" dieser Gehäuse nach der früheren deutschen Norm beibehalten. Es ist sicher kein Nachteil, dass man mit diesen vertraut bleibt bzw. wird. Sie ähneln weitgehend der amerikanischen Norm und eine beträchtliche Anzahl von Veröffentlichen ist eben in englischer Sprache.

Nach der IEEE-Norm werden die Anschlüsse für Betriebsspannung und Masse mit VCC und GND bezeichnet. Das ist beim Vergleich mit den Bezeichnungen bei den DIL-Gehäusen für diese Anschlüsse zu beachten.

Inhalt

Teil 1:	**Seite**
Vorwort	0-3
Inhalt	0-4
1. Numerisches Typenverzeichnis	
Teil1	0-5
Teil2	0-11
Teil3	0-19
2. Typenübersicht nach Funktionsgruppen	0-27
3. Allgemeines über die TTL-Serie	0-47
4. Bezeichnung der TTL-Bausteine	0-50
5. Hersteller-Verzeichnis	0-51
6. Zeichenerklärung	0-52
7. Beschreibung der Bausteine 7400-74200	1-1

Teil 2	
Numerisches Typenverzeichnis	2-4
Beschreibung der Bausteine 74201-74640	2-11

Teil 3	
Numerisches Typenverzeichnis	3-4
Beschreibung der Bausteine 74641-7430640	3-11

1. Numerisches Typenverzeichnis

TEIL 1

		Seite
7400	Vier NAND-Gatter mit je 2 Eingängen	1-2
7400-S6	Vier NAND-Gatter mit je 2 Eingängen	1-4
7401	Vier NAND-Gatter mit je 2 Eingängen (o.K.)	1-6
7401-S1	Vier NAND-Gatter mit je 2 Eingängen (o.K., 15V)	1-8
7401-S3	Vier NAND-Gatter mit je 2 Eingängen (o.K., 50µA)	1-10
7402	Vier NOR-Gatter mit je 2 Eingängen	1-12
7402-S1	Vier NOR-Gatter mit je 2 Eingängen	1-14
7403	Vier NAND-Gatter mit je 2 Eingängen (o.K.)	1-16
7403-S1	Vier NAND-Gatter mit je 2 Eingängen (o.K., 15V)	1-18
7403-S3	Vier NAND-Gatter mit je 2 Eingängen (o.K., 50µA)	1-20
7404	Sechs Inverter	1-22
7404-S6	Sechs Inverter	1-24
7405	Sechs Inverter (o.K.)	1-26
7405-S1	Sechs Inverter (o.K., 15V)	1-28
7405-S3	Sechs Inverter (o.K., 50µA)	1-30
7406	Sechs invertierende Treiber (o.K., 30V)	1-32
7407	Sechs Treiber (o.K., 30V)	1-34
7408	Vier UND-Gatter mit je 2 Eingängen	1-36
7409	Vier UND-Gatter mit je 2 Eingängen (o.K.)	1-38
7409-S1	Vier UND-Gatter mit je 2 Eingängen (o.K., 15V)	1-40
7410	Drei NAND-Gatter mit je 3 Eingängen	1-42
7411	Drei UND-Gatter mit je 3 Eingängen	1-44
7412	Drei NAND-Gatter mit je 3 Eingängen (o.K.)	1-46
7413	Zwei NAND-Schmitt-Trigger mit je 4 Eingängen	1-48
7414	Sechs invertierende Schmitt-Trigger	1-50
7415	Drei UND-Gatter mit je 3 Eingängen (o.K.)	1-52
7416	Sechs invertierende Treiber (o.K., 15V)	1-54
7417	Sechs Treiber (o.K., 15V)	1-56
7418	Zwei NAND-Schmitt-Trigger mit je 4 Eingängen	1-58
7419	Sechs invertierende Schmitt-Trigger	1-60

7420	Zwei NAND-Gatter mit je 4 Eingängen	1-62
7421	Zwei UND-Gatter mit je 4 Eingängen	1-64
7422	Zwei NAND-Gatter mit je 4 Eingängen (o.K.)	1-66
7423	Zwei NO R-Gatter mit je 4 Eingängen und Strobe	1-68
7424	Vier NAND-Schmitt-Trigger mit je 2 Eingängen	1-70

7425	Zwei NOR-Gatter mit je 4 Eingängen und Strobe	1-72
7426	Vier NAND-Gatter mit je 2 Eingängen (o.K., 15V)	1-74
7427	Drei NOR-Gatter mit je 3 Eingängen	1-76
7428	Vier NOR-Leistungsgatter mit je 2 Eingängen	1-78
7430	NAND-Gatter mit 8 Eingängen	1-80

7431	Verzögerungselemente	1-82
7432	Vier-ODER-Gatter mit je 2 Eingängen	1-84
7433	Vier NOR-Leistungsgatter mit je 2 Eingängen (o.K.)	1-86
7434	Sechs nicht invertierende Treiber	1-88
7435	Sechs nicht invertierende Treiber (o.K.)	1-90

7436	Vier NOR-Gatter mit je 2 Eingängen	1-92
7437	Vier NAND-Leistungsgatter mit je 2 Eingängen	1-94
7438	Vier NAND-Leistungsgatter mit je 2 Eingängen (o.K.)	1-96
7439	Vier NAND-Leistungsgatter mit je 2 Eingängen (o.K.)	1-98
7440	Zwei NAND-Leistungsgatter mit je 4 Eingängen	1-100

7441	BCD-zu-Dezimal-Decoder (o.K., 70V)	1-102
7442	BCD-zu-Dezimal-Decoder	1-104
7443	Exzess-3-zu-Dezimal-Decoder	1-106
7444	Exzess-3 Gray-zu-Dezimal-Decoder	1-108
7445	BCD-zu-Dezimal-Decoder/Anzeigetreiber (o.K., 30V, 80mA)	1-110

7446	BCD-zu-7-Segment-Decoder/Anzeigetreiber (o.K., 30V)	1-112
7447	BCD-zu-7-Segment-Decoder/Anzeigetreiber (o.K., 15V)	1-114
7448	BCD-zu-7-Segment-Decoder/Anzeigetreiber	1-116
7449	BCD-zu-7-Segment-Decoder/Anzeigetreiber (o.K., 5.5V)	1-118
7450	Zwei UND/NOR-Gatter mit je 2x2 Eingängen	1-120

7451	Zwei UND/NOR-Gatter mit je 2x2 bzw. 2x3 Eingängen	1-122
7452	Expandierbares UND/ODE R-Gatter mit 3x2 und 1x3 Eingängen	1-124
7453	Expandierbares UND/NOR-Gatter mit 4x2 bzw. 3x2 und 1x3 Eingängen	1-126
7454/1	UND/NOR-Gatter mit 4x2 bzw. 2x2 und 2x3 Eingängen	1-128
7454/2	UND/NOR-Gatter mit 3x2 und 1x3 Eingängen	1-130

7455	UND/NOR-Gatter mit 2x4 Eingängen	1-132
7456	Frequenzteiler 50:1	1-134
7457	Frequenzteiler 60:1	1-136
7460	Zwei Expander mit je 4 Eingängen (o.K.)	1-138
7461	Drei Expander mit je 3 Eingängen (o.K.)	1-140

7462	UND/ODER-Expander mit 2x2 und 2x3 Eingängen (o.K.)	1-142
7463	Sechs Stromsensoren	1-144
7464	UND/NOR-Gatter mit 2x2, 1x3 und 1x4 Eingängen	1-146
7465	UND/NOR-Gatter mit 2x2, 1x3 und 1x4 Eingängen (o.K.)	1-148
7468	Zwei asynchrone Dezimalzähler	1-150
7469	Zwei asynchrone 4-Bit-Binärzähler	1-152
7470	JK-Flipflop mit je 3 Eingängen, Voreinstellung und Löschen	1-154
74H71	JK-Master-Slave-Flipflop mit je 2x2 Eingängen und direktem Setz-Eingang	1-156
74L71	R-S Master-Slave-Flipflop mit je 3 Eingängen, Voreinstellung und Löschen	1-158
7472	JK-Master-Slave-Flipflop mit je 3 Eingängen, Voreinstellung und Löschen	1-160
7473	Zwei JK-Flipflops mit Löschen	1-162
7474	Zwei D-Flipflops mit Voreinstellung und Löschen	1-164
7475	Zwei 2-Bit D-Zwischenspeicher mit Freigabe	1-166
7476	Zwei JK-Flipflops mit Voreinstellung und Löschen	1-168
7477	Zwei 2-Bit-Zwischenspeicher mit Freigabe	1-170
74L78	Zwei JK-Flipflops mit Voreinstellung, gemeinsamem Löschen und gemeinsamem Takt	1-172
74H78	Zwei JK-Flipflops mit Voreinstellung, gemeinsamem Löschen und gemeinsamem Takt	1-174
7480	1-Bit-Volladdierer	1-176
7481	16-Bit-RAM (16x1)	1-178
7482	2-Bit-Volladdierer	1-180
7483	4-Bit-Volladdierer	1-182
7484	16-Bit-RAM (16x1) mit 2 zusätzlichen Schreibeingängen	1-184
7485	4-Bit-Vergleicher	1-186
74L85	4-Bit-Vergleicher	1-188
7486	Vier Exklusiv-ODER-Gatter mit je 2 Eingängen	1-190
74L86	Vier Exklusiv-ODER-Gatter mit je 2 Eingängen	1-192
7487	4-Bit-Komplementierer	1-194
7489	64-Bit-RAM (16x4)	1-196
7490	Dezimalzähler	1-198
7491	8-Bit-Schieberegister (seriell-ein, seriell-aus)	1-200
7492	12-stufiger Zähler	1-202
7493	4-Bit-Binärzähler	1-204
74L93	4-Bit-Binärzähler	1-206
7494	4-Bit-Schieberegister (parallel/seriell-ein, seriell-aus) mit Löschen	1-208
7495	4-Bit-Rechts/Links-Schieberegister (parallel/seriell-ein, parallel/seriell-aus)	1-210
74L95	4-Bit-Rechts/Links-Schieberegister (parallel/seriell-ein, parallel/seriell-aus)	1-212

7496	5-Bit-Schieberegister (parallel/seriell-ein, parallel/seriell-aus) mit Löschen	1-214
7497	Synchroner programmierbarer 6-Bit-Binärfrequenzteiler	1-216
7498	Vier 2-zu-1-Datenselektoren/Multiplexer mit Speicher	1-218
7499	4-Bit-Links/Rechts-Schieberegister (parallel/seriell-ein, parallel-aus)	1-220
74100	Zwei 4-Bit-Zwischenspeicher mit Freigabe	1-222

74101	JK-Flipflop mit 2x2 UND/ODER-Eingängen und Voreinstellung	1-224
74102	JK-Flipflop mit je 3 UND-Eingängen, Voreinstellung und Löschen	1-226
74103	Zwei JK-Flipflops mit Löschen	1-228
74104	JK-Master-Slave-Flipflop mit je 3 Eingängen, Voreinstellung und Löschen	1-230
74105	JK-Master-Slave-Flipflop mit je 3 Eingängen, Voreinstellung und Löschen	1-232

74106	Zwei JK-Flipflops mit Voreinstellung und Löschen	1-234
74107	Zwei JK-Flipflops mit Löschen	1-236
74108	Zwei JK-Flipflops mit Voreinstellung, gemeinsamem Takt und gemeinsamem Löschen	1-238
74109	Zwei JK-Flipflops mit Voreinstellung und Löschen	1-240
74110	JK-Master-Slave-Flipflop mit je 3 Eingängen, Voreinstellung, Löschen und Eingangssperre	1-242

74111	Zwei JK-Master-Slave-Flipflops mit Voreinstellung, Löschen und Eingangssperre	1-244
74112	Zwei JK-Flipflops mit Voreinstellung und Löschen	1-246
74113	Zwei JK-Flipflops mit Voreinstellung	1-248
74114	Zwei JK-Flipflops mit Voreinstellung, gemeinsamem Takt und gemeinsamem Löschen	1-250
74115	Zwei JK-Master-Slave-Flipflops mit Löschen und Eingangssperre	1-252

74116	Zwei 4-Bit-Zwischenspeicher mit Freigabe und Löschen	1-254
74118	Sechs R-S-Zwischenspeicher mit gemeinsamer Rückstellung	1-256
74119	Sechs R-S-Zwischenspeicher mit zusätzlicher gemeinsamer Rückstellung	1-258
74120	Zwei Pulssynchronisierer/Treiber	1-260
74121	Monoflop mit Schmitt-Trigger-Eingang	1-262

74122	Retriggerbares Monoflop mit Löschen	1-264
74123	Zwei retriggerbare Monoflops mit Löschen	1-266
74124	Zwei spannungsgesteuerte Oszillatoren	1-268
74125	Vier Bus-Leitungstreiber (TS)	1-270
74126	Vier Bus-Leitungstreiber (TS)	1-272

74128	Vier 50Ω-NOR-Leitungstreiber mit je 2 Eingängen	1-274
74131	3-Bit-Binärdecoder/Demultiplexer (3 zu 8) mit Adressen-Zwischenspeicher	1-276
74132	Vier NAND-Schmitt-Trigger mit je 2 Eingängen	1-278

74133	NAND-Gatter mit 13 Eingängen	1-280
74134	NAND-Gattermit 12 Eingängen (TS)	1-282
74135	Vier Exklusiv-ODER/NOR-Gatter mit je 2 Eingängen	1-284
74136	Vier Exklusiv-ODER-Gatter mit je 2 Eingängen (o.K.)	1-286
74137	3-Bit-Binärdecoder/Demultiplexer (3-zu-8) mit Adressen-Zwischenspeicher (Ausgänge invertiert)	1-288

74138	3-Bit-Binärdecoder/Demultiplexer (3-zu-8) Ausgänge invertiert	1-290
74139	Zwei 2-Bit-Binärdecoder/Demultiplexer (2 zu 4) mit invertierten Ausgängen	1-292
74140	Zwei 50Ω-NAND-Leitungstreiber mit je 4 Eingängen	1-294
74141	BCD-zu-Dezimal-Decoder/Anzeigetreiber (o.K., 60V)	1-296
74142	Dezimalzähler/Speicher/Decoder/Anzeigetreiber (o.K., 60V)	1-298

74143	Dezimalzähler/Speicher/7-Segment-Decoder/Treiber (15mA)	1-300
74144	Dezimalzähler/Speicher/7-Segment-Decoder/Treiber (o.K., 15V/25mA)	1-302
74145	BCD zu-Dezimal-Decoder/Anzeigetreiber (o.K., 15V)	1-304
74147	Dezimal zu-BCD-Prioritätscodierer	1-306
74148	Binärer Prioritätscodierer, 8-zu-3	1-308

74150	1-aus-16-Datenselektor/Multiplexer mit invertierendem Ausgang	1-310
74151	1-aus-8-Datenselektor/Multiplexer	1-312
74152	1-aus-8-Datenselektor/Multiplexer mit invertierendem Ausgang	1-314
74153	Zwei 1-aus-4-Datenselektoren/Multiplexer	1-316
74154	4-Bit-Binärdecoder/Demultiplexer (4-zu-16)	1-318

74155	Zwei 2-Bit-Binärdecoder/Demultiplexer	1-320
74156	Zwei 2-Bit-Binärdecoder/Demultiplexer (o.K.)	1-323
74157	Vier 2-zu-1-Datenselektoren/Multiplexer	1-326
74158	Vier 2-zu-1-Datenselektoren/Multiplexer mit invertierenden Ausgängen	1-328
74159	4-Bit-Binärdecoder/Demultiplexer (4-zu-16, o.K., 50µA)	1-330

74160	Synchroner programmierbarer Dezimalzähler mit asynchronem Löschen	1-332
74161	Synchroner programmierbarer 4-Bit-Binärzähler mit asynchronem Löschen	1-334
74162	Synchroner programmierbarer Dezimalzähler mit synchronem Löschen	1-336
74163	Synchroner programmierbarer 4-Bit-Binärzähler mit synchronem Löschen	1-338

74164	8-Bit-Schieberegister (seriell-ein, parallel/seriell-aus), mit Löschen	1-340
74165	8-Bit-Schieberegister (parallel/seriell-ein, seriell-aus)	1-342
74166	8-Bit-Schieberegister (parallel/seriell-ein, seriell-aus) mit Löschen	1-344
74167	Synchroner programmierbarer Dezimal-Frequenzteiler	1-346
74168	Synchroner programmierbarer Aufwärts/Abwärts-Dezimalzähler	1-348

74169	Synchroner programmierbarer Aufwärts/Abwärts-4-Bit-Binärzähler	1-350
74170	16-Bit-RAM (4x4, o.K.)	1-352
74171	Vier D-Flipflops mit Löscheingang	1-354
74172	16-Bit-RAM (8x2, TS)	1-356
74173	4-Bit D-Register mit Freigabe und Löschen (TS)	1-358

74174	6-Bit D-Register mit Löschen	1-360
74175	4-Bit D-Register mit Löschen	1-362
74176	Programmierbarer Dezimalzähler mit Löschen	1-364
74177	Programmierbarer 4-Bit-Binärzähler mit Löschen	1-366
74178	4-Bit-Schieberegister (parallel/seriell-ein, parallel-aus)	1-368

74179	4-Bit-Schieberegister (parallel/seriell-ein, parallel-aus) mit Löschen	1-370
74180	9-Bit-Paritätsgenerator/8-Bit-Paritätsprüfer	1-372
74181	4-Bit arithmetische/logische Einheit, Funktionsgenerator	1-374
74182	Übertragseinheit für Rechen- und Zählschaltungen	1-376
74183	Zwei 1-Bit-Volladdierer	1-378

74184	BCD zu Binär-Codeumsetzer (o.K.)	1-380
74185	Binär zu BCD-Codeumsetzer (o.K.)	1-382
74186	51 2 Bit-PROM (64x8, o.K.)	1-384
74188	256-Bit PROM (32x8, o.K.)	1-386
74189	64-Bit-RAM(16x4) (TS)	1-388

74190	Synchroner programmierbarer Aufwärts/Abwärts-Dezimalzähler	1-390
74191	Synchroner programmierbarer Aufwärts/Abwärts-4-Bit-Binärzähler	1-392
74192	Synchroner programmierbarer Aufwärts/Abwärts-Dezimalzähler mit Löschen	1-394
74193	Synchroner programmierbarer Aufwärts/Abwärts-4-Bit-Binärzähler mit Löschen	1-396
74194	4-Bit-Rechts/Links-Schieberegister(parallel/seriell-ein parallel/seriell-aus) mit Löschen	1-398

74195	4-Bit-Schieberegister (parallel/seriell-ein, parallel/seriell-aus), mit Löschen	1-400
74196	Programmierbarer Dezimalzähler mit Löschen	1-402
74197	Programmierbarer 4-Bit-Binärzähler mit Löschen	1-404
74198	8-Bit-Rechts/Links-Schieberegister(parallel/seriell-ein parallel/seriell-aus), mit Löschen	1-406
74199	8-Bit-Schieberegister (parallel/seriell-ein, parallel/seriell-aus) mit Löschen	1-408
74200	256-Bit-RAM(256x1,TS)	1-410

TEIL 2

		Seite
74201	256-Bit-RAM (256x1, TS)	2-12
74219	64-Bit-RAM (16x4) (TS)	2-14
74221	Zwei Monoflops mit Schmitt-Trigger-Eingang und Löschen	2-16
74222	FIFO-Speicher, 16x4, asynchron mit E/A-Freigabe (TS)	2-18
74224	FIFO-Speicher, 16x4, asynchron (TS)	2-20
74225	FIFO-Speicher, 16x5 (TS)	2-22
74226	Universeller 4-Bit-Bus-Transceiver mit Speicher (TS)	2-24
74227	FIFO-Speicher, 16x4, asynchron mit E/A-Freigabe (o.K.)	2-26
74228	FIFO-Speicher, 16x4, asynchron (o. K.)	2-28
74229	FIFO-Speicher, 16x5 (TS)	2-30
74230	Acht Bus-Leitungstreiber (4 invertierend, 4 nicht-invertierend) mit 2 getrennten Freigabe-Eingängen (TS)	2-32
74231	Acht Bus-Leitungstreiber, invertierend, mit 2 getrennten Freigabe-Eingängen (TS)	2-34
74232	FIFO-Speicher, 16x4, asynchron (TS)	2-36
74233	FIFO-Speicher, 16x5, asynchron (TS)	2-38
74234	FIFO-Speicher, 64x4 (TS)	2-40
74235	FIFO-Speicher, 64x4 (TS)	2-42
74236	FIFO-Speicher, 64x4	2-44
74240	Acht Bus-Leitungstreiber, invertierend (TS)	2-46
74241	Acht Bus-Leitungstreiber, nicht invertierend (TS)	2-48
74242	Vier Bus-Transceiver, invertierend (TS)	2-50
74243	Vier Bus-Transceiver, nicht invertierend (TS)	2-52
74244	Acht Bus-Transceiver, nicht invertierend (TS)	2-54
74245	Acht Bus-Transceiver, nicht invertierend (TS)	2-56
74246	BCD-zu-7-Segment-Decoder/Anzeigetreiber (o.K., 30V)	2-58
74247	BCD zu 7-Segment-Decoder/Anzeigetreiber (o.K., 15V)	2-60
74248	BCD zu 7-Segment-Decoder/Anzeigetreiber	2-62
74249	BCD zu 7-Segment-Decoder/Anzeigetreiber (o.K.)	2-64
74250	1-aus-16-Datenselektor/Multiplexer(TS)	2-66
74251	8-zu-1-Datenselektor/Multiplexer (TS)	2-68
74253	Zwei 4-zu-1-Datenselektoren/Multiplexer (TS)	2-70
74256	Zwei adressierbare 4-Bit-Zwischenspeicher	2-72
74257	Vier 2-zu-1-Datenselektoren/Multiplexer	2-74
74258	Vier 2-zu-1-Datenselektoren/Multiplexer mit invertierenden Ausgängen (TS)	2-76
74259	Adressierbarer 8-Bit-Zwischenspeicher mit Freigabe und Löschen	2-78
74260	Zwei NOR-Gatter mit je 5 Eingängen	2-80

74261	2-Bit x 4-Bit-Multiplizierer	2-82
74264	Übertrags-Generator für Zähler	2-84
74265	Zwei Inverter und zwei NAND-Gatter mit komplementären Ausgängen	2-86
74266	Vier Exklusiv-NOR-Gatter mit je 2 Eingängen (o. K.)	2-88
74269	Synchroner 8-Bit binärer Aufwärts/Abwärtszähler	2-90

74273	8-Bit-D-Register mit Löschen	2-92
74274	4-Bitx 4-Bit-Multiplizierer (TS)	2-94
74275	7-Bit-Wallace-Tree-Element (TS)	2-96
74276	Vier JK-Flipflops mit gemeinsamem Voreinstellen und gemeinsamem Löschen	2-98
74278	Kaskadierbarer 4-Bit-Prioritäts-Zwischenspeicher	2-100

74279	Vier RS-Zwischenspeicher	2-102
74280	9-Bit-Paritäts-Generator/Prüfer	2-104
74281	4-Bit-Akkumulator	2-106
74282	Übertrags-Generator mit selektierbaren Übertrags-Eingängen	2-108
74283	4-Bit-Volladdierer	2-110

74284	4-Bit x 4-Bit-Multiplizierer (o.K., 40uA)	2-112
74285	4-Bit x 4-Bit-Multiplizierer (o.K., 40uA)	2-114
74286	9-Bit-Paritäts-Generator/Prüfer	2-116
74288	256-Bit-PROM (32x8)	2-118
74289	64-Bit-RAM (16x4)	2-120

74290	Dezimalzähler	2-122
74292	2 EXP 30 programmierbarer Zähler	2-124
74293	4-Bit-Binärzähler	2-126
74294	2 EXP 16 programmierbarer Zähler	2-128
74295	4-Bit-Schieberegister (parallel/seriell-ein, parallel/ seriell-aus (TS)	2-130

74297	Digitaler Phase-Locked-Loop-Baustein (PLL)	2-132
74298	Vier 2-zu-1-Datenselektoren/Multiplexer mit Speicher	2-134
74299	8-Bit-Links/Rechts-Schieberegister (parallel/seriell-ein, parallel/seriell-aus), mit asynchronem Löschen (TS)	2-136
74301	256-Bit-RAM(256x1)(TS)	2-138
74319	64-Bit-RAM (16x4)	2-140

74320	Quarzgesteuerter Oszillator mit komplemetären Ausgängen	2-142
74321	Quarzgesteuerter Oszillator mit komplementären Ausgängen und Frequenzteiler	2-144
74322	8-Bit-Schieberegister (parallel/seriell-ein, parallel/seriell-aus), mit asynchronem Löschen (TS)	2-146
74323	8-Bit-Links/Rechts-Schieberegister (parallel/seriell-ein, parallel/seriell-aus) mit synchronem Löschen (TS)	2-148
74324	Spannungsgesteuerter Oszillator mit komplementären Ausgängen	2-150

74325	Zwei spannungsgesteuerte Oszillatoren mit komplementären Ausgängen	2-152
74326	Zwei spannungsgesteuerte Oszillatoren mit Freigabe und kompl. Ausgängen	2-154
74327	Zwei spannungsgesteuerte Oszillatoren	2-156
74340	Acht Bus-Leitungstreiber, invertierend (TS)	2-158
74341	Acht Bus-Leitungstreiber, nicht invertierend (TS)	2-160

74344	Acht Bus-Leitungstreiber, nicht invertierend (TS)	2-162
74347	BCD zu 7-Segment-Decoder/Anzeigetreiber (o.K., 7V)	2-164
74348	Binärer 8-zu-3-Prioritätscodierer (TS)	2-166
74350	4-Bit-Verschieber (TS)	2-168
74351	Zwei 8-zu-1-Datenselektoren/Multiplexer mit invertierenden Ausgängen (TS)	2-170

74352	Zwei 4-zu-1-Datenselektoren/Multiplexer mit invertierenden Ausgängen	2-172
74353	Zwei 4-zu-1-Datenselektoren/Multiplexer mit invertierenden Ausgängen (TS)	2-174
74354	8-zu-1-Datenselektor mit Eingangs-Zwischenspeicher (TS)	2-176
74355	8-zu-1-Datenselektor mit Eingangs-Zwischenspeicher (o.K.)	2-178
74356	8-zu-1-Datenselektor mit Eingangsregister (TS)	2-180

74357	8-zu-1-Datenselektor mit Eingangsregister (o.K.)	2-182
74363	8-Bit-D-Zwischenspeicher (TS)	2-184
74364	8-Bit-D-Register, flankengetriggert (TS)	2-186
74365	Sechs Bus-Leitungstreiber mit gemeinsamer Freigabe (TS)	2-188
74366	Sechs Bus-Leitungstreiber, invertierend, mit gemeinsamer Freigabe (TS)	2-190

74367	Sechs Bus-Leitungstreiber, nicht invertierend, mit 2 Freigabe-Eingängen (TS)	2-192
74368	Sechs Bus-Leitungstreiber, invertierend, mit 2 Freigabe-Eingängen (TS)	2-194
74373	8-Bit D-Zwischenspeicher mit Freigabe (TS)	2-196
74374	8-Bit-D-Register, flankengetriggert (TS)	2-198
74375	Zwei 2-Bit-D-Zwischenspeicher mit Freigabe	2-200

74376	4-Bit-JK-Register mit Löschen	2-202
74377	8-Bit-D-Register, flankengetriggert, mit Taktfreigabe	2-204
74378	6-Bit-D-Register, flankengetriggert, mit Taktfreigabe	2-206
74379	4-Bit-D-Register mit komplementären Ausgängen und Taktfreigabe	2-208
74381	4-Bit arithmetische/logische Einheit, Funktionsgenerator	2-210

74382	4-Bit arithmetische/logische Einheit, Funktionsgenerator mit seriellem Übertrag	2-212
74384	8-Bit x 1-Bit-Multiplizierer	2-214
74385	Vier 1-Bit- Volladdierer/Subtrahierer	2-216
74386	Vier Exklusiv-ODER-Gatter mit je 2 Eingängen	2-218
74390	Zwei Dezimalzähler	2-220

74393	Zwei 4-Bit-Binärzähler	2-222
74395	4-Bit-Schieberegister (parallel/seriell-ein, parallel/seriell-aus) mit asynchronem Löschen (TS)	2-224
74396	8-Bit-D-Register mit 2x4-Bit mit serieller Ein- und paralleler Ausgabe	2-226
74398	Vier 2-zu-1-Multiplexer mit Speicher	2-228
74399	Vier 2-zu-1-Multiplexer mit Speicher	2-230

74401	CRC-Generator/Prüfer	2-232
74402	CRC-Generator/Prüfer	2-234
74403	FIFO-Speicher, 16x4, mit serieller und paralleler E/A (TS)	2-236
74407	Daten-Zugriffs-Register	2-238
74410	64-Bit-RAM (16x4), mit Ausgangsregister (TS)	2-240

74412	8-Bit-D-Zwischenspeicher mit Status-Flipflop (TS)	2-242
74413	FIFO-Speicher, 64x4, mit serieller und paralleler E/A	2-244
74418	32-Bit-Fehler-Erkennungs- und Korrektur-Baustein (TS)	2-246
74420	Paralleler Prüf-Bit/Syndrom-Bit-Generator	2-248
74422	Retriggerbares Monoflop mit Löschen	2-250

74423	Zwei retriggerbare Monoflops mit Löschen	2-252
74425	Vier Bus-Leitungstreiber, nicht invertierend (TS)	2-254
74426	Vier Bus-Leitungstreiber, nicht invertierend (TS)	2-256
74432	8-Bit-D-Zwischenspeicher mit Status-Flipflop, invertierend (TS)	2-258
74433	FIFO-Speicher, 64x4, mit serieller und paralleler E/A (TS)	2-260

74436	Sechs Treiber für Speicher, invertierend, mit 2 Freigabe-Eingängen	2-262
74437	Sechs Treiber für Speicher, invertierend, mit 2 Freigabe-Eingängen	2-264
74440	Vier tri-direktionale Bus-Transceiver (o.K.)	2-266
74441	Vier tri-direktionale Bus-Transceiver, invertierend (o.K.)	2-268
74442	Vier tri-direktionale Bus-Transceiver, nicht invertierend (TS)	2-270

74443	Vier tri-direktionale Bus-Transceiver, invertierend (TS)	2-272
74444	Vier tri-direktionale Bus-Transceiver, invertierend bzw. nicht invertierend (TS)	2-274
74445	BCD zu Dezimal-Decoder/Anzeigetreiber (o.K., 7V)	2-276
74446	Vier Bus-Transceiver mit individuellen Steuereingängen, invertierend (TS)	2-278
74447	BCD zu 7-Segment-Decoder/Anzeigetreiber (o.K., 7V)	2-280

74448	Vier tri-direktionale Bus-Transceiver, nicht invertierend/invertierend (o.K.)	2-282
74449	Vier Bus-Transceiver mit individuellen Steuereingängen, nicht invertierend (TS)	2-284
74455	8-Bit-Bustreiber, mit Paritäts-Generator/Prüfer, invertierend (TS)	2-286
74456	8-Bit-Bustreiber, mit Paritäts-Generator/Prüfer, nicht invertierend (TS)	2-288
74465	Acht Puffer mit gemeinsamer Freigabe, nicht invertierend (TS)	2-290

74466	Acht Puffer mit gemeinsamer Freigabe, invertierend (TS)	2-292
74467	Acht Puffer mit 2 Freigabe-Eingängen, nicht invertierend (TS)	2-294
74468	Acht Puffer mit 2 Freigabe-Eingängen, invertierend (TS)	2-296
74484	BCD-zu-Binär-Codeumsetzer (TS)	2-298
74485	Binär-zu-BCD-Codeumsetzer (TS)	2-300

74490	Zwei Dezimalzähler	2-302
74500	6-Bit-A/D-Flash-Wandler	2-304
74502	8-Bit-Register, für schrittweise Näherung in A/D-Wandlern	2-306
74503	8-Bit-Register, für schrittweise Näherung in A/D-Wandlern, mit Erweiterungs-Eingang	2-308
74504	12-Bit-Register für schrittweise Näherung in A/D-Wandlern, mit Erweiterungs-Eingang	2-310

74505	8-Bit-A/D-Wandler mit schrittweiser Näherung	2-312
74518	8-Bit-Vergleicher, Ausgang nicht invertiert (o.K.)	2-314
74519	8-Bit-Vergleicher, Ausgang nicht invertiert (o.K.)	2-316
74520	8-Bit-Vergleicher, Ausgang invertiert	2-318
74521	8-Bit-Vergleicher, Ausgang invertiert	2-320

74522	8-Bit-Vergleicher, Ausgang invertiert (o.K.)	2-322
74524	8-Bit-Register mit Komparator (o.K.)	2-324
74525	Programmierbarer, binärer 16-Bit-Abwärts-Zähler	2-326
74526	Programmierbarer 16-Bit-Komparator	2-328
74527	Programmierbarer 8-Bit- und 4-Bit-Komparator	2-330

74528	Programmierbarer 12-Bit-Komparator	2-332
74533	8-Bit D-Zwischenspeicher, invertierend, mit Freigabe (TS)	2-334
74534	8-Bit D-Register, flankengetriggert, invertierend (TS)	2-336
74537	1-aus-10-Decoder (TS)	2-338
74538	1-aus-8-Decoder (TS)	2-340

74539	Zwei 1-aus-4-Decoder (TS)	2-342
74540	Acht Bus-Leitungstreiber, mit 2 Freigabe-Eingängen, invertierend (TS)	2-344
74541	Acht Bus-Leitungstreiber, nicht invertierend, (TS)	2-346
74543	8-Bit-Transceiver mit Register, nicht invertierend (TS)	2-348
74544	8-Bit-Transceiver mit Register, invertierend (TS)	2-350

74545	8-Bit bidirektionaler Transceiver, invertierend (TS)	2-352
74546	8-Bit bidirektionaler Transceiver mit Zwischenspeicher, nicht invertierend (TS)	2-354
74547	(FA, VA) 8-Bit-Decoder/Demultiplexer mit Adressen-Speicher und Quittierung	2-356
74547	(MMI) 8-Bit bidirektionaler Bus-Transceiver mit Zwischenspeichern, nicht invertierend (TS)	2-358
74548	(FA, VA) 8-Bit Decoder/Demultiplexer mit Quittierung	2-360

74548	(MMI) Zweistufiges 8-Bit-"Pipe-lined"-Register	2-362
74549	Zweistufiger 8-Bit-"Pipe-lined"-Zwischenspeicher	2-364
74550	8-Bit-Transceiver mit Zwischenspeicher und Status-Flags, nicht invertierend (TS)	2-366
74 551	8-Bit-Transceiver mit Zwischenspeicher und Status-Flags, invertierend (TS)	2-368
74552	8-Bit-Transceiver mit Zwischenspeicher, Paritäts-Generator/ Prüfer und Status-Flags (TS)	2-370

74560	4-Bit-Dezimalzähler mit synchronem/asynchronem Laden und Löschen (TS)	2-372
74561	4-Bit-Binärzähler mit synchronem/asynchronem Laden und Löschen (TS)	2-374
74563	8-Bit-D-Zwischenspeicher mit Freigabe, invertierend (TS)	2-376
74564	8-Bit-D-Zwischenspeicher, flankengetriggert, invertierend mit Freigabe (TS)	2-378
74566	8-Bit bidirektionaler Bus-Transceiver mit Zwischenspeichern, invertierend (TS)	2-380

74 567	8-Bit bidirektionaler Bus-Transceiver mit Zwischenspeichern, invertierend (TS)	2-382
74568	4-Bit-Aufwärts/Abwärts-Dezimalzähler (TS)	2-384
74569	4-Bit-Aufwärts/Abwärts-Binärzähler (TS)	2-386
74573	8-Bit-D-Zwischenspeicher, nicht invertierend (TS)	2-388
74574	8-Bit-D-Register, flankengetriggert, nicht invertierend (TS)	2-390

74575	8-Bit-D-Register, flankengetriggert, mit synchronem Löschen, nicht invertierend (TS)	2-392
74576	8-Bit D-Register, flankengetriggert, invertierend, mit Freigabe (TS)	2-394
74577	8-Bit D-Register, mit synchronem Löschen, invertierend (TS)	2-396
74579	8-Bit binärer, synchroner Aufwärts/Abwärtszähler (TS)	2-398
74580	8-Bit-D-Zwischenspeicher, invertierend (TS)	2-400

74582	4-Bit arithmetisch/logische Einheit (BCD)	2-402
74583	4-Bit BCD-Addierer	2-404
74588	8-Bit bidirektionaler Bus-Transceiver, nicht invertierend (TS)	2-406
74590	8-Bit-Binärzähler mit Ausgangs-Zwischenspeicher und Löschen (TS)	2-408
74591	8-Bit-Binärzähler mit Ausgangs-Zwischenspeicher und Löschen (o.K.)	2-410

74592	8-Bit-Binärzähler mit Eingangs-Zwischenspeicher, Laden und Löschen	2-412
74593	8-Bit-Binärzähler mit Eingangs-Zwischenspeicher, Laden und Löschen (TS)	2-414
74594	8-stufiges Schieberegister (seriell-ein/parallel-aus) mit Ausgangs-Zwischenspeicher	2-416
74595	8-stufiges Schieberegister (seriell-ein/parallel-seriell-aus) mit Ausgangs-Zwischenspeicher (TS)	2-418
74596	8-stufiges Schieberegister (seriell-ein/parallel-seriell-aus) mit Ausgangs-Zwischenspeicher (o.K.)	2-420

74597	8-stufiges Schieberegister (seriell-ein/parallel-seriell-aus) mit Eingangs-Zwischenspeicher	2-422
74598	8-stufiges Schieberegister (parallel/seriell-ein, parallel/seriell-aus) mit Eingangs-Zwischenspeicher	2-424
74599	8-stufiges Schieberegister (seriell-ein/parallel-aus) mit Ausgangs-Zwischenspeicher (o.K.)	2-426
74600	Steuerbaustein zum Auffrischen für 4K/16K dynamische RAMs, Transparent/Burst-Betrieb (TS)	2-428
74601	Steuerbaustein zum Auffrischen von 64K dynamischen RAMs, Transparent/Burst-Betrieb (TS)	2-430

74602	Steuerbaustein zum Auffrischen von 4K/16K dynamischen RAMs, cycle steal/Burst-Betrieb (TS)	2-432
74603	Steuerbaustein zum Auffrischen von 64K dynamischen RAMs, cycle steal/Burst-Betrieb (TS)	2-434
74604	Acht 2-zu-1-Multiplexer mit Zwischenspeicher (TS)	2-436
74605	Acht 2-zu-1-Multiplexer mit Zwischenspeicher (o.K.)	2-438
74606	Acht 2-zu-1-Multiplexer mit Zwischenspeicher (TS)	2-440

74607	Acht 2-zu-1-Multiplexer mit Zwischenspeicher (TS)	2-442
74608	Steuerbaustein für dynamische RAMs (TS)	2-444
74610	Memory mapper zur Expandierung von 4 auf 12 Adressenleitungen mit Ausgangs-Zwischenspeicher (TS)	2-446
74611	Memory mapper zur Expandierung von 16 auf 24 Adressenleitungen mit Ausgangs-Zwischenspeicher (o.K.)	2-448
74612	Memory mapper zur Expandierung von 16 auf 24 Adressenleitungen (TS)	2-450

74613	Memory mapper zur Expandierung von 16 auf 24 Adressenleitungen (o.K.)	2-452
74614	8-Bit-Bus-Transceiver, mit bidirektionalen Zwischenspeichern invertierend (o.K.)	2-454
74615	8-Bit-Bus-Transceiver, mit bidirektionalen Zwischenspeichern nicht invertierend (o.K.)	2-456
74616	16-Bit paralleler Fehler-Erkennungs- und Korrektur-Baustein (TS)	2-458
74617	16-Bit paralleler Fehler-Erkennungs- und Korrektur-Baustein (o.K.)	2-460

74620	8-Bit bidirektionaler Bus-Transceiver mit Datenspeicherung, invertierend (TS)	2-462
74621	8-Bit bidirektionaler Bus-Transceiver mit Datenspeicherung (o.K.)	2-464
74622	8-Bit bidirektionaler Bus-Transceiver mit Datenspeicherung invertierend (o.K.)	2-466
74623	8-Bit bidirektionaler Bus-Transceiver mit Datenspeicherung (TS)	2-468
74624	Spannungsgesteuerter Oszillator mit Freigabe und komplementären Ausgängen	2-470

74625	Zwei spannungsgesteuerte Oszillatoren mit kompl. Ausgängen	2-472
74626	Zwei spannungsgesteuerte Oszillatoren mit Freigabe und kompl. Ausgängen	2-474
74627	Zwei spannungsgesteuerte Oszillatoren	2-476
74628	Spannungsgesteuerter Oszillator mit externem Widerstand zur Frequenzeinstellung	2-478
74629	Zwei spannungsgesteuerte Oszillatoren mit Freigabe	2-480
74630	16-Bit paralleler Fehler-Erkennungs- und Korrektur-Baustein (TS)	2-482
74631	16-Bit paralleler Fehler-Erkennungs- und Korrektur-Baustein (o.K.)	2-484
74632	32-Bit Fehler-Erkennungs- und Korrektur-Baustein (TS)	2-486
74633	32-Bit-Fehler-Erkennungs- und Korrektur-Baustein (o.K.)	2-488
74634	32-Bit-Fehler-Erkennungs- und Korrektur-Baustein (TS)	2-490
74635	32-Bit-Fehler-Erkennungs- und Korrektur-Baustein (o.K.)	2-492
74636	8-Bit-Erkennungs- und Korrektur-Baustein (TS)	2-494
74637	8-Bit-Fehler-Erkennungs- und Korrektur-Baustein (o.K.)	2-496
74638	8-Bit bidirektionaler Bus-Transceiver, invertierend (TS)	2-498
74639	8-Bit bidirektionaler Bus-Transceiver, nicht invertierend (TS)	2-500
74640	8-Bit bidirektionaler Bus-Transceiver, invertierend (TS)	2-502

TEIL 3

Seite

74641	8-Bit bidirektionaler Bus-Transceiver, nicht invertierend (o.K.)	3-12
74642	8-Bit bidirektionaler Bus-Transceiver, invertierend (o.K.)	3-14
74643	8-Bit bidirektionaler Bus-Transceiver, invertierend/ nicht invertierend (TS)	3-16
74644	8-Bit bidirektionaler Bus-Transceiver, invertierend/ nicht invertierend (o.K.)	3-18
74645	8-Bit bidirektionaler Bus-Transceiver, nicht invertierend (TS)	3-20

74646	8-Bit Bus-Transceiver mit bidirektionalen Zwischenspeichern, nicht invertierend (TS)	3-22
74 647	8-Bit Bus-Transceiver mit bidirektionalen Zwischenspeichern, nicht invertierend (o.K.)	3-24
74648	8-Bit Bus-Transceiver mit bidirektionalen Zwischenspeichern, invertierend (TS)	3-26
74649	8-Bit Bus-Transceiver mit bidirektionalen Zwischenspeichern, invertierend (o.K.)	3-28
74651	8-Bit bidirektionaler Bus-Transceiver mit Zwischenspeicher, invertierend (TS)	3-30

74652	8-Bit bidirektionaler Bus-Transceiver mit Zwischenspeicher, nicht invertierend (o.K.)	3-32
74653	8-Bit bidirektionaler Bus-Transceiver mit Zwischenspeicher, invertierend (o.K./TS)	3-34
74654	8-Bit bidirektionaler Bus-Transceiver mit Zwischenspeicher, nicht invertierend (o.K./TS)	3-36
74655	8-Bit-Bustreiber, mit Paritätsgenerator/Prüfer, invertierend (TS)	3-38
74656	8-Bit-Bustreiber, mit Paritätsgenerator/Prüfer, nicht invertierend (TS)	3-40

74657	8-Bit-Bus-Transceiver, mit 8-Bit-Paritätsgenerator/Prüfer, nicht invertierend (TS)	3-42
74666	8-Bit-D-Zwischenspeicher mit „Readback", nicht invertierend (TS)	3-44
74667	8-Bit-D-Zwischenspeicher mit „Readback", invertierend (TS)	3-46
74668	Synchroner programmierbarer Aufwärts/Abwärts-Dezimalzähler	3-48
74669	Synchroner programmierbarer Aufwärts/Abwärts-4-Bit-Binärzähler	3-50

74670	16-Bit-RAM (4x4, TS)	3-52
74671	4-Bit-Schieberegister (parallel/seriell-ein, parallel/seriell-aus) mit Zwischenspeicher und asynchronem Löschen (TS)	3-54
74672	4-Bit-Schieberegister (parallel/seriell-ein, parallel/seriell-aus) mit Zwischenspeicher und synchronem Löschen (TS)	3-56
74673	16-Bit-Schieberegister (seriell-ein, parallel/seriell-aus) mit parallelem Ausgangsregister	3-58
74674	16-Bit-Schieberegister (parallel/seriell-ein, seriell-aus)	3-60

74675	16-Bit-Schieberegister (seriell-ein, parallel/seriell aus)	3-62
74676	16-Bit-Schieberegister (parallel/seriell-ein, seriell-aus)	3-64
74677	Adressen-Vergleicher (16-zu-4), mit Freigabe	3-66
74678	Adressen-Vergleicher (16-zu-4), mit Zwischenspeicher	3-68
74679	Adressen-Vergleicher (12-zu-4), mit Freigabe	3-70
74680	Adressen-Vergleicher (12-zu-4), mit Zwischenspeicher	3-72
74681	4-Bit-Binär-Akkumulator (ALU)	3-74
74682	8-Bit-Vergleicher mit internem 20kΩ-Pull-up	3-76
74683	8-Bit-Vergleicher mit internem 20kΩ-Pull-up (o.K.)	3-78
74684	8-Bit-Vergleicher	3-80
74685	8-Bit-Vergleicher (o.K.)	3-82
74686	8-Bit-Vergleicher mit Ausgangsfreigabe	3-84
74687	8-Bit-Vergleicher mit Ausgangsfreigabe (o.K.)	3-86
74688	8-Bit-Vergleicher mit Ausgangsfreigabe	3-88
74689	8-Bit-Vergleicher mit Ausgangsfreigabe (o.K.)	3-90
74690	Synchroner programmierbarer Dezimalzähler mit asyn. Löschen, Register und gemultiplexten Ausgängen (TS)	3-92
74691	Synchroner programmierbarer 4-Bit-Binärzähler mit asyn. Löschen, Register und gemultiplexten Ausgängen (TS)	3-94
74692	Synchroner programmierbarer Dezimalzähler mit syn. Löschen, Register und gemultiplexten Ausgängen (TS)	3-96
74693	Synchroner programmierbarer 4-Bit-Binärzähler mit syn. Löschen, Register und gemultiplexten Ausgängen (TS)	3-98
74696	Synchroner programmierbarer Aufwärts/Abwärts-Dezimalzähler mit asyn. Löschen, Register und gemultiplexten Ausgängen (TS)	3-100
74697	Synchroner programmierbarer Aufwärts/Abwärts-4-Bit-Binärzähler mit asyn. Löschen, Register und gemultiplexten Ausgängen (TS)	3-102
74698	Synchroner programmierbarer Aufwärts/Abwärts-Dezimalzähler mit synchronem Löschen, Register und gemultiplextenAusgängen (TS)	3-104
74699	Synchroner programmierbarer Aufwärts/Abwärts-4-Bit-Binärzähler mit syn. Löschen, Register und gemultiplexten Ausgängen (TS)	3-106
74711	Fünf 2-zu-1 Datenselektoren/Multiplexer	3-108
74712	Fünf 3-zu-1 Datenselektoren/Multiplexer	3-110
74716	Programmierbarer Dezimalzähler	3-112
74718	Programmierbarer 4-Bit-Binärzähler	3-114
74724	Spannungsgesteuerter Oszillator	3-116
74732	Vier 2-zu-1-Multiplexer, invertierend (TS)	3-118
74733	Vier 2-zu-1-Multiplexer, nicht invertierend (TS)	3-120

74742	Acht Bus-Leitungstreiber, mit 2 Freigabe-Eingängen, invertierend (o.K.)	3-122
74743	Acht Bus-Leitungstreiber, nicht invertierend (o.K.)	3-124
74746	Acht Leitungstreiber mit Pull-up-Eingangswiderstand, invertierend (TS)	3-126
74747	Acht Leitungstreiber, mit Pull-up-Widerstand, nicht invertierend (TS)	3-128
74748	Binärer Prioritätscodierer, 8-zu-3	3-130

74756	Acht Leitungstreiber, invertierend (o.K.)	3-132
74757	Acht Leitungstreiber, nicht invertierend (o.K.)	3-134
74758	Vier Leitungstreiber, invertierend (o.K.)	3-136
74759	Vier Leitungstreiber, nicht invertierend (o.K.)	3-138
74760	Acht Leitungstreiber, nicht invertierend (o.K.)	3-140

74762	Acht Leitungstreiber (4 invertierend/4 nicht invertierend) mit 2 getrennten Freigabe-Eingängen (o.K.)	3-142
74763	Acht Leitungstreiber, invertierend, mit 2 getrennten Freigabe-Eingängen (o.K.)	3-144
74779	8-Bit binärer synchroner, programmierbarer Aufwärts/Abwärts-Zähler (TS)	3-146
74783	Synchroner Adressen-Multiplexer	3-148
74784	8-Bit serieller/paralleler Multiplizierer (mit Addierer/Subtrahierer)	3-150

74785	Synchroner Adressen-Multiplexer	3-152
74793	8-Bit-Zwischenspeicher mit "Readback"	3-154
74794	8-Bit-D-Register mit "Readback"	3-156
74795	Acht Puffer mit gemeinsamer Freigabe, nicht invertierend (TS)	3-158
74796	Acht Puffer mit gemeinsamer Freigabe, invertierend (TS)	3-160

74797	Acht Puffer mit 2 Freigabe-Eingängen, nicht invertierend (TS)	3-162
74798	Acht Puffer mit 2 Freigabe-Eingängen, invertierend (TS)	3-164
74800	Drei UND/NAND-Treiber mit je 4 Eingängen	3-166
74802	Drei ODER/NOR-Gatter mit je 4 Eingängen	3-168
74804	Sechs NAND-Treiber mit je 2 Eingängen	3-170

74805	Sechs NOR-Treiber mit je 2 Eingängen	3-172
74808	Sechs UND-Treiber mit je 2 Eingängen	3-174
74810	Vier Exklusiv-NOR-Gatter mit je 2 Eingängen	3-176
74811	Vier Exklusiv-NOR-Gatter mit je 2 Eingängen (o.K.)	3-178
74821	10-Bit-D-Register, flankengetriggert, nicht invertierend (TS)	3-180

74822	10-Bit-D-Register, flankengetriggert, invertierend (TS)	3-182
74823	9-Bit-D-Register, mit Taktfreigabe und asynchronem Löschen, nicht invertierend (TS)	3-184
74824	9-Bit-D-Register, mit Taktfreigabe und asynchronem Löschen, invertierend (TS)	3-186
74825	8-Bit-D-Register, mit Taktfreigabe und Löschen, nicht invertierend (TS)	3-188
74826	8-Bit-D-Register, mit Taktfreigabe und Löschen, invertierend (TS)	3-190

74827	10-Bit-Bus-Treiber, nicht invertierend (TS)	3-192
74828	10-Bit-Bus-Treiber, invertierend (TS)	3-194
74832	Sechs ODER-Treiber mit je 2 Eingängen	3-196
74833	8-Bit-Bus-Transceiver, mit Paritäts-Generator/Prüfer, nicht invertierend (TS)	3-198
74841	10-Bit-D-Zwischenspeicher, nicht invertierend (TS)	3-200
74842	10-Bit-D-Zwischenspeicher, invertierend (TS)	3-202
74843	9-Bit-D-Zwischenspeicher, mit Voreinstellen und Löschen, nicht invertierend (TS)	3-204
74844	9-Bit-D-Zwischenspeicher, mit Voreinstellen und Löschen, invertierend (TS)	3-206
74845	8-Bit-D-Zwischenspeicher, mit Voreinstellen, Löschen und 3 Freigabe-Eingängen, nicht invertierend (TS)	3-208
74846	8-Bit-D-Zwischenspeicher, mit Voreinstellen, Löschen und 3 Freigabe-Eingängen, invertierend (TS)	3-210
74848	Binärer Prioritätscodierer, 8-zu-3 (TS)	3-212
74850	16-zu-1-Datenselektor/Multiplexer (TS)	3-214
74851	16-zu-1-Datenselektor/Multiplexer (TS)	3-216
74852	Universeller 8-Bit-Transceiver-Port-Steuerbaustein (TS)	3-218
74853	8-Bit-Bus-Transceiver, mit Paritäts-Generator/Prüfer, nicht invertierend (TS)	3-220
74856	Universeller 8-Bit-Transceiver-Port-Steuerbaustein	3-222
74857	Universal-Multiplexer (sechs 2-zu-1) (TS)	3-224
74861	10-Bit-Bus-Transceiver, nicht invertierend (TS)	3-226
74862	10-Bit-Bus-Transceiver, invertierend (TS)	3-228
74863	9-Bit-Bus-Transceiver, nicht invertierend (TS)	3-230
74864	9-Bit-Bus-Transceiver, invertierend (TS)	3-232
74866	8-Bit-Vergleicher mit Ein- und Ausgangs-Zwischenspeicher (o.K.)	3-234
74867	Synchroner 8-Bit binärer Aufwärts/Abwärtszähler mit asynchronem Löschen	3-236
74869	Synchroner 8-Bit binärer Aufwärts/Abwärtszähler mit synchronem Löschen	3-238
74870	Zwei 16-Wort x 4-Bit-Register-Files (TS)	3-240
74871	Zwei 16-Wort x 4-Bit-Register-Files (TS)	3-242
74873	Zwei transparente 4-Bit-D-Zwischenspeicher (TS)	3-244
74874	Zwei 4-Bit-D-Register (TS)	3-246
74876	Zwei 4-Bit-D-Register, invertierend (TS)	3-248
74877	Universeller 8-Bit-Transceiver-Port-Steuerbaustein	3-250
74878	Zwei 4-Bit-D-Register, flankengetriggert, nicht invertierend (TS)	3-252
74879	Zwei 4-Bit-D-Register, flankengetriggert, invertierend (TS)	3-254
74880	Zwei transparente 4-Bit-D-Zwischenspeicher, invertierend (TS)	3-256
74881	Arithmetisch/logische Einheit (ALU)	3-258
74882	32-Bit-Übertragseinheit	3-260

74885	8-Bit-Vergleicher	3-262
74952	8-Bit-Schieberegister mit parallelem E/A-Register und Löschen (TS)	3-264
74962	8-Bit-Schieberegister mit parallelem E/A-Register (TS)	3-266
74963	8-Bit-Schieberegister mit parallelem E/A-Register und synchronem Löschen (TS)	3-268
74964	8-Bit-Schieberegister mit parallelem E/A-Register und synchronem/asynchronem Löschen (TS)	3-270
74990	8-Bit-D-Zwischenspeicher mit "Readback", nicht invertierend	3-272
74991	8-Bit-D-Zwischenspeicher mit "Readback", invertierend	3-274
74992	9-Bit-D-Zwischenspeicher mit "Readback", nicht invertierend (TS)	3-276
74993	9-Bit-D-Zwischenspeicher mit "Readback", invertierend (TS)	3-278
74994	10-Bit-D-Zwischenspeicher mit "Readback", nicht invertierend	3-280
74995	10-Bit-D-Zwischenspeicher mit "Readback", invertierend	3-282
74996	8-Bit-D-Register mit "Readback", flankengetriggert, invertierend/nicht invertierend (TS)	3-284
741000	Vier NAND-Gatter mit je 2 Eingängen, gepuffert	3-286
741002	Vier NOR-Gatter mit je 2 Eingängen, gepuffert	3-288
741003	Vier NAND-Gatter mit je 2 Eingängen, gepuffert (o.K.)	3-290
741004	Sechs Inverter, gepuffert	3-292
741005	Sechs Inverter, gepuffert (o.K.)	3-294
741008	Vier UND-Gatter mit je 2 Eingängen, gepuffert	3-296
741010	Drei NAND-Gatter mit je 3 Eingängen, gepuffert	3-298
741011	Drei UND-Gatter mit je 3 Eingängen, gepuffert	3-300
741020	Zwei NAND-Gatter mit je 4 Eingängen, gepuffert	3-302
741032	Vier ODER-Gatter mit je 2 Eingängen, gepuffert	3-304
741034	Sechs nicht-invertierende Puffer	3-306
741035	Sechs nicht invertierende Puffer (o.K.)	3-308
741036	Vier NOR-Treiber mit je 2 Eingängen (o.K.)	3-310
741181	4-Bit arithmetisch/logische Einheit, Funktionsgenerator	3-312
741240	Acht Bus-Leitungstreiber, invertierend (TS)	3-314
741241	Acht Bus-Leitungstreiber, nicht invertierend (TS)	3-316
741242	Vier Bus-Transceiver, invertierend (TS)	3-318
741243	Vier Bus-Transceiver, nicht invertierend (TS)	3-320
741244	Acht Bus-Leitungstreiber, nicht invertierend (TS)	3-322
741245	Acht Bus-Transceiver, nicht invertierend (TS)	3-324
741616	16x16-Multiplizierer (TS)	3-326
741620	8-Bit bidirektionaler Bus-Transceiver, invertierend (TS)	3-328
741621	8-Bit bidirektionaler Bus-Transceiver, mit Datenspeicherung nicht invertierend (o. K.)	3-330

741622	8-Bit bidirektionaler Bus-Transceiver, mit Datenspeicherung, invertierend (o.K.)	3-332
741623	8-Bit bidirektionaler Bus-Transceiver, mit Datenspeicherung, nicht invertierend (TS)	3-334
741631	Vier Bustreiber mit komplementären Ausgängen (TS)	3-336
741638	8-Bit bidirektionaler Bus-Transceiver, invertierend (o.K./TS)	3-338
741639	8-Bit bidirektionaler Bus-Transceiver, nicht invertierend (o.K./TS)	3-340
741640	8-Bit bidirektionaler Bus-Transceiver, invertierend (TS)	3-342
741641	8-Bit bidirektionaler Bus-Transceiver, nicht invertierend (o.K.)	3-344
741642	8-Bit bidirektionaler Bus-Transceiver, invertierend (o.K.)	3-346
741643	8-Bit bidirektionaler Bus-Transceiver, invertierend/nicht invert. (TS)	3-348
741644	8-Bit bidirektionaler Bus-Transceiver, invertierend/nicht invert. (o.K.)	3-350
741645	8-Bit bidirektionaler Bus-Transceiver, nicht invertierend (TS)	3-352
741804	Sechs NAND-Treiber mit je 2 Eingängen	3-354
741805	Sechs NOR-Treiber mit je 2 Eingängen	3-356
741808	Sechs UND-Treiber mit je 2 Eingängen	3-358
741832	Sechs ODER-Treiber mit je 2 Eingängen	3-360
742000	Universalbaustein mit Richtungs-Diskriminator und Aufwärts/Abwärts-Zähler (TS)	3-362
742240	Acht Bustreiber für MOS-Bausteine, invertierend (TS)	3-364
742241	Acht Bustreiber für MOS-Bausteine, nicht invertierend (TS)	3-366
742242	Vier Bus-Transceiver für MOS-Bausteine, invertierend (TS)	3-368
742243	Vier Bus-Transceiver für MOS-Bausteine, nicht invertierend (TS)	3-370
742244	Acht Bustreiber für MOS-Bausteine, nicht invertierend (TS)	3-372
742245	Acht Bus-Transceiver für MOS-Bausteine, nicht invertierend (TS)	3-374
742540	Acht Bustreiber für MOS-Bausteine, invertierend	3-376
742541	Acht Bustreiber für MOS-Bausteine, nicht invertierend	3-378
742620	Acht Bus-Transceiver für MOS-Bausteine, invertierend	3-380
742623	Acht Bus-Transceiver für MOS-Bausteine, nicht invertierend	3-382
742640	Acht Bus-Transceiver für MOS-Bausteine, invertierend (TS)	3-384
742645	Acht Bus-Transceiver für MOS-Bausteine, nicht invertierend (TS)	3-386
742952	8-Bit-Bus-Transceiver mit Register, nicht invertierend (TS)	3-388
742953	8-Bit-Bus-Transceiver mit Register, invertierend (TS)	3-390
742967	Steuerbaustein für dynamische RAMs	3-392
742968	Steuerbaustein für dynamische RAMs	3-394
743037	Vier NAND-Bustreiber mit je 2 Eingängen für 30-Ω-Leitungen	3-396
743038	Vier NAND-Bustreiber mit je 2 Eingängen für 30-Ω-Leitungen (o.K.)	3-398
743040	Zwei NAND-Bustreiber mit je 4 Eingängen für 30-Ω-Leitungen	3-400

Nummer	Beschreibung	Seite
748003	Zwei NAND-Gatter mit je 2 Eingängen	3-402
748400	Erweiterbarer Fehler-Erkennungs-und Korrektur-Baustein	3-404
7429806	6-Bit-Komparator und 2-zu-4-Bit-Decoder, mit Quittierung	3-406
7429809	9-Bit-Komparator, mit Quittierung	3-408
7429818	8-Bit Diagnostik/Pipeline-Register	3-410
7429819	8-Bit Diagnostik/Pipeline-Register	3-412
7429821	10-Bit-D-Register, flankengetriggert, nicht invertierend (TS)	3-414
7429822	10-Bit-D-Register, flankengetriggert, invertierend (TS)	3-416
7429823	9-Bit-D-Register, mit Taktfreigabe und asynchronem Löschen, nicht invertierend (TS)	3-418
7429824	9-Bit-D-Register, mit Taktfreigabe und asynchronem Löschen, invertierend (TS)	3-420
7429825	8-Bit-D-Register, mit Taktfreigabe und Löschen, nicht invertierend (TS)	3-422
7429826	8-Bit-D-Register, mit Taktfreigabe und Löschen invertierend (TS)	3-424
7429827	10-Bit-Puffer/Bustreiber, nicht invertierend (TS)	3-426
7429828	10-Bit-Puffer/Bustreiber, invertierend (TS)	3-428
7429833	8-Bit-Bus-Transceiver mit Paritäts-Generator/Prüfer, nicht invertierend (TS)	3-430
7429834	8-Bit-Bus-Transceiver mit Paritäts-Generator/Prüfer invertierend (TS)	3-432
7429841	10-Bit-D-Zwischenspeicher, nicht invertierend (TS)	3-434
7429842	10-Bit-D-Zwischenspeicher, invertierend (TS)	3-436
7429843	9-Bit-D-Zwischenspeicher, nicht invertierend (TS)	3-438
7429844	9-Bit-D-Zwischenspeicher, invertierend (TS)	3-440
7429845	8-Bit-D-Zwischenspeicher, nicht invertierend (TS)	3-442
7429846	8-Bit-D-Zwischenspeicher, invertierend (TS)	3-444
7429853	8-Bit-Bus-Transceiver mit Paritäts-Generator/Prüfer, nicht invertierend	3-446
7429854	8-Bit-Bus-Transceiver mit Paritäts-Generator/Prüfer, invertierend (TS)	3-448
7429861	10-Bit-Bus-Transceiver, nicht invertierend (TS)	3-450
7429862	10-Bit-Bus-Transceiver, invertierend (TS)	3-452
7429863	9-Bit-Bus-Transceiver, nicht invertierend (TS)	3-454
7429864	9-Bit-Bus-Transceiver, invertierend (TS)	3-456
7430240	Acht 30-Ω-Leitungstreiber, invertierend (o.K.)	3-458
7430244	Acht 30-Ω-Leitungstreiber, nicht invertierend (o.K.)	3-460
7430245	Acht Bus-Transceiver für 30-Ω-Leitungen, nicht invertierend	3-462
7430640	Acht Bus-Transceiver für 30-Ω-Leitungen, invertierend	3-464

2. Typenübersicht nach Funktionsgruppen

Arithmetische Funktionen

7480	1-Bit-Volladdierer	1-176
7482	2-Bit-Volladdierer	1-180
7483	4-Bit-Volladdierer	1-182
7487	4-Bit-Komplementierer	1-194
74181	4-Bit arithmetisch/logische Einheit, Funktionsgenerator	1-374
74182	Übertragseinheit für Rechen- und Zählschaltungen	1-376
74183	Zwei 1-Bit-Volladdierer	1-378
74261	2-Bit x 4-Bit-Multiplizierer	2-82
74264	Übertrags-Generator für Zähler	2-84
74274	4-Bit x 4-Bit-Multiplizierer (TS)	2-94
74275	7-Bit-Wallace-Tree-Element (TS)	2-96
74281	4-Bit-Akkumulator	2-106
74282	Übertrags-Generator mit selektierbaren Übertrags-Eingängen	2-108
74283	4-Bit-Volladdierer	2-110
74284	4-Bit x 4-Bit-Multiplizierer (o.K., 40µA)	2-112
74285	4-Bit x 4-Bit-Multiplizierer (o.K., 40µA)	2-114
74381	4-Bit arithmetische/logische Einheit, Funktionsgenerator	2-210
74382	4-Bit arithmetische/logische Einheit, Funktionsgenerator mit seriell. Übertrag	2-212
74384	8-Bit x 1-Bit-Multiplizierer	2-214
74385	Vier 1-Bit-Volladdierer/Subtrahierer	2-216
74582	4-Bit arithmetisch/logische Einheit (BCD)	2-402
74583	4-Bit-BCD-Addierer	2-404
74681	4-Bit-Binär-Akkumulator (ALU)	3-74
74784	8-Bit serieller/paralleler Multiplizierer (mit Addierer/Subtrahierer)	3-150
74881	Arithmetisch/logische Einheit (ALU)	3-258
74882	32-Bit-Übertragseinheit	3-260
741181	4-Bit arithmetisch/logische Einheit, Funktionsgenerator	3-312
741616	16x16-Multiplizierer (TS)	3-326

Bus-Leitungstreiber

74125	Vier Bus-Leitungstreiber (TS)	1-270
74126	Vier Bus-Leitungstreiber (TS)	1-272
74230	Acht Bus-Leitungstreiber (4 invertierend/4 nicht invertierend) mit 2 getrennten Freigabe-Eingängen (TS)	2-32
74231	Acht Bus-Leitungstreiber, invertierend, mit 2 getrennten Freigabe-Eingängen (TS)	2-34
74240	Acht Bus-Leitungstreiber, invertierend (TS)	2-46
74241	Acht Bus-Leitungstreiber, nicht invertierend (TS)	2-48
74244	Acht Bus-Leitungstreiber, nicht invertierend (TS)	2-54
74340	Acht Bus-Leitungstreiber, invertierend (TS)	2-158
74341	Acht Bus-Leitungstreiber, nicht invertierend (TS)	2-160
74344	Acht Bus-Leitungstreiber, nicht invertierend (TS)	2-162

74365	Sechs Bus-Leitungstreiber mit gemeinsamer Freigabe (TS)	2-188
74366	Sechs Bus-Leitungstreiber, invertierend, mit gemeinsamer Freigabe (TS)	2-190
74367	Sechs Bus-Leitungstreiber, nicht inv., mit 2 Freigabe-Eingängen (TS)	2-192
74368	Sechs Bus-Leitungstreiber, invertierend, mit 2 Freigabe-Eingängen (TS)	2-194
74425	Vier Bus-Leitungstreiber, nicht invertierend (TS)	2-254
74426	Vier Bus-Leitungstreiber, nicht invertierend (TS)	2-256
74436	Sechs Treiber für Speicher, invertierend, mit 2 Freigabe-Eingängen	2-258
74437	Sechs Treiber für Speicher, invertierend, mit 2 Freigabe-Eingängen	2-260
74455	8-Bit-Bustreiber, mit Paritäts-Generator/Prüfer, invertierend (TS)	2-286
74456	8-Bit-Bustreiber, mit Paritäts-Generator/Prüfer, nicht invertierend (TS)	2-288
74540	Acht Bus-Leitungstreiber, invertierend, mit 2 Freigabe-Eingängen (TS)	2-290
74541	Acht Bus-Leitungstreiber, nicht invertierend (TS)	2-292
74655	8-Bit-Bustreiber, mit Paritäts-Generator/Prüfer, invertierend (TS)	3-38
74656	8-Bit-Bustreiber, mit Paritäts-Generator/Prüfer, nicht invertierend (TS)	3-40
74742	Acht Bus-Leitungstreiber, invertierend, mit 2 Freigabe-Eingängen (o.K.)	3-122
74743	Acht Bus-Leitungstreiber, nicht invertierend (o.K.)	3-124
74746	Acht Leitungstreiber, mit Pull-up-Eingangswiderstand, invertierend (TS)	3-126
74747	Acht Leitungstreiber, mit Pull-up-Eingangswiderstand, nicht invertierend (TS)	3-128
74756	Acht Leitungstreiber, invertierend (o.K.)	3-132
74757	Acht Leitungstreiber, nicht invertierend (o.K.)	3-134
74758	Vier Leitungstreiber, invertierend (o.K.)	3-136
74759	Vier Leitungstreiber, nicht invertierend (o.K.)	3-138
74760	Acht Leitungstreiber, nicht invertierend (o.K.)	3-140
74762	Acht Leitungstreiber (4 invertierend/4 nicht invertierend) mit 2 getrennten Freigabe-Eingängen (o.K.)	3-142
74763	Acht Leitungstreiber, invertierend, mit 2 getrennten Freigabe-Eingängen (o.K.)	3-144
74827	10-Bit-Bustreiber, nicht invertierend (TS)	3-192
74828	10-Bit-Bustreiber, invertierend (TS)	3-194
741240	Acht Bus-Leitungstreiber, invertierend (TS)	3-314
741241	Acht Bus-Leitungstreiber, nicht invertierend (TS)	3-316
741244	Acht Bus-Leitungstreiber, nicht invertierend (TS)	3-322
741631	Vier Bustreiber mit komplementären Ausgängen (TS)	3-336
742240	Acht Bus-Leitungstreiber für MOS-Bausteine, invertierend (TS)	3-364
742241	Acht Bus-Leitungstreiber für MOS-Bausteine, nicht invertierend (TS)	3-366
742244	Acht Bustreiber für MOS-Bausteine, nicht invertierend (TS)	3-372
742540	Acht Bustreiber für MOS-Bausteine, invertierend	3-376
742541	Acht Bustreiber für MOS-Bausteine, nicht invertierend	3-378
7429827	10-Bit-Puffer/Bustreiber, nicht invertierend (TS)	3-426
7429828	10-Bit-Puffer/Bustreiber, invertierend (TS)	3-428
7430240	Acht 30-Ω-Leitungstreiber, invertierend (o.K.)	3-458
7430241	Acht 30-Ω-Leitungstreiber, nicht invertierend (o.K.)	3-460
7430244	Acht 30-Ω-Leitungstreiber, nicht invertierend (o.K.)	3-460

Bus-Transceiver

74226	Universeller 4-Bit-Bus-Transceiver mit Speicher (TS)	2-24
74242	Vier Bus-Transceiver, invertierend (TS)	2-50
74243	Vier Bus-Transceiver, nicht invertierend (TS)	2-52
74245	Acht Bus-Transceiver, nicht invertierend (TS)	2-56
74440	Vier tri-direktionale Bus-Transceiver (o.K.)	2-266
74441	Vier tri-direktionale Bus-Transceiver, invertierend (o.K.)	2-268
74442	Vier tri-direktionale Bus-Transceiver, nicht invertierend (TS)	2-270
74443	Vier tri-direktionale Bus-Transceiver, invertierend (TS)	2-272
74444	Vier tri-direktionale Bus-Transceiver, invertierend bzw. nicht invertierend (TS)	2-274
74446	Vier Bus-Transceiver mit individuellen Steuereingängen, invertierend (TS)	2-278
74448	Vier tri-direktionale Bus-Transceiver, nicht invertierend/ invertierend (o.K.)	2-282
74449	Vier Bus-Transceiver mit individuellen Steuereingängen, nicht invertierend (TS)	2-284
74543	8-Bit-Transceiver mit Register, nicht invertierend (TS)	2-348
74544	8-Bit-Transceiver mit Register, invertierend (TS)	2-350
74545	8-Bit bidirektionaler Bus-Transceiver, nicht invertierend (TS)	2-352
74546	8-Bit bidirektionaler Bus-Transceiver, nicht invertierend (TS)	2-354
74547	(MMI) 8-Bit bidirektionaler Bus-Transceiver mit Zwischen- speichern, nicht invertierend (TS)	2-356
74566	8-Bit bidirektionaler Bus-Transceiver mit Zwischenspeichern, invertierend (TS)	2-380
74567	8-Bit bidirektionaler Bus-Transceiver mit Zwischenspeichern, invertierend (TS)	2-382
74588	8-Bit bidirektionaler Bus-Transceiver, nicht invertierend (TS)	2-406
74614	8-Bit Bus-Transceiver, nicht invertierend	2-454
74615	8-Bit Bus-Transceiver, invertierend	2-456
74620	8-Bit bidirektionaler Bus-Transceiver, mit Datenspeicherung, invertierend (TS)	2-462
74621	8-Bit bidirektionaler Bus-Transceiver, mit Datenspeicherung, (o.K.)	2-464
74622	8-Bit bidirektionaler Bus-Transceiver, mit Datenspeicherung, invertierend (o.K.)	2-466
74623	8-Bit bidirektionaler Bus-Transceiver, mit Datenspeicherung (TS)	2-468
74638	8-Bit bidirektionaler Bus-Transceiver, invertierend (TS)	2-498
74639	8-Bit bidirektionaler Bus-Transceiver, nicht invertierend (TS)	2-500
74640	8-Bit bidirektionaler Bus-Transceiver, invertierend (TS)	2-502
74641	8-Bit bidirektionaler Bus-Transceiver, nicht invertierend (o.K.)	3-12
74642	8-Bit bidirektionaler Bus-Transceiver, invertierend (o.K.)	3-14
74643	8-Bit bidirektionaler Bus-Transceiver, invertierend/nicht invert. (TS)	3-16
74644	8-Bit bidirektionaler Bus-Transceiver, invertierend/nicht invert. (o.K.)	3-18
74645	8-Bit bidirektionaler Bus-Transceiver, nicht invertierend (TS)	3-20
74646	8-Bit Bus-Transceiver mit bidirektionalen Zwischenspeichern, nicht invertierend (TS)	3-22
74647	8-Bit Bus-Transceiver mit bidirektionalen Zwischenspeichern, nicht invertierend (o.K.)	3-24
74648	8-Bit Bus-Transceiver mit bidirektionalen Zwischenspeichern, invertierend (TS)	3-26

74649	8-Bit Bus-Transceiver mit bidirektionalen Zwischenspeichern, invertierend (o.K.)	3-28
74651	8-Bit bidirektionaler Bus-Transceiver mit Zwischenspeicher, invertierend (TS)	3-30
74652	8-Bit bidirektionaler Bus-Transceiver mit Zwischenspeicher, nicht invertierend (TS)	3-32
74653	8-Bit bidirektionaler Bus-Transceiver mit Zwischenspeicher, invertierend (o.K./TS)	3-34
74654	8-Bit bidirektionaler Bus-Transceiver mit Zwischenspeicher, nicht invertierend (o.K./TS)	3-36
74657	8-Bit-Bus-Transceiver, mit 8-Bit-Paritätsgenerator/Prüfer nicht invertierend (TS)	3-42
74833	8-Bit Bus-Transceiver, mit Paritäts-Generator/Prüfer, nicht invertierend (TS)	3-198
74852	Universeller 8-Bit-Transceiver-Port-Steuerbaustein (TS)	3-218
74853	8-Bit Bus-Transceiver mit Paritäts-Generator/Prüfer, nicht invertierend	3-220
74856	Universeller 8-Bit-Transceiver-Port-Steuerbaustein	3-222
74861	10-Bit Bus-Transceiver, nicht invertierend (TS)	3-226
74862	10-Bit Bus-Transceiver, invertierend (TS)	3-228
74863	9-Bit Bus-Transceiver, nicht invertierend (TS)	3-230
74864	9-Bit Bus-Transceiver, invertierend (TS)	3-232
74877	Universeller 8-Bit-Transceiver-Port-Steuerbaustein	3-250
741242	Vier Bus-Transceiver, invertierend (TS)	3-318
741243	Vier Bus-Transceiver, nicht invertierend (TS)	3-320
741245	Acht Bus-Transceiver, nicht invertierend (TS)	3-324
741620	8-Bit bidirektionaler Bus-Transceiver, mit Datenspeicherung, invertierend (TS)	3-328
741621	8-Bit bidirektionaler Bus-Transceiver, mit Datenspeicherung, nicht invertierend (o.K.)	3-330
741622	8-Bit bidirektionaler Bus-Transceiver, mit Datenspeicherung, invertierend (o.K.)	3-332
741623	8-Bit bidirektionaler Bus-Transceiver, mit Datenspeicherung, nicht invertierend (TS)	3-334
741638	8-Bit bidirektionaler Bus-Transceiver, invertierend (o.K./TS)	3-338
741639	8-Bit bidirektionaler Bus-Transceiver, nicht invertierend (o.K./TS)	3-340
741640	8-Bit bidirektionaler Bus-Transceiver, invertierend (TS)	3-342
741641	8-Bit bidirektionaler Bus-Transceiver, nicht invertierend (o.K.)	3-344
741642	8-Bit bidirektionaler Bus-Transceiver, invertierend (o.K.)	3-346
741643	8-Bit bidirektionaler Bus-Transceiver, invertierend/nicht invert. (TS)	3-348
741644	8-Bit bidirektionaler Bus-Transceiver, invertierend/nicht invert. (o.K.)	3-350
741645	8-Bit bidirektionaler Bus-Transceiver, nicht invertierend (TS)	3-352
742242	Vier Bus-Transceiver für MOS-Bausteine, invertierend (TS)	3-368
742243	Vier Bus-Transceiver für MOS-Bausteine, nicht invertierend (TS)	3-370

742245	Acht Bus-Transceiver für MOS-Bausteine, nicht invertierend (TS)	3-374
742620	Acht Bus-Transceiver für MOS-Bausteine, invertierend	3-380
742623	Acht Bus-Transceiver für MOS-Bausteine, nicht invertierend	3-382
742640	Acht Bus-Transceiver für MOS-Bausteine, invertierend (TS)	3-384
742645	Acht Bus-Transceiver für MOS-Bausteine, nicht invertierend (TS)	3-386
742952	8-Bit-Bus-Transceiver mit Register, nicht invertierend (TS)	3-388
742953	8-Bit-Bus-Transceiver mit Register, invertierend (TS)	3-390
7429833	9-Bit Bus-Transceiver mit Parität	3-430
7429834	9-Bit Bus-Transceiver mit Parität, nicht invertierend	3-432
7429853	8-Bit Bus-Transceiver mit Paritäts-Generator/Prüfer, nicht invertierend	3-446
7429854	8-Bit Bus-Transceiver mit Paritäts-Generator/Prüfer, invertierend (TS)	3-448
7429861	10-Bit Bus-Transceiver, nicht invertierend (TS)	3-450
7429862	10-Bit Bus-Transceiver, invertierend (TS)	3-452
7429863	9-Bit Bus-Transceiver, nicht invertierend (TS)	3-454
7429864	9-Bit Bus-Transceiver, invertierend (TS)	3-456
7430245	Acht Bus-Transceiver für 30-Ω-Leitungen, nicht invertierend	3-462
7430640	Acht Bus-Transceiver für 30-Ω-Leitungen, invertierend	3-464

Datenselektoren/Multiplexer

7498	Vier 2-zu-1-Datenselektoren/Multiplexer mit Speicher	1-218
74150	1-aus-16-Datenselektor/Multiplexer mit invertierendem Ausgang	1-310
74151	1-aus-8-Datenselektor/Multiplexer	1-312
74152	1-aus-8-Datenselektor/Multiplexer mit invertierendem Ausgang	1-314
74153	Zwei 1-aus-4-Datenselektoren/Multiplexer	1-316
74157	Vier 2-zu-1-Datenselektoren/Multiplexer	1-326
74158	Vier 2-zu-1-Datenselektoren/Multiplexer mit invertierenden Ausgängen	1-328
74250	1-aus-16-Datenselektor/Multiplexer (TS)	2-66
74251	8-zu-1-Datenselektor/Multiplexer (TS)	2-68
74253	Zwei 4-zu-1-Datenselektoren/Multiplexer (TS)	2-70
74257	Vier 2-zu-1-Datenselektoren/Multiplexer (TS)	2-74
74258	Vier 2-zu-1-Datenselektoren/Multiplexer mit invertierenden Ausgängen(TS)	2-76
74298	Vier 2-zu-1-Datenselektoren/Multiplexer mit Speicher	2-134
74351	Zwei 8-zu-1-Datenselektoren/Multiplexer mit invertierenden Ausgängen (TS)	2-170
74352	Zwei 4-zu-1-Datenselektoren/Multiplexer mit invertierenden Ausgängen	2-172
74353	Zwei 4-zu-1-Datenselektoren/Multiplexer mit invertierenden Ausgängen (TS)	2-174
74354	8-zu-1-Datenselektor mit Eingangs-Zwischenspeicher (TS)	2-176
74355	8-zu-1-Datenselektor mit Eingangs-Zwischenspeicher (o.K.)	2-178
74356	8-zu-1-Datenselektor mit Eingangs-Register (TS)	2-180
74357	8-zu-1-Datenselektor mit Eingangs-Register (o.K.)	2-182
74398	Vier 2-zu-1-Multiplexer mit Speicher	2-228
74399	Vier 2-zu-1-Multiplexer mit Speicher	2-230
74484	BCD-zu-Binär-Codeumsetzer (TS)	2-298
74485	Binär-zu-BCD-Codeumsetzer (TS)	2-300
74604	Acht 2-zu-1-Multiplexer mit Zwischenspeicher (TS)	2-436
74605	Acht 2-zu-1-Multiplexer mit Zwischenspeicher (o.K.)	2-438

74606	Acht 2-zu-1-Multiplexer mit Zwischenspeicher (TS)	2-218
74607	Acht 2-zu-1-Multiplexer mit Zwischenspeicher (TS)	2-219
74732	Vier 2-zu-1-Multiplexer, invertierend (TS)	3-118
74733	Vier 2-zu-1-Multiplexer, nicht invertierend (TS)	3-120
74850	16-zu-1-Datenselektor/Multiplexer (TS)	3-214
74851	16-zu-1-Datenselektor/Multiplexer (TS)	3-216
74857	Universal-Multiplexer (sechs 2-zu-1) (TS)	3-224

Decoder

Allgemeine Decoder

7441	BCD-zu-Dezimal-Decoder (70V, o.K.)	1-102
7442	BCD-zu-Dezimal-Decoder	1-104
7443	Excess-3-zu-Dezimal-Decoder	1-106
7444	Excess-3-zu-Dezimal-Decoder	1-108
74131	3-Bit-Binärdecoder/Demultiplexer (3-zu-8) mit Adressen-Zwischenspeicher	1-276
74137	3-Bit-Binärdecoder/Demultiplexer (3-zu-8) mit Adressen-Zwischen-speicher (Ausgänge invertiert)	1-288
74138	3-Bit-Binärdecoder/Demultiplexer (3-zu-8) (Ausgänge invertiert)	1-290
74139	Zwei 2-Bit-Binärdecoder/Demultiplexer (2-zu-4) mit invert. Ausgängen	1-292
74154	4-Bit-Binärdecoder/Demultiplexer (4-zu-16)	1-318
74155	Zwei 2-Bit-Binärdecoder/Demultiplexer	1-320
74156	Zwei 2-Bit-Binärdecoder/Demultiplexer (o.K.)	1-323
74159	4-Bit-Binärdecoder/Demultiplexer (4-zu-16, o.K., 50 µA)	1-330
74184	BCD-zu-Binär-Codeumsetzer (o.K.)	1-380
74185	Binär-zu-BCD-Codeumsetzer (o.K.)	1-382
74537	1-aus-10-Decoder (TS)	2-338
74538	1-aus-8-Decoder (TS)	2-340
74539	Zwei 1-aus-4-Decoder (TS)	2-342
74547	(FA, VA) 8-Bit-Decoder/Demultiplexer mit Adressen-Speicher und Quittierung	2-356
74548	(FA, VA) 8-Bit-Decoder/Demultiplexer mit Quittierung	2-358

Anzeige-Decoder

7445	BCD-zu-Dezimal-Decoder/Anzeigetreiber (o.K., 30V, 80mA)	1-110
7446	BCD-zu-7-Segment-Decoder/Anzeigetreiber (o.K., 30V)	1-112
7447	BCD-zu-7-Segment-Decoder/Anzeigetreiber (o.K., 15V)	1-114
7448	BCD-zu-7-Segment-Decoder/Anzeigetreiber	1-116
74141	BCD-zu-Dezimal-Decoder/Anzeigetreiber (o.K., 60V)	1-296
74145	BCD-zu-Dezimal-Decoder/Anzeigetreiber (o.K., 15V)	1-304
74246	BCD-zu-7-Segment-Decoder/Anzeigetreiber (o.K., 30V)	2-58
74247	BCD-zu-7-Segment-Decoder/Anzeigetreiber (o.K., 15V)	2-60
74248	BCD-zu-7-Segment-Decoder/Anzeigetreiber	2-62
74249	BCD-zu-7-Segment-Decoder/Anzeigetreiber (o.K.)	2-64
74347	BCD-zu-7-Segment-Decoder/Anzeigetreiber (o.K., 7V)	2-164
74445	BCD-zu-Dezimal-Decoder/Anzeigetreiber (o.K., 7V)	2-276
74447	BCD-zu-7-Segment-Decoder/Anzeigetreiber (o.K., 7V)	2-280

Prioritäts-Codierer

74147	Dezimal-zu-BCD-Prioritätscodierer	1-306
74148	Binärer Prioritätscodierer, 8-zu-3	1-308
74278	Kaskadierbarer 4-Bit-Prioritäts-Zwischenspeicher	2-48
74348	Binärer Prioritätscodierer, 8-zu-3 (TS)	2-81
74748	Binärer Prioritätscodierer, 8-zu-3	3-130
74848	Binärer Prioritätscodierer, 8-zu-3 (TS)	3-212

Fehlererkennungs-Bausteine

74180	9-Bit-Paritätsgenerator/8-Bit-Paritätsprüfer	1-372
74280	9-Bit-Paritäts-Generator/Prüfer	2-104
74286	9-Bit-Paritäts-Generator/Prüfer	2-116
74401	CRC-Generator/Prüfer	2-232
74402	CRC-Generator/Prüfer	2-234
74418	32-Bit-Fehler-Erkennungs- und Korrektur-Baustein (TS)	2-246
74420	Paralleler Prüf-Bit-/Syndrom-Bit-Generator	2-248
74616	16-Bit paralleler Fehler-Erkennungs- und Korrektur-Baustein (TS)	2-458
74617	16-Bit paralleler Fehler-Erkennungs- und Korrektur-Baustein (o.K.)	2-460
74630	16-Bit paralleler Fehler-Erkennungs- und Korrektur-Baustein (TS)	2-482
74631	16-Bit paralleler Fehler-Erkennungs- und Korrektur-Baustein (o.K.)	2-484
74632	32-Bit paralleler Fehler-Erkennungs- und Korrektur-Baustein (TS)	2-486
74633	32-Bit-Fehler-Erkennungs- und Korrektur-Baustein (o.K.)	2-488
74634	32-Bit-Fehler-Erkennungs- und Korrektur-Baustein (TS)	2-490
74635	32-Bit-Fehler-Erkennungs- und Korrektur-Baustein (o.K.)	2-492
74636	8-Bit-Fehler-Erkennungs- und Korrektur-Baustein (TS)	2-494
74637	8-Bit-Fehler-Erkennungs- und Korrektur-Baustein (o.K.)	2-496
748400	Erweiterbarer Fehler-Erkennungs- und Korrektur-Baustein	3-404

Flipflops

7470	JK-Flipflop mit je 3 Eingängen, Voreinstellung und Löschen	1-154
74H71	JK-Master-Slave-Flipflop mit je 2x2 Eingängen und direktem Setz-Eingang	1-156
74L71	R-S Master-Slave-Flipflop mit je 3 Eingängen, Voreinstellung und Löschen	1-158
7472	JK-Master-Slave-Flipflop mit je 3 Eingängen, Voreinstellung und Löschen	1-160
7473	Zwei JK-Flipflops mit Löschen	1-162
7474	Zwei D-Flipflops mit Voreinstellung und Löschen	1-164
7476	Zwei JK-Flipflops mit Voreinstellung und Löschen	1-168
7478	Zwei JK-Flipflops mit Voreinstellung, gemeinsamem Löschen und gemeinsamem Takt	1-172
74101	JK-Flipflop mit 2x2 UND/ODER-Eingängen und Voreinstellung	1-224
74102	JK-Flipflop mit je 3 UND-Eingängen, Voreinstellung und Löschen	1-226
74103	Zwei JK-Flipflops mit Löschen	1-228
74104	JK-Master-Slave-Flipflop mit je 3 Eingängen, Voreinstellung und Löschen	1-230
74105	JK-Master-Slave-Flipflop mit je 3 Eingängen, Voreinstellung und Löschen	1-232

74106	Zwei JK-Flipflops mit Voreinstellung und Löschen	1-234
74107	Zwei JK-Flipflops mit Löschen	1-236
74108	Zwei JK-Flipflops mit Voreinstellung, gemeinsamem Löschen und gemeinsamem Takt	1-238
74109	Zwei JK-Flipflops mit Voreinstellung und Löschen	1-240
74110	JK-Master-Slave-Flipflop mit je 3 Eingängen, Voreinstellung, Löschen und Eingangssperre	1-242
74111	Zwei JK-Master-Slave-Flipflops mit Voreinstellung, Löschen und Eingangssperre	1-244
74112	Zwei JK-Flipflops mit Voreinstellung und Löschen	1-246
74113	Zwei JK-Flipflops mit Voreinstellung	1-248
74114	Zwei JK-Flipflops mit Voreinstellung, gemeinsamem Löschen und gemeinsamem Takt	1-250
74115	Zwei JK-Master-Slave-Flipflops mit Löschen und Eingangssperre	1-252
74171	Vier D-Flipflops mit Löscheingang	1-354
74276	Vier JK-Flipflops mit gemeinsamem Voreinstellen und gemeinsamem Löschen	2-98

Frequenz-Teiler

7456	Frequenzteiler 50:1	1-134
7457	Frequenzteiler 60:1	1-136
7497	Synchroner programmierbarer 6-Bit-Binär-Frequenzteiler	1-216
74167	Synchroner programmierbarer Dezimal-Frequenzteiler	1-346

Gatter

Exklusiv- NOR

74266	Vier Exklusiv-NOR-Gatter mit je 2 Eingängen (o.K.)	2-88
74810	Vier Exklusiv-NOR-Gatter mit je 2 Eingängen	3-176
74811	Vier Exklusiv-NOR-Gatter mit je 2 Eingängen (o.K.)	3-178

Exklusiv-ODER

7486	Vier Exklusiv-ODER-Gatter mit je 2 Eingängen	1-190
74135	Vier Exklusiv-ODER/NOR-Gatter mit je 2 Eingängen	1-284
74136	Vier Exklusiv-ODER-Gatter mit je 2 Eingängen (o.K.)	1-286
74386	Vier Exklusiv-ODER-Gatter mit je 2 Eingängen	2-218

NAND

7400	Vier NAND-Gatter mit je 2 Eingängen	1-2
7400-S6	Vier NAND-Gatter mit je 2 Eingängen	1-4
7401	Vier NAND-Gatter mit je 2 Eingängen (o.K.)	1-6
7401-S1	Vier NAND-Gatter mit je 2 Eingängen (o.K., 15V)	1-8
7401-S3	Vier NAND-Gatter mit je 2 Eingängen (o.K., 50µA)	1-10
7403	Vier NAND-Gatter mit je 2 Eingängen (o.K.)	1-16
7403-S1	Vier NAND-Gatter mit je 2 Eingängen (o.K., 15V)	1-18
7403-S3	Vier NAND-Gatter mit je 2 Eingängen (o.K., 50µA)	1-20

7410	Drei NAND-Gatter mit je 3 Eingängen	1-42
7412	Drei NAND-Gatter mit je 3 Eingängen (o.K.)	1-46
7413	Zwei NAND-Schmitt-Trigger mit je 4 Eingängen	1-48
7418	Zwei NAND-Schmitt-Trigger mit je 4 Eingängen	1-58
7420	Zwei NAND-Gatter mit je 4 Eingängen	1-62
7422	Zwei NAND-Gatter mit je 4 Eingängen (o.K.)	1-66
7424	Vier NAND-Schmitt-Trigger mit je 2 Eingängen	1-70
7426	Vier NAND-Gatter mit je 2 Eingängen (o.K., 15V)	1-74
7430	NAND-Gatter mit 8 Eingängen	1-80
7437	Vier NAND-Gatter mit je 2 Eingängen	1-94
7438	Vier NAND-Leistungsgatter mit je 2 Eingängen (o.K.)	1-96
7439	Vier NAND-Leistungsgatter mit je 2 Eingängen (o.K.)	1-98
7440	Zwei NAND-Leistungsgatter mit je 4 Eingängen	1-100
74132	Vier NAND-Schmitt-Trigger mit je 2 Eingängen	1-278
74133	NAND-Gatter mit 13 Eingängen	1-280
74134	NAND-Gatter mit 12 Eingängen (TS)	1-282
74140	Zwei 50Ω-NAND-Leitungtreiber mit je 4 Eingängen	1-294
74804	Sechs NAND-Treiber mit je 2 Eingängen	3-170
741000	Vier NAND-Gatter mit je 2 Eingängen, gepuffert	3-286
741003	Vier NAND-Gatter mit je 2 Eingängen, gepuffert (o.K.)	3-290
741010	Drei NAND-Gatter mit je 3 Eingängen, gepuffert	3-298
741020	Zwei NAND-Gatter mit je 4 Eingängen, gepuffert	3-302
741804	Sechs NAND-Treiber mit je 2 Eingängen	3-354
743037	Vier NAND-Bustreiber mit je 2 Eingängen für 30-Ω-Leitungen	3-396
743038	Vier NAND-Bustreiber mit je 2 Eingängen für 30-Ω-Leitungen (o.K.)	3-398
743040	Zwei NAND-Bustreiber mit je 4 Eingängen für 30-Ω-Leitungen	3-400
748003	Zwei NAND-Gatter mit je 2 Eingängen	3-402

NOR

7402	Vier NOR-Gatter mit je 2 Eingängen	1-12
7402-S1	Vier NOR-Gatter mit je 2 Eingängen	1-14
7423	Zwei NOR-Gatter mit je 4 Eingängen und Strobe	1-68
7425	Zwei NOR-Gatter mit je 4 Eingängen und Strobe	1-72
7427	Drei NOR-Gatter mit je 3 Eingängen	1-76
7428	Vier NOR-Leistungsgatter mit je 2 Eingängen	1-78
7433	Vier NOR-Leistungsgatter mit je 2 Eingängen (o.K.)	1-86
7436	Vier NOR-Gatter mit je 2 Eingängen	1-92
74128	Vier 50Ω-NOR-Leitungstreiber mit je 2 Eingängen	1-274
74260	Zwei NOR-Gatter mit je 5 Eingängen	2-80
74805	Sechs NOR-Treiber mit je 2 Eingängen	3-172
741002	Vier NOR-Gatter mit je 2 Eingängen, gepuffert	3-288
741036	Vier NOR-Treiber mit je 2 Eingängen (o.K.)	3-310
741805	Sechs NOR-Treiber mit je 2 Eingängen	3-356

ODER

7432	Vier ODER-Gatter mit je 2 Eingängen	1-84
74832	Sechs ODER-Treiber mit je 2 Eingängen	3-196
741032	Vier ODER-Gatter mit je 2 Eingängen, gepuffert	3-304
741832	Sechs ODER-Treiber mit je 2 Eingängen	3-360

UND

7408	Vier UND-Gatter mit je 2 Eingängen	1-36
7409	Vier UND-Gatter mit je 2 Eingängen (o.K.)	1-38
7409-S1	Vier UND-Gatter mit je 2 Eingängen (o.K., 15V)	1-40
7411	Drei UND-Gatter mit je 3 Eingängen	1-44
7415	Drei UND-Gatter mit je 3 Eingängen (o.K.)	1-52
7421	Zwei UND-Gatter mit je 4 Eingängen	1-64
74808	Sechs UND-Treiber mit je 2 Eingängen	3-174
741008	Vier UND-Gatter mit je 2 Eingängen, gepuffert	3-296
741011	Drei UND-Gatter mit je 3 Eingängen, gepuffert	3-300
741808	Sechs UND-Treiber mit je 2 Eingängen	3-358

UND-NOR

7450	Zwei UND/NOR-Gatter mit je 2x2 Eingängen	1-120
7451	Zwei UND/NOR-Gatter mit je 2x2 bzw. 2x3 Eingängen	1-122
7453	Expandierbares UND/NOR-Gatter mit 4x2 bzw. 3x2 und 1x3 Eingängen	1-126
7454/1	UND/NOR-Gatter mit 4x2 bzw. 2x2 und 2x3 Eingängen	1-128
7454/2	UND/NOR-Gatter mit 3x2 und 1x3 Eingängen	1-130
7455	UND/NOR-Gatter mit 2x4 Eingängen	1-132
7464	UND/NOR-Gatter mit 2x2, 1x3 und 1x4 Eingängen	1-146
7465	UND/NOR-Gatter mit 2x2, 1x3 und 1x4 Eingängen (o.K.)	1-148

Sonstige Gatter/Expander

7452	Expandierbares UND/ODER-Gatter mit 3x2 und 1x3 Eingängen	1-124
7460	Zwei Expander mit je 4 Eingängen (o.K.)	1-138
7461	Drei Expander mit je 3 Eingängen (o.K.)	1-140
7462	UND/ODER-Expander mit 2x2 und 2x3 Eingängen (o.K.)	1-142
74265	Zwei Inverter und zwei NAND-Gatter mit komplementären Ausgängen	2-86
74800	Drei UND/NAND-Treiber mit je 4 Eingängen	3-166
74802	Drei ODER/NOR-Gatter mit je 4 Eingängen	3-168

Komparatoren

7485	4-Bit-Vergleicher	1-186
74518	8-Bit-Vergleicher, Ausgang nicht invertiert (o.K.)	2-314
74519	8-Bit-Vergleicher, Ausgang nicht invertiert (o.K.)	2-316
74520	8-Bit-Vergleicher, Ausgang invertiert	2-318
74521	8-Bit-Vergleicher, Ausgang invertiert	2-320
74522	8-Bit-Vergleicher, Ausgang invertiert (o.K.)	2-322
74526	Programmierbarer 16-Bit-Komparator	2-328
74527	Programmierbarer 8-Bit- und 4-Bit-Komparator	2-330
74528	Programmierbarer 12-Bit-Komparator	2-332
74677	Adressen-Vergleicher (16-zu-4), mit Freigabe	3-66
74678	Adressen-Vergleicher (16-zu-4), mit Zwischenspeicher	3-68
74679	Adressen-Vergleicher (12-zu-4), mit Freigabe	3-70
74680	Adressen-Vergleicher (12-zu-4), mit Zwischenspeicher	3-72
74682	8-Bit-Vergleicher mit internem 20kΩ-Pull-up	3-76
74683	8-Bit-Vergleicher mit internem 20kΩ-Pull-up (o.K.)	3-78
74684	8-Bit-Vergleicher	3-80
74685	8-Bit-Vergleicher (o.K.)	3-82

74686	8-Bit-Vergleicher mit Ausgangsfreigabe	3-84
74687	8-Bit-Vergleicher mit Ausgangsfreigabe (o.K.)	3-86
74688	8-Bit-Vergleicher mit Ausgangsfreigabe	3-88
74689	8-Bit-Vergleicher mit Ausgangsfreigabe (o.K.)	3-90
74866	8-Bit-Vergleicher mit Ein- und Ausgangs-Zwischenspeicher	3-234
74885	8-Bit-Vergleicher	3-262
7429806	6-Bit-Komparator und 2-zu-4-Bit-Decoder, mit Quittierung	3-406
7429809	9-Bit-Komparator, mit Quittierung	3-408

Monovibratoren

74121	Monoflop mit Schmitt-Triggereingang	1-262
74122	Retriggerbares Monoflop mit Löschen	1-264
74123	Zwei retriggerbare Monoflops mit Löschen	1-266
74221	Zwei Monoflops mit Schmitt-Triggereingang und Löschen	2-16
74422	Retriggerbares Monoflop mit Löschen	2-250
74423	Zwei retriggerbare Monoflops mit Löschen	2-252

Oszillatoren

74124	Zwei spannungsgesteuerte Oszillatoren	1-268
74320	Quarzgesteuerter Oszillator mit komplementären Ausgängen	2-142
74321	Quarzgesteuerter Oszillator mit komplementären Ausgängen und Frequenzteiler	2-144
74324	Spannungsgesteuerter Oszillator mit komplementären Ausgängen	2-150
74325	Zwei spannungsgesteuerte Oszillatoren mit komplementären Ausgängen	2-152
74326	Zwei spannungsgestouerte Oszillatoren mit Freigabe und komplementären Ausgängen	2-154
74327	Zwei spannungsgesteuerte Oszillatoren	2-156
74624	Spannungsgesteuerter Oszillator mit Freigabe und komplementären Ausgängen	2-470
74625	Zwei spannungsgesteuerte Oszillatoren mit kompl. Ausgängen	2-472
74626	Zwei spannungsgesteuerte Oszillatoren mit Freigabe und komplementären Ausgängen	2-474
74627	Zwei spannungsgesteuerte Oszillatoren	2-476
74628	Spannungsgesteuerter Oszillator mit externem Widerstand zur Frequenzeinstellung	2-478
74629	Zwei spannungsgesteuerte Oszillatoren mit Freigabe	2-480
74724	Spannungsgesteuerter Oszillator	3-116

Puffer/Treiber

nicht invertierend

7407	Sechs Treiber (o.K., 30V)	1-34
7417	Sechs Treiber (o.K., 15V)	1-56
7434	Sechs nicht invertierende Treiber	1-88
7435	Sechs nicht invertierende Treiber (o.K.)	1-90
74465	Acht Puffer mit gemeinsamer Freigabe, nicht invertierend (TS)	2-290
74467	Acht Puffer mit 2 Freigabe-Eingängen, nicht invertierend (TS)	2-294
74795	Acht Puffer mit gemeinsamer Freigabe, nicht invertierend (TS)	3-158
74797	Acht Puffer mit 2 Freigabe-Eingängen, nicht invertierend (TS)	3-162
741034	Sechs nicht invertierende Puffer	3-306
741035	Sechs nicht invertierende Puffer (o.K.)	3-308

invertierend

7404	Sechs Inverter	1-22
7404-S6	Sechs Inverter	1-24
7405	Sechs Inverter (o.K.)	1-26
7405-S1	Sechs Inverter (o.K., 15V)	1-28
7405-S3	Sechs Inverter (o.K., 50uA)	1-30
7406	Sechs invertierende Treiber (o.K., 30V)	1-32
7416	Sechs invertierende Treiber (o.K., 15V)	1-54
74466	Acht Puffer mit gemeinsamer Freigabe, invertierend (TS)	2-292
74468	Acht Puffer mit 2 Freigabe-Eingängen, invertierend (TS)	2-296
74796	Acht Puffer mit gemeinsamer Freigabe, invertierend (TS)	3-160
74798	Acht Puffer mit 2 Freigabe-Eingängen, invertierend (TS)	3-164
741004	Sechs Inverter, gepuffert	3-292
741005	Sechs Inverter, gepuffert (o.K.)	3-294

Register/Zwischenspeicher

7475	Zwei 2-Bit-D-Zwischenspeicher mit Freigabe	1-166
7477	Zwei 2-Bit-Zwischenspeicher mit Freigabe	1-170
74100	Zwei 4-Bit-Zwischenspeicher mit Freigabe	1-222
74116	Zwei 4-Bit-Zwischenspeicher mit Freigabe und Löschen	1-254
74118	Sechs R-S-Zwischenspeicher mit gemeinsamer Rückstellung	1-256
74119	Sechs R-S-Zwischenspeicher mit zusätzlicher gemeinsamer Rückstellung	1-258
74173	4-Bit D-Register mit Freigabe und Löschen (TS)	1-358
74174	6-Bit-D-Register mit Löschen	1-360
74175	4-Bit-D-Register mit Löschen	1-362
74256	Zwei adressierbare 4-Bit-Zwischenspeicher	2-72
74259	Adressierbarer 8-Bit-Zwischenspeicher mit Freigabe und Löschen	2-78
74273	8-Bit-D-Register mit Löschen	2-92
74279	Vier R-S-Zwischenspeicher	2-102

74363	8-Bit-D-Zwischenspeicher (TS)	2-184
74364	8-Bit-D-Register, flankengetriggert (TS)	2-186
74373	8-Bit-D-Zwischenspeicher mit Freigabe (TS)	2-196
74374	8-Bit-D-Register, flankengetriggert (TS)	2-198
74375	Zwei 2-Bit-D-Zwischenspeicher mit Freigabe	2-200
74376	4-Bit-JK-Register mit Löschen	2-202
74377	8-Bit-D-Register, flankengetriggert, mit Taktfreigabe	2-204
74378	6-Bit-D-Register, flankengetriggert, mit Taktfreigabe	2-206
74379	4-Bit-D-Register mit komplementären Ausgängen und Taktfreigabe	2-208
74396	8-Bit-D-Register mit 2x4-Bit serieller Ein- und paralleler Ausgabe	2-226
74412	8-Bit-D-Zwischenspeicher mit Status-Flipflop (TS)	2-242
74432	8-Bit-D-Zwischenspeicher mit Status-Flipflop, invertierend (TS)	2-258
74524	8-Bit-Register mit Komparator (o.K.)	2-324
74533	8-Bit-D-Zwischenspeicher mit Freigabe, invertierend (TS)	2-334
74534	8-Bit-D-Register, flankengetriggert, invertierend (TS)	2-336
74548	Zweistufiges 8-Bit-"Pipe-lined"-Register	2-362
74549	Zweistufiger 8-Bit-"Pipe-lined"-Zwischenspeicher	2-364
74550	8-Bit-Transceiver mit Zwischenspeicher und Status-Flags, nicht invertierend (TS)	2-366
74551	8-Bit-Transceiver mit Zwischenspeicher und Status-Flags, invertierend (TS)	2-368
74552	8-Bit-Transceiver mit Zwischenspeicher, Paritäts-Generator/Prüfer und Status-Flags (TS)	2-370
74563	8-Bit-D-Zwischenspeicher mit Freigabe, invertierend (TS)	2-376
74564	8-Bit-D-Zwischenspeicher, flankengetriggert, mit Freigabe, invertierend (TS)	2-378
74573	8-Bit-D-Zwischenspeicher, nicht invertierend (TS)	2-388
74574	8-Bit-D-Register, flankengetriggert, nicht invertierend (TS)	2-390
74575	8-Bit-D-Register, flankengetriggert, mit synchronem Löschen, nicht Invertierend (TS)	2-392
74576	8-Bit-D-Register, flankengetriggert, mit Freigabe, invertierend (TS)	2-394
74577	8-Bit-D-Register mit synchronem Löschen, invertierend (TS)	2-396
74580	8-Bit-D-Zwischenspeicher, invertierend (TS)	2-400
74666	8-Bit-D-Zwischenspeicher mit „Readback", nicht invertierend (TS)	3-44
74667	8-Bit-D-Zwischenspeicher mit „Readback", invertierend (TS)	3-46
74793	8-Bit-Zwischenspeicher mit „Readback"	3-154
74794	8-Bit-D-Register mit „Readback"	3-156
74821	10-Bit-D-Register, flankengetriggert, nicht invertierend (TS)	3-180
74822	10-Bit-D-Register, flankengetriggert, invertierend (TS)	3-182
74823	9-Bit-D-Register mit Taktfreigabe und asynchronem Löschen, nicht invertierend (TS)	3-184
74824	9-Bit-D-Register mit Taktfreigabe und asynchronem Löschen, invertierend (TS)	3-186
74825	8-Bit-D-Register mit Taktfreigabe und Löschen, nicht invert.(TS)	3-188
74826	8-Bit-D-Register mit Taktfreigabe und Löschen, invertierend (TS)	3-190
74841	10-Bit-D-Zwischenspeicher, nicht invertierend (TS)	3-200
74842	10-Bit-D-Zwischenspeicher, invertierend (TS)	3-202
74843	9-Bit-D-Zwischenspeicher, mit Voreinstellen und Löschen, nicht invertierend (TS)	3-204

74844	9-Bit-D-Zwischenspeicher, mit Voreinstellen und Löschen, invertierend (TS)	3-206
74845	8-Bit-D-Zwischenspeicher, mit Voreinstellen, Löschen und 3 Freigabe-Eingängen, nicht invertierend (TS)	3-208
74846	8-Bit-D-Zwischenspeicher, mit Voreinstellen, Löschen und 3 Freigabe-Eingängen, invertierend (TS)	3-210
74873	Zwei transparente 4-Bit-D-Zwischenspeicher (TS)	3-244
74874	Zwei 4-Bit-D-Register (TS)	3-246
74876	Zwei 4-Bit-D-Register, invertierend (TS)	3-248
74878	Zwei 4-Bit-D-Register, flankengetriggert, invertierend (TS)	3-250
74879	Zwei 4-Bit-D-Register, flankengetriggert, invertierend (TS)	3-252
74880	Zwei transparente 4-Bit-D-Zwischenspeicher, invertierend (TS)	3-254
74990	8-Bit-D-Zwischenspeicher mit „Readback", nicht invertierend	3-272
74991	8-Bit-D-Zwischenspeicher mit „Readback", invertierend	3-274
74992	9-Bit-D-Zwischenspeicher mit „Readback", nicht invert. (TS)	3-276
74993	9-Bit-D-Zwischenspeicher mit „Readback", invertierend (TS)	3-278
74994	10-Bit-D-Zwischenspeicher mit „Readback", nicht invertierend	3-280
74995	10-Bit-D-Zwischenspeicher mit „Readback", invertierend	3-282
74996	8-Bit-D-Register mit „Readback", flankengetriggert, invertierend/ nicht invertierend (TS)	3-284
7429818	Pipeline-Register	3-410
7429821	10-Bit-D-Register, flankengetriggert, nicht invertierend (TS)	3-414
7429822	10-Bit-D-Register, flankengetriggert, invertierend (TS)	3-416
7429823	9-Bit-D-Register, mit Taktfreigabe und asynchr. Löschen, nicht invertierend (TS)	3-418
7429824	9-Bit-D-Register, mit Taktfreigabe und asynchr. Löschen, inv. (TS)	3-420
7429825	8-Bit-D-Register, mit Taktfreigabe und Löschen, nicht invert.(TS)	3-422
7429826	8-Bit-D-Register, mit Taktfreigabe und Löschen, invertierend (TS)	3-424
7429841	10-Bit-D-Zwischenspeicher, nicht invertierend (TS)	3-434
7429842	10-Bit-D-Zwischenspeicher, invertierend (TS)	3-436
7429843	9-Bit-D-Zwischenspeicher, nicht invertierend (TS)	3-438
7429844	9-Bit-D-Zwischenspeicher, invertierend (TS)	3-440
7429845	8-Bit-D-Zwischenspeicher, nicht invertierend (TS)	3-442
7429846	8-Bit-D-Zwischenspeicher, invertierend (TS)	3-444

Schieberegister

7491	8-Bit-Schieberegister (seriell-ein, seriell-aus)	1-200
7494	4-Bit-Schieberegister (parallel/seriell-ein, seriell-aus) mit Löschen	1-208
7495	4-Bit-Rechts/Links-Schieberegister (parallel/seriell-ein, parallel/seriell-aus)	1-210
7496	5-Bit-Schieberegister (parallel/seriell-ein, parallel/seriell-aus) mit Löschen	1-214
7499	4-Bit-Links/Rechts-Schieberegister (parallel/seriell-ein, seriell-aus)	1-220
74164	8-Bit-Schieberegister (seriell-ein, parallel/seriell-aus), mit Löschen	1-340
74165	8-Bit-Schieberegister (parallel/seriell-ein, seriell-aus)	1-342
74166	8-Bit-Schieberegister (parallel/seriell-ein, seriell-aus), mit Löschen	1-344
74178	4-Bit-Schieberegister (parallel/seriell-ein, parallel-aus)	1-368
74179	4-Bit-Schieberegister (parallel/seriell-ein, parallel-aus), mit Löschen	1-370

74194	4-Bit-Rechts/Links-Schieberegister (parallel/seriell-ein, parallel/seriell-aus) mit Löschen	1-398
74195	4-Bit-Schieberegister (parallel/seriell-ein, parallel/seriell-aus), mit Löschen	1-400
74198	8-Bit-Rechts/Links-Schieberegister (parallel/seriell-ein, parallel/seriell-aus), mit Löschen	1-406
74199	8-Bit-Schieberegister (parallel/seriell-ein, parallel/seriell-aus) mit Löschen	1-408
74295	4-Bit-Schieberegister (parallel/seriell-ein, parallel/seriell-aus)	2-130
74299	8-Bit-Rechts/Links-Schieberegister (parallel/seriell-ein, parallel/seriell-aus), mit asynchronem Löschen	2-136
74322	8-Bit-Schieberegister (parallel/seriell-ein, parallel/seriell-aus), mit asynchronem Löschen	2-146
74323	8-Bit-Rechts/Links-Schieberegister (parallel/seriell-ein, parallel/seriell-aus), mit synchronem Löschen (TS)	2-148
74350	4-Bit-Verschieber (TS)	2-168
74395	4-Bit-Schieberegister (parallel/seriell-ein, parallel/seriell-aus), mit asynchronem Löschen (TS)	2-224
74594	8-stufiges Schieberegister (seriell-ein, parallel-aus) mit Ausgangs-Zwischenspeicher	2-416
74595	8-stufiges Schieberegister (seriell-ein, parallel/seriell-aus), mit Ausgangs-Zwischenspeicher (TS)	2-418
74596	8-stufiges Schieberegister (seriell-ein, parallel/seriell-aus), mit Ausgangs-Zwischenspeicher (o.K.)	2-420
74597	8-stufiges Schieberegister (seriell-ein, parallel/seriell-aus), mit Eingangs-Zwischenspeicher	2-422
74598	8-stufiges Schieberegister (parallel/seriell-ein, parallel/seriell-aus) mit Eingangs-Zwischenspeicher	2-424
74599	8-stufiges Schieberegister (seriell-ein, parallel-aus), mit Ausgangs-Zwischenspeicher (o.K.)	2-426
74671	4-Bit-Schieberegister (parallel/seriell-ein, parallel/seriell-aus), mit Zwischenspeicher und asynchronem Löschen (TS)	3-54
74672	4-Bit-Schieberegister (parallel/seriell-ein, parallel/seriell-aus), mit Zwischenspeicher und synchronem Löschen (TS)	3-56
74673	16-Bit-Schieberegister (seriell-ein, parallel/seriell-aus) mit parallelem Ausgangsregister	3-58
74674	16-Bit-Schieberegister (parallel/seriell-ein, seriell-aus)	3-60
74675	16-Bit-Schieberegister (parallel/seriell-ein, seriell-aus)	3-62
74676	16-Bit-Schieberegister (parallel/seriell-ein, seriell-aus)	3-64
74952	8-Bit-Schieberegister mit parallelem E/A-Register und Löschen (TS)	3-264
74962	8-Bit-Schieberegister mit parallelem E/A-Register (TS)	3-266
74963	8-Bit-Schieberegister mit parallelem E/A-Register und synchronem Löschen (TS)	3-268
74964	8-Bit-Schieberegister mit parallelem E/A-Register und synchronem/asynchronem Löschen (TS)	3-270

Schmitt-Trigger

7414	Sechs invertierende Schmitt-Trigger	1-50
7419	Sechs invertierende Schmitt-Trigger	1-60

Speicher

7481	16-Bit-RAM (16x1)	1-178
7484	16-Bit-RAM (16x1), mit 2 zusätzlichen Schreibeingängen	1-184
7489	64-Bit-RAM (16x4)	1-196
74170	16-Bit-RAM (4x4, o.K.)	1-352
74172	16-Bit-RAM (8x2, TS)	1-356
74186	512-Bit-PROM (64x8, o.K.)	1-384
74188	256-Bit-PROM (32x8, o.K.)	1-386
74189	64-Bit-RAM (16x4, TS)	1-388
74200	256-Bit-RAM (256x1, TS)	1-410
74201	256-Bit-RAM (256x1, TS)	2-12
74222	FIFO-Speicher, 16x4, asynchron mit E/A-Freigabe (TS)	2-18
74224	FIFO-Speicher, 16x4, asynchron (TS)	2-20
74225	FIFO-Speicher, 16x5 (TS)	2-22
74227	FIFO-Speicher, 16x4, asynchron mit E/A-Freigabe (o.K.)	2-26
74228	FIFO-Speicher, 16x4, asynchron (o.K.)	2-28
74229	FIFO-Speicher, 16x5 (TS)	2-30
74232	FIFO-Speicher, 16x4, asynchron (TS)	2-36
74233	FIFO-Speicher, 16x5, asynchron (TS)	2-38
74234	FIFO-Speicher, 64x4 (TS)	2-40
74235	FIFO-Speicher, 64x4 (TS)	2-42
74236	FIFO-Speicher, 64x4	2-44
74288	256-Bit-PROM (32x8)	2-118
74289	64-Bit-RAM (16x4)	2-120
74301	256-Bit-RAM (256x1, TS)	2-138
74319	64-Bit-RAM (16x4)	2-140
74403	FIFO-Speicher, (16x4), mit paralleler und serieller E/A (TS)	2-236
74410	64-Bit-RAM (16x4), mit Ausgangsregister (TS)	2-240
74413	FIFO-Speicher, 64x4, mit serieller und paralleler E/A	2-244
74433	FIFO-Speicher, 64x4, mit serieller und paralleler E/A (TS)	2-260
74670	16-Bit-RAM (4x4, TS)	3-52
74870	Zwei 16-Wort x 4-Bit-Register-Files (TS)	3-240
74871	Zwei 16-Wort x 4-Bit-Register-Files (TS)	3-242

Speicher-Steuerbausteine

74407	Daten-Zugriffs-Register	2-238
74600	Steuerbaustein zum Auffrischen für 4K/16K dynamische RAMs, Transparent/Burst-Betrieb (TS)	2-428
74601	Steuerbaustein zum Auffrischen von 64K dynamischen RAMs, Transparent/Burst-Betrieb (TS)	2-430
74602	Steuerbaustein zum Auffrischen von 4K/16K dynamischen RAMs, cycle steal-/Burst-Betrieb (TS)	2-432
74603	Steuerbaustein zum Auffrischen von 64K dynamischen RAMs, cycle steal-/Burst-Betrieb (TS)	2-434
74608	Steuerbaustein für dynamische RAMs (TS)	2-444
74610	Memory mapper zur Expandierung von 4 auf 12 Adressen-leitungen mit Ausgangs-Zwischenspeicher (TS)	2-446

74611	Memory mapper zur Expandierung von 16 auf 24 Adressenleitungen mit Ausgangs-Zwischenspeicher (o.K.)	2-448
74612	Memory mapper zur Expandierung von 16 auf 24 Adressenleitungen (TS)	2-450
74613	Memory mapper zur Expandierung von 16 auf 24 Adressenleitungen (o.K.)	2-452
74783	Synchroner Adressen-Multiplexer	3-148
74785	Synchroner Adressen-Multiplexer	3-152
742967	Steuerbaustein für dynamische RAMs	3-392
742968	Steuerbaustein für dynamische RAMs	3-394

Zähler

Binärzähler (aufwärts)

7469	Zwei asynchrone 4-Bit-Binärzähler	1-152
7492	12-stufiger Zähler	1-202
7493	4-Bit-Binärzähler	1-204
74293	4-Bit-Binärzähler	2-126
74393	Zwei 4-Bit-Binärzähler	2-222
74561	4-Bit-Binärzähler mit synchronem/asynchronem Laden und Löschen (TS)	2-374
74590	8-Bit-Binärzähler mit Ausgangs-Zwischenspeicher und Löschen (TS)	2-408
74591	8-Bit-Binärzähler mit Ausgangs-Zwischenspeicher (o.K.)	2-410
74592	8-Bit-Binärzähler mit Eingangs-Zwischenspeicher, Laden und Löschen	2-412
74593	8-Bit-Binärzähler mit Eingangs-Zwischenspeicher, Laden und Löschen (TS)	2-414

Binärzähler (aufwärts/abwärts)

74269	Synchroner 8-Bit binärer Aufwärts/Abwärtszähler	2-90
74569	4-Bit-Aufwärts/Abwärts-Binärzähler (TS)	2-386
74579	Synchroner 8-Bit binärer Aufwärts/Abwärtszähler (TS)	2-398
74867	Synchroner 8-Bit binärer Aufwärts/Abwärtszähler mit asynchronem Löschen	3-236
74869	Synchroner 8-Bit binärer Aufwärts/Abwärtszähler mit synchronem Löschen	3-238

Dezimalzähler (aufwärts)

7468	Zwei asynchrone Dezimalzähler	1-150
7490	Dezimalzähler	1-198
74290	Dezimalzähler	2-122
74390	Zwei Dezimalzähler	2-220
74490	Zwei Dezimalzähler	2-302
74560	4-Bit-Dezimalzähler mit synchronem/asynchronem Laden und Löschen (TS)	2-372

Dezimalzähler (aufwärts/abwärts)

74568   4-Bit-Aufwärts/Abwärts-Dezimalzähler (TS)   2-384

Dezimalzähler/Decoder/Treiber

74142	Dezimalzähler/Speicher/Decoder/Anzeigetreiber (o.K., 60V)	1-298
74143	Dezimalzähler/Speicher/7-Segment-Decoder/Treiber (15mA)	1-300
74144	Dezimalzähler/Speicher/7-Segment-Decoder/Treiber (o.K., 15V/25mA)	1-302

Programmierbare Binärzähler

74161	Synchroner programmierbarer 4-Bit-Binärzähler mit asynchr. Löschen	1-334
74163	Synchroner programmierbarer 4-Bit-Binärzähler mit synchr. Löschen	1-338
74169	Synchroner programmierbarer Aufwärts/Abwärts-4-Bit-Binärzähler	1-350
74177	Programmierbarer 4-Bit-Binärzähler mit Löschen	1-366
74191	Synchroner programmierbarer Aufwärts/Abwärts-4-Bit-Binärzähler	1-392
74193	Synchroner programmierbarer Aufwärts/Abwärts-4-Bit-Binärzähler mit Löschen	1-396
74197	Programmierbarer 4-Bit-Binärzähler mit Löschen	1-404
74525	Programmierbarer, binärer 16-Bit-Abwärtszähler	2-326
74669	Synchroner programmierbarer Aufwärts/Abwärts-4-Bit-Binärzähler	3-50
74691	Synchroner programmierbarer 4-Bit-Binärzähler mit asychronem Löschen, Register und gemultiplexten Ausgängen (TS)	3-94
74693	Synchroner programmierbarer 4-Bit-Binärzähler mit synchronem Löschen, Register und gemultiplexten Ausgängen (TS)	3-98
74697	Synchroner programmierbarer Aufwärts/Abwärts-4-Bit-Binärzähler,mit asynchronem Löschen, Register und gemultiplexten Ausgängen (TS)	3-102
74699	Synchroner programmierbarer Aufwärts/Abwärts-4-Bit-Binärzähler,mit synchronem Löschen, Register und gemultiplexten Ausgängen (TS)	3-106
74718	Programmierbarer 4-Bit-Binärzähler	3-114
74779	Synchroner programmierbarer 8-Bit binärer Aufwärts/ Abwärtszähler (TS)	3-146

Programmierbare Dezimalzähler

74160	Synchroner programmierbarer Dezimalzähler mit asynchr. Löschen	1-332
74162	Synchroner programmierbarer Dezimalzähler mit synchronem Löschen	1-336
74168	Synchroner programmierbarer Aufwärts/Abwärts-Dezimalzähler	1-348
74176	Programmierbarer Dezimalzähler mit Löschen	1-364
74190	Synchroner programmierbarer Aufwärts/Abwärts-Dezimalzähler	1-390
74192	Synchroner programmierbarer Aufwärts/Abwärts-Dezimalzähler mit Löschen	1-394
74196	Programmierbarer Dezimalzähler mit Löschen	1-402
74668	Synchroner programmierbarer Aufwärts/Abwärts-Dezimalzähler	3-48
74690	Synchroner programmierbarer Dezimalzähler mit asynchronem Löschen, Register und gemultiplexten Ausgängen (TS)	3-92
74692	Synchroner programmierbarer Dezimalzähler mit synchronem Löschen, Register und gemultiplexten Ausgängen (TS)	3-96
74696	Synchroner programmierbarer Aufwärts/Abwärts-Dezimalzähler mit asynchronem Löschen, Register und gemultiplexten Ausgängen (TS)	3-100
74698	Synchroner programmierbarer Aufwärts/Abwärts-Dezimalzähler mit synchronem Löschen, Register und gemultiplexten Ausgängen (TS)	3-104
74716	Programmierbarer Dezimalzähler	3-112

Verschiedene Bausteine

7431	Verzögerungselemente	1-82
7463	Sechs Stromsensoren	1-144
74120	Zwei Puls-Synchronisierer/Treiber	1-260
74292	2 EXP 30 programmierbarer Zähler	2-124
74294	2 EXP 16 programmierbarer Zähler	2-128
74297	Digitaler Phase-Locked-Loop-Baustein (PLL)	2-132
74500	6-Bit-A/D-F!ash-Wandler	2-304
74502	8-Bit-Register für schrittweise Näherung in A/D-Wandlern	2-306
74503	8-Bit-Register für schrittweise Näherung in A/D-Wandlern, mit Erweiterungs-Eingang	2-308
74504	12-Bit-Register für schrittweise Näherung in A/D-Wandlern, mit Erweiterungs-Eingang	2-310
74505	8-Bit-A/D-Wandler mit schrittweiser Näherung	2-312
742000	Universalbaustein mit Richtungs-Diskriminator und Aufwärts/Abwärtszähler (TS)	3-362

3. Allgemeines über die TTL-Serie

Ausführliche Beschreibungen des Aufbaus von integrierten TTL-Schaltungen sind in zahlreichen Veröffentlichungen zu finden.
Es werden daher an dieser Stelle nur die wichtigsten Eigenschaften der TTL-Schaltungen und deren verschiedenen Versionen kurz aufgezählt und einige zusätzliche Informationen gegeben.
Derzeit gibt es einschließlich der Standard-Ausführung insgesamt 8 Serien oder Familien:

a. **Standard-TTL** (StdTTL):
   Typische Durchlauf-Verzögerung: 10ns
   Leistungsaufnahme: 10mW/Gatter
b. **Advanced-Low-Power-Schottky-TTL** (ALS-TTL):
   Durchlauf-Verzögerung: 4ns
   Leistungsaufnahme: 1 mW/Gatter
c. **Advanced-Schottky-TTL** (AS-TTL):
   Durchlauf-Verzögerung: 1.5ns
   Leistungsaufnahme: 22mW/Gatter
d. **Fast-Schottky-TTL** (F-TTL):
   Durchlauf-Verzögerung: 2ns
   Leistungsaufnahme: 4mW/Gatter
e. **High-Power-TTL** (H-TTL):
   Durchlauf-Verzögerung: 6ns
   Leistungsaufnahme: 22.5mW/Gatter
f. **Low-Power-TTL**(L-TTL):
   Durchlauf-Verzögerung: 33ns
   Leistungsaufnahme: 1 mW/Gatter
g. **Low-Power-Schottky-TTL** (LS-TTL):
   Durchlauf-Verzögerung: 9ns
   Leistungsaufnahme: 2mW/Gatter
h. **Schottky-TTL** (S-TTL):
   Durchlauf-Verzögerung: 5ns
   Leistungsaufnahme: 20mW/Gatter

Ordnet man die Familien bezüglich ihrer Schaltzeiten an, kann man folgende Reihenfolge aufstellen:

1	AS	1.5 ns
2	F	2 ns
3	S	3 ns
4	ALS	4 ns
5	H	6 ns
6	LS	9 ns
7	Std	10 ns
8	L	33 ns

Ausgangsbelastung:
$C_L = 15pF$
$R_L = 280\Omega$

Bei der Anordnung der Familien bezüglich ihrer Leistungsaufnahme ergibt sich folgende Reihenfolge:

1	H	22.5 mW/Gatter
2	AS	22 mW/Gatter
3	S	20 mW/Gatter
4	Std	10 mW/Gatter
5	F	4 mW/Gatter
6	LS	2 mW/Gatter
7	L	1 mW/Gatter
8	ALS	1 mW/Gatter

gilt für unbelastete Ausgänge bei 1 kHz und einem Tastverhältnis von 50%

TTL-Ausgangsstufen:

a. *Gegentakt-Endstufe*, auch Totem-pole-Endstufe oder „Push-Pull-Endstufe" genannt. Dies ist die bei TTL-Stufen üblichste Ausgangsstufe. Anstiegs- und Abfallzeiten sind praktisch gleich lang. Diese Ausgänge dürfen nicht parallel geschaltet werden. Es sind keine externen Bauelemente für den Betrieb erforderlich.

b. *Ausgang mit offenem Kollektor* (o.K.). Hier muss ein externer Widerstand (Arbeitswiderstand) an +Ug gelegt werden, wodurch eine Wired-AND-Funktion realisiert werden kann.

c. *Dreizustands-Ausgang* (Tristate). Bei den beiden aktiven Zuständen logisch 0 und logisch 1 verhält er sich wie der bekannte Totem-pole. Im dritten Zustand (auch als Z-Zustand bezeichnet) besitzt der Ausgang eine sehr hohe Impedanz und belastet daher die angeschlossenen Schaltungen, insbesondere Bus-Leitungen, nicht. Der Ausgang passt sich hierbei dem Pegelzustand der Leitung an.

Ausgangsbelastbarkeit (Fan Out)

Die Ausgangsbelastbarkeit gibt an, von wieviel Lasteinheiten (N) der Baustein bei L-Potential einen Strom zu ziehen vermag, bzw. an wieviel Lasteinheiten er bei H-Potential einen Strom liefern kann.

Z.B. ist jeder Standard-Ausgang imstande, 10 Standard-Eingänge zu steuern. Ein Low-Power-Baustein kann dagegen nur einen einzigen Schottky-Eingang treiben. Nachstehende Tabelle gibt eine Übersicht für die übrigen Familien:

TTL-Treiber	TTL-Last							
	Std	ALS	AS	F	H	L	LS	S
Std	10	20	8	20	8	40	20	8
ALS	10	20	10	20	4	40	20	10
AS	10	50	10	50	10	100	50	10
F	12	25	10	25	10	48	25	10
H	12	25	10	25	10	50	25	10
L	2	10	1	10	1	20	10	1
LS	5	20	8	50	4	40	50	10
S	12	50	10	50	10	100	50	10

Gemeinsame elektrische Daten der TTL-Serie

			Std	ALS	AS	F	H	L	LS	S	
Betriebsspannung	U_B	min	4.75	4.75	4.75	4.75	4.75	4.75	4.75	4.75	V
		typ	5.0	5.0	5.0	5.0	5.0	5.0	5.0	5.0	V
		max	5.25	5.25	5.25	5.25	5.25	5.25	5.25	5.25	V
Eingangsspannung	U_{IL}	max	0.8	0.8	0.8	0.8	0.8	0.8	0.8	0.8	V
	U_{IH}	min	2.0	2.0	2.0	2.0	2.0	2.0	2.0	2.0	V
Eingangsstrom	I_{IL}	max	−1.6	−0.2	−1.0	−1.2	−2.0	−0.18	−0.36	−2.0	mA
	I_{IH}	max	40	20	20	40	50	10	20	50	µA
Ausgangsspannung	U_{OL}	max[1]	0.4	0.35	0.35	0.35	0.2	0.2	0.5	0.5	V
	U_{OH}	min	2.4	3.2	3.2	3.4	3.4	3.4	2.7	2.7	V
Ausgangsstrom[2]	I_{OL}	max	16	8[3]	20	20	20	4	8[3]	20	mA
Leistungsaufnahme/Gatter	P	typ	10	1	22	4	22.5	1	2	20	mW
Laufzeit/Gatter	t_p	typ	10	4	1.5	2	6	33	9	3	ns

[1]) bei I_{OL} max
[2]) bei U_{OL} max
[3]) bei gepufferten Ausgängen 40 mA

4. Bezeichnung der TTL-Bausteine

In den Tabellen "Numerisches Typenverzeichnis", "Typenübersicht nach Funktionsgruppen" und den Einzelbeschreibungen sind die TTL-Bausteine nur mit ihrer Nummer, bestehend aus einer zusammenhängenden Gruppe von 4, 5, 6 oder 7 Ziffern gekennzeichnet.

Die einzelnen Firmen identifizieren ihre Produkte durch zusätzliche Buchstaben, die der Seriennummer vorangestellt werden. Diese Firmenbezeichnungen sind anschließend beschrieben:

Advanced Micro Devices (AMD) setzt die Buchstaben Am vor die Typennummer (also AmXXXX).
Fairchild (FA) verwendet meist keine zusätzlichen Buchstaben (also XXXX).
Hitachi (HIT) setzt HD vor die Typennummer (also HD XXXX).
Monolithic Memories GmbH (MMI) setzt die Buchstaben SN vor die Typennummer (SN XXXX).
Motorola (MOT) setzt die Buchstaben SN vor die Typennummer (also SN XXXX), und bei Fast MC (also MC XXXX).
National Semiconductors (IMS) setzt die Buchstaben DM vor die Typennummer (also DM XXXX).
SGS-Ates (SGS) setzt den Buchstaben T vor die Typennummer (also T XXXX).
Siemens (SIE) verwendet eigene Bezeichnungen FLH 101 usw., versieht seine Bausteine jedoch gleichzeitig mit der Standard-Bezeichnung 74 XX.
Texas Instruments (TI) setzt die Buchstaben SN vor die Typennummer (also SN XXXX).
Toshiba (TOS) setzt die Buchstaben TC vor die Typennummer (also TC XXXX).
Valvo (VA) setzt manchmal den Buchstaben N vor die Typennummer (also N XXXX).

Alle Hersteller kennzeichnen die einzelnen Familien der TTL-Serie einheitlich wie folgt:

Standard-TTL	74 XX
Advanced-Low-Power-Schottky-TTL	74 ALS XX
Advanced-Schottky-TTL	74 AS XX
Fast-Schottky-TTL	74 F XX
High-Power-TTL	74 H XX
Low-Power-TTL	74 L XX
Low-Power-Schottky-TTL	74 LS XX
Schottky-TTL	74 S XX

5. Hersteller-Verzeichnis

Es werden nur die Haupt-Niederlassungen der einzelnen Firmen angeführt. Eine Aufzählung aller Distributoren wäre zu umfangreich und ist gegebenenfalls den entsprechenden Datenbüchern oder anderen Quellen zu entnehmen.

Advanced Micro Devices GmbH
Rosenheimerstr. 143 B
D-8000 München 80
Tel. 089/41 14-0
Fax 089/406490

Fairchild siehe Harris

Harris Semiconductor
Putzbrunner Str.69
D-81739 München
Tel. 089/63813-0
Fax 089/63778201

Hitachi Europe GmbH
Hans Pinselstr. 10A
D-8013 Haar/München
Tel. 089/4614-0
Fax 089/98463151

Motorola GmbH
Geschäftsbereich Halbleiter
Schatzbogen 7
D-81829 München
Tel. 089/9272-0
Fax 089/92103-101

National Semiconductor GmbH
Industriestr. 10
D-8080 Fürstenfeldbruck
Tel. 08141/103-1
Fax 08141/103-506

Philips Components GmbH
Buchardstr. 19
D-20043 Hamburg
Tel. 040/3296-0
Fax 040/3296-213

RCA siehe Harris

SGS-Thomson Microelectronics
Bretonischer Ring 4
D-85630 Grasbrunn bei Müchen
Tel. 089/46006-0
Fax 089/ 4605454

Siemens AG
Wittelsbacherplatz 2
D-80333 München 1
Tel. 089/234-0
Fax 089/234-4242

Texas Instruments GmbH
Haggertystr. 1
D-85365 Freising
Tel. 08161/80-0
Fax 08161/804516

Toshiba Electronics Deutschland GmbH
Hansaallee 181
D-40549 Düsseldorf
Tel. 0211/5296-0
Fax 0211/5296-405

Valvo siehe Philips Components

6. Zeichenerklärung

Alle Angaben beziehen sich auf integrierte TTL-Schaltungen im Dual-In-Line-Gehäuse (Plastik), die für den industriellen Temperaturbereich von 0° bis 70°C spezifiziert sind. Für die integrierten Bausteine mit anderen Gehäuseformen und für andere Temperaturbereiche sind die Daten den Unterlagen der jeweiligen Hersteller zu entnehmen. Die Anschlussbelegung der Bausteine sind in der Draufsicht zu verstehen.

Pegelbezeichnungen

H = High (High level): Bedeutet eine Spannung, die positiver als jene Spannung ist, die mit Low bezeichnet wird (= logisch 1 bei positiver Logik)

L = Low (Low level): Bedeutet eine Spannung, die negativer als jene Spannung ist, die mit High bezeichnet wird (= logisch 0 bei positiver Logik).

LH-Übergang: Ein Übergang des Pegels von Low auf High (positive oder ansteigende Flanke eines Impulses).

HL-Übergang: Ein Übergang eines Pegels von High auf Low (negative oder abfallende Flanke eines Impulses).

Symbole und Abkürzungen

⊥	=	Masse
⊕—	=	positive Betriebsspannung (typ. +5V)
NC	=	dieser Pin ist nicht intern verbunden (Not Connected) und kann daher als Lötpunkt verwendet werden.
A	=	Adressen-Eingang (oder Gatter-Eingang)
C	=	Übertrag (Carry)
CI	=	Übertrags-Eingang (Carry Input)
CO	=	Übertrags-Ausgang (Carry Output)
Clear	=	Löschen (oder Reset)
Clock	=	Takt
E, G	=	Freigabe (Enable)
J,K,D	=	Dateneingänge für speichernde Elemente
Load	=	Lade-Eingang
OE	=	Ausgangs-Freigabe (Output Enable)
P	=	Parallele Daten
Preset	=	Voreinstell-Eingang
Q	=	Ausgang
Reset	=	Rücksetzen (oder Clear)
Shift	=	Schiebe-Eingang
TS	=	Tristate (hochohmiger Zustand)
Y	=	Ausgang (meist bei Gattern)

Die übrigen Anschluss-Bezeichnungen entnehmen Sie dem zugehörigen Text. Trotz einer gewissen Vereinheitlichung der Anschluss-Bezeichnungen wurde so weit wie möglich auf die vom jeweiligen Hersteller verwendeten Bezeichnungen Rücksicht genommen. Dann ist bei einem eventuellen Nachschlagen in den zugehörigen Datenbüchern kein kompliziertes Umdenken erforderlich.

Wahrheitstabellen

L	=	Low
H	=	High
X	=	beliebig
Z	=	hochohmig (Tristate)
⌐	=	LH-Übergang (positive Flanke)
⌐	=	HL-Übergang (negative Flanke)
⌐	=	positiver Impuls (L → H → L)
⌐	=	negativer Impuls (H → L → H)

7. Beschreibung der Bausteine

7400 — 74200

| 7400 | Vier NAND-Gatter mit je 2 Eingängen |

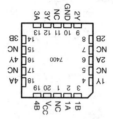

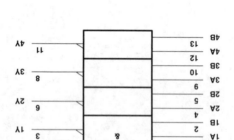

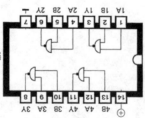

Fortsetzung:

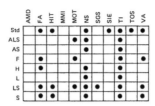

Eingänge		Ausgang
A	B	Y
L	X	H
X	L	H
H	H	L

Beschreibung:
Dieser Baustein enthält vier getrennte NAND-Gatter mit je 2 Eingängen.

Betrieb:
Alle vier NAND-Gatter können unabhängig voneinander verwendet werden.
Bei jedem Gatter wird mit einem oder beiden Eingängen auf Low der Ausgang High sein.
Sind beide Eingänge High, wird der Ausgang Low sein.

Anwendung:
Realisierung von NAND-, UND- und Inverter-Funktionen.

Daten:	Std	ALS	AS	F	LS	S	
Durchlauf-Verzögerung	10	6	2.6	3.4	9.5	3	ns
Stromaufnahme	8	1	4	4.4	2	15	mA

7400	Vier NAND-Gatter mit je 2 Eingängen

7400-S6 — Vier NAND-Gatter mit je 2 Eingängen

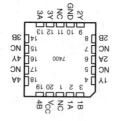

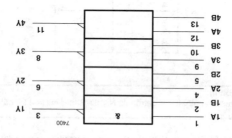

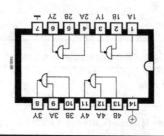

Fortsetzung:

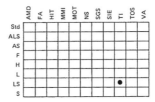

Eingänge		Ausgang
A	B	Y
L	X	H
X	L	H
H	H	L

Beschreibung:
Dieser Baustein enthält vier NAND-Gatter mit je 2 Eingängen, wobei die maximale Eingangsspannung 15V betragen kann.

Betrieb:
Alle vier NAND-Gatter können unabhängig voneinander verwendet werden.
Bei jedem Gatter wird mit einem oder beiden Eingängen auf Low der Ausgang High sein.
Sind beide Eingänge High, wird der Ausgang Low sein.
Der Baustein ist pinkompatibel mit dem 7400, verträgt jedoch eine Eingangsspannung bis +15 Volt.

Anwendung:
Realisierung von NAND-, UND- und Inverter-Funktionen, Interface-Schaltungen CMOS

Daten:	LS	
Max. Elngangsspannung	15	V
Durchlauf-Verzögerung	10	ns
Stromaufnahme	2	mA

7400-S6 — Vier NAND-Gatter mit je 2 Eingängen

7401 — Vier NAND-Gatter mit je 2 Eingängen (o.K.)

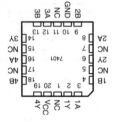

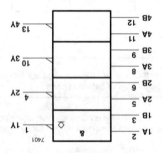

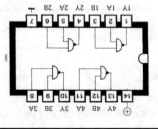

Fortsetzung:

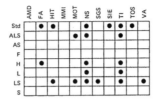

Eingänge		Ausgang
A	B	Y
L	X	H
X	L	H
H	H	L

Beschreibung:
Dieser Baustein enthält vier getrennte NAND-Gatter mit je 2 Eingängen. Die Ausgänge besitzen einen offenen Kollektor.

Betrieb:
Alle vier NAND-Gatter können unabhängig voneinander verwendet werden. Bei jedem Gatter wird mit einem oder beiden Eingängen auf Low der Ausgang High sein. Sind beide Eingänge High, wird der Ausgang Low sein.
Einen Ausgang mit High erhält man jedoch nur, wenn ein externer Widerstand, gewöhnlich 2.2kΩ, vom Ausgang an +5 Volt gelegt wird. Beachten Sie die andere Anschlussbelegung gegenüber dem 7400.

Anwendung:
Realisierung von NAND-, UND- und Inverter-Funktionen.

Daten:	Std	ALS	LS	
Max. Ausgangsspannung	5.5	5.5	5.5	V
Durchlauf-Verzögerung	22	28.5	16	ns
Stromaufnahme	8	1	2	mA

7401 — Vier NAND-Gatter mit je 2 Eingängen (o.K.)

7401-S1 — Vier NAND-Gatter mit je 2 Eingängen (o.K., 15V)

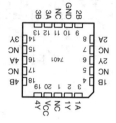

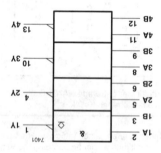

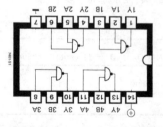

Fortsetzung:

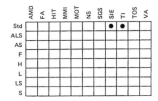

Eingänge		Ausgang
A	B	Y
L	X	H
X	L	H
H	H	L

Beschreibung:
Dieser Baustein enthält vier getrennte NAND-Gatter mit je 2 Eingängen. Die Ausgänge besitzen einen offenen Kollektor mit einer maximal zulässigen Spannung von +15 Volt.

Betrieb:
Alle vier NAND-Gatter können unabhängig voneinander verwendet werden. Bei jedem Gatter wird mit einem oder beiden Eingängen auf Low der Ausgang High sein. Sind beide Eingänge High, wird der Ausgang Low sein.
Einen Ausgang mit High erhält man jedoch nur, wenn ein externer Widerstand vom Ausgang an maximal +15V gelegt wird. Der Baustein eignet sich daher besonders für Interface-Schaltungen TTL zu CMOS. Beachten Sie die andere Anschlussbelegung gegenüber dem 7400.

Anwendung:
Realisierung von NAND-, UND- und Inverter-Funktionen, Interface-Schaltungen TTL zu CMOS.

Daten:	Std	
Max. Ausgangsspannung	15	V
Durchlauf-Verzögerung	22	ns
Stromaufnahme	8	mA

7401-S1 | Vier NAND-Gatter mit je 2 Eingängen (o.K., 15V)

7401-S3 — Vier NAND-Gatter mit je 2 Eingängen (o.K., 50µA)

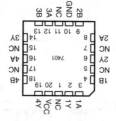

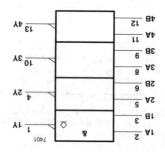

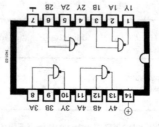

Fortsetzung:

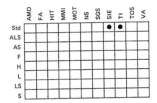

Eingänge		Ausgang
A	B	Y
L	X	H
X	L	H
H	H	L

Beschreibung:
Dieser Baustein enthält vier getrennte NAND-Gatter mit je 2 Eingängen. Die Ausgänge besitzen einen offenen Kollektor mit niedrigem Reststrom.

Betrieb:
Alle vier NAND-Gatter können unabhängig voneinander verwendet werden. Bei jedem Gatter wird mit einem oder beiden Eingängen auf Low der Ausgang High sein. Sind beide Eingänge High, wird der Ausgang Low sein.
Einen Ausgang mit High erhält man jedoch nur, wenn ein externer Widerstand vom Ausgang an +5V gelegt wird. Der Baustein ist pinkompatibel mit dem 7401, besitzt jedoch einen niedrigeren maximalen Reststrom bei V_{OH} (Ausgangsspannung bei High) von 50µA.
Beachten Sie die andere Anschlussbelegung gegenüber dem 7400.

Anwendung:
Realisierung von NAND-, UND- und Inverter-Funktionen.

Daten:	Std	
Max. Ausgangsspannung	5.5	V
Max. Reststrom bei V_{OH}	50	µA
Durchlauf-Verzögerung	22	ns

7401-S3 Vier NAND-Gatter mit je 2 Eingängen (o.K., 50µA)

7402 — Vier NOR-Gatter mit je 2 Eingängen

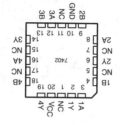

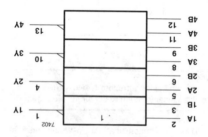

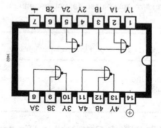

Fortsetzung :

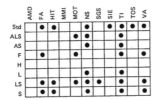

Eingänge		Ausgang
A	B	Y
H	X	L
X	H	L
L	L	H

Beschreibung:
Der Baustein enthält vier getrennte NOR-Gatter mit je 2 Eingängen.

Betrieb:
Alle vier NOR-Gatter können unabhängig voneinander verwendet werden.
Bei jedem Gatter wird der Ausgang Low sein, wenn einer oder beide Eingänge High sind.
Sind beide Eingänge Low, so ist der Ausgang High.

Anwendung:
Realisierung von NOR-Funktionen.

Daten:	Std	ALS	AS	F	LS	S	
Durchlauf-Verzögerung	12	7	2.75	4.4	10	3.5	ns
Stromaufnahme	12	1.5	8	3.4	2	23	mA

7402	Vier NOR-Gatter mit je 2 Eingängen

7402-S1 — Vier NOR-Gatter mit je 2 Eingängen

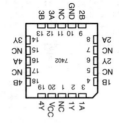

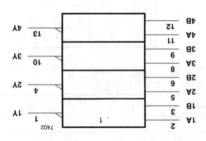

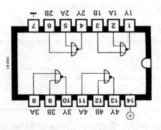

Fortsetzung:

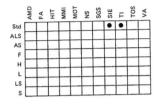

Eingänge		Ausgang
A	B	Y
H	X	L
X	H	L
L	L	H

Beschreibung:
Dieser Baustein enthält vier getrennte NOR-Gatter mit je 2 Eingängen.

Betrieb:
Alle vier NOR-Gatter können unabhängig voneinander verwendet werden.
Bei jedem Gatter wird der Ausgang Low sein, wenn einer oder beide Eingänge High sind.
Sind beide Eingänge Low, so ist der Ausgang High.
Bei High kann die Ausgangsspannung auf maximal 6.5V erhöht werden. Der externe Pull-up-Widerstand muss hierbei so dimensioniert werden, dass der Ausgangsstrom bei Low auf 16mA und bei High auf 500µA (bei 6.5V Ausgangsspannung) begrenzt wird.

Anwendung:
Realisierung von NOR-Funktionen.

Daten:	Std	
Max. Ausgangsspannung	6.5	V
Durchlauf-Verzögerung	10	ns
Stromaufnahme	11	mA

7402-S1 | Vier NOR-Gatter mit je 2 Eingängen

7403 — Vier NAND-Gatter mit je 2 Eingängen (o.K.)

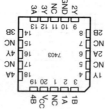

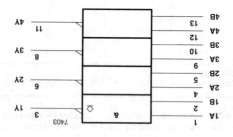

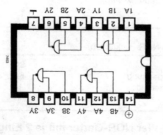

Fortsetzung:

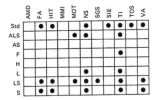

Eingänge		Ausgang
A	B	Y
L	X	H
X	L	H
H	H	L

Beschreibung:
Der Baustein enthält vier getrennte NAND-Gatter mit je 2 Eingängen. Die Ausgänge besitzen einen offenen Kollektor.

Betrieb:
Alle vier NAND-Gatter können unabhängig voneinander verwendet werden. Bei jedem Gatter wird mit einem oder beiden Eingängen auf Low der Ausgang High sein. Sind beide Eingänge High, wird der Ausgang Low sein.
Einen Ausgang mit High erhält man jedoch nur, wenn ein externer Widerstand, (gewöhnlich 2.2kΩ bei Std.-, 280Ω bei S-Typen) vom Ausgang gegen +5 Volt gelegt wird. Die Anschluss-Belegung ist identisch mit dem logisch ähnlichen 7400. Die Schaltung selbst stimmt mit dem 7401, bis auf die andere Anschlussfolge, überein.

Anwendung:
Realisierung von NAND-, UND- und Inverter-Funktionen.

Daten:	Std	ALS	LS	S	
Max. Ausgangsspannung	5.5	5.5	5.5	5.5	V
Durchlauf-Verzögerung	22	25	16	5	ns
Stromaufnahme	8	1	2	12	mA

7403	Vier NAND-Gatter mit je 2 Eingängen (o.K.)

7403-S1 — Vier NAND-Gatter mit je 2 Eingängen (o.K., 15V)

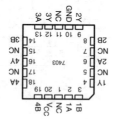

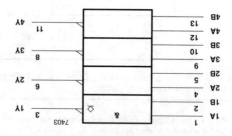

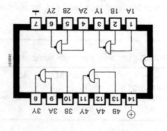

Fortsetzung:

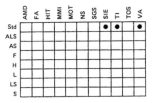

Eingänge		Ausgang
A	B	Y
L	X	H
X	L	H
H	H	L

Beschreibung:
Dieser Baustein enthält vier getrennte NAND-Gatter mit je 2 Eingängen. Die Ausgänge besitzen einen offenen Kollektor mit einer maximalen Ausgangsspannung von +15V.

Betrieb:
Alle vier NAND-Gatter können unabhängig voneinander verwendet werden. Bei jedem Gatter wird mit einem oder beiden Eingängen auf Low der Ausgang High sein. Sind beide Eingänge High, wird der Ausgang Low sein.
Einen Ausgang mit High erhält man jedoch nur, wenn man einen externen Widerstand vom Ausgang an maximal +15V legt. Der Baustein eignet sich besonders für Interface-Schaltungen TTL zu CMOS.
Die Anschlussbelegung ist identisch mit dem logisch ähnlichen 7400. Die Schaltung selbst stimmt mit dem 7401-S1, bis auf die andere Anschlussfolge überein.

Anwendung:
Realisierung von NAND-, UND- und Inverter-Funktionen, Interface-Schaltungen TTL zu CMOS.

Daten:	Std	
Max. Ausgangsspannung	15	V
Durchlauf-Verzögerung	22	ns
Stromaufnahme	8	mA

7403-S1 — Vier NAND-Gatter mit je 2 Eingängen (o.K., 15V)

7403-S3 — Vier NAND-Gatter mit je 2 Eingängen (o.K. 50µA)

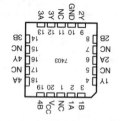

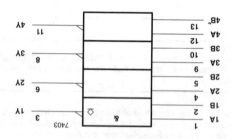

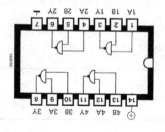

Fortsetzung:

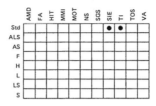

Eingänge		Ausgang
A	B	Y
L	X	H
X	L	H
H	H	L

Beschreibung:
Dieser Baustein enthält vier getrennte NAND-Gatter mit je 2 Eingängen. Die Ausgänge besitzen einen offenen Kollektor mit niedrigem Reststrom.

Betrieb:
Alle vier NAND-Gatter können unabhängig voneinander verwendet werden. Bei jedem Gatter wird mit einem oder beiden Eingängen auf Low der Ausgang High sein. Sind beide Eingänge High, wird der Ausgang Low sein.
Einen Ausgang mit High erhält man jedoch nur, wenn ein externer Widerstand vom Ausgang an +5V gelegt wird. Der Baustein ist pinkompatibel mit dem 7403, besitzt jedoch einen niedrigeren maximalen Reststrom bei V_{OH} (Ausgangsspannung bei High) von 50µA.
Die Anschlussbelegung ist identisch mit dem logisch ähnlichen 7400. Die Schaltung selbst stimmt mit dem 7401-S3, bis auf die andere Anschlussfolge, überein.

Anwendung:
Realisierung von NAND-, UND- und Inverter-Funktionen.

Daten:	Std	
Max. Ausgangsspannung	5.5	V
Durchlauf-Verzögerung	22	ns
Stromaufnahme	8	mA

7403-S3 Vier NAND-Gatter mit je 2 Eingängen (o.K. 50µA)

7404 | Sechs Inverter

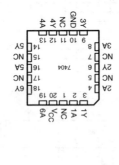

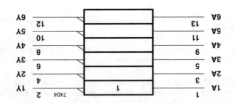

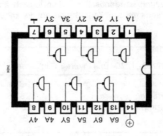

Fortsetzung:

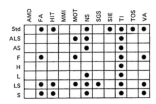

Eingang A	Ausgang Y
H	L
L	H

Beschreibung:
Der Baustein enthält 6 getrennte Inverter.

Betrieb:
Alle sechs Inverter können unabhängig voneinander verwendet werden. Bei jedem Inverter ergibt ein Eingang Low einen Ausgang High, und umgekehrt. Der 7414 enthält sechs Inverter mit Schmitt-Trigger-Funktionen und gleicher Anschlussbelegung.

Anwendung:
Logische Inversion, Pulsformung, Oszillatoren.

Daten:	Std	ALS	AS	F	LS	S
Durchlauf-Verzögerung	10	6	2.75	3.5	9.5	3
Stromaufnahme	12	2	8	6.9	3	23

7404 — Sechs Inverter

7404-S6 — Sechs Inverter

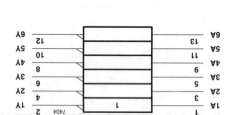

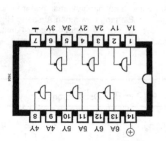

Fortsetzung :

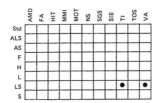

Eingang A	Ausgang Y
H	L
L	H

Beschreibung:
Dieser Baustein enthält 6 getrennte Inverter, wobei die maximale Eingangsspannung +15V betragen kann.

Betrieb:
Alle sechs Inverter können unabhängig voneinander verwendet werden.
Bei jedem Inverter ergibt ein Eingang Low einen Ausgang High, und umgekehrt.
Infolge der maximal zulässigen Eingangsspannung von +15V eignet sich dieser Baustein besonders für Interface-Schaltungen CMOS zu TTL.

Anwendung:
Logische Inversion, Pulsformung, Oszillatoren, Pegelwandler CMOS zu TTL

Daten:	LS	
Max. Ausgangsspannung	15	V
Durchlauf-Verzögerung	10	ns
Stromaufnahme	3	mA

7404-S6 Sechs Inverter

7405 | Sechs Inverter (o.K.)

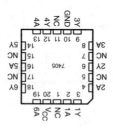

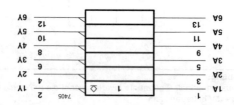

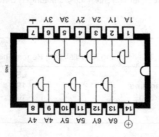

Fortsetzung:

	AMD	FA	HIT	MMI	MOT	NS	SGS	SIE	TI	TOS	VA
Std	●	●				●		●	●	●	●
ALS					●			●			
AS								●			
F											
H	●					●		●			
L						●					
LS	●	●		●	●	●		●	●		●
S	●	●				●			●		●

Eingang A	Ausgang Y
H	L
L	H

Beschreibung:
Dieser Baustein enthält 6 getrennte Inverter mit offenem Kollektor.

Betrieb:
Alle Inverter können unabhängig voneinander verwendet werden. Bei jedem Inverter ergibt ein Eingang Low einen Ausgang High, und umgekehrt. Einen Ausgang mit High erhält man jedoch nur, wenn ein externer Widerstand, gewöhnlich 2.2kΩ, vom Ausgang an +5 Volt gelegt wird.

Anwendung:
Logische Inversion, Pulsformung, Oszillatoren.

Daten:	Std	ALS	AS	LS	S	
Max. Ausgangsspannung	5.5	5.5	5.5	5.5	5.5	V
Durchlauf-Verzögerung	22	23	20	16	5	ns
Stromaufnahme	12	2	8	2.5	21	mA

7405 — Sechs Inverter (o.K.)

7405-S1 | Sechs Inverter (o.K., 15V)

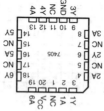

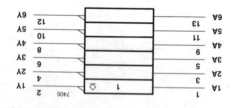

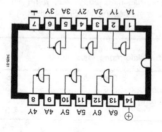

Fortsetzung:

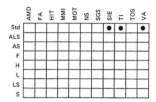

Eingang A	Ausgang Y
H	L
L	H

Beschreibung:
Dieser Baustein enthält 6 getrennte Inverter mit offenem Kollektor und einer maximalen Ausgangsspannung von +15V.

Betrieb:
Alle Inverter können unabhängig voneinander verwendet werden. Bei jedem Inverter ergibt ein Eingang Low einen Ausgang High, und umgekehrt. Einen Ausgang mit High erhält man jedoch nur, wenn ein externer Widerstand vom Ausgang an maximal +15V gelegt wird. Der Baustein eignet sich daher besonders für Interface-Schaltungen TTL zu CMOS.

Anwendung:
Logische Inversion, Pulsformung, Oszillatoren, Pegelwandler TTL zu CMOS.

Daten:	Std	
Maximale Ausgangsspannung	15	V
Durchlauf-Verzögerung	22	ns
Stromaufnahme	12	mA

7405-S1 Sechs Inverter (o.K., 15V)

7405-S3	Sechs Inverter (o.k., 50µA)

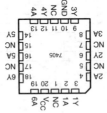

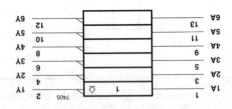

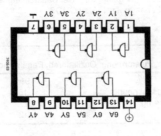

Fortsetzung:

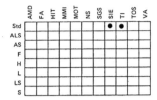

Eingang A	Ausgang Y
H	L
L	H

Beschreibung:
Dieser Baustein enthält 6 getrennte Inverter mit offenem Kollektor mit niedrigem Reststrom.

Betrieb:
Alle Inverter können unabhängig voneinander verwendet werden. Bei jedem Inverter ergibt ein Eingang Low einen Ausgang High, und umgekehrt. Einen Ausgang mit High erhält man jedoch nur, wenn ein externer Widerstand vom Ausgang an +5V gelegt wird.
Der Baustein ist pinkompatibel mit dem 7405, besitzt jedoch einen niedrigeren maximalen Reststrom bei V_{OH} (Ausgangsspannung bei High) von 50µA.

Anwendung:
Logische Inversion, Pulsformung, Oszillatoren.

Daten:	Std	
Maximale Ausgangsspannung	5.5	V
Durchlauf-Verzögerung	22	ns
Stromaufnahme	12	mA

7405-S3 Sechs Inverter (o.K., 50µA)

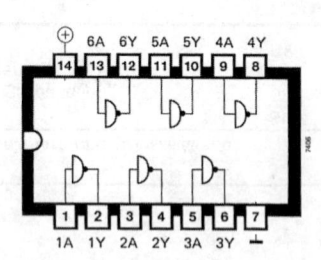

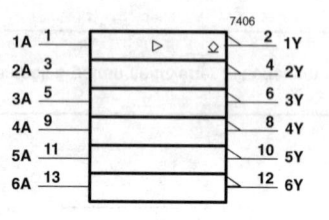

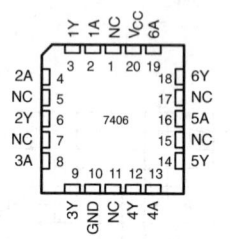

| 7406 | Sechs invertierende Treiber (o.K., 30 V) |

Fortsetzung:

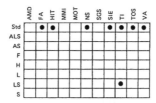

	AMD	FA	HIT	MMI	MOT	NS	SGS	SIE	TI	TOS	VA
Std	●	●			●		●	●	●	●	●
ALS											
AS											
F											
H											
L											
LS								●			
S											

Eingang A	Ausgang Y
H	L
L	H

Beschreibung:
Dieser Baustein enthält 6 getrennte Inverter mit offenem Kollektor, und einer maximalen Ausgangsspannung von +30V.

Betrieb:
Alle Inverter können unabhängig voneinander verwendet werden. Bei jedem Inverter ergibt ein Eingang Low einen Ausgang High, und umgekehrt. Einen Ausgang mit High erhält man jedoch nur, wenn ein externer Widerstand vom Ausgang an eine positive Spannung (maximal 30V) gelegt wird.
Beachten Sie, dass die Betriebsspannung des Bausteines aber weiterhin 5 Volt beträgt.
Dieser Baustein ist identisch mit dem 7405, mit Ausnahme, dass die maximale Ausgangsspannung 30V beträgt.

Anwendung:
Logische Inversion, Pulsformung, Oszillatoren, Ansteuerung von Bausteinen mit höherer Betriebsspannung.

Daten:	Std	LS	
Maximale Ausgangsspannung	30	30	V
Durchlauf-Verzögerung	12.5	12.5	ns
Maximale Stromaufnahme je Inv. (Low)	40	40	mA
Mittlere Stromaufnahme je Baustein	32	6	mA

7406   Sechs invertierende Treiber (o.K., 30 V)

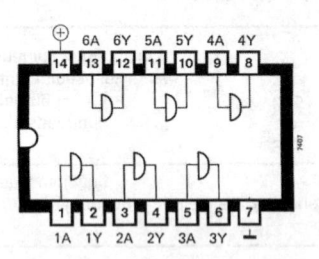

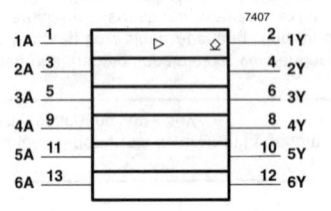

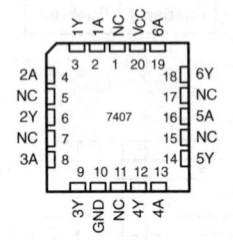

| 7407 | Sechs Treiber (o.K., 30 V) |

Fortsetzung:

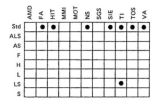

Eingang A	Ausgang Y
H	L
L	H

Beschreibung:
Dieser Baustein enthält 6 getrennte nicht-invertierende Treiber mit offenem Kollektor.

Betrieb:
Alle Treiber können unabhängig voneinander verwendet werden.
Bei jedem Treiber ergibt ein Eingang Low einen Ausgang Low. Ein Eingang mit High ergibt einen hochohmigen Ausgang. Im Low-Zustand kann der Ausgang bis zu 40mA aufnehmen.
Einen Ausgang mit High erhält man nur, wenn ein externer Widerstand vom Ausgang an eine positive Spannung (maximal 30V) gelegt wird. Beachten Sie, dass die Betriebsspannung des Bausteins aber weiterhin 5 Volt beträgt.
Die Pinbelegung stimmt mit dem 7406 überein, der jedoch die Eingangsspannung invertiert.

Anwendung:
Pulsformung, Oszillatoren, Ansteuerung von Bausteinen mit höherer Betriebsspannung.

Daten:	Std	LS	
Maximale Ausgangsspannung	12	12	V
Durchlauf-Verzögerung	30	30	ns
Maximale Stromaufnahme je Inv. (Low)	40	40	mA
Mittlere Stromaufnahme je Baustein	31	6	mA

7407	Sechs Treiber (o.K., 30 V)

7408 | Vier UND-Gatter mit je 2 Eingängen

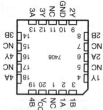

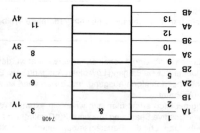

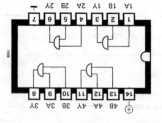

Fortsetzung:

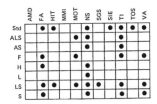

	AMD	FA	HIT	MMI	MOT	NS	SGS	SIE	TI	TOS	VA
Std	●	●				●		●	●	●	●
ALS					●	●		●			
AS						●		●			
F	●				●			●			●
H	●					●					
L						●					
LS	●	●			●	●	●		●		●
S	●					●			●		●

Eingänge		Ausgang
A	B	Y
L	X	L
X	L	L
H	H	H

Beschreibung:
Dieser Baustein enthält vier getrennte UND-Gatter mit je 2 Eingängen.

Betrieb:
Alle vier UND-Gatter können unabhängig voneinander betrieben werden.
Bei jedem Gatter wird mit einem oder beiden Eingängen auf Low der Ausgang Low sein.
Sind beide Eingänge High, so wird der Ausgang High sein.

Anwendung:
Realisierung von UND-Funktionen, nicht-invertierende Puffer.

Daten:	Std	ALS	AS	F	LS	S
Durchlauf-Verzögerung	17.5	g	3.25	4.1	8	4.5 ns
Stromaufnahme	15	2	10	7.1	3	25 mA

7408	**Vier UND-Gatter mit je 2 Eingängen**

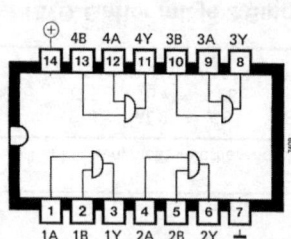

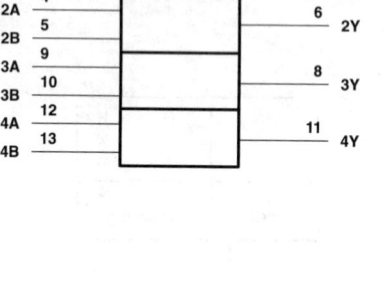

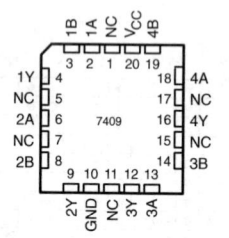

| 7409 | Vier UND-Gatter mit je 2 Eingängen (o.K.) |

Fortsetzung:

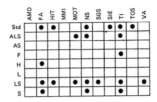

Eingänge		Ausgang
A	B	Y
L	X	L
X	L	L
H	H	H

Beschreibung:
Dieser Baustein enthält vier getrennte UND-Gatter mit je 2 Eingängen und offenem Kollektor.

Betrieb:
Alle vier UND-Gatter können unabhängig voneinander verwendet werden. Bei jedem Gatter wird mit einem oder beiden Eingängen auf Low der Ausgang Low sein. Sind beide Eingänge High, so wird der Ausgang High sein, jedoch nur wenn vom Ausgang ein externer Widerstand (gewöhnlich 2.2 kΩ) an +5 Volt gelegt wird.

Anwendung:
Realisierung von UND-Funktionen, nicht-invertierende Puffer

Daten:	Std	ALS	F	LS	S	
Max. Ausgangsspannung	5.5	5.5	5.5	5.5	5.5	V
Durchlauf-Verzögerung	18	24	5	18	6.5	ns
Stromaufnahme	15	2	5	3	25	mA

7409	Vier UND-Gatter mit je 2 Eingängen (o.K.)

7409-S1 — Vier UND-Gatter mit je 2 Eingängen (o.K., 15V)

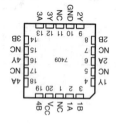

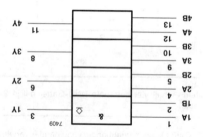

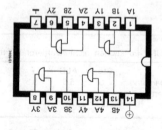

Fortsetzung:

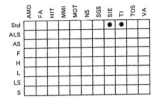

Eingänge		Ausgang
A	B	Y
L	X	L
X	L	L
H	H	H

Beschreibung:
Dieser Baustein enthält vier getrennte UND-Gatter mit je 2 Eingängen. Die Ausgänge besitzen einen offenen Kollektor mit einer maximal zulässigen Spannung von +15V.

Betrieb:
Alle vier UND-Gatter können unabhängig voneinander verwendet werden.
Bei jedem Gatter wird mit einem oder beiden Eingängen auf Low der Ausgang Low sein.
Sind beide Eingänge High, so wird der Ausgang High sein, jedoch nur, wenn vom Ausgang ein externer Widerstand an maximal +15V gelegt wird.
Infolge der hohen Spannungsfestigkeit des Ausganges ist der Baustein besonders für Interface-Schaltungen TTL zu CMOS geeignet.

Anwendung:
Realisierung von UND-Funktionen, nicht-invertierende Puffer, Pegelwandler TTL zu CMOS.

Daten:	Std	
Max. Ausgangsspannung	15	V
Durchlauf-Verzögerung	18	ns
Stromaufnahme	15	mA

7409-S1	Vier UND-Gatter mit je 2 Eingängen (o.K., 15V)

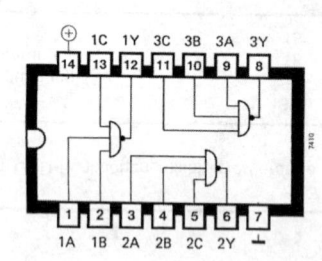

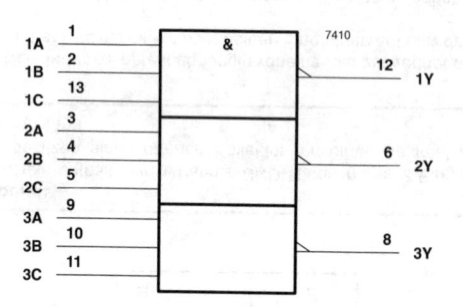

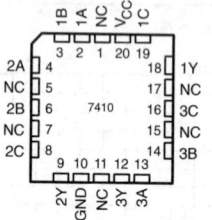

| 7410 | Drei NAND-Gatter mit je 3 Eingängen |

Fortsetzung :

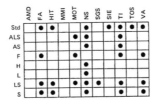

	AMD	FA	HIT	MMI	MOT	NS	SGS	SIE	TI	TOS	VA
Std	•	•			•	•		•	•	•	•
ALS					•	•		•			
AS						•		•			
F		•				•		•			•
H						•					
L						•					
LS		•	•		•	•	•	•		•	•
S	•	•				•		•			•

Eingänge A B C	Ausgang Y
L X X	H
X L X	H
X X L	H
H H H	L

Beschreibung:
Dieser Baustein enthält drei getrennte NAND-Gatter mit je 3 Eingängen.

Betrieb:
Alle drei NAND-Gatter können unabhängig voneinander verwendet werden.
Bei jedem Gatter wird mit einem oder mehreren Eingängen auf Low der Ausgang High sein. Mit allen Eingängen High wird der Ausgang Low sein.

Anwendung:
Realisierung von NAND-, UND-und Inverter-Funktionen.

Daten:	Std	ALS	AS	F	LS	S	
Durchlauf-Verzögerung	8	6.3	2.75	3.3	9.5	3	ns
Stromaufnahme	6	0.8	5	3.5	1.2	11	mA

7410	**Drei NAND-Gatter mit je 3 Eingängen**

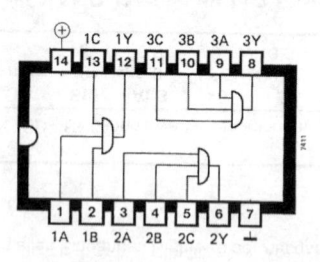

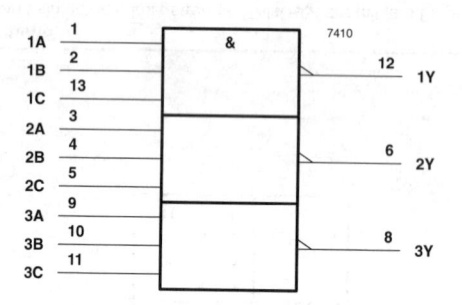

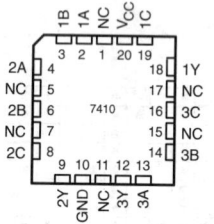

| 7411 | Drei UND-Gatter mit je 3 Eingängen |

Fortsetzung:

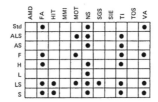

Eingänge			Ausgang
A	B	C	Y
L	X	X	L
X	L	X	L
X	X	L	L
H	H	H	H

Beschreibung:
Dieser Baustein enthält drei getrennte UND-Gatter mit je 3 Eingängen.

Betrieb:
Alle drei UND-Gatter können unabhängig voneinander verwendet werden.
Bei jedem Gatter wird mit einem oder mehreren Eingängen auf Low der Ausgang Low sein. Sind alle drei Eingänge High, wird der Ausgang High sein.

Anwendung:
Realisierung von UND-Funktionen.

Daten:	Std	ALS	AS	F	LS	S	
Durchlauf-Verzögerung	12	6.75	3.3	4.2	9	4.75	ns
Stromaufnahme	6	1.3	8	5.3	2.5	19	mA

7411	Drei UND-Gatter mit je 3 Eingängen

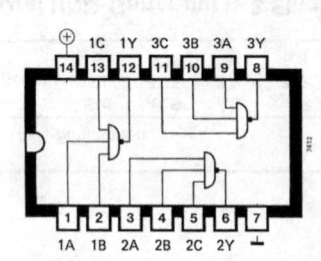

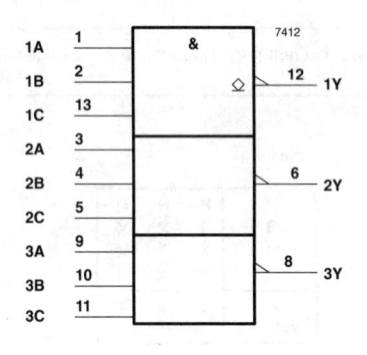

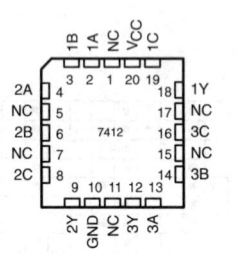

| 7412 | Drei NAND-Gatter mit je 3 Eingängen (o.K.) |

Fortsetzung:

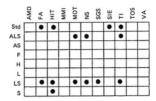

Eingänge A B C	Ausgang Y
L X X	H
X L X	H
X X L	H
H H H	L

Beschreibung:
Dieser Baustein enthält drei getrennte NAND-Gatter mit je 3 Eingängen. Die Ausgänge besitzen einen offenen Kollektor.

Betrieb:
Alle drei NAND-Gatter können unabhängig voneinander verwendet werden. Bei jedem Gatter wird mit einem oder mehreren Eingängen auf Low der Ausgang High sein. Mit allen Eingängen auf High wird der Ausgang Low sein. Einen Ausgang mit High erhält man jedoch nur, wenn ein externer Widerstand, gewöhnlich 2.2 kΩ, vom Ausgang an +5V gelegt wird.

Anwendung:
Realisierung von NAND-, UND- und Inverter-Funktionen.

Daten:	Std	ALS	LS	S	
Maximale Ausgangsspannung	5.5	5.5	5.5	5.5	V
Durchlauf-Verzögerung	20	25	16	16	ns
Stromaufnahme	6	0.8	1.2	18	mA

7412	**Drei NAND-Gatter mit je 3 Eingängen (o.K.)**

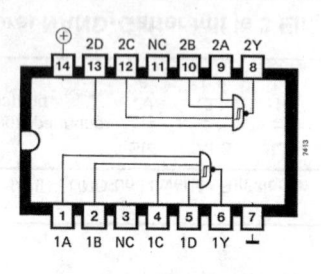

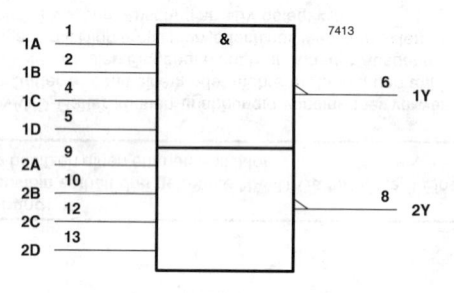

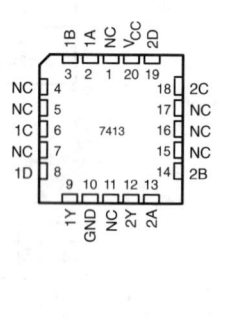

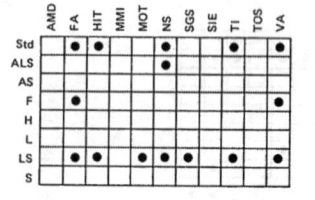

	AMD	FA	HIT	MMI	MOT	NS	SGS	SiE	TI	TOS	VA
Std		●	●			●			●		●
ALS					●						
AS											
F		●									●
H											
L											
LS	●	●		●	●	●		●			●
S											

7413 Zwei NAND-Schmitt-Trigger mit je 4 Eingängen

Fortsetzung:

Eingänge				Ausgang
A	B	C	D	Y
L	X	X	X	H
X	L	X	X	H
X	X	L	X	H
X	X	X	L	H
H	H	H	H	L

Beschreibung:
Dieser Baustein enthält zwei getrennte NAND-Schmitt-Trigger mit je 4 Eingängen.

Betrieb:
Beide NAND-Schmitt-Trigger können unabhängig voneinander verwendet werden. Wenn einer, mehrere oder alle vier Eingänge eines Gatters Low sind, wird der Ausgang High sein. Sind alle vier Eingänge High, wird der Ausgang Low sein.

Wenn auch dieser Baustein als gewöhnliches NAND-Gatter mit vier Eingängen verwendet werden kann, so macht doch eine interne Hysterese (0.8V) an den Eingängen den Baustein ideal für verrauschte oder sich langsam ändernde Eingangspegel. Er lässt sich ferner für astabile oder monostabile Anwendungen einsetzen.

Bei einer in positive Richtung ansteigenden Eingangsspannung wird sich der Ausgang bei 1.7V ändern. Bei einer in negative Richtung gehenden Eingangsspannung erfolgt die Änderung bei 0.9V. Daher beträgt die Hysterese, oder das "Tot-Band", 0.8V. Diese ist intern temperaturkompensiert.

Anwendung:
Spannungs- und Impulsformer, Systeme mit verrauschten Signalen, monostabile und astabile Multivibratoren, Realisierung von NAND-, UND- und Inverter-Funktionen.

Daten:	Std	ALS	F	LS	
Durchlauf-Verzögerung	16	10	7.8	16.5	ns
Hysterese	0.8	0.8	0.8	0.8	V
Stromaufnahme	17	4	5.5	3.5	mA

7413	Zwei NAND-Schmitt-Trigger mit je 4 Eingängen

| 7414 | Sechs invertierende Schmitt-Trigger |

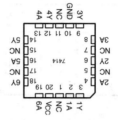

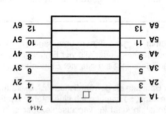

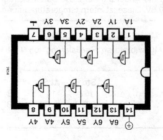

Fortsetzung:

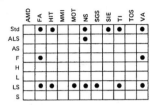

Eingang A	Ausgang Y
H	L
L	H

Beschreibung:
Dieser Baustein enthält sechs getrennte invertierende Schmitt-Trigger-Schaltungen.

Betrieb:
Alle sechs Inverter können unabhängig voneinander verwendet werden. Wenn ein Eingang Low ist, wird der Ausgang High sein und umgekehrt. Wenn auch dieser Baustein als gewöhnlicher Inverter eingesetzt werden kann, so macht doch die interne Hysteresis die Eingänge ideal für verrauschte oder sich langsam ändernde Eingangspegel. Er ist auch gut geeignet für Entprellen, Konditionieren von Kontakten, sowie in astabilen und monostabilen Schaltungen.
Bei einer in positive Richtung gehenden Eingangsspannung wird sich der Ausgang bei 1.7V, und bei einer in negative Richtung gehenden Eingangsspannung dagegen bei 0.9V ändern. Daher beträgt die Hysteresis, oder das "Tot-Band", 0.8V. Diese ist intern temperaturkompensiert.
Die Anschlussbelegung entspricht dem 7404.

Anwendung:
Signalinvertierung, Spannungs- und Impulsformer, Systeme mit stark verrauschten Signalen, monostabile und astabile Multivibratoren.

Daten:	Std	ALS	F	LS	
Durchlauf-Verzögerung	15	8	5	15	ns
Hysterese	0.8	0.8	0.8	0.8	V
Stromaufnahme	30	12	18	10	mA

7414	Sechs invertiernde Schmitt-Trigger

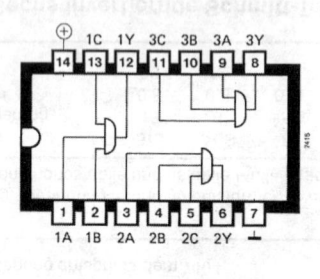

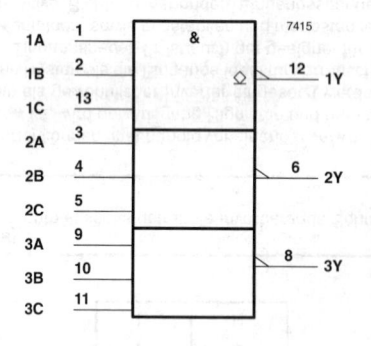

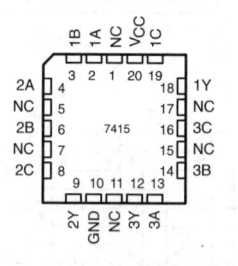

| 7415 | Drei UND-Gatter mit je 3 Eingängen (o.K.) |

Fortsetzung:

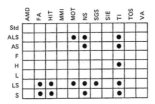

Eingänge			Ausgang
A	B	C	Y
L	X	X	L
X	L	X	L
X	X	L	L
H	H	H	H

Beschreibung:
Dieser Baustein enthält drei getrennte UND-Gatter mit je 3 Eingängen und Ausgänge mit offenem Kollektor.

Betrieb:
Alle drei UND-Gatter können unabhängig voneinander verwendet werden. Bei jedem Gatter wird mit einem oder mehreren Eingängen auf Low der Ausgang Low sein. Sind alle drei Eingänge High, wird der Ausgang High sein.
Ein High erhält man jedoch nur, wenn man vom Ausgang einen externen Widerstand, gewöhnlich 2.2kΩ, an +5 Volt legt.

Anwendung:
Realisierung von UND-Funktionen.

Daten:	ALS	LS	S	
Maximale Ausgangsspannung	5.5	5.5	5.5	V
Durchlauf-Verzögerung	24	18	5.5	ns
Stromaufnahme	1.3	2.5	15	m A

7415	Drei UND-Gatter mit je 3 Eingängen (o.K.)

7416 — Sechs invertierende Treiber (o.K., 15V)

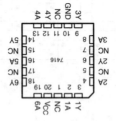

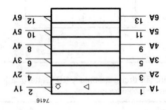

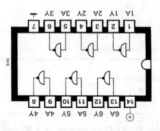

Fortsetzung:

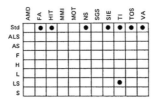

Eingang A	Ausgang Y
H	L
L	H

Beschreibung:
Dieser Baustein enthält sechs getrennte invertierende Treiber mit offenem Kollektor, mit einer maximalen Ausgangsspannung von +15V.

Betrieb:
Bei jedem Treiber steuert ein Low am Eingang den Ausgang auf High, und umgekehrt. Man erhält ein High am Ausgang jedoch nur, wenn dieser über einen externen Widerstand an eine Spannung von +5 bis +15 Volt gelegt wird. Die Betriebsspannung des Bausteins muss hierbei natürlich auf +5 Volt bleiben. Ist der Ausgang auf Low, so kann ein Treiber bis zu 40mA aufnehmen.

Anwendung:
Pegelwandler, Signal-Invertierung, Ansteuerung von externen Bauelementen, wie Relais etc.

Daten:	Std	LS	
Maximale Ausgangsspannung	15	15	V
Durchlauf-Verzögerung	12.5	12.5	ns
Maximaler Strom (Ausgang Low)	40	40	mA
Stromaufnahme (Mittelwert)	31	10	mA

7416 — Sechs invertiernde Treiber (o.K., 15V)

| 7417 | Sechs Treiber (o.K., 15V) |

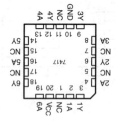

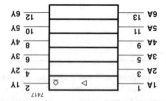

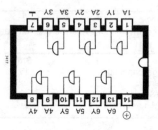

Fortsetzung:

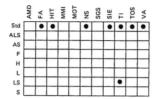

Eingang	Ausgang
A	Y
H	H
L	L

Beschreibung:
Dieser Baustein enthält sechs getrennte nicht-invertierende Treiber mit offenem Kollektor und einer maximalen Ausgangsspannung von +15V.

Betrieb:
Bei jedem Treiber steuert ein Low am Eingang den Ausgang auf Low, und umgekehrt. Man erhält ein High am Ausgang jedoch nur, wenn dieser über einen externen Widerstand an eine Spannung von +5 bis +15 Volt gelegt wird. Die Betriebsspannung des Bausteins muss hierbei natürlich auf +5 V bleiben. Ist der Ausgang auf Low, so kann ein Treiber bis zu 40mA aufnehmen.

Anwendung:
Pegelwandlung ohne Signal-Invertierung, Ansteuerung von externen Bauelementen, wie Relais, etc.

Daten:	Std	LS	
Maximale Ausgangsspannung	15	15	V
Durchlauf-Verzögerung	13	12	ns
Maximaler Strom (Ausgang Low)	40	40	mA
Stromaufnahme (Mittelwert)	25	6	mA

7417 — Sechs Treiber (o.K., 15V)

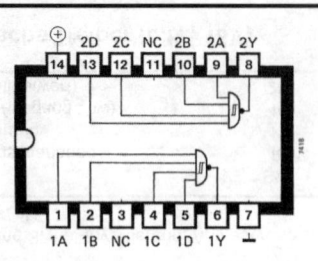

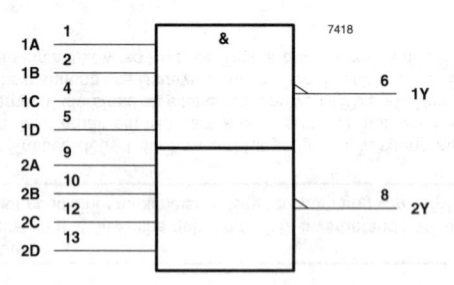

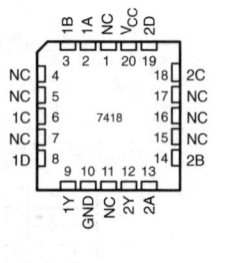

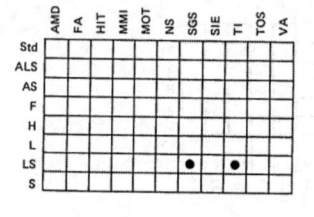

	AMD	FA	HIT	MMI	MOT	NS	SGS	SIE	TI	TOS	VA
Std											
ALS											
AS											
F											
H											
L											
LS							●		●		
S											

| 7418 | Zwei NAND-Schmitt-Trigger mit je 4 Eingängen |

Fortsetzung:

Eingänge				Ausgang
A	B	C	D	Y
L	X	X	X	H
X	L	X	X	H
X	X	L	X	H
X	X	X	L	H
H	H	H	H	L

Beschreibung:
Dieser Baustein enthält zwei getrennte NAND-Gatter mit je 4 Eingängen mit Schmitt-Trigger-Funktionen.

Betrieb:
Beide NAND-Gatter können unabhängig voneinander verwendet werden. Bei jedem Gatter ergibt ein Low an einem oder mehreren Eingängen einen Ausgang mit High. Wenn alle vier Eingänge High sind, wird der Ausgang Low sein.

Wenn auch dieser Baustein als gewöhnliches NAND-Gatter mit vier Eingängen verwendet werden kann, so macht doch eine interne Hysterese (0.8V) an den Eingängen den Baustein ideal für verrauschte oder sich langsam ändernde Eingangspegel. Er lässt sich ferner für astabile oder monostabile Anwendungen einsetzen.

Bei einer in positiver Richtung ansteigenden Eingangsspannung wird sich der Ausgang bei 1.8V ändern. Bei einer in negative Richtung gehenden Eingangsspannung erfolgt die Änderung bei 1.0V. Daher beträgt die Hysterese, oder das "Tot-Band", 0.8V. Diese ist intern temperaturkompensiert.

Die Schaltung ist pinkompatibel mit dem 74LS13 (7413) und ist etwas besser für Leistungsempfänger geeignet, da sie diese durch ihre PNP-Eingänge weniger belastet.

Anwendung:
Spannungs- und Impulsformer, Systeme mit verrauschten Signalen, monostabile und astabile Multivibratoren, Realisierung von NAND-, UND- und Inverter-Funktionen.

Daten:	LS	
Durchlauf-Verzögerung	20	ns
Hysterese	0.8	V
Stromaufnahme	15	mA

7418 — Zwei NAND-Schmitt-Trigger mit je 4 Eingängen

7419 | Sechs invertierende Schmitt-Trigger

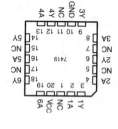

Fortsetzung:

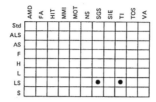

Eingang A	Ausgang Y
H	L
L	H

Beschreibung:
Dieser Baustein enthält sechs invertierende Schmitt-Trigger-Schaltungen.

Betrieb:
Alle sechs Inverter können unabhängig voneinander verwendet werden. Wenn ein Eingang Low ist, wird der Ausgang High sein und umgekehrt. Wenn auch dieser Baustein als gewöhnlicher Inverter eingesetzt werden kann, so macht doch die interne Hysteresis die Eingänge ideal für verrauschte oder sich langsam ändernde Eingangspegel. Er ist auch gut geeignet für Entprellen, Konditionieren von Kontakten, sowie in astabilen und monostabilen Schaltungen.
Bei einer in positive Richtung gehenden Eingangsspannung wird sich der Ausgang bei 1.8V, und bei einer in negative Richtung gehenden Eingangsspannung dagegen bei 1.0V ändern. Daher beträgt die Hysteresis, oder das "Tot-Band", 0.8V. Diese ist intern temperaturkompensiert.
Die Schaltung ist pinkompatibel mit dem 74LS14 (7414) und ist etwas besser für Leistungsempfänger geeignet, da sie diese durch ihre PNP-Eingänge weniger belastet.

Anwendung:
Signalinvertierung, Spannungs- und Impulsformer, Systeme mit stark verrauschten Signalen, monostabile und astabile Multivibratoren.

Daten:	LS	
Durchlauf-Verzögerung	20	ns
Hysterese	0.8	V
Stromaufnahme	15	mA

7419 — Sechs invertierende Schmitt-Trigger

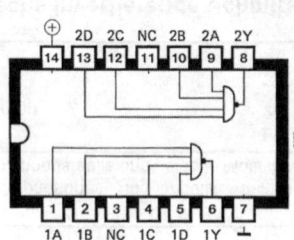

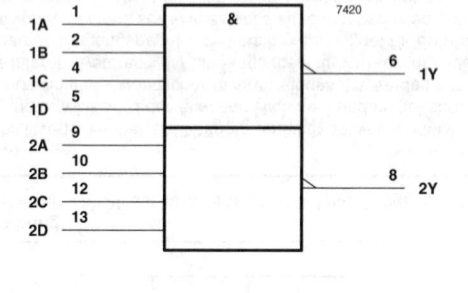

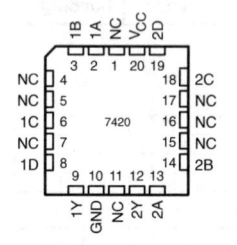

| 7420 | Zwei NAND-Gatter mit je 4 Eingängen |

Fortsetzung:

	AMD	FA	HIT	MMI	MOT	NS	SGS	SIE	TI	TOS	VA
Std		•	•			•		•	•	•	•
ALS					•	•			•		
AS						•			•		
F		•			•				•		•
H						•			•		
L						•			•		
LS		•	•		•	•	•		•		•
S		•	•			•			•		•

Eingänge				Ausgang
A	B	C	D	Y
L	X	X	X	H
X	L	X	X	H
X	X	L	X	H
X	X	X	L	H
H	H	H	H	L

Beschreibung:
Dieser Baustein enthält zwei getrennte NAND-Gatter mit je 4 Eingängen.

Betrieb:
Beide NAND-Gatter können unabhängig voneinander verwendet werden.
Wenn ein, mehrere oder alle vier Eingänge eines Gatters Low sind, wird der Ausgang High sein. Sind alle vier Eingänge High, wird der Ausgang Low sein.

Anwendung:
Realisierung von NAND-, UND- und Inverter-Funktionen.

Daten:	Std	ALS	AS	F	LS	S	
Durchlauf-Verzögerung	10	6.8	2.9	3.5	9.5	3	ns
Stromaufnahme	4	0.5	3.2	2.2	0.8	8	mA

7420	Zwei NAND-Gatter mit je 4 Eingängen

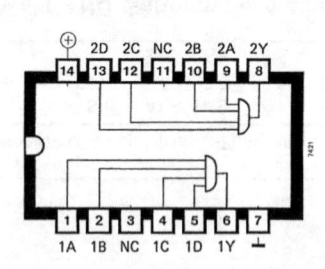

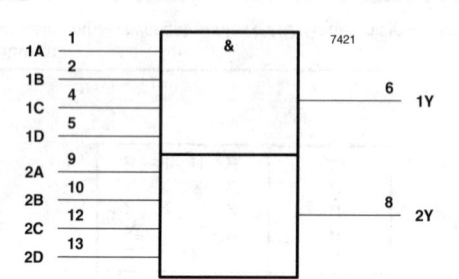

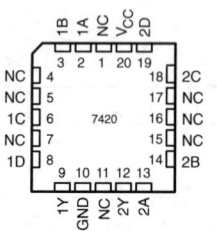

| 7421 | Zwei UND-Gatter mit je 4 Eingängen |

Fortsetzung:

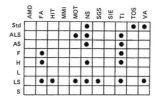

	Eingänge			Ausgang
A	B	C	D	Y
L	X	X	X	L
X	L	X	X	L
X	X	L	X	L
X	X	X	L	L
H	H	H	H	H

Beschreibung:
Dieser Baustein enthält zwei getrennte UND-Gatter mit je 4 Eingängen.

Betrieb:
Beide UND-Gatter können unabhängig voneinander verwendet werden.
Bei jedem Gatter wird mit einem, mehreren oder allen Eingängen auf Low der Ausgang Low sein. Sind alle vier Eingänge High, so wird der Ausgang High sein.

Anwendung:
Realisierung von UND-Funktionen, nicht-invertierende Puffer.

Daten:	Std	ALS	AS	F	LS	
Durchlauf-Verzögerung	12	11	3.5	4	9	ns
Stromaufnahme	8	0.9	5	4	1.7	mA

7421	Zwei UND-Gatter mit je 4 Eingängen

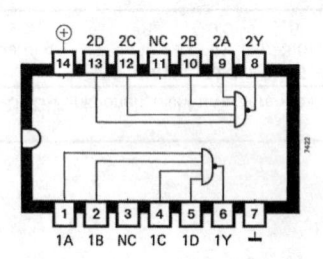

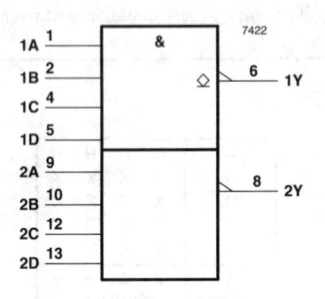

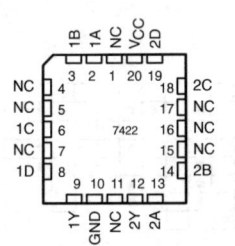

| 7422 | Zwei NAND-Gatter mit je 4 Eingängen (o.K.) |

Fortsetzung:

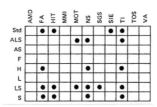

	Eingänge			Ausgang
A	B	C	D	Y
L	X	X	X	H
X	L	X	X	H
X	X	L	X	H
X	X	X	L	H
H	H	H	H	L

Beschreibung:
Dieser Baustein enthält zwei getrennte NAND-Gatter mit je 4 Eingängen und Ausgänge mit offenem Kollektor mit einer maximalen Ausgangsspannung von +5.5V.

Betrieb:
Beide NAND-Gatter können unabhängig voneinander verwendet werden. Wenn ein, mehrere oder alle vier Eingänge eines Gatters Low sind, wird der Ausgang High sein. Sind alle vier Eingänge High, wird der Ausgang Low sein. Ein High am Ausgang erhält man jedoch nur, wenn der Ausgang über einen externen Widerstand, gewöhnlich 2.2 kΩ, an +5 Volt gelegt wird.

Anwendung:
Realisierung von NAND-, UND- und Inverter-Funktionen.

Daten:	Std	ALS	LS	S	
Maximale Ausgangsspannung	5.5	5.5	5.5	5.5	V
Durchlauf-Verzögerung	21	25	16	4.8	ns
Stromaufnahme	4	0.7	0.8	7	mA

7422	Zwei NAND-Gatter mit je 4 Eingängen (o.K.)

7423 — Zwei NOR-Gatter mit je 4 Eingängen und Strobe

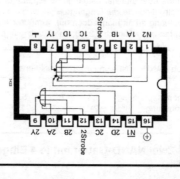

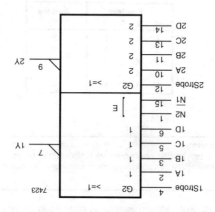

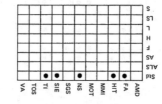

Fortsetzung :

Eingänge					Ausgang
Strobe	A	B	C	D	Y
H	H	X	X	X	L
H	X	H	X	X	L
H	X	X	H	X	L
H	X	X	X	H	L
X	L	L	L	L	H
L	X	X	X	X	H

Beschreibung:
Dieser Baustein enthält zwei getrennte NOR-Gatter mit je 4 Eingängen und jeweils einen Strobe-Eingang. Ein Gatter enthält ferner 2 Erweiterungs-Anschlüsse.

Betrieb:
Beide NOR-Gatter können unabhängig voneinander verwendet werden. Bei jedem Gatter ergibt ein High an einem, mehreren oder allen Eingängen einen Ausgang mit Low. Wenn alle 4 Eingänge Low sind, wird der Ausgang auf High gehen. Beide Gatter besitzen einen Strobe-Eingang (Pin 4 und 12). Liegt ein Strobe-Eingang auf Low, so ist der Ausgang des entsprechenden Gatters in jedem Fall High, unabhängig vom Zustand der übrigen Eingänge.
Ist Strobe auf High, arbeitet das Gatter als normales NOR-Gatter. Sind jedoch alle Eingänge auf Low, so ist das High am Ausgang unabhängig vom Zustand des Strobe-Eingangs. Eines der beiden NOR-Gatter besitzt noch zusätzlich zwei Erweiterungs- (Expander-)Ein-gänge N1 und N2, die gleichzeitig zur Erweiterung benutzt werden. Werden N~1 und N2 nicht verwendet, so sind beide Anschlüsse offen zu lassen und nicht miteinander zu verbinden.

Anwendung:
Realisierung von NOR-Funktionen mit Strobe- (Austast-)Möglichkeit.

Daten:	Std	
Durchlauf-Verzögerung	10	ns
Stromaufnahme	8	mA

7423	**Zwei NOR-Gatter mit je 4 Eingängen und Strobe**

7424 — Vier NAND-Schmitt-Trigger mit je 2 Eingängen

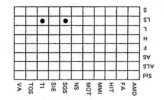

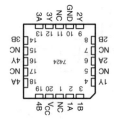

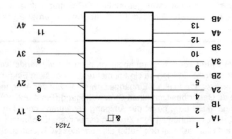

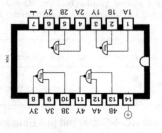

Fortsetzung:

Eingänge		Ausgang
A	B	Y
L	X	H
X	L	H
H	H	L

Beschreibung:
Dieser Baustein enthält vier NAND-Gatter mit je 2 Eingängen und Schmitt-Trigger-Funktionen.

Betrieb:
Alle vier NAND-Gatter können unabhängig voneinander verwendet werden. Bei jedem Gatter wird mit einem oder beiden Eingängen auf Low der Ausgang High sein. Sind beide Eingänge High, wird der Ausgang Low sein.
Wenn auch dieser Baustein als gewöhnliches NAND-Gatter mit zwei Eingängen verwendet werden kann, so macht doch eine interne Hysterese (0.8V) an den Eingängen den Baustein ideal für verrauschte oder sich langsam ändernde Eingangspegel. Er lässt sich ferner für astabile oder monostabile Anwendungen einsetzen.
Bei einer in positive Richtung ansteigenden Eingangsspannung wird sich der Ausgang bei 1.8 Volt ändern. Bei einer in negative Richtung gehenden Eingangsspannung erfolgt die Änderung bei 1.0 Volt. Daher beträgt die Hysterese, oder das „Tot-Band", 0.8 Volt. Diese ist intern temperaturkompensiert.
Die Schaltung ist pin- und funktionskompatibel mit dem 74LS132 (74132) und ist etwas besser für Leitungsempfänger geeignet, da sie diese durch ihre PNP-Eingänge weniger belasten.

Anwendung:
Realisierung von NAND-, UND- und Inverter-Funktionen, besonders in Systemen mit verrauschten oder sich langsam ändernden Signalen.

Daten:	LS	
Durchlauf-Verzögerung	20	ns
Hysterese	0.8	V
Stromaufnahme	10	mA

7424	Vier NAND-Schmitt-Trigger mit je 2 Eingängen

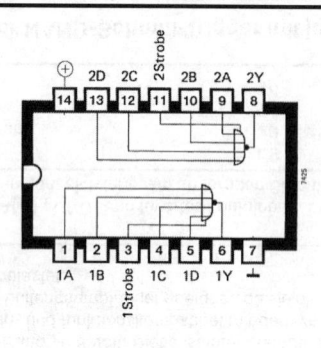

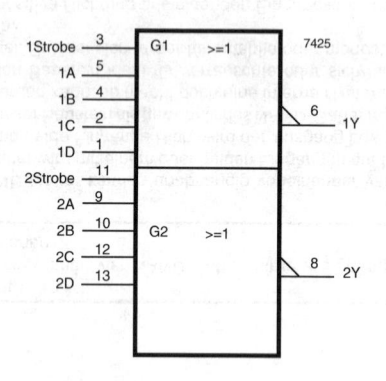

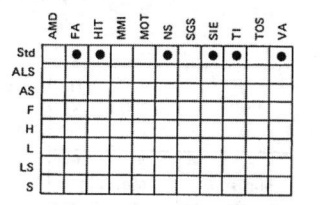

		7425
7425	**Zwei NOR-Gatter mit je 4 Eingängen und Strobe**	

Fortsetzung:

Eingänge					Ausgang
Strobe	A	B	C	D	Y
H	H	X	X	X	L
H	X	H	X	X	L
H	X	X	H	X	L
H	X	X	X	H	L
X	L	L	L	L	H
L	X	X	X	X	H

Beschreibung:
Dieser Baustein enthält zwei getrennte NOR-Gatter mit je 4 Eingängen, sowie jeweils einen Strobe-Eingang.

Betrieb:
Beide NOR-Gatter können unabhängig voneinander verwendet werden. Bei jedem Gatter ergibt ein High an einem, mehreren oder allen Eingängen einen Ausgang mit Low. Wenn alle 4 Eingänge Low sind, wird der Ausgang auf High gehen. Beide Gatter besitzen einen Strobe-Eingang (Pin 3 und 11). Liegt ein Strobe Eingang auf Low, so ist der Ausgang des entsprechenden Gatters in jedem Fall High, unabhängig vom Zustand der übrigen Eingänge.
Ist Strobe auf High, arbeitet das Gatter als normales NOR-Gatter. Sind jedoch alle Eingänge auf Low, so ist das High am Ausgang unabhängig vom Zustand des Strobe-Eingangs.

Anwendung:
Realisierung von NOR-Funktionen mit Strobe- (Austast-)Möglichkeit.

Daten:	Std	
Durchlauf-Verzögerung	10	ns
Stromaufnahme	9	mA

7425	Zwei NOR-Gatter mit je 4 Eingängen und Strobe

7426 — Vier NAND-Gatter mit je 2 Eingängen (o.K., 15V)

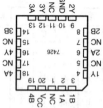

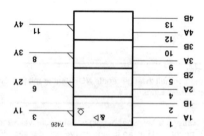

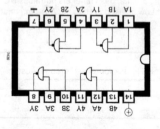

Fortsetzung:

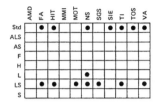

Eingänge		Ausgang
A	B	Y
L	X	H
X	L	H
H	H	L

Beschreibung:
Dieser Baustein enthält vier getrennte NAND-Gatter mit je 2 Eingängen. Die Ausgänge besitzen einen offenen Kollektor mit einer maximalen Ausgangsspannung von +15V.

Betrieb:
Alle vier NAND-Gatter können unabhängig voneinander verwendet werden. Bei jedem Gatter wird mit einem oder beiden Eingängen auf Low der Ausgang High sein. Sind beide Eingänge High, wird der Ausgang Low sein.
Einen Ausgang mit High erhält man jedoch nur, wenn ein externer Widerstand an eine Spannung von +5 bis +15 Volt gelegt wird. Die Betriebsspannung des Bausteines bleibt natürlich auf +5 Volt.
Die Pinbelegung ist identisch mit dem 7400.

Anwendung:
Realisierung von NAND-, UND- und Inverter-Funktionen, Pegelwandler (Interface TTL zu CMOS), Ansteuerung von Bauelementen mit höherer Betriebsspannung.

Daten:	Std	LS	
Maximale Ausgangsspannung	15	15	V
Durchlauf-Verzögerung	13	16	ns
Stromaufnahme	8	1.6	mA

7426 — Vier NAND-Gatter mit je 2 Eingängen (o.K., 15V)

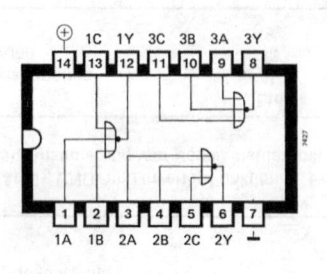

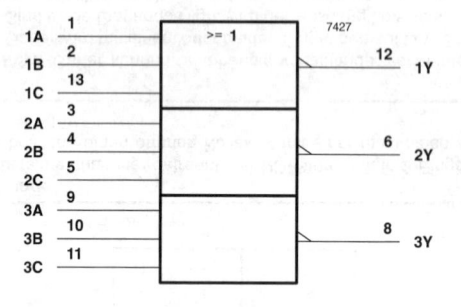

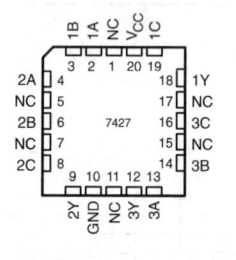

| 7427 | Drei NOR-Gatter mit je 3 Eingängen |

Fortsetzung:

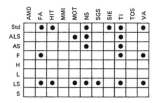

	Eingänge			Ausgang
	A	B	C	Y
	H	X	X	L
	X	H	X	L
	X	X	H	L
	L	L	L	H

Beschreibung:
Dieser Baustein enthält drei getrennte IMOR-Gatter mit je 3 Eingängen.

Betrieb:
Alle drei NOR-Gatter können unabhängig voneinander verwendet werden.
Bei jedem Gatter wird mit einem oder mehreren Eingängen auf High der Ausgang Low sein. Sind alle drei Eingänge Low, so ist der Ausgang High.

Anwendung:
Realisierung von NOR-, ODER- oder Inverter-Funktionen.

Daten:	ALS	AS	AS	F	LS	
Durchlauf-Verzögerung	7	4.75	8	3	12	ns
Stromaufnahme	23	3.6	15	6.5	4.4	mA

7427 Drei NOR-Gatter mit je 3 Eingängen

7428 — Vier NOR-Leistungsgatter mit je 2 Eingängen

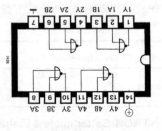

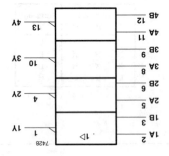

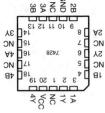

Fortsetzung:

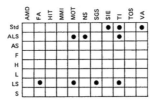

Eingänge		Ausgang
A	B	Y
H	X	L
X	H	L
L	L	H

Beschreibung:
Dieser Baustein enthält vier getrennte NOR-Gatter mit hohen Ausgangs-Lastfaktoren.

Betrieb:
Alle vier NOR-Gatter können unabhängig voneinander verwendet werden.
Bei jedem Gatter wird der Ausgang auf Low sein, wenn einer oder beide Eingänge High sind. Sind beide Eingänge Low, so ist der Ausgang High.
Die Ausgänge besitzen einen besonders hohen Lastfaktor, bei einem H-Ausgang 60 und bei einem L-Ausgang 30, (d.h. 3 - 6 mal höher als der 7402).

Anwendung:
Realisierung von NOR- und Inverter-Funktionen.

Daten:	Std	ALS	LS	
Durchlauf-Verzögerung	7	4.75	12	ns
Stromaufnahme	23	3.6	4.4	mA

7428	**Vier NOR-Leistungsgatter mit je 2 Eingängen**

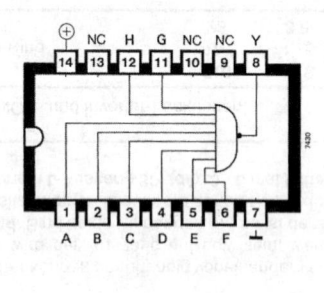

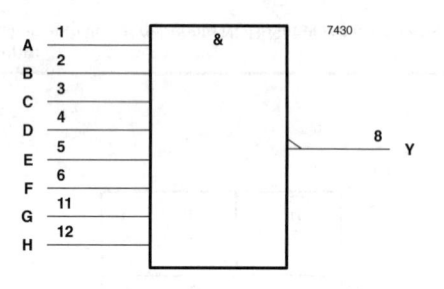

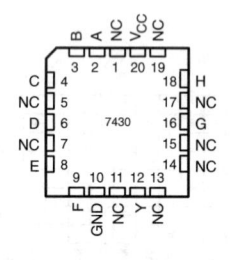

| **7430** | **NAND-Gatter mit 8 Eingängen** |

Fortsetzung :

	AMD	FA	HIT	MMI	MOT	NS	SGS	SIE	TI	TOS	VA
Std		•	•			•		•	•	•	•
ALS						•		•			
AS						•		•			
F		•						•			•
H		•				•		•			
L						•					
LS		•	•		•	•	•	•		•	
S		•				•		•			

Eingänge	Ausgang
Ein oder mehrere Eingänge L	H
Alle Eingänge H	L

Beschreibung:
Dieser Baustein enthält ein einzelnes NAND-Gatter mit 8 Eingängen.

Betrieb:
Wenn ein oder mehrere Eingänge Low sind, wird der Ausgang High sein.
Wenn alle 8 Eingänge High sind, wird der Ausgang Low sein.

Anwendung:
Realisierung von NAND-Funktionen.

Daten:	Std	ALS	AS	F	LS	S	
Durchlauf-Verzögerung	10	7	2.8	3.5	10	4.25	ns
Stromaufnahme	2	0.4	2	6	0.4	4	mA

7430 — NAND-Gatter mit 8 Eingängen

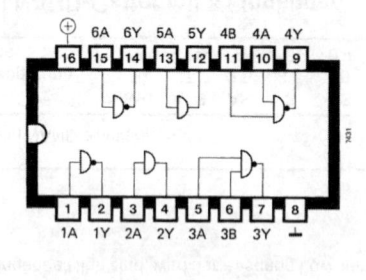

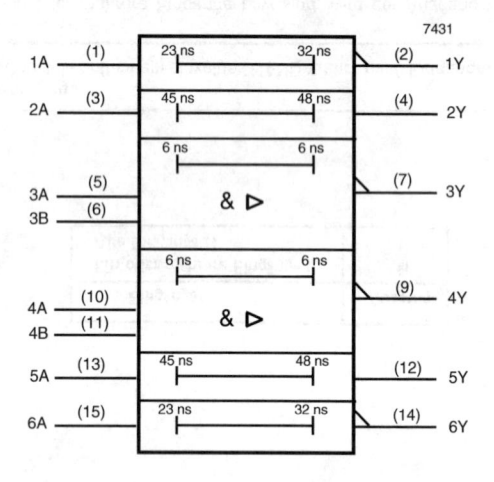

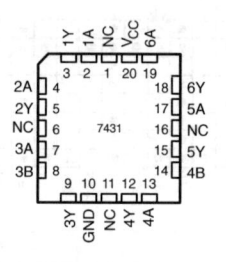

| 7431 | Verzögerungselemente |

Fortsetzung:

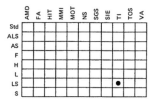

NAND:

Eingänge		Ausgang
A	B	Y
L	X	H
X	L	H
H	H	L

Beschreibung:
Dieser Baustein enthält Elemente zur Herstellung definierter Verzögerungen und zwar zwei nicht invertierende und zwei invertierende Puffer, sowie zwei NAND-Gatter mit je 2 Eingängen.

Betrieb.
Mit den Elementen dieses Bausteins lassen sich Verzögerungszeiten zwischen 6ns und 162ns erzeugen, die weitgehend unabhängig von Temperatur- und Betriebsspannungsänderungen sind. Hierzu enthält der Baustein zwei invertierende, zwei nicht invertierende Puffer und zwei NAND-Gatter mit je 2 Eingängen.

Anwendung:
Herstellung definierter Verzögerungen im ns-Bereich

Daten:	LS	
Invertierende Puffer 1 und 6		
Durchlauf-Verzögerung (typ)	28	ns
Nicht invertierende Puffer		
Durchlauf-Verzögerung (typ)	48	ns
NAND-Gatter		
Durchlauf-Verzögerung (typ)	6	ns
Stromaufnahme	13	mA

7431   Verzögerungselemente

7432	Vier ODER-Gatter mit je 2 Eingängen

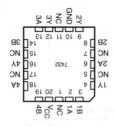

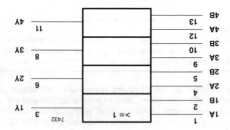

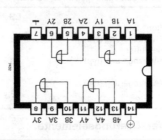

Fortsetzung:

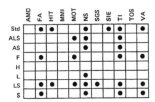

Eingänge		Ausgang
A	B	Y
H	X	H
X	H	H
L	L	L

Beschreibung:
Dieser Baustein enthält vier getrennte ODER-Gatter mit je 2 Eingängen.

Betrieb:
Alle vier ODER-Gatter können unabhängig voneinander verwendet werden.
Bei jedem Gatter wird mit einem oder beiden Eingängen auf High der Ausgang High sein.
Sind beide Eingänge Low, wird der Ausgang Low sein.

Anwendung:
Realisierung von ODER-Funktionen.

Daten:	Std	ALS	AS	F	LS	S	
Durchlauf-Verzögerung	12	8	3.4	4.1	14	4	ns
Stromaufnahme	19	2.2	12	8.2	5	28	mA

7432	**Vier ODER-Gatter mit je 2 Eingängen**

7433 — Vier NOR-Leistungsgatter mit je 2 Eingängen (o.K.)

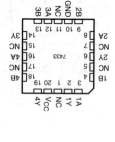

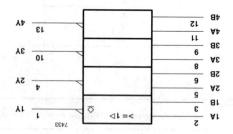

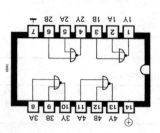

Fortsetzung:

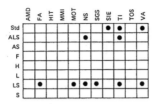

Eingänge		Ausgang
A	B	Y
H	X	L
X	H	L
L	L	H

Beschreibung:
Dieser Baustein enthält vier getrennte NOR-Gatter mit je 2 Eingängen. Die Ausgänge besitzen einen offenen Kollektor und einen hohen Ausgangs-Lastfaktor.

Betrieb:
Alle vier NOR-Gatter können unabhängig voneinander verwendet werden. Bei jedem Gatter wird der Ausgang auf Low sein, wenn einer oder beide Eingänge High sind. Sind beide Eingänge Low, so ist der Ausgang High.
Ein High erhält man jedoch nur, wenn man den entsprechenden Ausgang über einen externen Widerstand auf +5 Volt legt. Der Ausgangs-Lastfaktor im Low-Zustand beträgt 30 bei Standard-TTL, und 60 bei LS.

Anwendung:
Realisierung von NOR-Funktionen.

Daten:	Std	ALS	LS	
Maximale Ausgangsspannung	5.5	5.5	5.5	V
Durchlauf-Verzögerung	11	14	19	ns
Stromaufnahme	22	3.6	4.6	mA

7433	Vier NOR-Leistungsgatter mit je 2 Eingängen (o.K.)

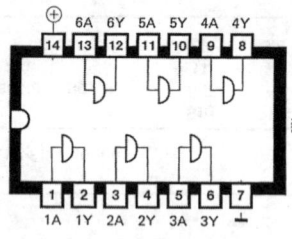

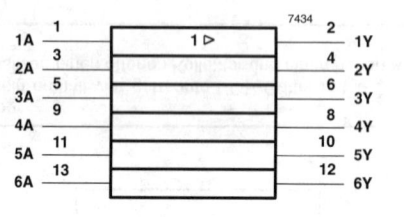

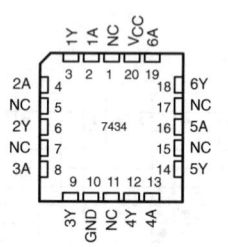

| 7434 | Sechs nicht-invertierende Treiber |

Fortsetzung:

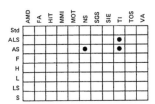

Eingang	Ausgang
A	Y
H	H
L	L

Beschreibung:
Dieser Baustein enthält 6 getrennte nicht-invertierende Treiber.

Betrieb:
Alle Treiber können unabhängig voneinander verwendet werden. Die Eingangssignale werden nicht invertiert.
Die Pinbelegung ist identisch mit dem 7406 und 7407.

Anwendung:
Schnelle Treiber, insbesondere für Busleitungen

Daten:	ALS	AS	
Durchlauf-Verzögerung	7	3.5	ns
Max. Ausgangsstrom (I_{OL})	8	20	mA
Stromaufnahme	2	14	mA

7434 — Sechs nicht-invertierende Treiber

| 7435 | Sechs nicht invertierende Treiber (o.K.) |

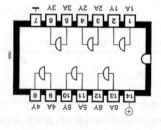

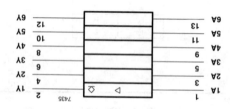

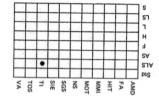

Fortsetzung:

Eingang A	Ausgang Y
H	H
L	L

Beschreibung:
Dieser Baustein enthält sechs nicht-invertierende Treiber mit offenem Kollektor.

Betrieb:
Die sechs Treiber können unabhängig voneinander verwendet werden.
Bei jedem Treiber ergibt ein Eingang mit Low einen Ausgang mit Low. Ein Eingang mit High ergibt einen Ausgang mit High. Im Low-Zustand kann der Ausgang bis zu 8mA aufnehmen.
Einen Ausgang mit High erhält man nur, wenn ein externer Widerstand vom Ausgangang eine positive Spannung (max. 7V) gelegt wird.
Die Ausgänge können mit anderen Ausgängen (mit offenem Kollektor) zur Realisierung von Wired-OR-(aktiv Low) oder Wired-AND-(aktiv High) Funktionen verbunden werden.

Anwendung.
Puffer, Treiber, Wired-OR- oder Wired-AND-Funktionen

Daten:	ALS	
Durchlauf-Verzögerung: tpLH	35	ns
tpHL	7	ns
Stromaufnahme	4	mA

7435	Sechs nicht invertierende Treiber (o.K.)

7436 — Vier NOR-Gatter mit je 2 Eingängen

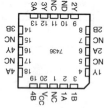

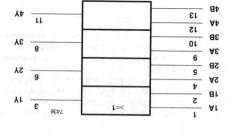

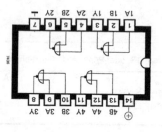

Fortsetzung:

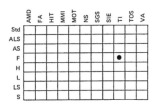

Eingänge		Ausgang
A	B	Y
H	X	L
X	H	L
L	L	H

Beschreibung:
Dieser Baustein enthält vier getrennte NOR-Gatter mit je 2 Eingängen.

Betrieb:
Alle vier NOR-Gatter mit positiver Logik können unabhängig voneinander verwendet werden. Bei jedem Gatter wird der Ausgang auf Low sein, wenn einer oder beide Eingänge High sind. Sind beide Eingänge Low, so ist der Ausgang High.
Der Baustein ist funktionsmäßig mit dem 7402 identisch, besitzt jedoch eine andere Anschlussbelegung.

Anwendung:
Realisierung von NOR-Funktionen

Daten:	F	
Durchlauf-Verzögerung	3.4	ns
Stromaufnahme	4.4	mA

7436	Vier NOR-Gatter mit je 2 Eingängen

7437 — Vier NAND-Leistungsgatter mit je 2 Eingängen

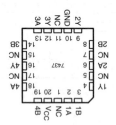

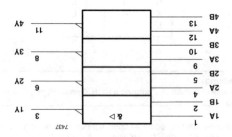

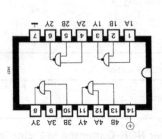

Fortsetzung:

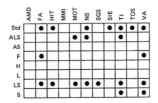

	AMD	FA	HIT	MMI	MOT	NS	SGS	SIE	TI	TOS	VA
Std	●	●			●			●	●	●	●
ALS						●	●		●		
AS											
F	●										●
H											
L											
LS	●	●		●	●	●			●		●
S									●	●	

| Eingänge | | Ausgang |
A	B	Y
L	X	H
X	L	H
H	H	L

Beschreibung:
Dieser Baustein enthält vier getrennte NAND-Gatter mit je 2 Eingängen und hohem Ausgangs-Lastfaktor.

Betrieb:
Alle vier NAND-Gatter können unabhängig voneinander verwendet werden.
Bei jedem Gatter wird mit einem oder beiden Eingängen auf Low der Ausgang High sein.
Sind beide Eingänge High, so wird der Ausgang Low sein.
Die Ausgänge besitzen einen hohen Lastfaktor von 30 für Standard-TTL und 60 für LS.
Die Anschlussbelegung ist mit dem 7400 identisch.

Anwendung:
Realisierung von NAND-, UND- und Inverter-Funktionen.

Daten:	Std	ALS	F	LS	S	
Durchlauf-Verzögerung	11	4.75	3.5	12	4	ns
Stromaufnahme:						
Alle Ausgänge H	5	0.8	3	2	18	mA
Alle Ausgänge L	34	4.8	23	12	44	mA

7437	Vier NAND-Leistungsgatter mit je 2 Eingängen

| 7438 | Vier NAND-Leistungsgatter mit je 2 Eingängen (o.K.) |

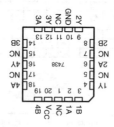

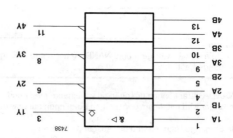

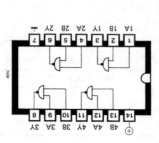

Fortsetzung:

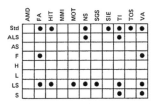

Eingänge		Ausgang
A	B	Y
L	X	H
X	L	H
H	H	L

Beschreibung:
Dieser Baustein enthält vier NAND-Gatter mit je 2 Eingängen. Die Ausgänge besitzen einen offenen Kollektor und einen hohen Ausgangs-Lastfaktor.

Betrieb:
Alle vier NAND-Gatter können unabhängig voneinander verwendet werden. Bei jedem Gatter wird mit einem oder beiden Eingängen auf Low der Ausgang High sein. Sind beide Eingänge High, wird der Ausgang Low sein.
Einen Ausgang mit High erhält man jedoch nur, wenn ein externer Widerstand vom entsprechenden Ausgang auf +5 Volt gelegt wird.
Die Ausgänge besitzen einen besonders hohen Lastfaktor von 30 für Standard-TTL und 60 für LS.
Die Pinbelegung ist identisch mit den 7400 und 7437.

Anwendung:
Realisierung von NAND-, UND- und Inverter-Funktionen.

Daten:	Std	ALS	F	LS	S	
Maximale Ausgangsspannung	5.5	5.5	5.5	5.5	5.5	V
Durchlauf-Verzögerung	13	14	7	19	6.5	ns
Stromaufnahme	20	3	13	3.4	33	mA

7438 — Vier NAND-Leistungsgatter mit je 2 Eingängen (o.K.)

7439 Vier NAND-Leistungsgatter mit je 2 Eingängen (o.K.)

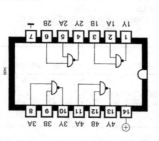

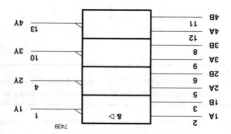

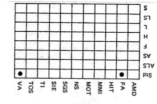

	Std	ALS	AS	F	H	L	LS	S
VA	●							
TOS								
TI								
SIE								
SGS								
NS								
MOT								
MMI								
HIT								
FA								
AMD								●

Fortsetzung:

Eingänge		Ausgang
A	B	Y
L	X	H
X	L	H
H	H	L

Beschreibung:
Dieser Baustein enthält vier NAND-Gatter mit je 2 Eingängen. Die Ausgänge besitzen einen offenen Kollektor und einen hohen Ausgangs-Lastfaktor.

Betrieb:
Alle vier NAND-Gatter können unabhängig voneinander verwendet werden.
Bei jedem Gatter wird mit einem oder beiden Eingängen auf Low der Ausgang High sein.
Sind beide Eingänge High, wird der Ausgang Low sein.
Einen Ausgang mit High erhält man jedoch nur, wenn ein externer Widerstand vom entsprechenden Ausgang auf +5 Volt gelegt wird.
Die Ausgänge besitzen einen besonders hohen Lastfaktor von 30.
Die Pinbelegung ist mit dem 7438 nicht identisch.

Anwendung:
Realisierung von NAND-, UND- und Inverter-Funktionen.

Daten:	Std	
Maximale Ausgangsspannung	5.5	V
Durchlauf-Verzögerung	20	ns
Stromaufnahme:		
Alle Ausgänge H	8.5	mA
Alle Ausgänge L	54	mA

7439	**Vier NAND-Leistungsgatter mit je 2 Eingängen (o.K.)**

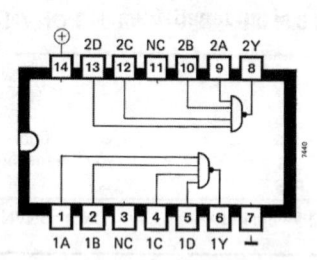

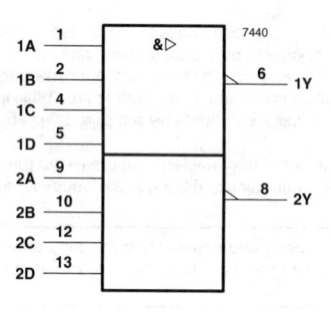

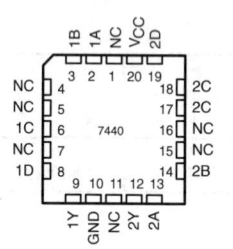

| 7440 | Zwei NAND-Leistungsgatter mit je 4 Eingängen |

Fortsetzung:

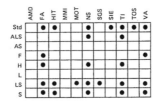

Eingänge				Ausgang
A	B	C	D	Y
L	X	X	X	H
X	L	X	X	H
X	X	L	X	H
X	X	X	L	H
H	H	H	H	L

Beschreibung:
Dieser Baustein enthält zwei getrennte NAND-Gatter mit je 4 Eingängen und Ausgänge mit hohem Lastfaktor.

Betrieb:
Beide NAND-Gatter können unabhängig voneinander verwendet werden. Wenn einer, mehrere oder alle vier Eingänge eines Gatters Low sind, wird der Ausgang High sein. Sind alle vier Eingänge High, wird der Ausgang Low sein. Der Ausgangs-Lastfaktor beträgt 30 und ist damit dreimal so hoch wie beim 7420.
Die Pinbelegung ist mit dem 7420 identisch.

Anwendung:
Realisierung von NAND-, UND- und Inverter-Funktionen.

Daten:	Std	ALS	F	LS	S	
Durchlauf-Verzögerung	10	4.75	3.5	12	6	ns
Stromaufnahme	10	1.4	6	1.7	8.4	mA

7440	Zwei NAND-Leistungsgatter mit je 4 Eingängen

7441 | BCD-zu-Dezimal-Decoder (70V, o.k.)

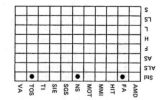

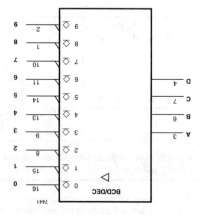

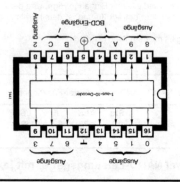

Fortsetzung:

	Eingänge				Ausgänge									
	A	B	C	D	0	1	2	3	4	5	6	7	8	9
0	L	L	L	L	L	H	H	H	H	H	H	H	H	H
1	H	L	L	L	H	L	H	H	H	H	H	H	H	H
2	L	H	L	L	H	H	L	H	H	H	H	H	H	H
3	H	H	L	L	H	H	H	L	H	H	H	H	H	H
4	L	L	H	L	H	H	H	H	L	H	H	H	H	H
5	H	L	H	L	H	H	H	H	H	L	H	H	H	H
6	L	H	H	L	H	H	H	H	H	H	L	H	H	H
7	H	H	H	L	H	H	H	H	H	H	H	L	H	H
8	L	L	L	H	H	H	H	H	H	H	H	H	L	H
9	H	L	L	H	H	H	H	H	H	H	H	H	H	L
10	L	H	L	H	H	H	L	H	H	H	H	H	L	H
11	H	H	L	H	H	H	H	L	H	H	H	H	H	L
12	L	L	H	H	H	H	H	H	H	H	H	H	H	H
13	H	L	H	H	H	H	H	H	H	H	H	H	H	H
14	L	H	H	H	H	H	H	H	H	H	L	H	H	H
15	H	H	H	H	H	H	H	H	H	H	H	L	H	H

Beschreibung:
Dieser Baustein wird einen Standard-BCD-Code mit 4 Bits in einen aus 10 Ausgängen decodieren. Durch die hohe Spannungsfestigkeit der Ausgänge mit offenem Kollektor ist er zur Ansteuerung von Kaltkathodenröhren geeignet.

Betrieb:
Der BCD-Code wird an den Anschlüssen 3, 4, 6 und 7 eingegeben, mit dem niedrigstwertigen Bit $2^0 = 1$ an A, dem Bit $2^1 = 2$ an B, dem Bit $2^2 = 4$ an C und dem Bit $2^3 = 8$ an D. Für einen gegebenen Eingangscode geht der entsprechende Ausgang auf Low, die anderen Ausgänge verbleiben auf High. Die Ausgänge besitzen eine Spannungsfestigkeit bis max. 70V, womit alle bekannten Kaltkathodenröhren mit einem Kathodenstrom bis 7.0mA angesteuert werden können.
Ungültige BCD-Codes (über 1001) werden ebenfalls decodiert (außer 12 und 13) und dürfen daher nicht verwendet werden.
Der Baustein wird von Faichild als 9315 und von Toshiba als TD3441 AP geliefert.

Anwendung:
Code-Umwandlung, Ansteuerung von Kaltkathodenröhren.

Daten:	Std	
Maximale Ausgangsspannung	70	V
Maximaler Ausgangsstrom	7.0	mA

7441	**BCD-zu-Dezimal-Decoder(70V, o.K.)**

7442 — BCD-zu-Dezimal-Decoder

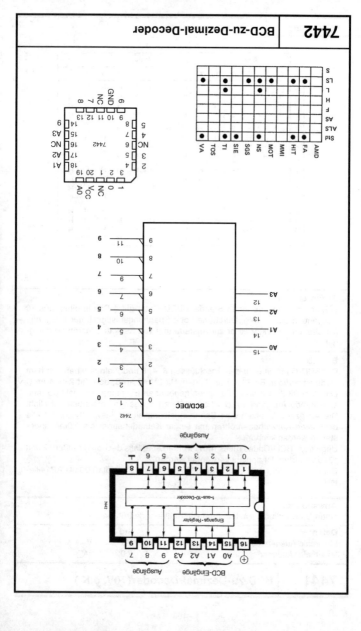

Fortsetzung:

Zahl	Eingänge				Ausgänge									
	A3	A2	A1	A0	0	1	2	3	4	5	6	7	8	9
0	L	L	L	L	L	H	H	H	H	H	H	H	H	H
1	L	L	L	H	H	L	H	H	H	H	H	H	H	H
2	L	L	H	L	H	H	L	H	H	H	H	H	H	H
3	L	L	H	H	H	H	H	L	H	H	H	H	H	H
4	L	H	L	L	H	H	H	H	L	H	H	H	H	H
5	L	H	L	H	H	H	H	H	H	L	H	H	H	H
6	L	H	H	L	H	H	H	H	H	H	L	H	H	H
7	L	H	H	H	H	H	H	H	H	H	H	L	H	H
8	H	L	L	L	H	H	H	H	H	H	H	H	L	H
9	H	L	L	H	H	H	H	H	H	H	H	H	H	L
ungültig (10-15)	H	L	H	L	H	H	H	H	H	H	H	H	H	H
	H	L	H	H	H	H	H	H	H	H	H	H	H	H
	H	H	L	L	H	H	H	H	H	H	H	H	H	H
	H	H	L	H	H	H	H	H	H	H	H	H	H	H
	H	H	H	L	H	H	H	H	H	H	H	H	H	H
	H	H	H	H	H	H	H	H	H	H	H	H	H	H

Beschreibung:
Dieser Baustein wird einen Standard-BCD-Code mit 4 Bits in eine Dezimalzahl von 0 bis 9 decodieren. Er kann auch jeden 3-Bit-Code in 1-aus-8 Ausgänge umwandeln.

Betrieb:
Der BCD-Code wird an den Anschlüssen 12 bis 15 eingegeben, mit dem niedrigstwertigen Bit $2^0 = 1$ an A0, dem Bit $2^1 = 2$ an A1, dem Bit $2^2 = 4$ an A2 und dem Bit $2^3 = 8$ an A3.

Für ein gegebenes Eingangssignal geht der entsprechende Ausgang auf Low, die anderen Ausgänge verbleiben auf High.

Wenn beispielsweise A0=1, A1=1, A2=1 und A3=0 ist, geht der Ausgang 7 (Pin 9) auf Low, der Rest verbleibt auf High. Alle Ausgänge bleiben auf High, wenn ein ungültiger BCD-Code (größer als 1001) zugeführt wird.

Wird der Baustein als 1-aus-8-Decoder verwendet, so wird der Eingang A3 (Pin 12) an Masse gelegt. Der auf Low gezogene Ausgang kann maximal 16mA aufnehmen. Für höhere Ströme (bis 80mA) verwende man den 7445.

Anwendung:
Code-Umwandlung, Adressen-Decodierung, Speicher-Auswahlsteuerung.

Daten:	Std	LS	
Durchlauf-Verzögerung	17	17	ns
Stromaufnahme	28	7	mA

7442	BCD-zu-Dezimal-Decoder

7443 Exzess-3-zu-Dezimal-Decoder

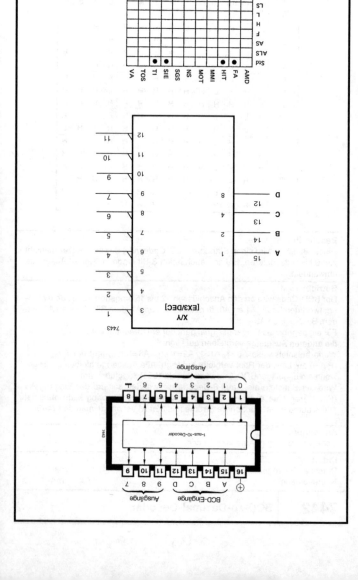

Fortsetzung:

Exzess-3-Eingänge				Dezimal-Ausgänge									
D	C	B	A	0	1	2	3	4	5	6	7	8	9
L	L	H	H	L	H	H	H	H	H	H	H	H	H
L	H	L	L	H	L	H	H	H	H	H	H	H	H
L	H	L	H	H	H	L	H	H	H	H	H	H	H
L	H	H	L	H	H	H	L	H	H	H	H	H	H
L	H	H	H	H	H	H	H	L	H	H	H	H	H
H	L	L	L	H	H	H	H	H	L	H	H	H	H
H	L	L	H	H	H	H	H	H	H	L	H	H	H
H	L	H	L	H	H	H	H	H	H	H	L	H	H
H	L	H	H	H	H	H	H	H	H	H	H	L	H
H	H	L	L	H	H	H	H	H	H	H	H	H	L
H	H	L	H	H	H	H	H	H	H	H	H	H	H
H	H	H	L	H	H	H	H	H	H	H	H	H	H
H	H	H	H	H	H	H	H	H	H	H	H	H	H
L	L	L	L	H	H	H	H	H	H	H	H	H	H
L	L	L	H	H	H	H	H	H	H	H	H	H	H
L	L	H	L	H	H	H	H	H	H	H	H	H	H

Beschreibung:
Dieser Baustein wandelt einen Exzess-3-Code mit 4 Bits in die Dezimalzahlen 0 bis 9 um.

Betrieb:
Der Exzess-3-Code wird an den Anschlüssen 12 bis 15 eingegeben. Für ein gegebenes Eingangssignal geht der entsprechende Ausgang (siehe Wahrheitstabelle) auf Low, die anderen Ausgänge verbleiben auf High. Ab dem Code 1101 bleiben alle Eingänge High.
Der Exzess-3-Code wird gerne in dezimalen Rechenwerken verwendet, da das bit-weise Komplement einer Zahl auch das Neunerkomplement darstellt, wodurch die Subtraktion vereinfacht wird.

Anwendung:
Codewandlung

Daten:	**Std**	
Durchlauf-Verzögerung	17	ns
Stromaufnahme	28	mA

7443	**Exzess-3-zu-Dezimal-Decoder**

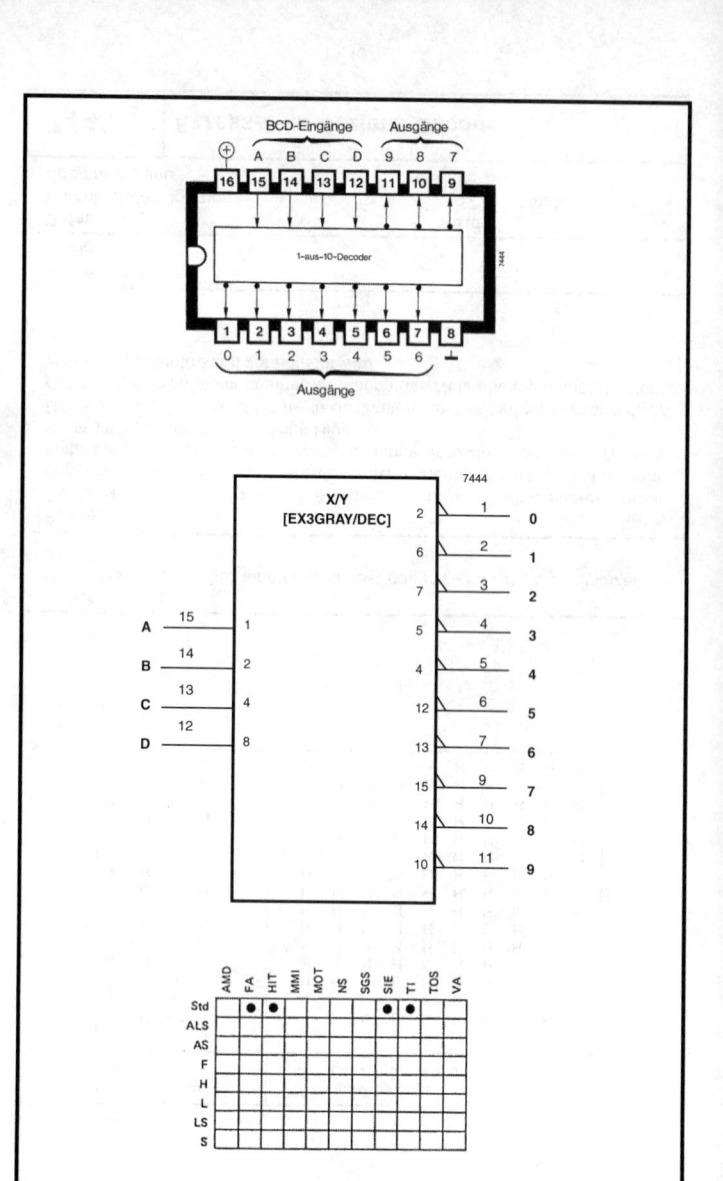

	AMD	FA	HIT	MMI	MOT	NS	SGS	SIE	TI	TOS	VA
Std		●	●					●	●		
ALS											
AS											
F											
H											
L											
LS											
S											

7444   **Exzess-3-Gray- zu-Dezimal-Decoder**

Fortsetzung :

Exzess-3-Gray-Eingänge				Dezimal-Ausgänge									
D	C	B	A	0	1	2	3	4	5	6	7	8	9
L	L	H	L	L	H	H	H	H	H	H	H	H	H
L	H	H	L	H	L	H	H	H	H	H	H	H	H
L	H	H	H	H	H	L	H	H	H	H	H	H	H
L	H	L	H	H	H	H	L	H	H	H	H	H	H
L	H	L	L	H	H	H	H	L	H	H	H	H	H
H	H	L	L	H	H	H	H	H	L	H	H	H	H
H	H	L	H	H	H	H	H	H	H	L	H	H	H
H	H	H	H	H	H	H	H	H	H	H	L	H	H
H	H	H	L	H	H	H	H	H	H	H	H	L	H
H	L	H	L	H	H	H	H	H	H	H	H	H	L
H	L	H	H	H	H	H	H	H	H	H	H	H	H
H	L	L	H	H	H	H	H	H	H	H	H	H	H
H	L	L	L	H	H	H	H	H	H	H	H	H	H
L	L	L	L	H	H	H	H	H	H	H	H	H	H
L	L	L	H	H	H	H	H	H	H	H	H	H	H
L	L	H	H	H	H	H	H	H	H	H	H	H	H

Beschreibung:
Dieser Baustein wandelt einen Exzess-3-Gray-Code in die Dezimalzahlen 0 bis 9 um.

Betrieb:
Der Exzess-3-Gray-Code wird an den Anschlüssen 12 bis 15 eingegeben. Für ein gegebenes Eingangssignal geht der entsprechende Ausgang (siehe Wahrheitstabelle} auf Low, die anderen Ausgänge verbleiben auf High.
Ab dem Code 1011 bleiben alle Ausgänge High. Der Exzess-3-Gray-Code wird für Winkelcodierer oder ähnliche Messwertaufnehmer verwendet. Er zeichnet sich dadurch aus, dass sich zwei aufeinanderfolgende Zahlen nur durch ein Bit unterscheiden, sogar beim Übergang zwischen 9 und 0. Er wird daher auch als einschrittiger Code bezeichnet.

Anwendung:
Codewandlung

Daten:	**Std**	
Durchlauf-Verzögerung	17	ns
Stromaufnahme	28	mA

7444	**Exzess-3-Gray- zu-Dezimal-Decoder**

7445

BCD-zu-Dezimal-Decoder/Anzeigetreiber (o.K., 80 mA)

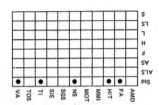

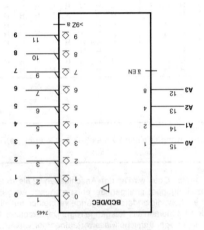

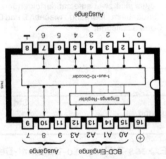

Fortsetzung:

Zahl	Eingänge A3 A2 A1 A0	Ausgänge 0	1	2	3	4	5	6	7	8	9
0	L L L L	L	H	H	H	H	H	H	H	H	H
1	L L L H	H	L	H	H	H	H	H	H	H	H
2	L L H L	H	H	L	H	H	H	H	H	H	H
3	L L H H	H	H	H	L	H	H	H	H	H	H
4	L H L L	H	H	H	H	L	H	H	H	H	H
5	L H L H	H	H	H	H	H	L	H	H	H	H
6	L H H L	H	H	H	H	H	H	L	H	H	H
7	L H H H	H	H	H	H	H	H	H	L	H	H
8	H L L L	H	H	H	H	H	H	H	H	L	H
9	H L L H	H	H	H	H	H	H	H	H	H	L
ungültig (10-15)	H L H L	H	H	H	H	H	H	H	H	H	H
ungültig (10-15)	H L H H	H	H	H	H	H	H	H	H	H	H
ungültig (10-15)	H H L L	H	H	H	H	H	H	H	H	H	H
ungültig (10-15)	H H L H	H	H	H	H	H	H	H	H	H	H
ungültig (10-15)	H H H L	H	H	H	H	H	H	H	H	H	H
ungültig (10-15)	H H H H	H	H	H	H	H	H	H	H	H	H

Beschreibung:
Dieser Baustein wird einen Standard-BCD-Code mit 4 Bits in eine Dezimalzahl von 0 bis 9 decodieren. Er kann auch jeden 3-Bit-Code in 1-aus-8 Ausgänge umwandeln.

Betrieb:
Der BCD-Code wird an den Anschlüssen 12 bis 15 eingegeben, mit dem niedrigstwertigen Bit $2^0 = 1$ an A0, dem Bit $2^1 = 2$ an A1, dem Bit $2^2 = 4$ an A2 und dem Bit $2^3 = 8$ an A3. Für ein gegebenes Eingangssignal geht der entsprechende Ausgang auf Low, die anderen Ausgänge verbleiben auf High.
Wenn beispielsweise A0=1, A1=1, A2=1 und A3=0 ist, geht der Ausgang 7 (Pin 9) auf Low, der Rest verbleibt auf High. Alle Ausgänge bleiben auf High, wenn ein ungültiger BCD-Code (größer als 1001) zugeführt wird. Ein High am Ausgang erhält man jedoch nur, wenn ein externer Widerstand (o.a.) an eine Spannung von maximal +30V gelegt wird. Der auf Low gezogenen Ausgang kann maximal 80mA aufnehmen. Wird der Baustein als 1-aus-8-Decoder verwendet, so wird der Eingang A3 (Pin 12) an Masse gelegt.
Ein ähnlicher pinkompatibler Baustein, jedoch mit einer maximalen Ausgangsspannung von +15V ist der 74145.

Anwendung:
Code-Umwandlung, Relais- und Anzeige-Steuerung.

Daten:	Std	
Maximale Ausgangsspannung	30	V
Durchlauf-Verzögerung	50	ns
Stromaufnahme	43	mA

7445	BCD-zu-Dezimal-Decoder/Anzeigetreiber (o.K., 80 mA)

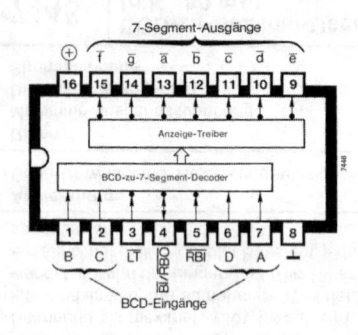

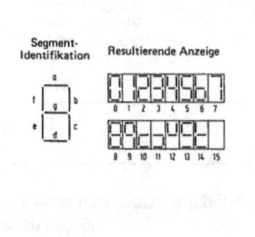

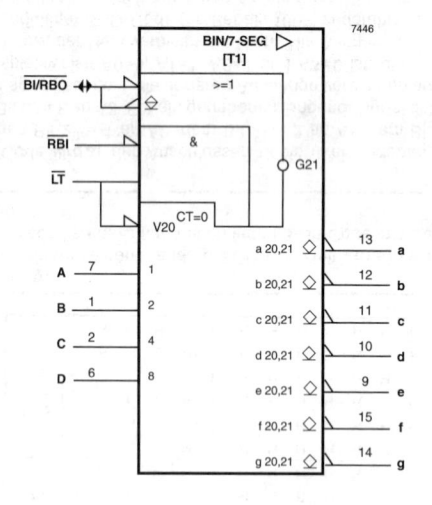

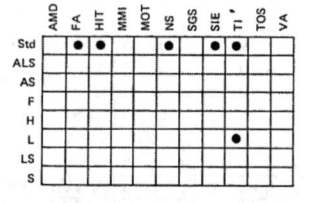

	AMD	FA	HIT	MMI	MOT	NS	SGS	SIE	TI'	TOS	VA
Std		●	●			●		●	●		
ALS											
AS											
F											
H											
L									●		
LS											
S											

7446	BCD-zu-7-Segment-Decoder/Anzeigetreiber (o.K., 30V)

Fortsetzung:

Eingänge				Ein/Aus	Ausgang
D C B A	$\overline{LT}$	$\overline{RBI}$	$\overline{BI}/\overline{RBO}$		Q
X X X X	L	X	H		8
X X X X	X	X	L		-
L L L L	H	L	L		-
L L L L	H	H	H		0
L L L H	X	X	H		1
L L H L	H	X	H		2
. . . .	.	.	.		.
H H H H	H	X	H		15

Beschreibung:
Dieser Baustein decodiert BCD-Eingangsdaten und wandelt sie in Steuersignale für 7-Segment-Anzeigen um. Die Ausgänge besitzen einen offenen Kollektor.

Betrieb:
Die den Anschlüssen A bis D zugeführten BCD-Daten können nach ihrer Decodierung im IC maximal 40mA an eine 7-Segment-Anzeige (a - f) liefern. Der Baustein enthält keinen Zwischenspeicher.
Beim Betrieb mit LED-Anzeigen müssen Strombegrenzungs-Widerstände, typisch 330Ω, vorgesehen werden.
Bei der 6 wird der obere (a) und bei der 9 der untere Querbalken (d) nicht dargestellt. Im Normalbetrieb liegen die Anschlüsse $\overline{LT}$ (Lamp Test, Pin 3) und $\overline{BI}/\overline{RBO}$ (Ripple Blanking Output, Pin 4) auf High ($\overline{RBI}$ = Ripple Blanking Input beliebig). Eine Überprüfung aller 7 Segmente erfolgt, indem man LT auf Low legt. Dann müssen alle Segmente eingeschaltet sein, d.h. es sollte eine 8 angezeigt werden. Eine Unterdrückung führender Nullen in mehrstelligen Anzeigen erhält man, indem der Ausgang $\overline{BI}/\overline{RBO}$ einer Stelle mit dem Eingang $\overline{RBI}$ der nächstniedrigen Stufe verbunden wird. $\overline{RBI}$ der höchstwertigen Stufe sollte hierbei an Masse gelegt werden. Da im allgemeinen eine Nullen-Unterdrückung in der niedrigstwertigen Stufe nicht gewünscht wird, lässt man RBI dieser Stufe offen. Ähnlich kann man nachlaufende Nullen in gebrochenen Dezimalzahlen unterdrücken.
Da mit $\overline{BI}/\overline{RBO}$ auf Low alle Segmente dunkel gesteuert werden, kann man über diesen Anschluss eine Helligkeitssteuerung über eine Impulsdauer-Modulation ausführen.

Anwendung:
Steuerung von 7-Segment-Anzeigen

Daten:	Std	L	
Durchlauf-Verzögerung	100	200	ns
Maximale Ausgangsspannung	30		V
Maximaler Kollektorstrom	40	20	mA
Stromaufnahme	64	32	mA

7446	BCD-zu-7-Segment-Decoder/Anzeigetreiber (o.K., 30V)

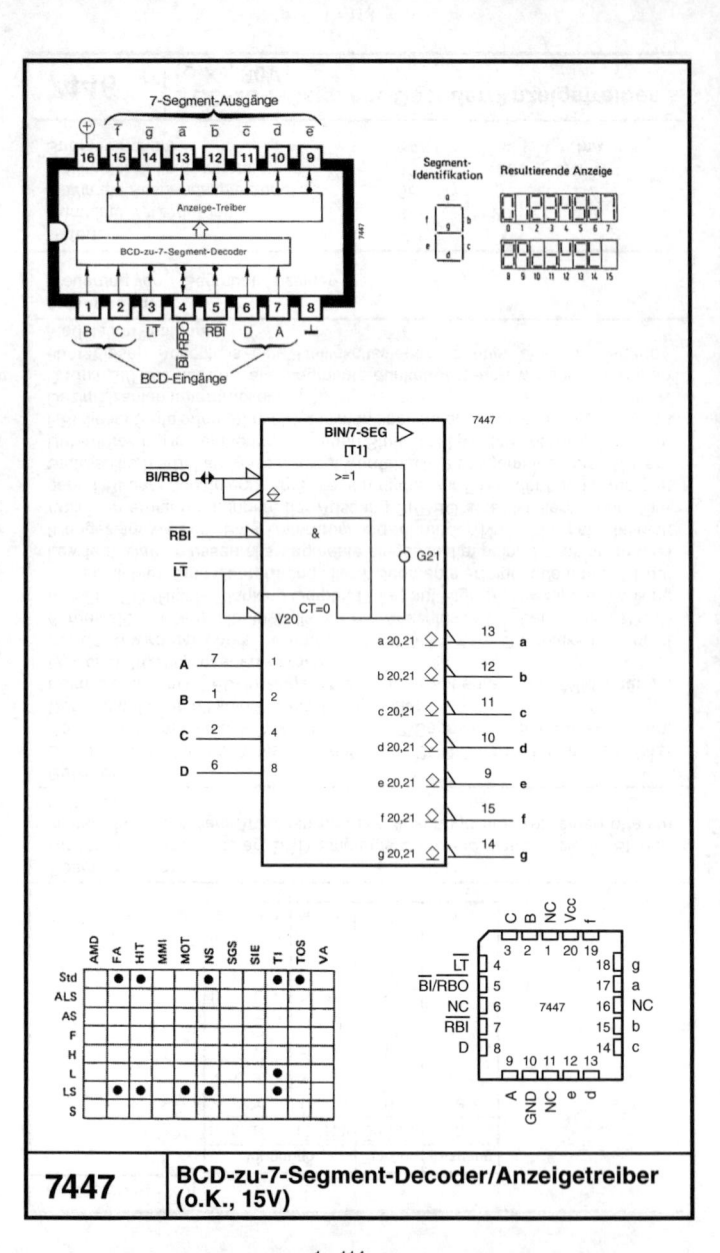

	AMD	FA	HIT	MMI	MOT	NS	SGS	SIE	TI	TOS	VA
Std		●	●			●			●		
ALS											
AS											
F											
H											
L									●		
LS	●	●		●	●				●		
S											

7447 BCD-zu-7-Segment-Decoder/Anzeigetreiber (o.K., 15V)

Fortsetzung:

Eingänge						Ein/Aus	Ausgang
D	C	B	A	LT	RBI	BI/RBO	Q
X	X	X	X	L	X	H	8
X	X	X	X	X	X	L	-
L	L	L	L	H	L	L	-
L	L	L	L	H	H	H	0
L	L	L	H	X	X	H	1
L	L	H	L	H	X	H	2
.	.	.	.	.	.	.	.
H	H	H	H	H	X	H	15

Beschreibung:
Dieser Baustein decodiert BCD-Eingangsdaten und wandelt sie in Steuersignale für 7-Segment-Anzeigen um. Die Ausgänge besitzen einen offenen Kollektor.

Betrieb:
Funktion und Anschlussbelegung ist mit dem 7446A identisch (siehe 7446A). Er unterscheidet sich von diesem nur durch die geringere maximale Ausgangsspannung von +15V.

Anwendung:
Steuerung von 7-Segment-Anzeigen.

Daten:	Std	L	LS	
Durchlauf-Verzögerung	100	200	100	ns
Maximale Ausgangsspannung	5	15	15	V
Maximaler Kollektorstrom	40	24	20	mA
Stromaufnahme	64	32	7	mA

7447	BCD-zu-7-Segment-Decoder/Anzeigetreiber (o.K., 15V)

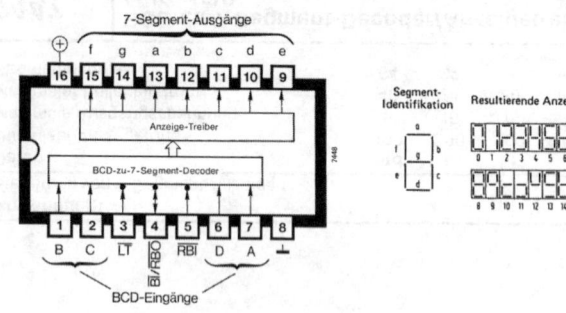

7-Segment-Ausgänge

Segment-Identifikation

Resultierende Anzeige

Anzeige-Treiber

BCD-zu-7-Segment-Decoder

BCD-Eingänge

BIN/7-SEG [T1]

	AMD	FA	HIT	MMI	MOT	NS	SGS	SIE	TI	TOS	VA
Std		●				●			●		
ALS											
AS											
F											
H											
L											
LS	●	●			●	●			●		
S											

7448

7448   BCD-zu-7-Segment-Decoder/Anzeigetreiber

Fortsetzung:

	Eingänge					Ausgänge						
	D	C	B	A	$\overline{BI}$	a	b	c	d	e	f	g
0	L	L	L	L	H	H	H	H	H	H	H	L
1	L	L	L	H	H	L	H	H	L	L	L	L
2	L	L	H	L	H	H	H	L	H	H	L	H
3	L	L	H	H	H	H	H	H	H	L	L	H
4	L	H	L	L	H	L	H	H	L	L	H	H
5	L	H	L	H	H	H	L	H	H	L	H	H
6	L	H	H	L	H	L	L	H	H	H	H	H
7	L	H	H	H	H	H	H	H	L	L	L	L
8	H	L	L	L	H	H	H	H	H	H	H	H
9	H	L	L	H	H	H	H	H	L	L	H	H
10	H	L	H	L	H	L	L	L	H	H	L	H
11	H	L	H	H	H	L	L	H	H	L	L	H
12	H	H	L	L	H	L	H	L	L	L	H	H
13	H	H	L	H	H	H	L	L	H	L	H	H
14	H	H	H	L	H	L	L	L	H	H	H	H
15	H	H	H	H	H	L	L	L	L	L	L	L
BI	X	X	X	X	L	L	L	L	L	L	L	L

Beschreibung:
Dieser Baustein decodiert BCD-Eingangsdaten und wandelt sie in Steuersignale für 7-Segment-Anzeigen um.

Betrieb:
Die den Anschlüssen A bis D zugeführten BCD-Daten steuern nach ihrer Decodierung im IC eine 7-Segment-Anzeige (a — f) an. Die Ausgänge besitzen keinen offenen Kollektor, sondern einen internen 2kΩ-Pull-up-Widerstand. Die Decoder-Ausgänge sind aktiv High, und können im Low-Zustand maximal 6mA aufnehmen. Wenn höhere Ströme, insbesondere im Multiplexbetrieb erforderlich sind, werden zusätzliche externe Transistoren verwendet.
Der Baustein enthält keinen Zwischenspeicher.
Bei der 6 wird der obere (a) und bei der 9 der untere Querbalken (d) nicht dargestellt.
Im Normalbetrieb liegen die Anschlüsse $\overline{LT}$ (Lamp Test, Pin 3) und $\overline{BI}$/RBO (Ripple Blanking Output, Pin 4) auf High ($\overline{RBI}$ = Ripple Blanking-Input beliebig). Eine Überprüfung aller Segmente erfolgt, indem man $\overline{LT}$ auf Low legt. Dann müssen alle Segmente eingeschaltet sein, d.h. es sollte eine 8 angezeigt werden. Eine Unterdrückung führender Nullen in mehrstelligen Anzeigen erhält man, indem der Ausgang $\overline{BI/RBO}$ einer Stelle mit dem Eingang $\overline{RBI}$ der nächstniedrigen Stufe verbunden wird. $\overline{RBI}$ der höchstwertigen Stufe sollte hierbei an Masse gelegt werden. Da im allgemeinen eine Nullen-Unterdrückung in der niedrigstwertigen Stufe nicht gewünscht wird, lässt man RBI dieser Stufe offen. Ähnlich kann man nachlaufende Nullen in gebrochenen Dezimalzahlen unterdrücken.
Da mit $\overline{BI/RBO}$ auf Low alle Segmente dunkel gesteuert werden, kann man über diesen Anschluss eine Helligkeitssteuerung über eine Impulsdauer-Modulation ausführen.

Anwendung:
Steuerung von 7-Segment-Anzeigen, insbesondere im Multiplexbetrieb.

Daten:
	Std	LS	
Durchlauf-Verzögerung	100	100	ns
Maximaler Kollektorstrom	55	25	mA

7448 — BCD-zu-7-Segment-Decoder/Anzeigetreiber

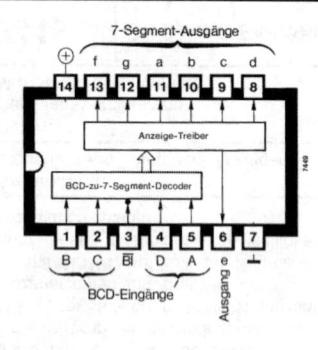

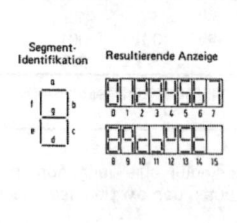

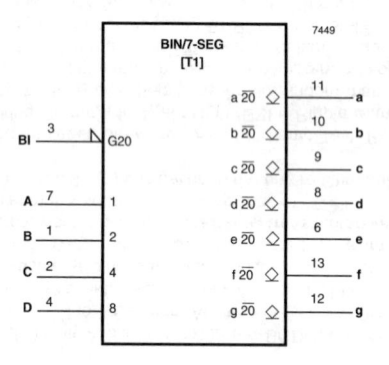

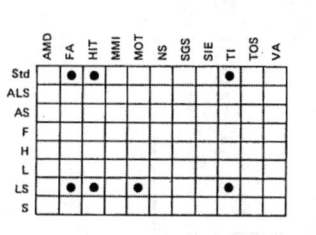

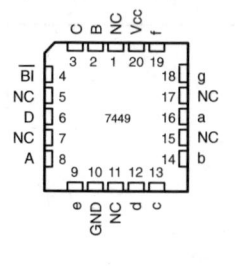

	AMD	FA	HIT	MMI	MOT	NS	SGS	SIE	TI	TOS	VA
Std		●	●						●		
ALS											
AS											
F											
H											
L											
LS	●	●		●					●		
S											

7449 | **BCD-zu-7-Segment-Decoder/Anzeigetreiber (o.K., 5.5 V)**

Fortsetzung:

	Eingänge					Ausgänge						
	D	C	B	A	$\overline{BI}$	a	b	c	d	e	f	g
0	L	L	L	L	H	H	H	H	H	H	H	L
1	L	L	L	H	H	L	H	H	L	L	L	L
2	L	L	H	L	H	H	H	L	H	H	L	H
3	L	L	H	H	H	H	H	H	H	L	L	H
4	L	H	L	L	H	L	H	H	L	L	H	H
5	L	H	L	H	H	H	L	H	H	L	H	H
6	L	H	H	L	H	L	L	H	H	H	H	H
7	L	H	H	H	H	H	H	H	L	L	L	L
8	H	L	L	L	H	H	H	H	H	H	H	H
9	H	L	L	H	H	H	H	H	L	L	H	H
10	H	L	H	L	H	L	L	L	H	H	L	H
11	H	L	H	H	H	L	L	H	H	L	L	H
12	H	H	L	L	H	L	H	L	L	L	H	H
13	H	H	L	H	H	H	L	L	H	L	H	H
14	H	H	H	L	H	L	L	L	H	H	H	H
15	H	H	H	H	H	L	L	L	L	L	L	L
BI	X	X	X	X	L	L	L	L	L	L	L	L

Beschreibung:
Dieser Baustein decodiert BCD-Eingangsdaten und wandelt sie in Steuersignale für 7-Segment-Anzeigen um. Die Ausgänge besitzen einen offenen Kollektor.

Betrieb:
Die den Anschlüssen A bis D zugeführten BCD-Daten können nach ihrer Decodierung im IC maximal 8mA an eine 7-Segment-Anzeige liefern. Die Ausgänge sind aktiv High. Der Baustein enthält keinen Zwischenspeicher. Bei der 6 wird der obere (a) und bei der 9 der untere Querbalken (d) nicht dargestellt.
Im Normalbetrieb liegt der Eingang $\overline{BI}$ (Blanking Input) auf High. Legt man $\overline{BI}$ auf Low, so wird die Anzeige dunkel gesteuert. Daher ist über diesen Eingang mittels einer Impulsbreiten-Modulation eine Helligkeitssteuerung möglich.

Anwendung:
Steuerung von 7-Segment-Anzeigen.

Daten:	Std	LS	
Maximale Ausgangsspannung	5.5	5.5	V
Durchlauf-Verzögerung	100	100	ns
Maximaler Kollektorstrom	10	8	mA

7449	BCD-zu-7-Segment-Decoder/Anzeigetreiber (o.K., 5.5 V)

7450 — Zwei UND/NOR-Gatter mit je 2x2 Eingängen

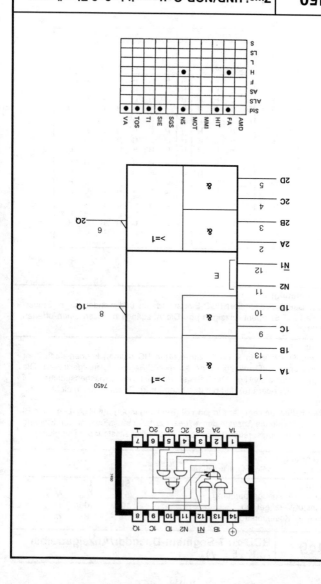

Fortsetzung :

Eingänge				Ausgang
A	B	C	D	Q
H	H	X	X	L
X	X	H	H	L
Alle anderen Kombin.				H

Beschreibung:
Dieser Baustein enthält zwei getrennte UND/NOR-Gatter, eines hiervon mit Erweiterungs-Eingängen.

Betrieb:
Dieser Baustein besteht aus zwei UND-Gattern mit je 2 Eingängen, die jeweils ein NOR-Gatter mit 2 Eingängen steuern. Die Pins 11 und 12 dienen als Erweiterungseingänge. Der Ausgang 1Q geht z.B. nur dann auf Low, wenn entweder die beiden Eingänge 1A und 1B oder die beiden Eingänge 1D und IC auf High gelegt werden.
Die Anzahl der UND-Gatter am Eingang lässt sich mit Hilfe des Expanders 7460 erweitern. Hierzu verbindet man Pin 11 und 12 des 7460 mit Pin 11 und 12 des 7450, wodurch man den 7450 um ein weiteres UND-Gatter mit 4 Eingängen erweitert. Es können maximal vier Expander-Gatter an einen Baustein 7450 angeschlossen werden. Ein ähnlicher Baustein ohne Expander-Eingänge ist der 7451.

Anwendung:
Realisierung von NAND-und NOR-Funktionen.

Daten:	Std	
Durchlauf-Verzögerung	10	ns
Stromaufnahme	6	mA

7450	Zwei UND/NOR-Gatter mit je 2x2 Eingängen

7451
Zwei UND/NOR-Gatter mit je 2x2 bzw. 2x3 Eingängen

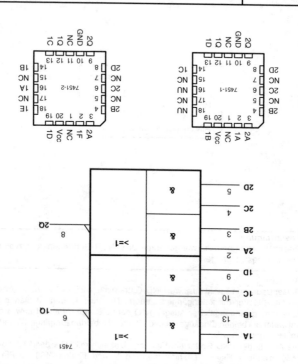

Anmerkung: Pin 11 und 12 dürfen nicht angeschlossen werden

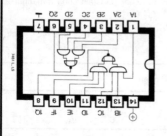

Fortsetzung:

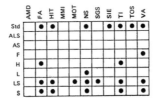

Eingänge						Ausgang
1A	1B	1C	1D	1E	1F	1Q
H	H	H	X	X	X	L
X	X	X	H	H	H	L
Alle anderen Kombinationen						H

Eingänge				Ausgang
A	B	C	D	Q
H	H	X	X	L
X	X	H	H	L
Alle anderen Kombin.				H

Beschreibung:
Dieser Baustein enthält zwei getrennte UND/NOR-Gatter.

Betrieb:
Beide Gatter können unabhängig voneinander verwendet werden.
Jedes der Gatter besteht aus jeweils zwei UND-Gattern mit je 2 Eingängen,
die wiederum ein NOR-Gatter mit 2 Eingängen steuern.
Der Ausgang 1Q geht nur dann auf Low, wenn entweder die beiden Eingänge
1A und 1B oder die beiden Eingänge 1D und 1C auf High gelegt werden. Dies
gilt nur für die Familien Std, H und S.
Die Ausführungen L und LS besitzen eines der beiden Gatter. Zwei der UND-
Gatter besitzen je 3 Eingänge.
Hier gilt, dass der Ausgang 1Q nur dann auf Low geht, wenn entweder die drei
Eingänge 1A und 1B und 1C oder die drei Eingänge 1D und 1E und 1F auf High
gelegt werden.

Anwendung:
Realisierung von NAND-und NOR-Funktionen.

Daten:	Std	F	LS	S	
Durchlauf-Verzögerung	10	3	12.5	3.5	ns
Stromaufnahme	6	3.5	1.1	11	mA

7451	Zwei UND/NOR-Gatter mit je 2x2 bzw. 2x3 Eingängen

7452 | Expandierbares UND/ODER-Gatter mit 3 x 2 und 1 x 3 Eingängen

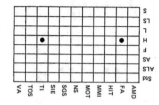

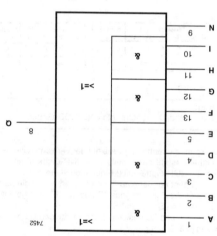

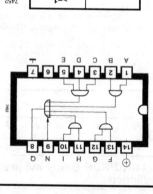

Fortsetzung :

Eingänge									Ausgang
A	B	C	D	E	F	G	H	I	Q
H	H	X	X	X	X	X	X	X	H
X	X	H	H	H	X	X	X	X	H
X	X	X	X	X	H	H	X	X	H
X	X	X	X	X	X	X	H	H	H
Alle übrigen Kombinationen									L

Beschreibung:
Dieser Baustein enthält ein erweiterbares ODER-Gatter mit 4 Eingängen, die intern mit drei UND-Gattern mit je 2 Eingängen und einem UND-Gatter mit 3 Eingängen verbunden sind.

Betrieb:
Der Ausgang Q geht nur dann auf High, wenn entweder die beiden Eingänge A und B, oder C, D und E, oder F und G, oder H und I auf High gelegt werden. Der Erweiterungs-Eingang N muss offen bleiben, wenn er nicht benützt wird. Der Baustein ist nur in der H-Ausführung erhältlich.

Anwendung:
Realisierung von UND- und ODER-Funktionen.

Daten:	H	
Durchlauf-Verzögerung	10	ns
Stromaufnahme	18	mA

7452 — Expandierbares UND/ODER-Gatter mit 3 x 2 und 1 x 3 Eingängen

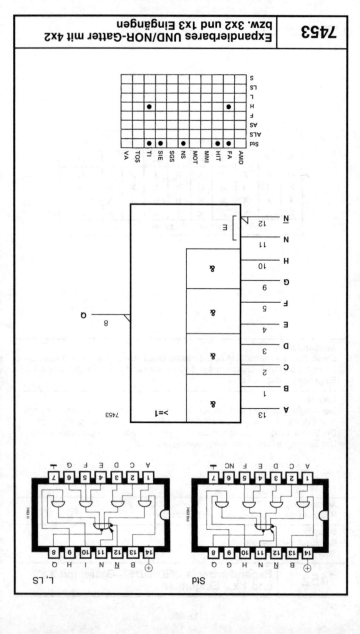

Fortsetzung :

7453

Eingänge								Ausgang
A	B	C	D	E	F	G	H	Q
H	H	X	X	X	X	X	X	L
X	X	H	H	X	X	X	X	L
X	X	X	X	H	H	X	X	L
X	X	X	X	X	X	H	H	L
Alle übrigen Kombinationen								H

74H53

Eingänge									Ausgang
A	B	C	D	E	F	G	H	I	Q
H	H	X	X	X	X	X	X	X	L
X	X	H	H	X	X	X	X	X	L
X	X	X	X	H	H	H	X	X	L
X	X	X	X	X	X	X	H	H	L
Alle übrigen Kombinationen									H

Beschreibung:
Dieser Baustein enthält ein erweiterbares NOR-Gatter mit 4 Eingängen, die intern mit vier UND-Gattern mit je 2 Eingängen (Std), bzw. drei UND-Gattern mit je 2 Eingängen und einem UND-Gatter mit 3 Eingängen (H) verbunden sind.

Betrieb:
Bei der Standard-Ausführung wird der Ausgang Q nur dann Low, wenn die beiden Eingänge A und B, oder C und D, oder E und F, oder G und H auf High gelegt werden. Die Erweiterungs-Eingänge müssen offen bleiben, wenn sie nicht benützt werden. Bei der H-Ausführung sind ein UND-Gatter mit 3 Eingängen, sowie 3 UND-Gatter mit 2 Eingängen im IC enthalten.
In der Literatur und in Datenbüchern werden diese Schaltungen manchmal als AOI-Schaltungen (AND/OR/INVERT) bezeichnet. Diese Bezeichnung ist nicht sehr glücklich, da ein ODER-Gatter und ein Inverter zusammen ein NOR-Gatter ergeben. Da bei diesem Baustein der Ausgang des ODER-Gatters nicht getrennt herausgeführt ist, wird sein Ausgangssignal immer durch den nachfolgenden Inverter umgekehrt, d.h. es liegt in jedem Fall ein NOR-Gatter vor.

Anwendung:
Realisierung von NAND- und NOR-Funktionen.

Daten:	Std	
Durchlauf-Verzögerung	10.5	ns
Stromaufnahme	5	mA

7453	Expandierbares UND/NOR-Gatter mit 4x2 bzw. 3x2 und 1x3 Eingängen

7454/1 — UND/NOR-Gatter mit 4x2 bzw. 2x2 und 2x3 Eingängen

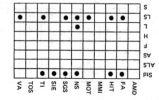

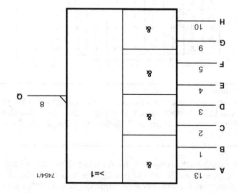

Anmerkung: Pin 11 und 12 dürfen nicht angeschlossen werden

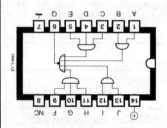
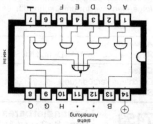

Fortsetzung :

Eingänge								Ausgang
A	B	C	D	E	F	G	H	Q
H	H	X	X	X	X	X	X	L
X	X	H	H	X	X	X	X	L
X	X	X	X	H	H	X	X	L
X	X	X	X	X	X	H	H	L
Alle übrigen Kombinationen								H

Eingänge										Ausgang
A	B	C	D	E	F	G	H	I	J	Q
H	H	X	X	X	X	X	X	X	X	L
X	X	H	H	H	X	X	X	X	X	L
X	X	X	X	X	H	H	H	X	X	L
X	X	X	X	X	X	X	X	H	H	L
Alle übrigen Kombinationen										H

Beschreibung:
Dieser Baustein enthält ein NOR-Gatter mit 4 Eingängen, die intern mit vier UND-Gattern verbunden sind. Bei der Standard-Ausführung haben die vier UND-Gatter je 2 Eingänge. Bei den L- und LS-Ausführungen haben zwei UND-Gatter je 2 Eingänge, die beiden anderen UND-Gatter je 3 Eingänge.

Betrieb:
Bei jedem Baustein wird der Ausgang Q nur dann Low, wenn alle Eingänge eines der vier UND-Gatter auf High gelegt werden, d.h. bei der Standard-Ausführung A und B, oder C und D, oder G und H, bei der L- und LS-Ausführung A und B, oder C und D und E, oder F und G und H, oder I und J. Der 74H54 ist auf der folgenden Seite zu finden.

Anwendung:
Realisierung von NAND- und NOR-Funktionen.

Daten:	Std	LS	
Durchlauf-Verzögerung	10	12.5	ns
Stromaufnahme	4	0.9	mA

7454/1	UND/NOR-Gatter mit 4x2 bzw. 2x2 und 2x3 Eingängen

7454/2 | UND/NOR-Gatter mit 3x2 und 1x3 Eingängen

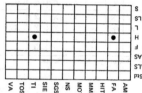

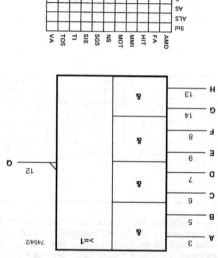

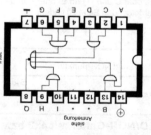

Anmerkung: Pin 11 und 12 dürfen nicht angeschlossen werden

Fortsetzung:

Eingänge									Ausgang
A	B	C	D	E	F	G	H	I	Q
H	H	X	X	X	X	X	X	X	L
X	X	H	H	X	X	X	X	X	L
X	X	X	X	H	H	H	X	X	L
X	X	X	X	X	X	X	H	H	L
Alle übrigen Kombinationen									H

Beschreibung:
Dieser Baustein enthält ein NOR-Gatter mit 4 Eingängen, die intern mit vier UND-Gattern verbunden sind. Drei dieser UND-Gatter besitzen je 2 Eingänge, das vierte 3 Eingänge.

Betrieb:
Bei diesem Baustein wird der Ausgang Q nur dann Low, wenn entweder die beiden Eingänge A und B, oder C und D, oder E, F und G, oder I und H auf High gelegt werden. Die beiden Pins 11 und 12 dürfen extern nicht angeschlossen werden.

Anwendung:
Realisierung von NAND-und NOR-Funktionen

Daten:	H	
Durchlauf-Verzögerung	6.5	ns
Stromaufnahme	8	mA

7454/2 — UND/NOR-Gatter mit 3x2 und 1x3 Eingängen

7455 — UND/NOR-Gatter mit 2x4 Eingängen

	Std	ALS	AS	F	H	L	LS	S
VA								
TOS								
TI					•		•	
SGS							•	
NS						•	•	
MOT							•	
MMI								
HIT							•	
FA					•		•	
AMD								

Fortsetzung:

Eingänge									Ausgang
A	B	C	D	E	F	G	H	Q
H	H	H	H	X	X	X	X	L
X	X	X	X	H	H	H	H	L
Alle übrigen Kombinationen									H

Beschreibung:
Dieser Baustein enthält ein NOR-Gatter mit 2 Eingängen, die intern mit zwei UND-Gattern mit je 4 Eingängen verbunden sind.

Betrieb:
Bei diesem Gatter ist der Ausgang Q nur dann Low, wenn entweder die Eingänge A, B, C und D des einen UND-Gatters, oder die Eingänge E, F, G und H des anderen UND-Gatters auf High gelegt werden.
Die H-Ausführung ist über die beiden Eingänge X und $\overline{X}$ erweiterbar, die im Falle der Nichtbenützung offen zu lassen sind.

Anwendung:
Realisierung von NAND- und NOR-Funktionen.

Daten:	LS	
Durchlauf-Verzögerung	12	ns
Stromaufnahme	1	mA

7455	UND/NOR-Gatter mit 2x4 Eingängen

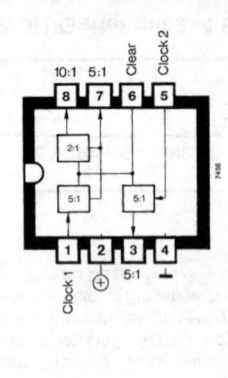

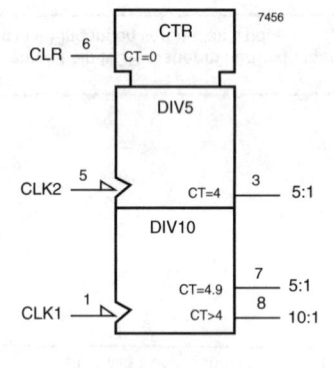

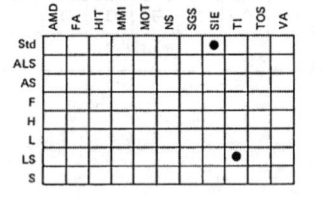

| | 7456 | **Frequenzteiler 50:1** |

Fortsetzung:

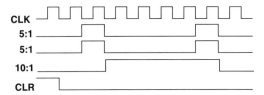

Beschreibung:
Dieser Baustein enthält einen Frequenzteiler 2:1 und zwei Teiler 5:1.

Betrieb:
Da dieser Baustein drei getrennte Teiler enthält, lassen sich vier mögliche Teilerverhältnisse erzielen, und zwar 5:1, 10:1, 25:1 und 50:1. Der Baustein besitzt zwei separate Takteingänge, Clock 1 und Clock 2. Die Triggerung erfolgt beim HL-Übergang (negative Flanke) des Taktes. Die Löschfunktion (Clear) ist aktiv High und unabhängig vom Zustand der Takteingänge. Der Baustein ist auch unter der Typennummer 49710 in Standard-TTL erhältlich. Mit mehreren Bausteinen lassen sich zahlreiche Teilerverhältnisse realisieren. Beispielsweise kann man mit zwei 7456 eine Frequenzteilung 2500:1, 625:1 oder 100:1 ausführen.

Anwendung:
Frequenzteiler, Zeitgeber

Daten:	LS	
Min. garantierte Taktfrequenz	25	MHz
Stromaufnahme	11	mA

7456	**Frequenzteiler 50:1**

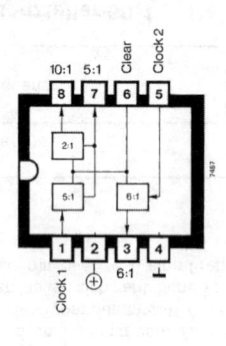

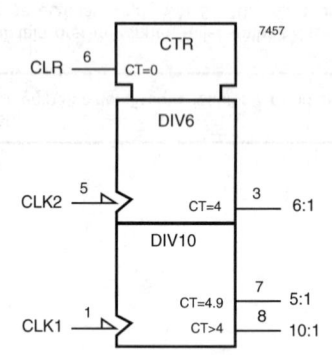

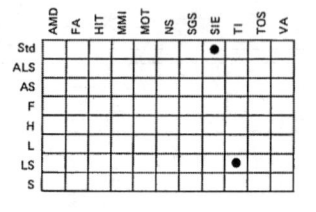

	AMD	FA	HIT	MMI	MOT	NS	SGS	SIE	TI	TOS	VA
Std								●			
ALS											
AS											
F											
H											
L											
LS									●		
S											

| **7457** | **Frequenzteiler 60:1** |

Fortsetzung:

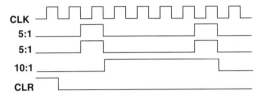

Beschreibung:
Dieser Baustein enthält einen Frequenzteiler 2:1, einen Teiler 5:1 und einen Teiler 6:1.

Betrieb:
Da dieser Baustein drei verschiedene Teiler enthält, lassen sich fünf mögliche Teilerverhältnisse erzielen, und zwar 5:1, 6:1, 10:1, 30:1 und 60:1.
Der Baustein besitzt zwei separate Takteingänge Clock 1 und Clock 2. Die Triggerung erfolgt beim HL-Übergang (negative Flanke) des Taktes.
Die Löschfunktion (Clear) ist aktiv High und unabhängig vom Zustand der Takteingänge. Der Baustein ist auch unter der Typennummer 49711 in Standard-TTL erhältlich.

Anwendung:
Frequenzteiler, Zeitgeber

Daten:	LS	
Min. garantierte Taktfrequenz	25	MHz
Stromaufnahme	11	mA

7457	Frequenzteiler 60:1

7460 — Zwei Expander mit je 4 Eingängen (o.K.)

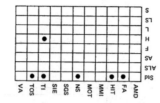

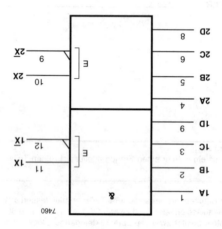

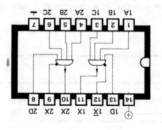

Fortsetzung:

Eingänge			Ausgang
A B C D			X
H H H H			H
L X X X			L
X L X X			L
X X L X			L
X X X X			L

Beschreibung:
Dieser Baustein enthält zwei Expander mit je 4 Eingängen.

Betrieb:
Dieser Baustein dient zur Erweiterung der Bausteine 7423, 7450 und 7453, sowie 74H50, 74H53 und 74H55. Hierbei können maximal vier 7460 zugeschaltet werden, indem die entsprechenden Eingänge X und $\overline{X}$ miteinander verbunden werden. Dadurch wird die Anzahl der UND-Gatter am Eingang der aufgezählten Bausteine entsprechend erweitert.

Anwendung:
Erweiterung der Eingänge der Bausteine 7423, 7450, 7453, sowie 74H50, 74H53 und 74H55.

Daten:	Std	
Durchlauf-Verzögerung	25	ns
Stromaufnahme	2	mA

7460 — Zwei Expander mit je 4 Eingängen (o.K.)

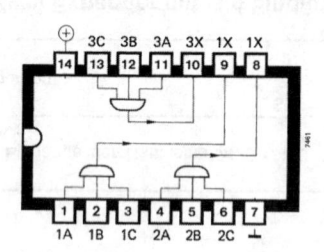

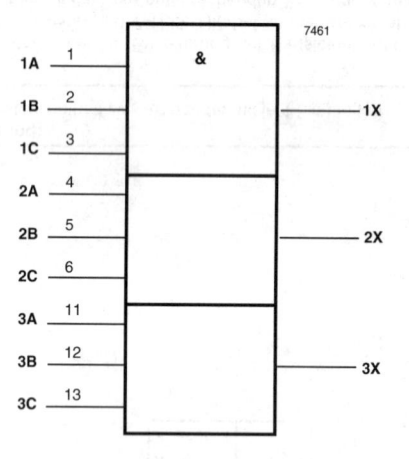

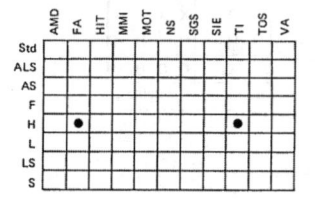

	AMD	FA	HIT	MMI	MOT	NS	SGS	SIE	TI	TOS	VA
Std											
ALS											
AS											
F											
H		●							●		
L											
LS											
S											

7461	Drei Expander mit je 3 Eingängen (o.K.)

Fortsetzung :

Eingänge			Ausgang
A	B	C	X
H	H	H	H
L	X	X	L
X	L	X	L
X	X	L	L

Beschreibung:
Dieser Baustein enthält drei getrennte Expander mit je 3 Eingängen.

Betrieb:
Jeder der drei Expander kann getrennt verwendet werden. Sie dienen zur Erweiterung der UND-Eingänge des 74H52, der mit bis zu sechs 74H61 verwendet werden kann.

Anwendung:
Erweiterung der UND-Eingänge des 74H52.

Daten:		H	
Maximale Stromaufnahme		16	mA

7461	Drei Expander mit je 3 Eingängen (o.K.)

7462
UND/ODER-Expander mit 2x2 und 2x3 Eingängen (o.k.)

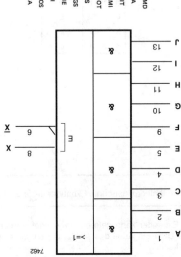

	Std	ALS	AS	F	H	L	LS	S
VA								
TOS								
TI					●			
SIE								
SGS								
NS					●			
MOT								
MMI								
HIT								
FA					●			
AMD								

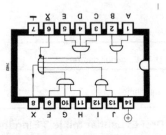

Fortsetzung:

Eingänge										Ausgang
A	B	C	D	E	F	G	H	I	J	Q
H	H	X	X	X	X	X	X	X	X	H
X	X	H	H	X	X	X	X	X	X	H
X	X	X	X	H	H	X	X	X	X	H
X	X	X	X	X	X	H	H	H	H	H
Andere Kombinationen											L

Beschreibung:
Dieser Baustein enthält einen UND/ODER-Expander mit 2x2 und 2x3 Eingängen.

Betrieb:
Der Baustein dient zur Erweiterung der Eingänge der Bausteine 74H50, 74H53 und 74H55, wobei jedoch mit diesen nur ein einzelner 74H62 verwendet werden kann.

Anwendung:
Erweiterung der Eingänge der Bausteine 74H50, 74H53 und 74H55.

Daten:	H	
Stromaufnahme	9	mA

7462	UND/ODER-Expander mit 2x2 und 2x3 Eingängen (o.K.)

7463 | Sechs Stromsensoren

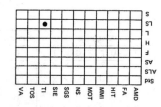

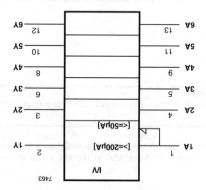

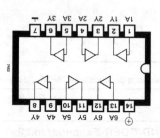

Fortsetzung:

Eingang	Ausgang
A	Y
H	H
L	L

Beschreibung:
Dieser Baustein enthält 6 getrennte Stromsensoren.

Betrieb:
Die Sensoren dieses Bausteins dienen zum Umsetzen von logischen Strompegeln in TTL-kompatible Spannungspegel. Fließt in den Eingang eines Sensors ein Strom von < 50µA, so bleibt der Ausgang Low. Bei einem Eingangsstrom von ≥ 200µA geht der Ausgang auf High.
Er dient vor allem als Interface für PLA- oder andere Logik, die zwar einen Strom liefern (source), jedoch nicht aufnehmen (sink) können.

Anwendung:
Umsetzen von logischen Strompegeln in TTL-Spannungspegel.

Daten:	LS	
Durchlauf-Verzögerung	21	ns
Eingangswiderstand	610	Ω
Stromaufnahme	8	mA

7463	Sechs Stromsensoren

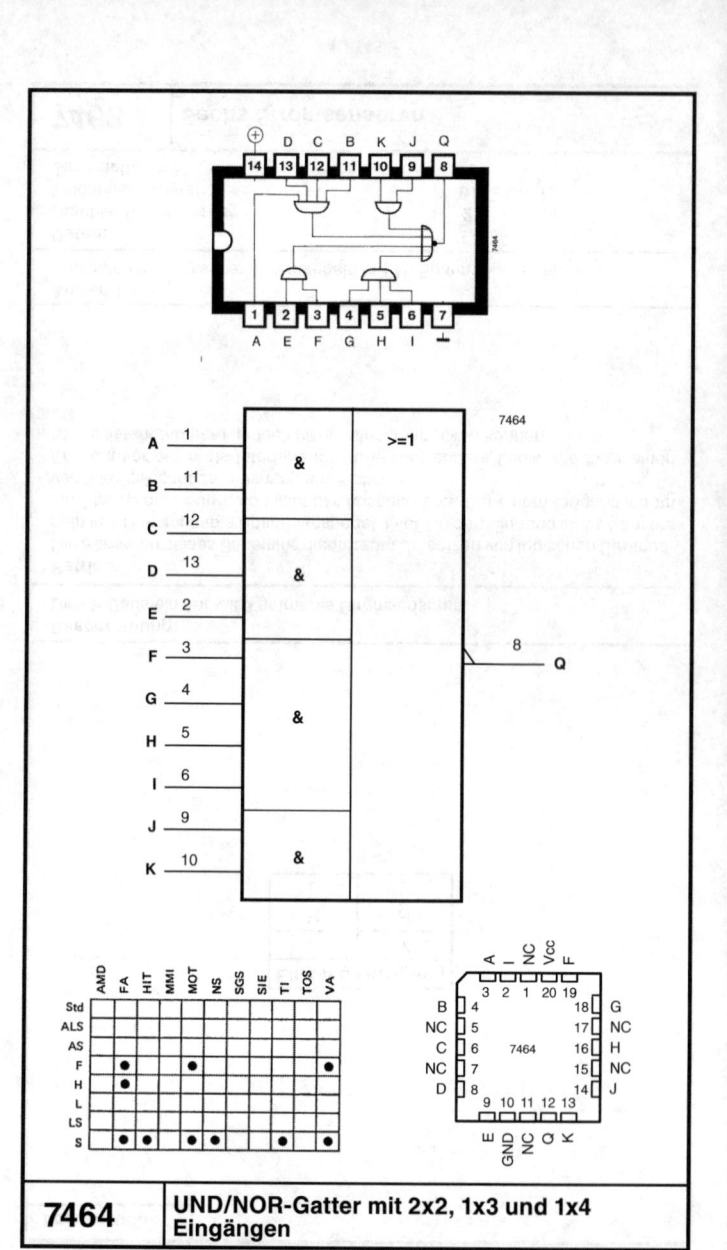

	AMD	FA	HIT	MMI	MOT	NS	SGS	SIE	TI	TOS	VA
Std											
ALS											
AS											
F		●			●						●
H		●									
L											
LS											
S		●	●		●	●			●		●

7464	UND/NOR-Gatter mit 2x2, 1x3 und 1x4 Eingängen

Fortsetzung :

Eingänge											Ausgang
A	B	C	D	E	F	G	H	I	J	K	Q
H	H	H	H	X	X	X	X	X	X	X	L
X	X	X	X	H	H	X	X	X	X	X	L
X	X	X	X	X	X	H	H	H	X	X	L
X	X	X	X	X	X	X	X	X	H	H	L
Alle übrigen Kombinationen											H

Beschreibung:
Dieser Baustein enthält ein NOR-Gatter mit 4 Eingängen, die intern mit zwei UND-Gattern mit je 2 Eingängen, einem UND-Gatter mit 3 Eingängen sowie einem UND-Gatter mit 4 Eingängen verbunden sind.

Betrieb:
Der Ausgang Q wird nur dann Low, wenn die Eingänge A, B,C und D, oder E und F, oder G,H und I, oder J und K auf High gelegt werden.

Anwendung:
Realisierung von NAND- und NOR-Funktionen.

Daten:	Std	S	
Durchlauf-Verzögerung	4	3.5	ns
Stromaufnahme	2.5	7	mA

7464	UND/NOR-Gatter mit 2x2, 1x3 und 1x4 Eingängen

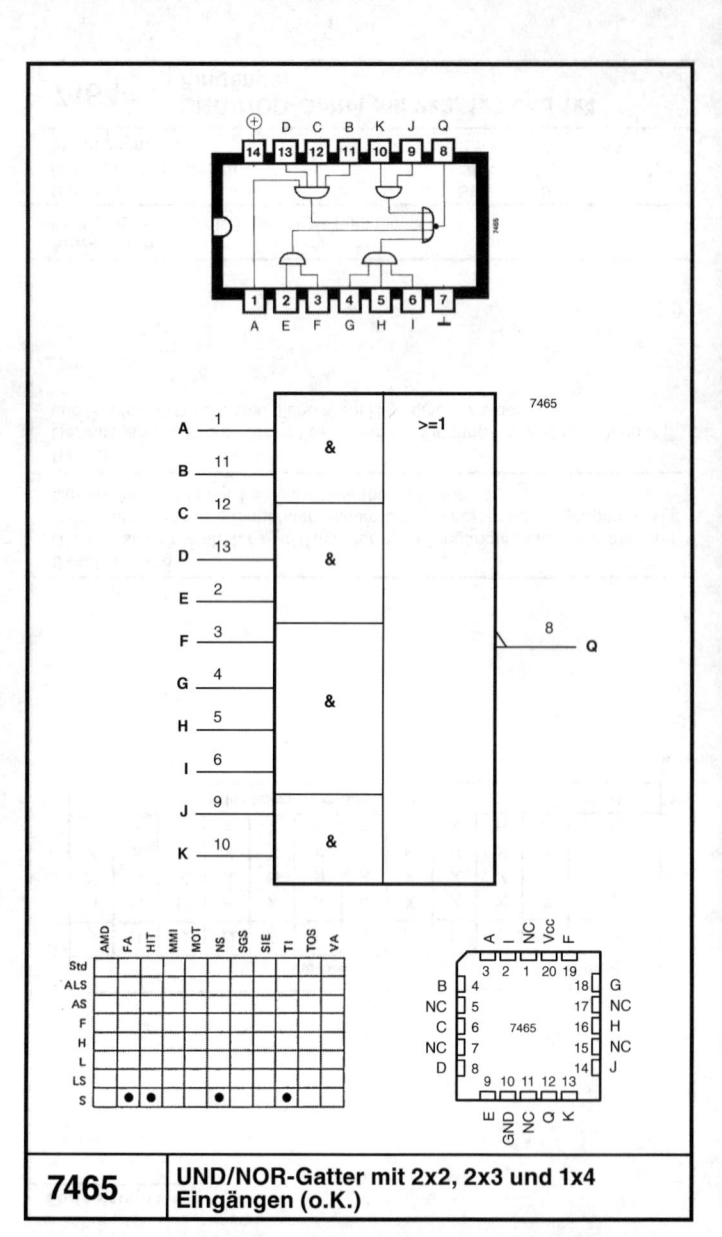

	AMD	FA	HIT	MMI	MOT	NS	SGS	SIE	TI	TOS	VA
Std											
ALS											
AS											
F											
H											
L											
LS											
S		●	●			●			●		

7465	UND/NOR-Gatter mit 2x2, 2x3 und 1x4 Eingängen (o.K.)

Fortsetzung:

Eingänge											Ausgang
A	B	C	D	E	F	G	H	I	J	K	Q
H	H	H	H	X	X	X	X	X	X	X	L
X	X	X	X	H	H	X	X	X	X	X	L
X	X	X	X	X	X	H	H	H	X	X	L
X	X	X	X	X	X	X	X	X	H	H	L
Alle übrigen Kombinationen											H

Beschreibung:
Dieser Baustein enthält ein NOR-Gatter mit 4 Eingängen, die intern mit zwei UND-Gattern mit je 2 Eingängen, einem UND-Gatter mit 3 Eingängen sowie einem UND-Gatter mit 4 Eingängen verbunden sind.

Betrieb:
Der Ausgang Q wird nur dann Low, wenn die Eingänge A, B,C und D, oder E und F, oder G,H und I, oder J und K auf High gelegt werden.

Anwendung:
Realisierung von NAND- und NOR-Funktionen.

Daten:	Std	S
Durchlauf-Verzögerung	4	3.5
Stromaufnahme	2.5	7

7465	UND/NOR-Gatter mit 2x2, 2x3 und 1x4 Eingängen (o.K.)

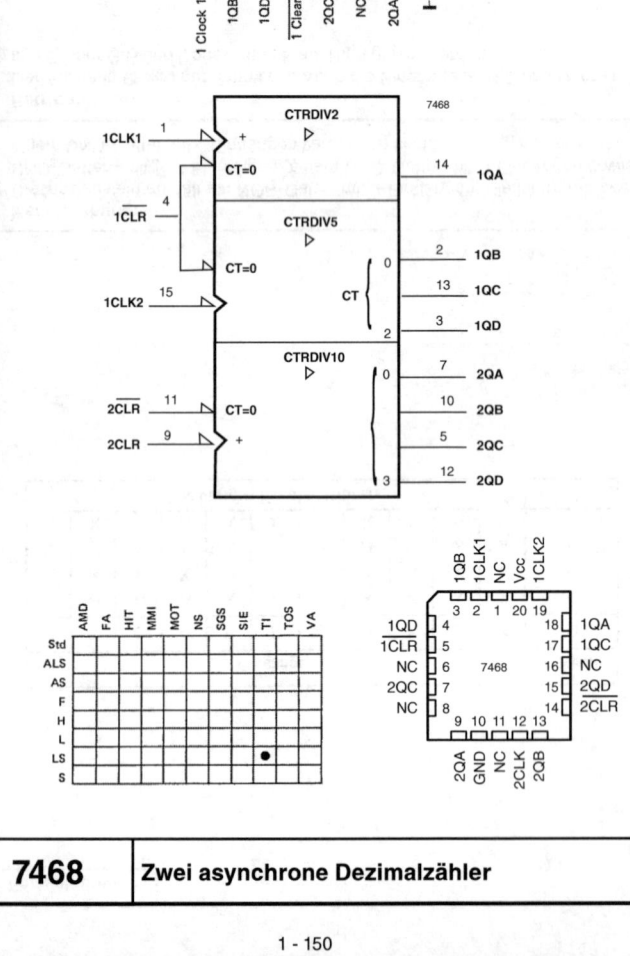

	AMD	FA	HIT	MMI	MOT	NS	SGS	SiE	TI	TOS	VA
Std											
ALS											
AS											
F											
H											
L											
LS									●		
S											

7468	Zwei asynchrone Dezimalzähler

Fortsetzung:

Dekadisch (Anmerkung A)
Zähler 1 oder 2

Zählung	Ausgänge			
CLOCK 1	QD	QC	QB	QA
0	L	L	L	L
1	L	L	L	H
2	L	L	H	L
3	L	L	H	H
4	L	H	L	L
5	L	H	L	H
6	L	H	H	L
7	L	H	H	H
8	H	L	L	L
9	H	L	L	H

Biquinär (Anmerkung B)
Nur Zähler 1

Zählung	Ausgänge			
CLOCK 2	QA	QD	QC	QB
0	L	L	L	L
1	L	L	L	H
2	L	L	H	L
3	L	L	H	H
4	L	H	L	L
5	H	L	L	L
6	H	L	L	H
7	H	L	H	L
8	H	L	H	H
9	H	H	L	L

A: Ausgang QA extern verbunden mit Clock 2 für Zähler 1
Für Zähler 2 ist diese intern ausgeführt.

B: Ausgang QD extern verbunden mit Clock 1 für Zähler 1

Beschreibung:
Dieser Baustein enthält zwei getrennte, schnelle, asynchrone Dezimalzähler.

Betrieb:
Die beiden Zähler werden bei der negativen Flanke (HL-Übergang) des Taktes weitergestellt. Im Normalbetrieb liegen die Clear (Lösch)-Eingänge auf High. Werden sie auf Low gelegt, gehen alle Ausgänge ebenfalls auf Low, unabhängig vom Zustand der Takteingänge.
Zähler 1 und 2 können dezimal, Zähler 1 kann außerdem biquinär arbeiten.

Anwendung:
Zähler und Teiler 10:1 und 100:1

Daten:		LS	
Max. Zählfrequenz		40	MHz
Stromaufnahme		36	mA

7468	**Zwei asynchrone Dezimalzähler**

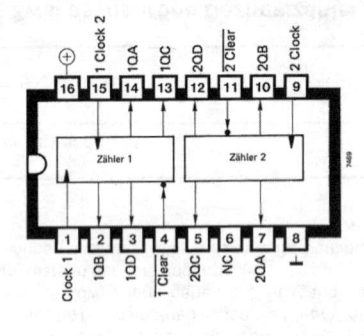

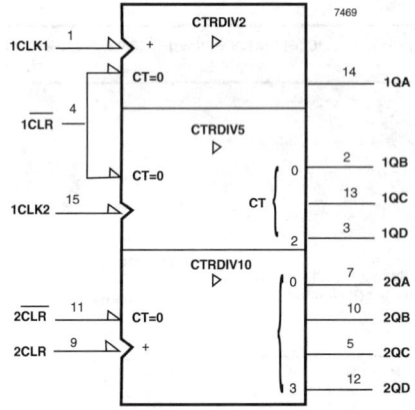

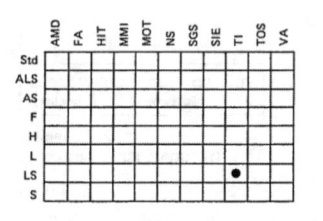

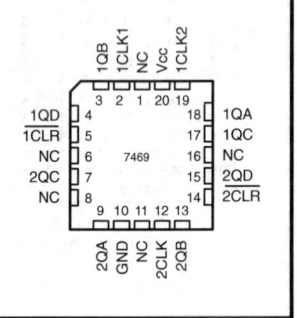

| 7469 | Zwei asynchrone 4-Bit-Binärzähler |

Fortsetzung:

Zählung	QD	QC	QB	QA
0	L	L	L	L
1	L	L	L	H
2	L	L	H	L
3	L	L	H	H
4	L	H	L	L
5	L	H	L	H
6	L	H	H	L
7	L	H	H	H
8	H	L	L	L
9	H	L	L	H
10	H	L	H	L
11	H	L	H	H
12	H	H	L	L
13	H	H	L	H
14	H	H	H	L
15	H	H	H	H

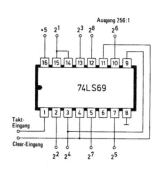

Verbindung für Frequenzteilung 256:1

Ausgang QA ist extern verbunden mit Clock 2 für Zähler 1
Für Zähler 2 ist diese intern ausgeführt.

Beschreibung:
Dieser Baustein enthält zwei getrennte, schnelle, asynchrone Binärzähler.

Betrieb:
Die beiden Zähler werden bei der negativen Flanke (HL-Übergang) des Taktes weitergestellt. Im Normalbetrieb liegen die Clear (Lösch)-Eingänge auf High. Werden sie auf Low gelegt, gehen alle Ausgänge ebenfalls auf Low, unabhängig vom Zustand der Takteingänge
Den Clear-Eingang kann man zur Freigabe (Sperren) des Taktes verwenden, wenn man ihn für die entsprechende Zeit auf High (Low) legt.
Werden die Pins 14 und 15, sowie 3 und 9 miteinander verbunden, kann der Baustein als Frequenzteiler 256:1 verwendet werden (siehe Bild).

Anwendung:
Binäre Zähler und Frequenzteiler

Daten:	LS	
Max. Zählfrequenz	40	MHz
Stromaufnahme	36	mA

7469 — **Zwei asynchrone 4-Bit-Binärzähler**

7470 — JK-Flipflop mit 3 Eingängen, Voreinstellung und Löschen

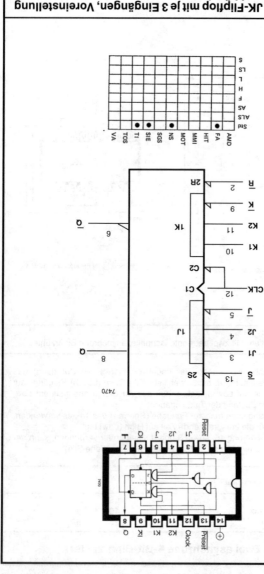

Fortsetzung:

Eingänge					Ausgänge	
Preset	Reset	Clock	J	K	Q	Q̄
L	H	X	X	X	H	L
H	L	X	X	X	L	H
L	L	X	X	X	H*	H*
H	H	⌐	L	L	keine Änderung	
H	H	⌐	L	H	L	H
H	H	⌐	H	L	H	L
H	H	⌐	H	H	toggle	

* instabiler Zustand

Beschreibung:
Dieser Baustein enthält ein flankengetriggertes JK-Flipflop, direkte Setz- und Lösch-Ein-gänge, mehrfache J- und K-Eingänge sowie wahre und komplementierte Ausgänge.

Betrieb:
Die Informationen an den J- und K-Eingängen werden beim LH-Übergang (positive Flanke) des Taktimpulses transferiert. Die an den dreifachen Gattereingängen liegenden Eingangssignale werden nach Passieren der Schwellenspannung des Takteinganges abgetrennt. Jeweils einer der 3 UND-Gatter-Eingänge ist invertiert, d.h., es ist zum Beispiel der J-Eingang nur dann High, wenn zur gleichen Zeit J1 und J2 High und J̄ Low ist. Das gleiche gilt für den K-Eingang.

Wenn J auf High und K auf Masse liegt, bringt das Takten Q auf High und Q̄ auf Low.

Wenn J auf Masse und K auf High liegt, bringt das Takten Q auf Low und Q̄ auf High.

Liegt sowohl J wie K auf High, wechselt das Takten die Zustände von Q und Q̄. Unbenutzte J- und K-Eingänge müssen an Masse gelegt werden.

Die Eingänge Preset (Setzen) und Reset (Löschen) sind asynchrone Eingänge mit aktiv-Low. Ein L-Potential an Preset bringt Q auf High, ein L-Potential an Reset bringt Q̄ auf Low.

Sind diese beiden Eingänge gleichzeitig Low, so wird sowohl Q wie Q̄ Low. Dieser Zustand bleibt jedoch nicht erhalten, wenn Preset und/oder Reset wieder inaktiv (High) werden.

Anwendung:
Register, Zähler, Teiler, Steuerschaltungen.

Daten:	Std	
Min. garantierte Taktfrequenz	20	MHz
Durchlauf-Verzögerung	22	ns
Stromaufnahme	13	mA

7470	JK-Flipflop mit je 3 Eingängen, Voreinstellung und Löschen

	AMD	FA	HIT	MMI	MOT	NS	SGS	SIE	TI	TOS	VA
Std											
ALS											
AS											
F											
H		●				●			●		
L											
LS											
S											

74H71 JK-Master-Slave-Flipflop mit je 2x2 Eingängen und direktem Setz-Eingang

Fortsetzung:

Eingänge				Ausgänge	
Preset	Clock	J	K	Q	Q̄
L	X	X	X	H	L
H	⊓	L	L	keine Änderung	
H	⊓	L	H	L	H
H	⊓	H	L	H	L
H	⊓	H	H	toggle	

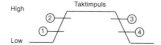

Beschreibung:
Dieser Baustein enthält ein puls-getriggertes JK-Master-Slave-Flipflop, UND-ODER-Eingänge sowie einen direkten Setz-Eingang.

Betrieb:
Die Informationen an den J- und K-Eingängen werden beim HL-Übergang (negative Flanke) des positiven Taktimpulses transferiert.
Der Ablauf der Vorgänge ist hierbei folgender: Bei 1) wird der Slave vom Master getrennt, bei 2) gelangen die Informationen an den UND-ODER-Eingängen in den Master, bei 3) werden die UND-ODER-Eingänge abgetrennt und bei 4) werden die Informationen vom Master zum Slave transferiert.
Der J-Eingang ist z.B. nur dann High, wenn entweder J1A und J1B oder J2A und J2B High sind. Dasselbe gilt für die K-Eingänge.
Wenn J auf High und K auf Masse liegt, geht Q beim Takten auf High und Q̄ auf Low.
Wenn J auf Masse und K auf High liegt, geht beim Takten Q auf Low und Q̄ auf High.
Liegt sowohl J wie K auf Low, wechselt das Takten die Zustände von Q und Q̄.
Wird Preset (Setzen oder Voreinstellen) auf Low gelegt, so geht Q auf High und Q̄ auf Low, unabhängig vom Zustand aller übrigen Eingänge.

Anwendung:
Register, Zähler, Teiler, Steuerschaltungen.

Daten:	H	
Min. garantierte Taktfrequenz	25	MHz
Durchlauf-Verzögerung	18	ns
Stromaufnahme	16	mA

74H71 — JK-Master-Slave-Flipflop mit je 2x2 Eingängen und direktem Setz-Eingang

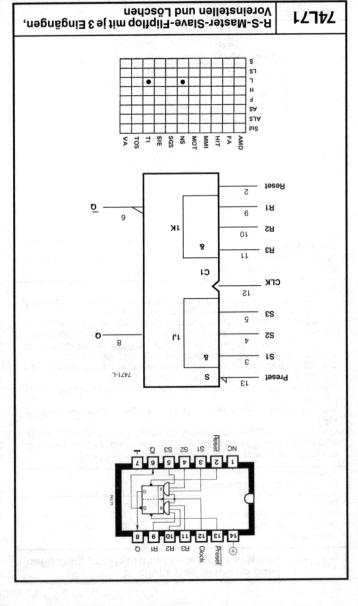

Fortsetzung:

Eingänge					Ausgänge	
Preset	Reset	Clock	S	R	Q	Q̄
L	H	X	X	X	H	L
H	L	X	X	X	L	H
L	L	X	X	X	H*	H*
H	H	⎍	L	L	keine Änderung	
H	H	⎍	H	L	H	L
H	H	⎍	L	H	L	H
H	H	⎍	H	H	unbestimmt	

* instabil

Beschreibung:
Dieser Baustein enthält ein pulsgetriggertes RS-Master-Slave-Flipflop mit je 3 UND-Eingängen, Voreinstellung und Löschen.

Betrieb:
Die Informationen an den R- und S-Eingängen werden beim HL-Übergang (negative Flanke) des Taktimpulses transferiert.
Der R-Eingang ist nur dann High, wenn die Eingänge R1, R2 und R3 gleichzeitig High sind. Dasselbe gilt für den S-Eingang.
Wenn S auf High und R auf Masse liegt, geht beim Takten Q auf High und Q̄ auf Low.
Wenn S auf Masse und R auf High liegt, geht beim Takten Q auf Low und Q̄ auf High.
Sind S und R gleichzeitig High, ergibt sich an den Ausgängen Q und Q̄ beim Takten ein unbestimmter Zustand.
Mit Preset auf Low und Reset auf High geht unabhängig vom Takten Q auf High und Q̄ auf Low.
Mit Preset auf High und Reset auf Low geht unabhängig vom Takten Q auf Low und Q̄ auf High.
Mit Preset und Reset gleichzeitig auf Low, geht sowohl Q wie Q̄ auf High. Dieser Zustand ist jedoch nicht stabil, und bleibt nicht erhalten, wenn Preset und/oder Reset inaktiv (High) werden.

Anwendung:
Register, Zähler, Teiler, Steuerschaltungen.

Daten:
	L	
Min. garantierte Taktfrequenz	2.5	MHz
Durchlauf-Verzögerung	47.5	ns
Stromaufnahme	1	mA

74L71	R-S-Master-Slave-Flipflop mit je 3 Eingängen, Voreinstellen und Löschen

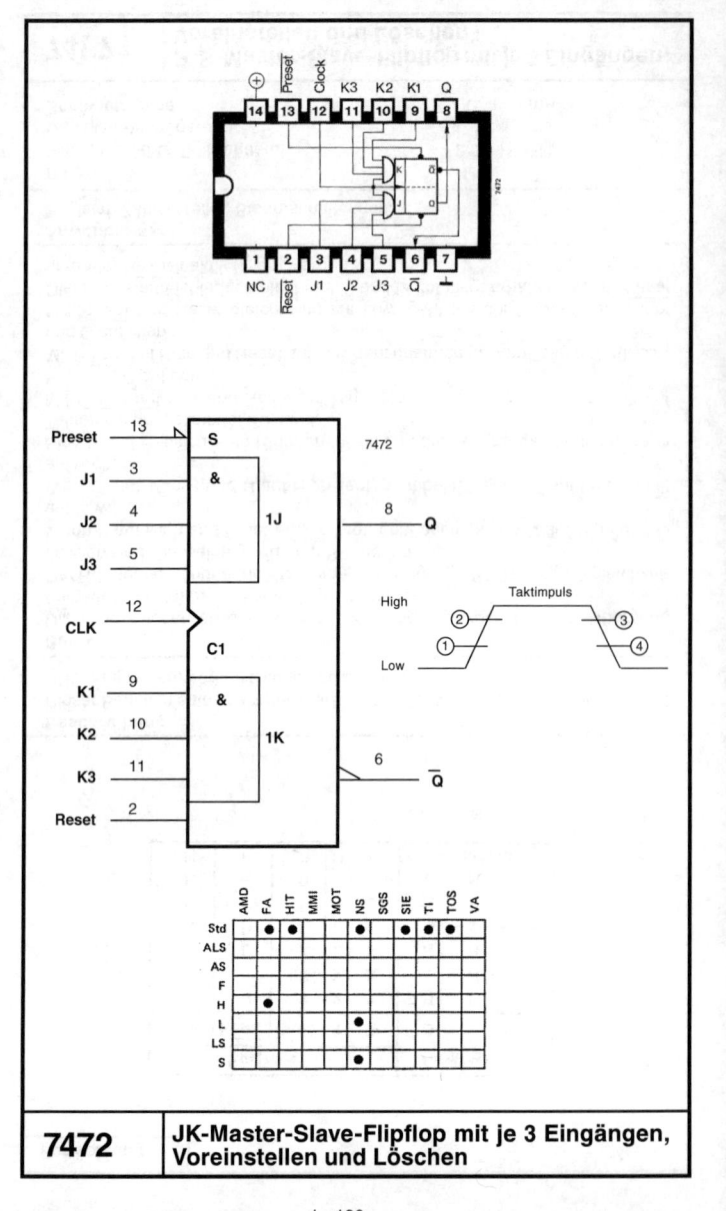

	AMD	FA	HIT	MMI	MOT	NS	SGS	SIE	TI	TOS	VA
Std		●	●			●		●	●	●	
ALS											
AS											
F											
H		●									
L						●					
LS											
S						●					

7472	JK-Master-Slave-Flipflop mit je 3 Eingängen, Voreinstellen und Löschen

Fortsetzung:

Eingänge					Ausgänge	
Preset	Reset	Clock	S	R	Q	Q̄
L	H	X	X	X	H	L
H	L	X	X	X	L	H
L	L	X	X	X	H*	H*
H	H	⎍	L	L	keine Änderung	
H	H	⎍	H	L	H	L
H	H	⎍	L	H	L	H
H	H	⎍	H	H	unbestimmt	

Beschreibung:
Dieser Baustein enthält ein pulsgetriggertes JK-Master-Slave-Flipflop mit je 3 Eingängen, sowie Eingänge für Voreinstellen und Löschen.

Betrieb:
Die Informationen an den J- und K-Eingängen werden beim HL-Übergang (negative Flanke) des positiven Taktimpulses transferiert.

Der Ablauf der Vorgänge ist hierbei folgender: Bei 1) wird der Slave vom Master getrennt, bei 2) gelangen die Informationen an den UND-Eingängen in den Master, bei 3) werden die J- und K-Eingänge abgetrennt und bei 4) werden die Informationen vom Master zum Slave transferiert.

Der J-Eingang ist nur dann High, wenn J1, J2 und J3 gleichzeitig High sind. Dasselbe gilt für den K-Eingang.

Wenn J auf High und K auf Masse liegt, geht Q beim Takten auf High und Q̄ auf Low.

Wenn J auf Masse und K auf High liegt, geht beim Takten Q auf Low und Q̄ auf High.

Liegt sowohl J wie K auf Low, wechselt das Takten die Zustände von Q und Q̄. Wenn sich der Taktimpuls auf High befindet, darf sich der Logik-Zustand der J- und K- Eingänge nicht verändern.

Wird Preset (Setzen oder Voreinstellen) auf Low gelegt, (mit Reset auf High), so geht Q auf High (und Q̄ auf Low), unabhängig vom Zustand aller übrigen Eingänge. Mit Preset auf High und Reset auf Low geht Q auf Low und Q̄ auf High.

Liegt Preset und Reset gleichzeitig auf Low, geht sowohl Q wie Q̄ auf High. Dieser Zustand ist jedoch nicht stabil, d.h. er bleibt nicht erhalten, wenn Preset und/oder Reset inaktiv (High) werden. Die Funktionstabelle stimmt mit dem 74L71 überein.

Anwendung:
Register, Zähler, Teiler, Steuerschaltungen.

Daten:	Std	L	H	
Min. garantierte Taktfrequenz	15	2.5	25	MHz
Durchlauf-Verzögerung	20	47	18	ns

7472 — JK-Master-Slave-Flipflop mit je 3 Eingängen, Voreinstellen und Löschen

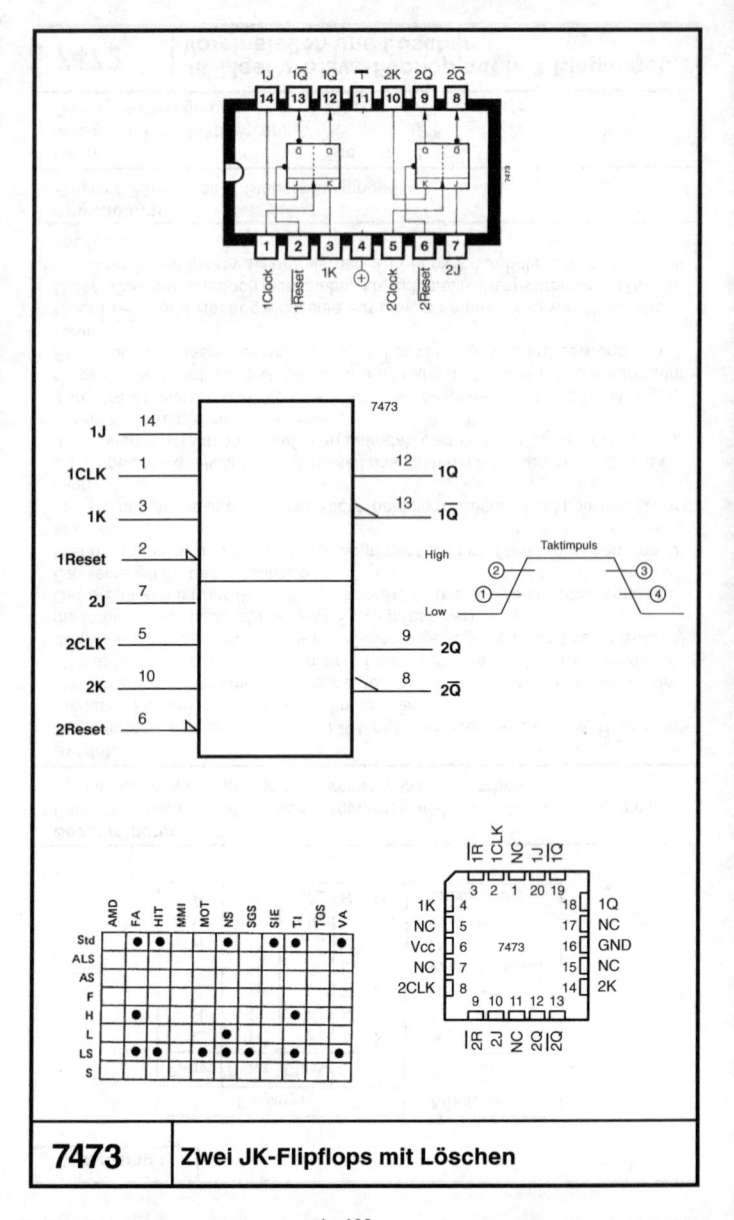

	AMD	FA	HIT	MMI	MOT	NS	SGS	SIE	TI	TOS	VA
Std		●	●						●		
ALS											
AS											
F											
H		●						●			
L						●					
LS	●	●		●	●	●	●				●
S											

7473   Zwei JK-Flipflops mit Löschen

Fortsetzung :

Eingänge			Ausgänge	
$\overline{R}$ CLK J K			Q	$\overline{Q}$
L X X X			L	H
H 1) L L			Keine Änd.	
H 1) L H			L	H
H 1) H L			H	L
H 1) H H			unbestimmt	

1) Die Ausführungen Standard-TTL, H und L sind pulsgetriggert, das LS ist negativ flanken-getriggert.

Beschreibung:
Dieser Baustein enthält zwei JK-Flipflops mit separaten Takt- und Lösch-Eingängen.

Betrieb:
Beide Flipflops können unabhängig voneinander verwendet werden.

Die Ausführungen Standard-TTL, H und L sind pulsgetriggert, das LS ist negativ flanken-getriggert.

Bei den pulsgetriggerten Ausführungen werden die Informationen an den J- und K-Eingängen beim HL-Übergang (negative Flanke) des positiven Taktimpulses transferiert.

Der Ablauf der Vorgänge ist folgender: Bei 1) wird der Slave vom Master getrennt, bei 2) gelangen die Informationen an den J- und K-Eingängen in den Master, bei 3) werden die J-und K-Eingänge abgetrennt und bei 4) werden die Informationen vom Master zum Slave transferiert.

Bei der LS-Ausführung, bei der eine Triggerung mit der negativen Flanke des Taktes erfolgt, kann eine Änderung des logischen Zustandes der Eingänge erfolgen, während das Taktsignal High ist. Dies ist bei den pulsgetriggerten Ausführungen nicht der Fall.

Wenn J auf High und K auf Masse liegt, geht Q beim Takten auf High und $\overline{Q}$ auf Low.

Wenn J auf Masse und K auf High liegt, geht Q beim Takten auf Low und $\overline{Q}$ auf High.

Liegt sowohl J wie K auf High, wechselt jeder die Zustände von Q und $\overline{Q}$, womit eine binäre Teilung möglich ist.

Liegt J und K gleichzeitig auf Low, bewirkt das Takten keine Änderung des Ausganges. Der $\overline{\text{Reset}}$-Eingang sollte im normalen Betrieb auf High liegen. Wird dieser Eingang auf Low gelegt, so geht der Ausgang Q sofort auf Low und $\overline{Q}$ auf High, unabhängig vom Zustand der übrigen Eingänge.

Beachten Sie die ungewöhnliche Anschlussbelegung für +5 V und Masse. Ein Baustein mit denselben Funktionen, jedoch normaler Anschlussbelegung ist der 74107.

Anwendung:
Register, Zähler, Teiler, Steuerschaltungen.

Daten:	Std	H	L	LS	
Min. garantierte Taktfrequenz	15	25	2.5	30	MHz
Durchlauf-Verzögerung	20	12	200	20	ns
Stromaufnahme	20	32	2	4	mA

7473 — Zwei JK-Flipflops mit Löschen

7474 — Zwei D-Flipflops mit Voreinstellung und Löschen

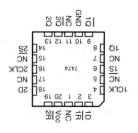

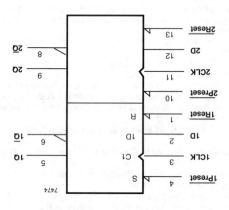

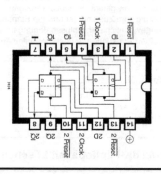

Fortsetzung:

Eingänge				Ausgänge	
$\overline{\text{Preset}}$	$\overline{\text{Reset}}$	Clock	D	Q	$\overline{\text{Q}}$
L	H	X	X	H	L
H	L	X	X	L	H
L	L	X	X	H*	H*
H	H	⎍	H	H	L
H	H	⎍	L	L	H
H	H	L	X	keine Änderung	
H	H	H	X	keine Änderung	
H	H	⎗	X	keine Änderung	

Beschreibung:
Dieser Baustein enthält zwei getrennte D-Flipflops mit Triggerung an der positiven Flanke des Taktes und separaten Stell- und Rückstell-Eingängen.

Betrieb:
Beide Flipflops können unabhängig voneinander verwendet werden. Die am D-Eingang liegende Information wird jedesmal zum Ausgang Q (und invertiert zum Ausgang $\overline{\text{Q}}$) weitergeleitet, wenn sich der Pegel am Takteingang von Low auf High ändert. Ohne diese positive Anstiegsflanke am Takteingang werden keinerlei Änderungen am D-Eingang zum Ausgang weitergeleitet.
Wenn D High ist, geht beim Takten Q auf High und $\overline{\text{Q}}$ auf Low. Ist D Low, geht beim Takten Q auf Low und $\overline{\text{Q}}$ auf High.
Die Informationen am D-Eingang können zu jeder Zeit geändert werden. Was zählt, ist nur sein Wert in dem Moment, in dem der Takt von Low auf High geht. Dieser Wert wird in das Flipflop übertragen.
Bei normalem Betrieb sollte der $\overline{\text{Preset}}$- und der $\overline{\text{Reset}}$-Eingang auf High gehalten werden. Wird der $\overline{\text{Reset}}$-Eingang auf Masse gelegt, geht das Flipflop sofort mit Q auf Low und $\overline{\text{Q}}$ auf High. Wird der $\overline{\text{Preset}}$-Eingang auf Low gebracht, geht sofort Q auf High und $\overline{\text{Q}}$ auf Low. Diese beiden Eingänge sollten niemals gleichzeitig auf Low liegen, da sich sonst ein nicht stabiler Zustand ergibt, der nicht erhalten bleibt, wenn $\overline{\text{Preset}}$ und $\overline{\text{Reset}}$ inaktiv (High) werden.

Anwendung:
Register, Zähler, Steuerschaltungen.

Daten:	Std	ALS	AS	F	LS	S	
Min. garantierte Taktfrequenz	15	34	105	100	25	75	MHz
Durchlauf-Verzögerung	17	10	6	4	19	6	ns
Stromaufnahme	17	1.2	5	10	4	30	mA

7474	Zwei D-Flipflops mit Voreinstellung und Löschen

7475 — Zwei 2-Bit D-Zwischenspeicher mit Freigabe

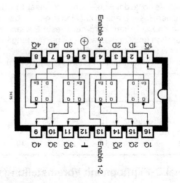

	Std	ALS	AS	F	H	L	LS	S
VA	•						•	
TOS	•						•	
TI						•	•	
SIE	•						•	
SGS	•						•	
NS	•					•		
MOT	•						•	
MMI							•	
HIT	•							
FA	•							
AMD								

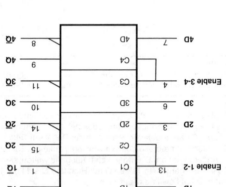

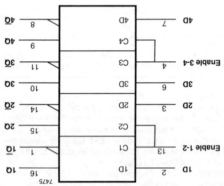

Fortsetzung:

Eingänge		Ausgänge	
D	Enable	Q	$\bar{Q}$
L	H	L	H
H	H	H	L
X	L	Q_0	$\bar{Q}_0$

Q_0 = gespeicherte Daten

Beschreibung:
Dieser Baustein enthält vier bistabile Speicherelemente.

Betrieb:
Die vier Speicher werden paarweise mit dem entsprechenden Freigabe-(Enable)Eingängen gesteuert. Wenn diese Anschlüsse (Pin 4 und 13) auf High liegen, folgen die Ausgänge Q (und deren Komplement $\bar{Q}$) den Pegeln an den Eingängen, d.h., ein Low am D-Eingang erscheint als ein Low an Q und als ein High an $\bar{Q}$.
Werden die Freigabe-Anschlüsse auf Low gelegt, so wird der vorhergehende Wert an D im entsprechenden Speicher aufbewahrt, und zwar so lange, bis die Enable-Anschlüsse wieder auf High gehen.
Beachten Sie, dass es sich nicht um ein getaktetes System handelt, und der Baustein daher nicht als Schieberegister-Element verwendet werden kann. Die Stufen können nicht kaskadiert werden.
Beachten Sie ferner die ungewöhnliche Zuführung der Betriebsspannung. Dieser Baustein ist mit dem 74375 funktionsmäßig identisch, besitzt jedoch eine andere Pinbelegung.

Anwendung:
Zwischenspeicherung von Daten.

Daten:	Std	LS	
Durchlauf-Verzögerung	15	11	ns
Stromaufnahme	32	6-4	mA

7475 — Zwei 2-Bit D-Zwischenspeicher mit Freigabe

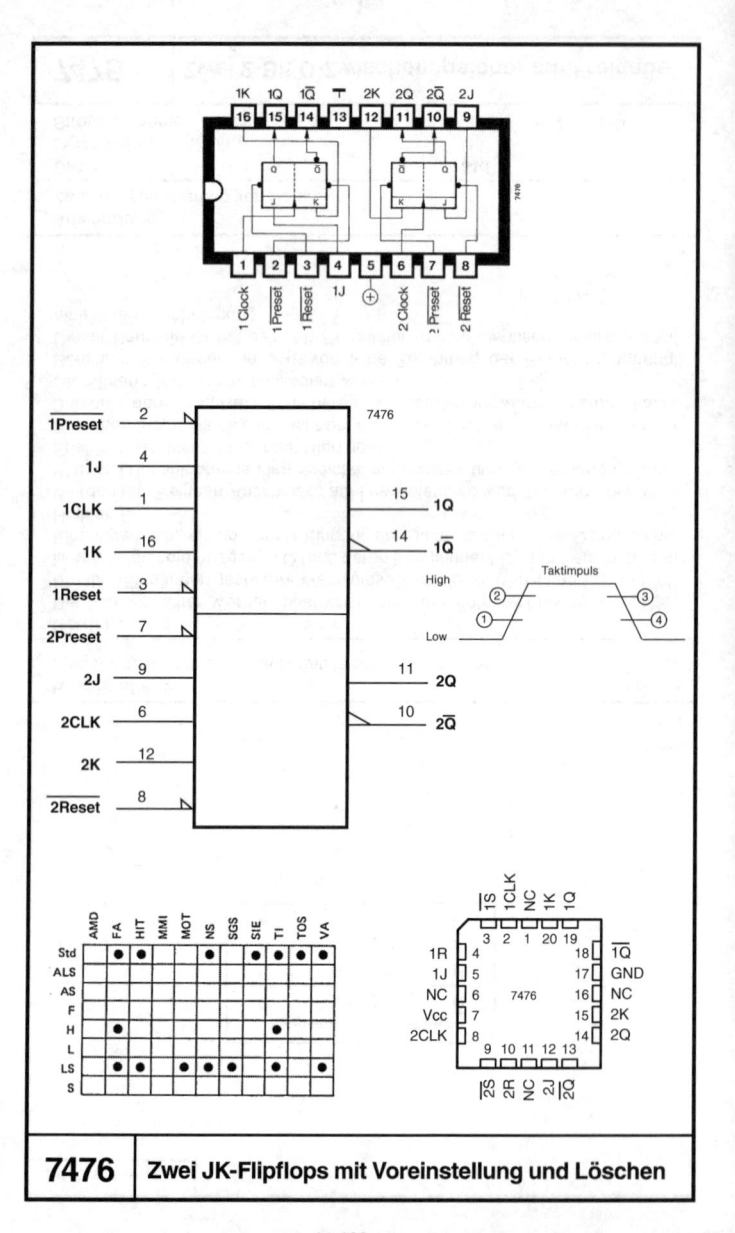

	AMD	FA	HIT	MMI	MOT	NS	SGS	SIE	TI	TOS	VA
Std		●	●			●			●		
ALS											
AS											
F											
H		●							●		
L											
LS	●	●		●	●	●		●	●		●
S											

7476 Zwei JK-Flipflops mit Voreinstellung und Löschen

Fortsetzung:

Eingänge					Ausgänge	
S	R	CLK	J	K	Q	Q̄
L	H	X	X	X	H	L
H	L	X	X	X	L	H
L	L	X	X	X	H*	H*
H	H	1)	L	L	Keine Änd.	
H	H	1)	L	H	L	H
H	H	1)	H	L	H	L
H	H	1)	H	H	unbestimmt	

1) Standard-TTL und H sind pulsgetriggert, LS ist negativ flankengetriggert.

Beschreibung:
Dieser Baustein enthält zwei getrennte JK-Flipflops mit Voreinstellung und Löschen.

Betrieb:
Beide Flipflops können unabhängig voneinander verwendet werden.
Standard-TTL und H sind pulsgetriggert, LS ist negativ flankengetriggert.
Bei den pulsgetriggerten Ausführungen werden die Informationen an den J-und K-Eingängen beim HL-Übergang (negative Flanke) des positiven Taktimpulses transferiert.
Der Ablauf der Vorgänge ist folgender: Bei 1) wird der Slave vom Master getrennt, bei 2) gelangen die Informationen an den J- und K-Eingängen in den Master, bei 3) werden die J- und K-Eingänge abgetrennt und bei 4) werden die Informationen vom Master zum Slave transferiert.
Bei der LS-Ausführung, bei der eine Triggerung mit der negativen Flanke des Taktes erfolgt, kann eine Änderung des logischen Zustands der Eingänge erfolgen, während das Taktsignal High ist. Dies ist bei den pulsgetriggerten Ausführungen nicht der Fall. Wenn J auf High und K auf Masse liegt, geht Q beim Takten auf High und Q̄ auf Low.
Wenn J auf Masse und K auf High liegt, geht Q beim Takten auf Low und Q̄ auf High. Liegt sowohl J wie K auf High, wechselt jeder Takt die Zustände von Q und Q̄, womit eine binäre Teilung möglich ist.
Liegt J und K gleichzeitig auf Masse, bewirkt das Takten keine Änderung der Ausgänge. Die Eingänge P̄reset und R̄eset sollten für den Normalbetrieb offen gelassen oder auf +5V gelegt werden. Wird der R̄eset-Eingang auf Masse gelegt, so geht das Flipflop sofort in einen Zustand mit Q = Low und Q̄ = High. Wird der P̄reset-Eingang auf Masse gelegt, so geht sofort Q auf High und Q̄ auf Low. Beide Eingänge sollten niemals gleichzeitig auf Masse gelegt werden, da sich sonst ein nicht stabiler Zustand ergibt, der nicht erhalten bleibt, wenn Preset und/oder Reset inaktiv (High) werden.

Anwendung:
Register, Zähler, Steuerschaltungen.

Daten:	Std	H	LS	
Min. garantierte Taktfrequenz	15	25	30	MHz
Durchlauf-Verzögerung	20	18	15	ns
Stromaufnahme	20	32	4	mA

7476 | Zwei JK-Flipflops mit Voreinstellung und Löschen

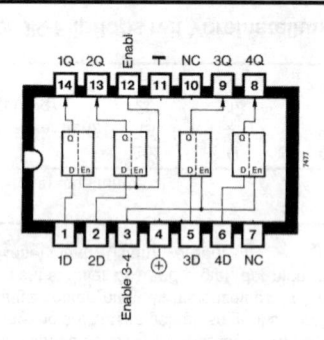

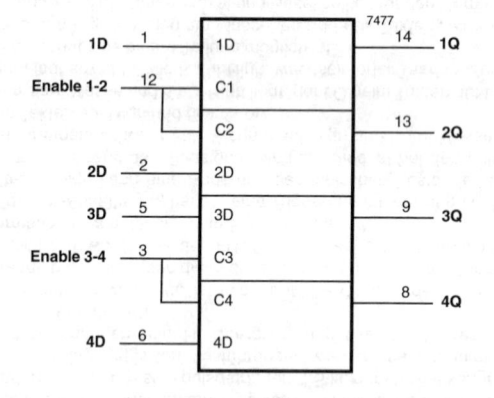

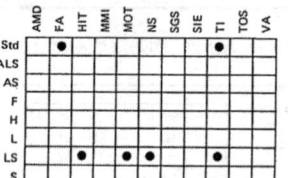

	AMD	FA	HIT	MM1	MOT	NS	SGS	SIE	TI	TOS	VA
Std		●							●		
ALS											
AS											
F											
H											
L											
LS		●		●	●				●		
S											

7477	**Zwei 2-Bit-Zwischenspeicher mit Freigabe**

Fortsetzung:

Eingänge		Ausgang
D	Enable	Q
L	H	L
H	H	H
X	L	Q_0

Q_0 = gespeicherte Daten

Beschreibung:
Dieser Baustein enthält vier bistabile Speicherelemente.

Betrieb:
Die vier Speicher werden paarweise mit den entsprechenden Freigabe-(Enable)Eingängen gesteuert. Wenn diese Anschlüsse (Pln 3 und 12) auf High liegen, folgen die Ausgänge Q den Pegeln an den Eingängen, d.h., ein Low am D-Eingang erscheint als Low an Q und ein High an D als High an Q.
Werden die Freigabe-Anschlüsse auf Low gelegt, so wird der vorhergehende Wert an D im entsprechenden Speicher aufbewahrt, und zwar so lange, bis die Enable-Anschlüsse wieder auf High gehen.
Beachten Sie, dass es sich nicht um ein getaktetes System handelt und der Baustein daher nicht als Schieberegister-Element verwendet werden kann. Die Stufen können nicht kaskadiert werden.
Beachten Sie ferner die ungewöhnliche Zuführung der Betriebsspannung.
Der 7475 ist ein ähnlicher Baustein, der jedoch noch die Komplementär-Ausgänge $\overline{Q}$ in einem 16-poligen Gehäuse enthält.

Anwendung:
Zwischenspeicherung von Daten.

Daten:	Std	LS	
Durchlauf-Verzögerung	20	15	ns
Stromaufnahme	46	13	mA

7477	Zwei 2-Bit-Zwischenspeicher mit Freigabe

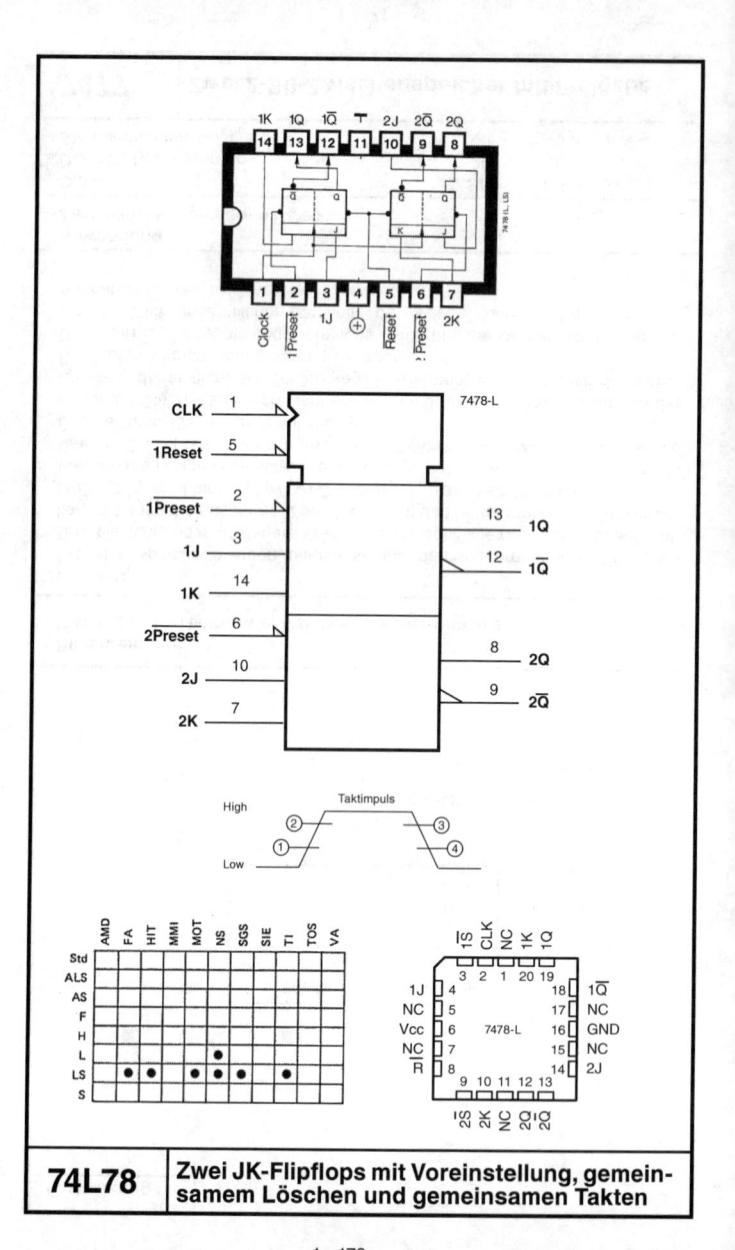

	AMD	FA	HIT	MMI	MOT	NS	SGS	SIE	TI	TOS	VA
Std											
ALS											
AS											
F											
H											
L						•					
LS	•	•		•	•	•	•		•		
S											

74L78	Zwei JK-Flipflops mit Voreinstellung, gemein-samem Löschen und gemeinsamen Takten

Fortsetzung:

Eingänge					Ausgänge	
S	R	CLK	J	K	Q	Q̄
L	H	X	X	X	H	L
H	L	X	X	X	L	H
L	L	X	X	X	H*	H*
H	H	1)	L	L	Keine Änd.	
H	H	1)	L	H	L	H
H	H	1)	H	L	H	L
H	H	1)	H	H	unbestimmt	

1) Die Ausführungen L und H sind pulsgetriggert, das LS ist negativ flankengetriggert

Beschreibung:
Dieser Baustein enthält zwei JK-Flipflops mit gemeinsamem Takt und gemeinsamem Löschen und getrennten Eingängen für Voreinstellung.

Betrieb:
Die Ausführungen L und H sind pulsgetriggert, das LS ist negativ flankengetriggert. Bei den pulsgetriggerten Ausführungen werden die Informationen an den J- und -Eingängen beim HL-Übergang (negative Flanke) des positiven Taktimpulses transferiert. Der Ablauf der Vorgänge ist folgender: Bei 1) wird der Slave vom Master getrennt, bei 2) gelangen die Informationen an den J- und K-Eingängen in den Master, bei 3) werden die J- und K-Eingänge abgetrennt und bei 4) werden die Informationen vom Master zum Slave transferiert.

Bei der LS-Ausführung, bei der eine Triggerung mit der negativen Flanke des Taktes erfolgt, kann eine Änderung des logischen Zustandes der Eingänge erfolgen, während das Taktsignal High ist. Dies ist bei den pulsgetriggerten Ausführungen nicht der Fall. Wenn J auf High und K auf Masse liegt, geht Q beim Takten auf High und Q̄ auf Low. Wenn J auf Masse und K auf High liegt, geht Q beim Takten auf Low und Q̄ auf High. Liegt sowohl J wie K auf High, wechselt jeder Takt die Zustände von Q und Q̄, womit eine binäre Teilung möglich ist.

Liegt J und K gleichzeitig auf Masse, bewirkt das Takten keine Änderung der Ausgänge. Die Eingänge P̄reset und R̄eset sollten für den Normalbetrieb offen gelassen oder auf +5V gelegt werden. Wird der R̄eset-Eingang auf Masse gelegt, so geht das Flipflop sofort in einen Zustand mit Q = Low und Q̄ = High. Wird der P̄reset-Eingang auf Masse gelegt, so geht sofort Q auf High und Q̄ auf Low. Beide Eingänge sollten niemals gleichzeitig auf Masse gelegt werden, da sich sonst ein nicht stabiler Zustand ergibt, der nicht erhalten bleibt, wenn P̄reset und/oder R̄eset inaktiv (High) werden.

Anwendung:
Register, Zähler, Steuerschaltungen.

Daten:
	L	LS	
Min. garantierte Taktfrequenz	2.5	30	MHz
Durchlauf-Verzögerung	47	15	ns
Stromaufnahme	1	4	mA

74L78 — Zwei JK-Flipflops mit Voreinstellung, gemeinsamem Löschen und gemeinsamen Takten

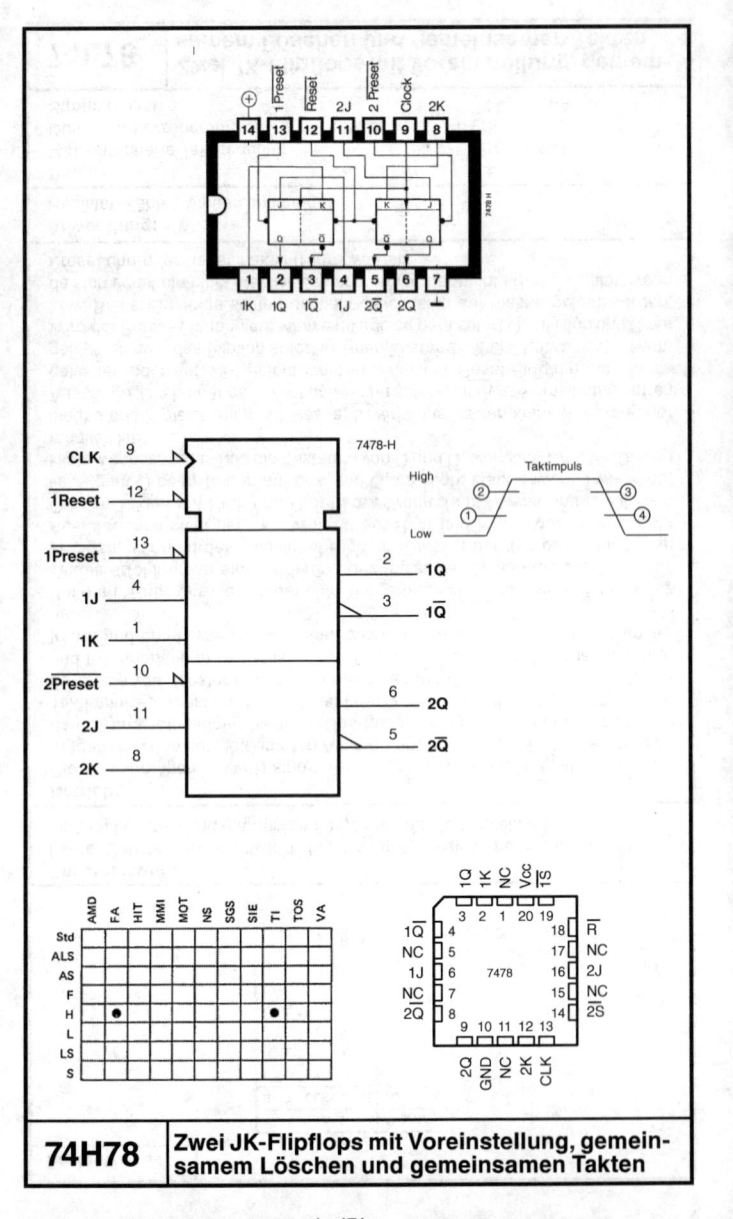

| **74H78** | Zwei JK-Flipflops mit Voreinstellung, gemein-samem Löschen und gemeinsamen Takten |

Fortsetzung:

Eingänge					Ausgänge	
S	R	CLK	J	K	Q	Q̄
L	H	X	X	X	H	L
H	L	X	X	X	L	H
L	L	X	X	X	H*	H*
H	H	1)	L	L	Keine Änd.	
H	H	1)	L	H	L	H
H	H	1)	H	L	H	L
H	H	1)	H	H	unbestimmt	

1) Die Ausführungen L und H sind pulsgetriggert, das LS ist negativ flankengetriggert

Beschreibung:
Dieser Baustein enthält zwei JK-Flipflops mit gemeinsamem Takt und gemeinsamem Löschen und getrennten Eingängen für Voreinstellung.

Betrieb:
Die Ausführungen L und H sind pulsgetriggert, das LS ist negativ flankengetriggert. Bei den pulsgetriggerten Ausführungen werden die Informationen an den J- und -Eingängen beim HL-Übergang (negative Flanke) des positiven Taktimpulses transferiert. Der Ablauf der Vorgänge ist folgender: Bei 1) wird der Slave vom Master getrennt, bei 2) gelangen die Informationen an den J- und K-Eingängen in den Master, bei 3) werden die J- und K-Eingänge abgetrennt und bei 4) werden die Informationen vom Master zum Slave transferiert.

Bei der LS-Ausführung, bei der eine Triggerung mit der negativen Flanke des Taktes erfolgt, kann eine Änderung des logischen Zustandes der Eingänge erfolgen, während das Taktsignal High ist. Dies ist bei den pulsgetriggerten Ausführungen nicht der Fall. Wenn J auf High und K auf Masse liegt, geht Q beim Takten auf High und Q̄ auf Low. Wenn J auf Masse und K auf High liegt, geht Q beim Takten auf Low und Q̄ auf High. Liegt sowohl J wie K auf High, wechselt jeder Takt die Zustände von Q und Q̄, womit eine binäre Teilung möglich ist.

Liegt J und K gleichzeitig auf Masse, bewirkt das Takten keine Änderung der Ausgänge. Die Eingänge Preset und Reset sollten für den Normalbetrieb offen gelassen oder auf +5V gelegt werden. Wird der Reset-Eingang auf Masse gelegt, so geht das Flipflop sofort in einen Zustand mit Q = Low und Q̄ = High. Wird der Preset-Eingang auf Masse gelegt, so geht sofort Q auf High und Q̄ auf Low. Beide Eingänge sollten niemals gleichzeitig auf Masse gelegt werden, da sich sonst ein nicht stabiler Zustand ergibt, der nicht erhalten bleibt, wenn Preset und/oder Reset inaktiv (High) werden.

Anwendung:
Register, Zähler, Steuerschaltungen.

Daten:

	H	
Min. garantierte Taktfrequenz	25	MHz
Durchlauf-Verzögerung	13	ns
Stromaufnahme	15	mA

74H78 — Zwei JK-Flipflops mit Voreinstellung, gemeinsamem Löschen und gemeinsamen Takten

7480 | 1-Bit-Volladdierer

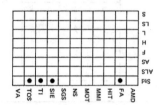

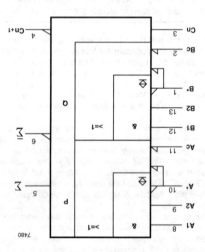

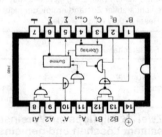

Fortsetzung:

Eingänge			Ausgänge		
C_n	B	A	$\overline{C_{n+1}}$	$\overline{\Sigma}$	Σ
L	L	L	H	H	L
L	L	H	H	L	H
L	H	L	H	L	H
L	H	H	L	H	L
H	L	L	H	L	H
H	L	H	L	H	L
H	H	L	L	H	L
H	H	H	L	L	H

Beschreibung:
Dieser Baustein enthält einen 1-Bit-Volladdierer mit komplementären Ein- und Ausgängen.

Betrieb:
Dieser schnelle binäre Volladdierer besitzt die Operanden-Eingänge A1, A2 und B1, B2, die invertierten Operanden-Eingänge A* und B*, die Steuereingänge A_C und B_C, sowie den Übertrags- (Carry)Eingang C_n.
Die Summe liegt am Ausgang Σ und invertiert an $\overline{\Sigma}$, der Übertrag ist nur invertiert am Ausgang C_{n+1} verfügbar.
Das logische Verhalten ist der obenstehenden Tabelle zu entnehmen:

Anmerkung:

1. $A = \overline{A^* \cdot A_C}$, $\quad B = \overline{B^* \cdot B_C}$, wobei

   $A^* = \overline{A1 \cdot A2}$, $\quad B^* = \overline{B1 \cdot B2}$

2. Wenn A* oder B* als Eingang verwendet wird, so muss A1 und A2, bzw. B1 und B2 an Masse gelegt werden.
3. Werden die Eingänge A1 und A2, oder B1 und B2 benützt, dann muss A* bzw. B* offen bleiben oder in wired-AND betrieben werden.

Anwendung:
Mittlere und schnelle parallele Addier-Operationen.

Daten:	Std	
Typ. Additionszeit	52	ns
Stromaufnahme	21	mA

7480	**1-Bit-Volladdierer**

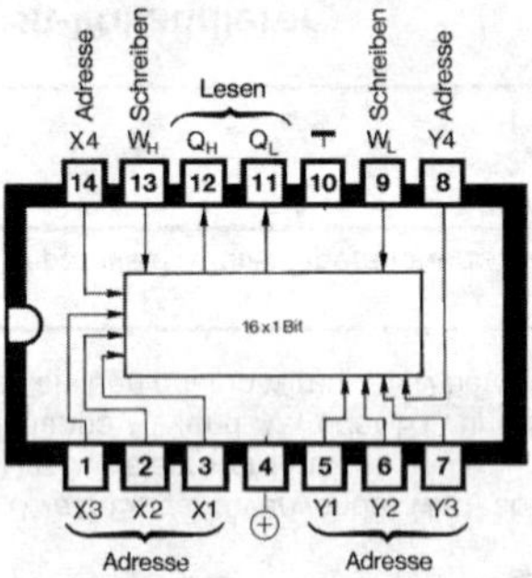

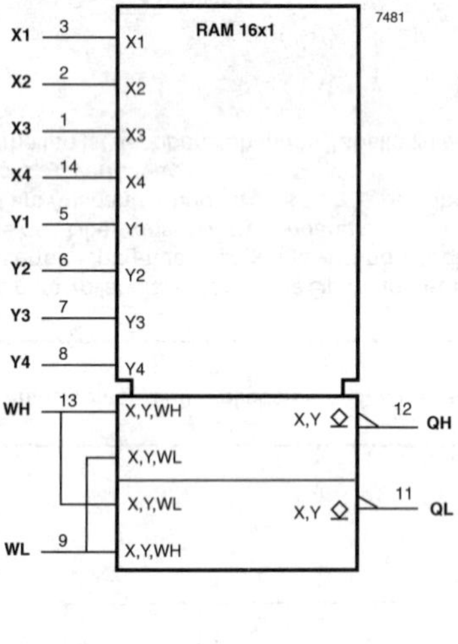

7481 | 16-Bit-RAM (16x1)

RAM 16x1 (7481)

Pin	Signal
3	X1
2	X2
1	X3
14	X4
5	Y1
6	Y2
7	Y3
8	Y4
9	WL — X,Y,WH
13	WH — X,Y,WL
—	X,Y,WL
—	X,Y,WH
11	QL ◇ X,Y
12	QH ◇ X,Y

Pinout (7481):
- 1 X3, 2 X2, 3 X1 — Adresse
- 4 ⊕
- 5 Y1, 6 Y2, 7 Y3 — Adresse
- 8 Y4 — Adresse
- 9 WL — Schreiben
- 10 T
- 11 QL, 12 QH — Lesen
- 13 WH — Schreiben
- 14 X4 — Adresse

16 x 1 Bit

Hersteller

	Std	ALS	AS	F	H	L	LS	S
AMD								
FA								
HIT								
MMI								
MOT								
NS								
SGS								
SIE	●							
TI	●							
TOS								
VA								

Fortsetzung:

Eingänge		Int.	Ausgänge		Funktion
WH	WL	<MEM>	QL	QH	
H	H	H	offen		Schreibt H in adressierten Speicher
H	L	L	offen		Schreibt L in adressierten Speicher
L	L	H	L	offen	Lesen
L	L	L	offen	L	Lesen

Beschreibung:
Dieser Baustein enthält einen Schreib/Lese-Speicher (RAM) mit 16 Bit, organisiert als Speicher 16 x 1.

Betrieb:
Der Speicher enthält keine interne Adressen-Decodierung. Daher wird die gewünschte Speicherzelle ausgewählt, indem auf eine der vier X-Adressenleitungen X1 bis X4 und auf eine der vier Y-Adressenleitungen Y1 bis Y4 ein High gelegt wird. Die verbleibenden Adressenleitungen müssen auf Low liegen.
Zum Einschreiben eines H wird nach Adressierung des gewünschten Speicherplatzes ein High an den Anschluss WH (Write H) gelegt. Soll dieser Speicherplatz gelöscht werden, wird ein Low an den Anschluss WL gelegt.
Beim Auslesen wird wiederum der gewünschte Speicherplatz adressiert, WH und WL beide auf Low gelegt. Dann ist die in diesen Speicherplatz aufbewahrte Information an den Lese- (Sense-)Ausgängen abzunehmen, und zwar im Falle eines gespeicherten H mit einem Low an QL. Enthält die entsprechende Speicherzelle ein L, so geht QH auf Low.
Die Ausgänge haben offenen Kollektor mit einem maximalen Strom von 40mA.
Die Information geht beim Auslesen nicht verloren, sondern nur beim Abschalten der Betriebsspannung.

Anwendung:
Schnelle Zwischenspeicher mit direktem Zugriff.

Daten:	Std	
Typ. Zugriffszeit	15	ns
Stromaufnahme	44	mA

7481	**16-Bit-RAM (16x1)**

7482 | 2-Bit-Volladdierer

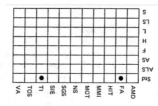

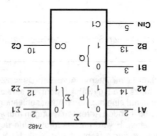

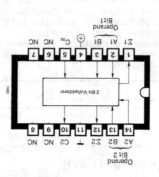

Fortsetzung:

Eingänge				Ausgänge					
				$C_{IN} = 0$			$C_{IN} = 1$		
A_1	B_1	A_2	B_2	Σ_1	Σ_2	C_2	Σ_1	Σ_2	C_2
L	L	L	L	L	L	L	H	L	L
H	L	L	L	H	L	L	L	H	L
L	H	L	L	H	L	L	L	H	L
H	H	L	L	L	H	L	H	H	L
L	L	H	L	L	H	L	H	H	L
H	L	H	L	H	H	L	L	L	H
L	H	H	L	H	H	L	L	L	H
H	H	H	L	L	L	H	H	L	H
L	L	L	H	L	H	L	H	H	L
H	L	L	H	H	H	L	L	L	H
L	H	L	H	H	H	L	L	L	H
H	H	L	H	L	L	H	H	L	H
L	L	H	H	L	L	H	H	L	H
H	L	H	H	H	L	H	L	H	H
L	H	H	H	H	L	H	L	H	H
H	H	H	H	L	H	H	H	H	H

Beschreibung:
Dieser Baustein enthält einen Volladdierer für 2x2 Bits, mit Übertrag für das 2. Bit.

Betrieb:
Dieser Baustein führt eine schnelle Addition von zwei 2-Bit-Binärzahlen aus. Die Operanden-Eingänge für Bit 1 sind A1 und B1, für Bit 2 dienen A2 und B2. Der Übertrags-Eingang für Bit 1 ist C_{IN}. Die Summe für Bit 1 steht dann an Σ1, und für Bit 2 an Σ2. Der Übertrags-Ausgang für Bit 2 ist C2. Das logische Verhalten ist der obenstehenden Tabelle zu entnehmen.

Anwendung:
Mittlerer und schnelle parallele Addier-Operationen.

Daten:		Std	
Typ. Additionszeit		25	ns
Stromaufnahme		35	mA

7482	2-Bit-Volladdierer

7483 | 4-Bit-Volladdierer

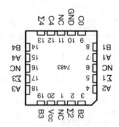

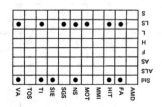

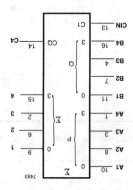

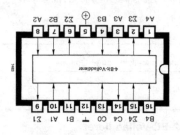

Fortsetzung:

Eingänge				Ausgänge Cin=L C4=L			Cin=H C4=H		
A1 / A3	B1 / B3	A2 / A4	B2 / B4	Σ1 / Σ3	Σ2 / Σ4	Cin / C4	Σ1 / Σ3	Σ2 / Σ4	Cin / C4
L	L	L	L	L	L	L	H	L	L
H	L	L	L	H	L	L	L	H	L
L	H	L	L	H	L	L	L	H	L
H	H	L	L	L	H	L	H	H	L
L	L	H	L	H	L	L	H	H	L
H	L	H	L	H	H	L	L	L	H
L	H	H	L	H	H	L	L	L	H
H	H	H	L	L	L	H	H	L	H
L	L	L	H	L	H	L	H	H	L
H	L	L	H	H	H	L	L	L	H
L	H	L	H	H	H	L	L	L	H
H	H	L	H	L	L	H	H	L	H
L	L	H	H	L	L	H	H	L	H
H	L	H	H	H	L	H	L	H	H
L	H	H	H	H	L	H	L	H	H
H	H	H	H	L	H	H	H	H	H

Beschreibung:
Dieser Baustein enthält einen Volladdierer, der die Summe zweier 4-Bit-Binärzahlen mit Übertrag liefert.

Betrieb:
Die Zahl A wird als der eine Eingang verwendet und folgendermaßen gewichtet: A1 = 1, A2 = 2, A3 = 4 und A4 = 8.
Die Zahl B wird als der andere Eingang verwendet und folgendermaßen gewichtet: B1 = 1, B2 = 2, B3 = 4 und B4 = 8.
Die Summe der beiden Zahlen steht dann an den Σ-Ausgängen, ebenfalls gewichtet Σ1 = 1, Σ2 = 2, Σ3 = 4, Σ4 = 8.
Wenn das Ergebnis dezimal 15 (binär 1111) überschreitet, erscheint eine 1 am Übertrags-Ausgang (Carry Output) an Anschluss C4.
Der Übertrags-Eingang CO sollte an Masse gelegt werden, wenn nur 4-Bit-Zahlen verwendet werden.
Wenn es sich um die oberen 4 Bits einer 8-Bit-Zahl handelt, wird der Eingang CO mit dem Ausgang C4 der vorhergehenden (niedrigstwertigen) Stufe verbunden. Dieser Baustein ist funktionsmäßig identisch mit dem 74283, er besitzt nur eine andere Anschlussbelegung.

Anwendung:
Schnelle Binär-Additionen.

Daten:	Std	LS	
Typ. Additionszeit (für 8 Bits)	23	25	ns
Stromaufnahme	62	19	mA

7483 — 4-Bit-Volladdierer

7484 — 16-Bit-RAM (16 x 1), mit 2 zusätzlichen Schreibeingängen

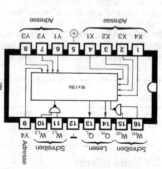

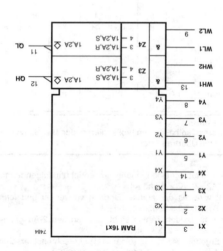

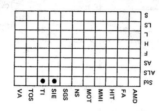

	Std	VA	TOS	T1	SIE	SGS	NS	MOT	MMI	HIT	FA	AMD
ALS												
AS												
F												
H												
L												
LS												
S												

Fortsetzung:

Eingänge		Int.	Ausgänge		Funktion
WH	WL	<MEM>	QL	QH	
H	H	H	offen		Schreibt H in adressierten Speicher
H	L	L	offen		Schreibt L in adressierten Speicher
L	L	H	L	offen	Lesen
L	L	L	offen	L	Lesen

Beschreibung:
Dieser Baustein enthält einen Schreib/Lesespeicher (RAM) mit 16 Bit, organisiert als Speicher 16x1, mit 2 zusätzlichen Schreibeingängen und offenen Kollektor-Ausgängen.

Betrieb:
Der Speicher enthält keine interne Adressen-Decodierung. Daher wird die gewünschte Speicherzelle angewählt, indem auf eine der vier X-Adressenleitungen X1 bis X4, und auf eine der vier Y-Adressenleitungen Y1 bis Y4 ein High gelegt wird. Die verbleibenden Adressenleitungen müssen auf Low liegen.
Zum Einschreiben eines H muss nach der Adressierung des gewünschten Speicherplatzes ein High an den Anschluss WH1 und WH2 gelegt werden. Soll dieser Speicherplatz gelöscht werden, muss ein Low an die Anschlüsse WL1 und WL2 gelegt werden.
Beim Auslesen wird wiederum der gewünschte Speicherplatz adressiert, WH1 und WH2. sowie WL1 und WL2 auf Low gelegt. Dann ist die in diesem Speicherplatz aufbewahrte Information an den Lese- (Sense-) Ausgängen abzunehmen, und zwar im Falle eine gespeicherten H mit einem Low an QL. Enthält die entsprechende Speicherzelle ein L, so geht QH auf Low.
Die Ausgänge haben offenen Kollektor mit einem maximalen Strom von 40 mA. Die Information geht beim Auslesen nicht verloren, sondern nur beim Abschalten der Betriebsspannung.
Der 7484 unterscheidet sich vom 7481 durch die NAND-Verknüpfung seiner zusätzlichen Schreib-Eingänge.

Anwendung:
Schnelle Zwischenspeicher mit direktem Zugriff.

Daten:	Std	
Typ. Zugriffszeit	15	ns
Stromaufnahme	45	mA

7484	16-Bit-RAM (16 x 1), mit 2 zusätzlichen Schreibeingängen

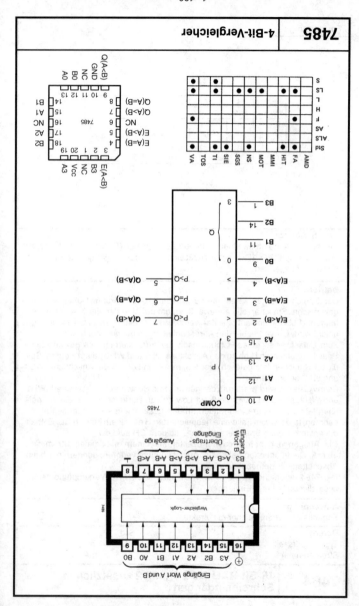

Fortsetzung:

Vergleichs-Eingänge				Kaskadier-Eingänge			Ausgänge		
A3 B3	A2 B2	A1 B1	A0 B0	A>B	A<B	A=B	A>B	A<B	A=B
A3>B3	X	X	X	X	X	X	H	L	L
A3<B3	X	X	X	X	X	X	L	H	L
A3=B3	A2>B2	X	X	X	X	X	H	L	L
A3=B3	A2<B2	X	X	X	X	X	L	H	L
A3=B3	A2=B2	A1>B1	X	X	X	X	H	L	L
A3=B3	A2=B2	A1<B1	X	X	X	X	L	H	L
A3=B3	A2=B2	A1=B1	A0>B0	X	X	X	H	L	L
A3=B3	A2=B2	A1=B1	A0<B0	X	X	X	L	H	L
A3=B3	A2=B2	A1=B1	A0=B0	H	L	L	H	L	L
A3=B3	A2=B2	A1=B1	A0=B0	L	H	L	L	H	L
A3=B3	A2=B2	A1=B1	A0=B0	X	X	H	L	L	H
A3=B3	A2=B2	A1=B1	A0=B0	H	H	L	L	L	L
A3=B3	A2=B2	A1=B1	A0=B0	L	L	L	H	H	L

Beschreibung:
Dieser Baustein vergleicht zwei 4-Bit-Worte und zeigt an, ob sie gleich groß, oder welches größer ist.

Betrieb:
Die beiden zu vergleichenden Wörter A und B, gewichtet A0 = 1, A1 = 2, A2 = 4 und A3 = 8, sowie B0 = 1, B1 = 2, B2 = 4 und B3 = 8 werden den entsprechenden Anschlüssen zugeführt.
Wenn nur 4-Bit-Worte zu vergleichen sind, wird der Übertrags-Eingang A = B auf High gelegt, sowie die beiden Übertrags-Eingänge A > B und A < B auf Low.
Wenn die beiden Worte gleich groß sind, geht der Anschluss A = B auf High. Ist A größer als B, geht der Anschluss A > B auf High. Ist A kleiner als B, geht der Anschluss A < B auf High. Die jeweiligen anderen Ausgänge verbleiben auf Low.
Arbeitet man mit 8-Bit-Worten, so werden die Ausgänge des ersten 4-Bit-Vergleichers (niedrigstwertige Bits) mit den Übertrags-Eingängen der zweiten Stufe verbunden. Die Antwort findet man dann an den Ausgängen des höchstwertigen 4-Bit-Vergleichers, indem der entsprechende Ausgang auf High geht.

Anwendung:
Steuerung von Servo-Motoren, Prozess-Steuerung.

Daten:	Std	F	LS	S	
Typ. Vergleichszeit	23	7	24	11	ns
Stromaufnahme	55	40	10	73	mA

7485	4-Bit-Vergleicher

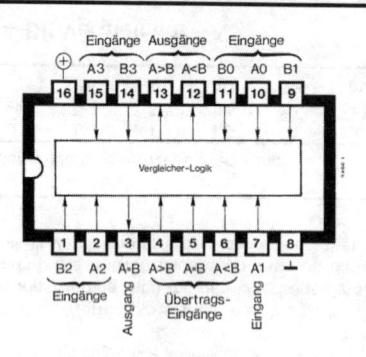

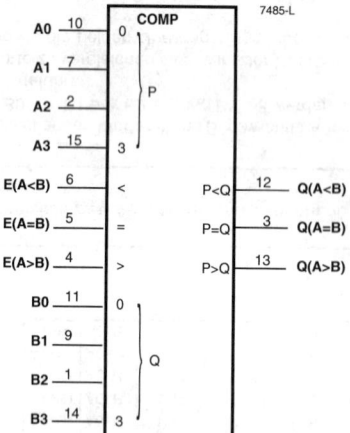

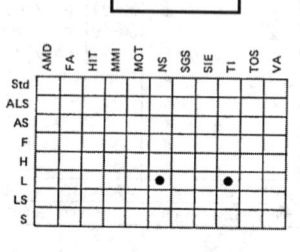

74L85 4-Bit-Vergleicher

Fortsetzung:

Vergleichs-Eingänge				Kaskadier-Eingänge			Ausgänge		
A3 B3	A2 B2	A1 B1	A0 B0	A>B	A<B	A=B	A>B	A<B	A=B
A3>B3	X	X	X	X	X	X	H	L	L
A3<B3	X	X	X	X	X	X	L	H	L
A3=B3	A2>B2	X	X	X	X	X	H	L	L
A3=B3	A2<B2	X	X	X	X	X	L	H	L
A3=B3	A2=B2	A1>B1	X	X	X	X	H	L	L
A3=B3	A2=B2	A1<B1	X	X	X	X	L	H	L
A3=B3	A2=B2	A1=B1	A0>B0	X	X	X	H	L	L
A3=B3	A2=B2	A1=B1	A0<B0	X	X	X	L	H	L
A3=B3	A2=B2	A1=B1	A0=B0	H	L	L	H	L	L
A3=B3	A2=B2	A1=B1	A0=B0	L	H	L	L	H	L
A3=B3	A2=B2	A1=B1	A0=B0	L	L	H	L	L	H
A3=B3	A2=B2	A1=B1	A0=B0	L	H	H	L	H	H
A3=B3	A2=B2	A1=B1	A0=B0	H	L	H	H	L	H
A3=B3	A2=B2	A1=B1	A0=B0	H	H	H	H	H	H
A3=B3	A2=B2	A1=B1	A0=B0	H	H	L	L	L	L
A3=B3	A2=B2	A1=B1	A0=B0	L	L	L	H	H	L

Beschreibung:
Dieser Baustein vergleicht zwei 4-Bit-Worte und zeigt an, ob sie gleich groß, oder welches größer ist.

Betrieb:
Die beiden zu vergleichenden Wörter A und B, gewichtet A0 = 1, A1 = 2, A2 = 4 und A3 = 8, sowie B0 = 1, B1 = 2, B2 = 4 und B3 = 8 werden den entsprechenden Anschlüssen zugeführt.
Wenn nur 4-Bit-Worte zu vergleichen sind, wird der Übertrags-Eingang A = B auf High gelegt, sowie die beiden Übertrags-Eingänge A > B und A < B auf Low.
Wenn die beiden Worte gleich groß sind, geht der Anschluss A = B auf High. Ist A größer als B, geht der Anschluss A > B auf High. Ist A kleiner als B, geht der Anschluss A < B auf High. Die jeweiligen anderen Ausgänge verbleiben auf Low.
Arbeitet man mit 8-Bit-Worten, so werden die Ausgänge des ersten 4-Bit-Vergleichers (niedrigstwertige Bits) mit den Übertrags-Eingängen der zweiten Stufe verbunden. Die Antwort findet man dann an den Ausgängen des höchstwertigen 4-Bit-Vergleichers, indem der entsprechende Ausgang auf High geht.

Anwendung:
Steuerung von Servo-Motoren, Prozess-Steuerung.

Daten:	L	
Typ. Vergleichszeit	75	ns
Stromaufnahme	4	mA

74L85	**4-Bit-Vergleicher**

7486 | Vier Exklusiv-ODER-Gatter mit je 2 Eingängen

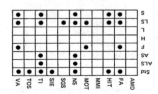

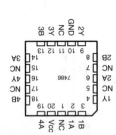

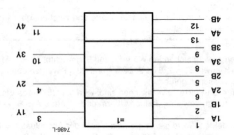

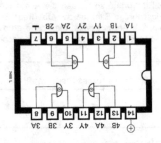

Fortsetzung:

Eingänge		Ausgang
A	B	Y
L	L	L
L	H	H
H	L	H
H	H	L

Beschreibung:
Dieser Baustein enthält vier getrennte Exklusiv-ODER-Gatter mit je 2 Eingängen.

Betrieb:
Alle vier Exklusiv-ODER-Gatter können unabhängig voneinander verwendet werden. Bei jedem Gatter ist, wenn ein Eingang, jedoch nicht beide High sind, der Ausgang High. Wenn beide Eingänge High oder beide Eingänge Low sind, wird der Ausgang Low sein. Das Gatter kann als ein Komparator verwendet werden, der bei identischen Eingangssignalen einen Ausgang mit Low ergibt, und bei unterschiedlichen Eingangssignalen einen Ausgang mit High. Er kann auch als steuerbarer Inverter verwendet werden, indem ein Low an einem Eingang durchläßt, was immer am zweiten Eingang liegt. Ein High dagegen wird immer komplementieren, was am anderen Eingang liegt.
Der 74386 ist mit diesem Baustein funktionsmäßig identisch, besitzt jedoch eine andere Pinbelegung. Eine andere Ausführung ist der 74L86-

$$Y = A \oplus B = \overline{A}B \oplus A\overline{B}$$

Anwendung:
Realisierung von Exklusiv-ODER-Funktionen, Erzeugung und Prüfung von gerader und ungerader Parität, Addierer/Subtrahierer, logische Komparatoren.

Daten:	Std	ALS	AS	LS	S	
Durchlauf-Verzögerung	14	8	5	14	6.75	ns
Stromaufnahme	30	4	16	6	50	mA

7486	Vier Exklusiv-ODER-Gatter mit je 2 Eingängen

74L86 — Vier Exklusiv-ODER-Gatter mit je 2 Eingängen

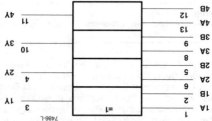

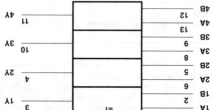

Fortsetzung:

Eingänge		Ausgang
A	B	Y
L	L	L
L	H	H
H	L	H
H	H	L

Beschreibung:
Dieser Baustein enthält vier getrennte Exklusiv-ODER-Gatter mit je 2 Eingängen.

Betrieb:
Alle vier Exklusiv-ODER-Gatter können unabhängig voneinander verwendet werden. Bei jedem Gatter ist, wenn ein Eingang, jedoch nicht beide High sind, der Ausgang High. Wenn beide Eingänge High oder beide Eingänge Low sind, wird der Ausgang Low sein. Das Gatter kann als ein Komparator verwendet werden, der bei identischen Eingangssignalen einen Ausgang mit Low ergibt, und bei unterschiedlichen Eingangssignalen einen Ausgang mit High. Er kann auch als steuerbarer Inverter verwendet werden, indem ein Low an einem Eingang durchläßt, was immer am zweiten Eingang liegt. Ein High dagegen wird immer komplementieren, was am anderen Eingang liegt.
Der 74386 ist mit diesem Baustein funktionsmäßig identisch, besitzt jedoch eine andere Pinbelegung. (Siehe auch 7486)

$$Y = A \oplus B = \overline{A}B \oplus A\overline{B}$$

Anwendung:
Realisierung von Exklusiv-ODER-Funktionen, Erzeugung und Prüfung von gerader und ungerader Parität, Addierer/Subtrahierer, logische Komparatoren.

Daten:	L	
Typ. Vergleichszeit	75	ns
Stromaufnahme	4	mA

74L86	Vier Exklusiv-ODER-Gatter mit je 2 Eingängen

7487	4-Bit-Komplementierer

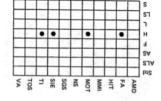

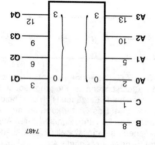

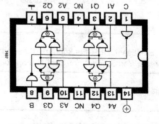

Fortsetzung:

Bedingungs-Eingänge		Ausgänge			
B	C	Q1	Q2	Q3	Q4
L	L	$\overline{a1}$	$\overline{a2}$	$\overline{a3}$	$\overline{a4}$
L	H	a1	a2	a3	a4
H	L	H	H	H	H
H	H	L	L	L	L

a1 — a4 = Signale an den Eingängen A1 — A4

Beschreibung:
Dieser Baustein ermöglicht eingegebene 4-Bit-Worte entweder unverändert oder komplementiert weiterzugeben.

Betrieb:
An den Daten-Eingängen A1 — A4 werden die 4-Bit-Worte eingegeben und abhängig vom Zustand der Bedingungs-Eingänge B und C an den Ausgängen Q1 bis Q4 entweder unverändert oder als Komplement ausgegeben.
Sind sowohl B wie C Low, werden die eingegebenen Daten komplementiert, ist B Low und C High, werden die Eingangsdaten unverändert ausgegeben.
Wenn B High und C Low ist, gehen alle Ausgänge auf High. Sind B und C gleichzeitig High, gehen alle Ausgänge auf Low.

Anwendung:
Rechenschaltungen

Daten:	H	
Durchlauf-Verzögerung	13.5	ns
Stromaufnahme	54	mA

7487	**4-Bit-Komplementierer**

7489 — 64-Bit-RAM (16x4)

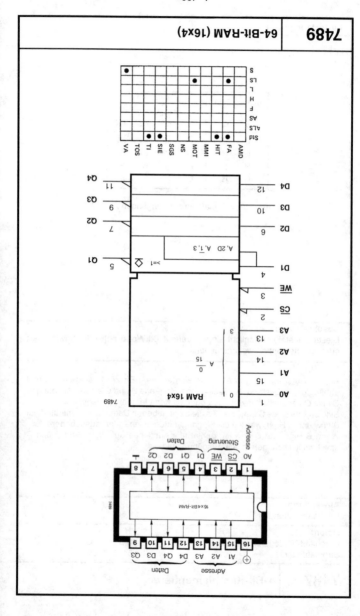

Fortsetzung :

Eingänge		Operation	Zustand der Ausgänge
$\overline{CS}$	$\overline{WE}$		
L	L	Schreiben	Komplement der Eingangssignale
L	H	Lesen	Komplement des adressierten Wortes
H	L	Eingabe gesperrt	Unbestimmt
H	H	Halten (Hold)	(Aus) HIGH

Beschreibung:
Dieser Baustein enthält einen Schreib/Lesespeicher (RAM), der in 16x4 Bits organisiert ist.

Betrieb:
Die zu speichernden Daten (ein 4-Bit-Wort) werden den Daten-Eingängen D1 — D4 zugeführt.
Als nächstes wird ein Speicherplatz (4 Bits) über die Adressen-Eingänge A0 — A4 ausgewählt. Diese Eingänge sind binär gewichtet, d.h. A0 = 1, A1 = 2, A2 = 4, A3 = 8.
Dann wird die Leitung Schreib-Freigabe (Write Enable) $\overline{WE}$ auf Low gebracht, um die Daten in den Speicher zu bringen. Die in dem adressierten Speicherplatz bereits liegenden Daten werden beim Einspeichern der neuen Daten zerstört. $\overline{WE}$ wird wieder High gemacht bis neue Daten zu speichern sind.
Die Leitung $\overline{CS}$ (Chip Select, auch als Read Enable = Lese-Freigabe bezeichnet) wird normalerweise auf Low gehalten. Hierbei erscheint der Inhalt des gewählten Speicherplatzes in komplementierter Form an den Ausgängen Q1 — Q4.
Während $\overline{WE}$ Low ist, darf die Adresse keinesfalls geändert werden.
Mit $\overline{CE}$ und $\overline{WE}$ auf High, geht der Ausgang in den AUS-Zustand (=High). Die Ausgänge besitzen einen offenen Kollektor.
Die Eingänge sind für eine minimale Belastung gepuffert. Die Adressen-Decodierung erfolgt im Baustein ohne zusätzliche ICs.
Durch die Wired-UND-Verknüpfung der Ausgänge ist eine Erweiterung bis auf 4096 Worte mit n-Bitlänge ohne zusätzliche Ausgangsverstärker möglich.

Anwendung:
Schnelle Zwischenspeicher.

Daten:	Std	LS	
Typ. Zugriffszeit	33	2	ns
Stromaufnahme	75	40	mA

7489	**64-Bit-RAM (16x4)**

7490 | Dezimalzähler

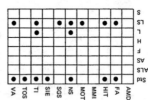
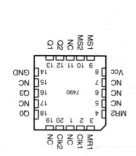
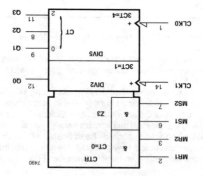

Fortsetzung:

Reset/Set-Eingänge				Ausgänge			
MR1	MR2	MS1	MS2	Q0	Q1	Q2	Q3
H	H	L	X	L	L	L	L
H	H	X	L	L	L	L	L
X	X	H	H	H	L	L	H
L	X	L	X	Zählung			
X	L	X	L	Zählung			
L	X	X	L	Zählung			
X	L	L	X	Zählung			

Beschreibung:
Dieser Baustein enthält einen zweifachen und einen fünffachen Teiler.

Betrieb:
Der Baustein besteht aus 4 Flipflops, die intern derart verbunden sind, dass ein Zähler bis 2 und ein Zähler bis 5 entsteht.
Alle Flipflops besitzen eine gemeinsame Reset-Leitung, über die sie jederzeit gelöscht werden können.
Das 1. Flipflop ist intern nicht mit den übrigen Stufen verbunden, wodurch verschiedene Zählfolgen möglich sind:
a) Zählen bis 10: Hierfür wird der Ausgang Q0 mit dem Takteingang "Clock 1" verbunden. Die Eingangsspannung wird dem Anschluss "Clock 0" zugeführt und die Ausgangsspannung an Q3 entnommen. Der Baustein zählt im Binärcode bis 9 und fällt beim 10. Impuls in den Zustand Null zurück. Die Pins 2, 3 und 6, 7 müssen hierbei auf Masse liegen.
b) Zählen bis 2 und Zählen bis 5: Hierbei wird das 1. Flipflop als Teiler 2:1, und die Flipflops 2, 3 und 4 werden als Teiler 5:1 verwendet.
c) Symmetrischer biquinärer Teiler 10:1: Q3 wird mit dem Eingang Clock 0 verbunden. Als Takteingang wird Clock 1 verwendet. Am Ausgang Q0 ist dann eine symmetrische Rechteckspannung mit 1/10 der Eingangsfrequenz erhältlich.
Die Triggerung erfolgt immer an der negativen Flanke des Taktimpulses. Über die Anschlüsse MS1 und MS2 ist eine Voreinstellung auf 9 möglich.

Anwendung:
Zähler und Teiler 2:1, 5:1 und 10:1

Daten:	Std	LS	
Min. garantierte Taktfrequenz 1. Flipflop	32	32	MHz
Min. garantierte Taktfrequenz 2. - 4. Flipflop	16	16	MHz
Stromaufnahme	32	9	mA

7490	Dezimalzähler

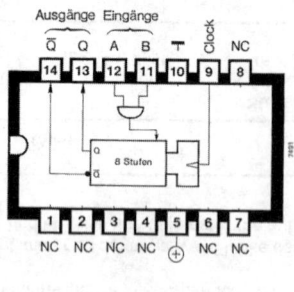

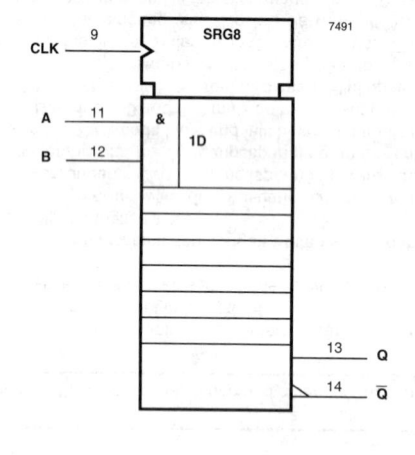

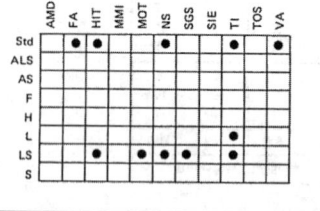

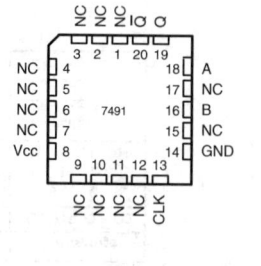

	AMD	FA	HIT	MMI	MOT	NS	SGS	SIE	TI	TOS	VA
Std		●	●			●					●
ALS											
AS											
F											
H											
L								●			
LS		●		●	●	●	●		●		
S											

7491	**8-Bit-Schieberegister (parallel/seriell-ein, seriell aus) mit Löschen**

Fortsetzung:

Eingang		Ausgang	
tn		tn+8	
A	B	Q	Q̄
H	H	H	L
L	X	L	H
X	L	L	H

Beschreibung:
Dieser Baustein enthält ein 8-stufiges Schieberegister, bei dem die Daten seriell eingeschoben und seriell ausgeschoben werden.

Betrieb:
Der Baustein enthält acht RS-Master/Slave-Flipflops. Die seriellen Daten werden über ein UND-Gatter mit 2 Eingängen A und B eingegeben. Ein High kann somit nur dann in das Schieberegister gelangen, wenn beide Eingänge zur selben Zeit High sind. Bei jeder positiven Flanke (LH-Übergang) des Taktes an Pin 9 werden die Daten um eine Stufe nach rechts weitergeschoben. 8 Taktimpulse später stehen die Daten am Ausgang Q und invertiert an Ausgang Q̄.
Da dieser Baustein keine Reset-Möglichkeit besitzt, müssen für eine Initialisierung wenigstens acht bekannte Datenbits eingeschoben werden.
Sobald das Register voll geladen ist, folgt der Q-Ausgang dem seriellen Eingang mit einer Verzögerung von 8 Taktimpulsen.

Anwendung:
Serielle Schieberegister, Frequenz-Teiler, Zeitverzögerungs-Schaltungen.

Daten:	Std	LS
Max. garantierte Schiebefrequenz	10	10
Stromaufnahme	35	12

7491	8-Bit-Schieberegister (parallel/seriell-ein, seriell aus) mit Löschen

7492 — 12-stufiger Zähler

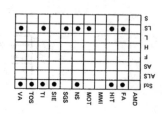

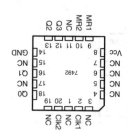

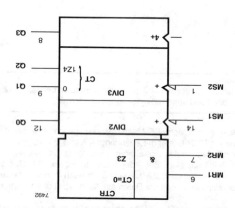

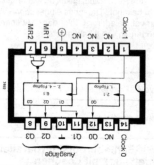

Fortsetzung:

Reset-Eingänge		Ausgänge			
MR1	MR2	Q0	Q1	Q2	Q3
H	H	L	L	L	L
L	H	Zählung			
H	L	Zählung			
L	L	Zählung			

Beschreibung:
Dieser Baustein enthält einen zweifachen Teiler und einen sechsfachen Teiler.

Betrieb:
Der Baustein besteht aus 4 Flipflops, die intern derart verbunden sind, dass ein Zähler bis 2 und ein Zähler bis 6 entsteht.
Alle Flipflops besitzen eine gemeinsame Reset-Leitung, über die sie jederzeit gelöscht werden können. (Pin 6 und Pin 7 = H). Für normalen Zählbetrieb muss wenigstens einer der beiden Reset-Anschlüsse MR1 und MR2 an Masse gelegt werden.
Das 1. Flipflop ist intern nicht mit den übrigen Stufen verbunden, wodurch verschiedene Zählfolgen möglich sind:
a) Zählen bis 12: Hierfür wird der Ausgang Q0 mit dem Takteingang "Clock 1" verbunden. Die Eingangsspannung wird dem Anschluss "Clock 0" zugeführt und die symmetrische Ausgangsspannung an Q3 entnommen. Die Zählung erfolgt im 1248-Code.
b) Zählen bis 2 und Zählen bis 6: Hierbei wird das 1. Flipflop als Teiler 2:1, und das 2., 3. und 4. Flipflop als Teiler 6:1 verwendet.
c) An den Ausgängen Q1 und Q2 kann man eine durch 3 geteilte Eingangsfrequenz (Eingang Clock 1) entnehmen.
Die Triggerung erfolgt immer an der negativen Flanke des Taktimpulses. Beachten Sie die ungewöhnliche Zuführung der Betriebsspannung.

Anwendung:
Zähler und Teiler 2:1, 3:1, 6:1, 12:1.

Daten:	Std	LS	
Min. garantierte Taktfrequenz 1. Flipflop	32	32	MHz
Min. garantierte Taktfrequenz 2.-4.Flipflop	16	16	MHz
Stromaufnahme	26	9	mA

7492	**12-stufiger Zähler**

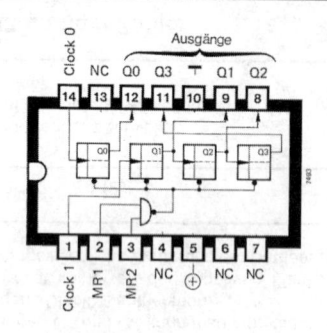

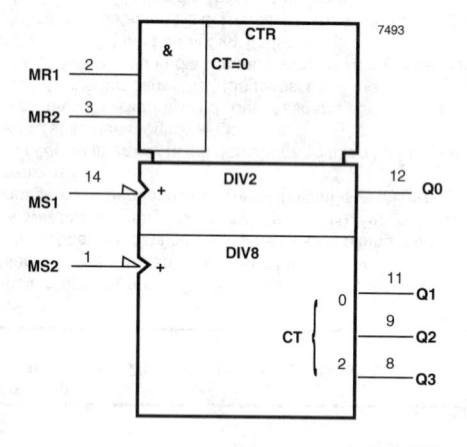

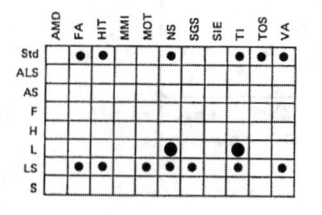

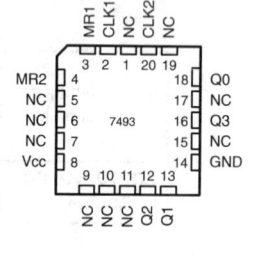

	AMD	FA	HIT	MMI	MOT	NS	SGS	SIE	TI	TOS	VA
Std		●	●			●					
ALS											
AS											
F											
H											
L						●			●		
LS	●	●		●	●	●			●		●
S											

7493	**4-Bit-Binärzähler**

Fortsetzung:

Reset-Eingänge		Ausgänge
MR1	MR2	Q0 Q1 Q2 Q3
H	H	L L L L
L	H	Zählung
H	L	Zählung
L	L	Zählung

Beschreibung:
Dieser Baustein enthält einen zweifachen und einen achtfachen Teiler.

Betrieb:
Der Baustein besteht aus 4 Flipflops, die intern derart verbunden sind, dass ein Zähler bis 2 und ein Zähler bis 8 entsteht.
Alle Flipflops besitzen eine gemeinsame Reset-Leitung, über die sie jederzeit gelöscht werden können (Pin 2 und Pin 3 = H).
Das 1. Flipflop ist intern nicht mit den übrigen Stufen verbunden, wodurch verschiedene Zählfolgen möglich sind:
a) Zählen bis 16: Hierzu wird der Ausgang Q0 mit dem Takteingang "Clock 1" verbunden. Die Eingangsfrequenz wird dem Anschluss "Clock 0" zugeführt und die Ausgangsfrequenz an Q3 entnommen. Der Baustein zählt im Binärcode bis 16 (0-15) und fällt beim 16. Impuls in den Zustand Null zurück.
b) Zählen bis 2 und Zählen bis 8: Hierbei wird das 1. Flipflop als Teiler 2:1 und das 2., 3. und 4. Flipflop als Teiler 8:1 verwendet.
Die Triggerung erfolgt immer an der negativen Flanke des Taktimpulses. Für normalen Zählbetrieb muss wenigstens einer der beiden Reset-Anschlüsse MR1 oder MR2 an Masse gelegt werden.
Eine andere Ausführung ist der 74L93

Anwendung:
Zähler und Teiler 2:1, 8:1 und 16:1.

Daten:	Std	LS	
Min. garantierte Taktfrequenz 1. Flipflop	32	32	MHz
Min. garantierte Taktfrequenz 2. - 4. Flipflop	16	16	MHz
Stromaufnahme	26	9	mA

7493	**4-Bit-Binärzähler**

74LS93 | 4-Bit-Binärzähler

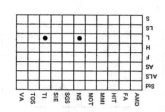

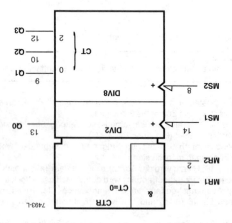

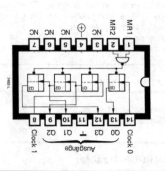

Fortsetzung:

Reset-Eingänge		Ausgänge
MR1	MR2	Q0 Q1 Q2 Q3
H	H	L L L L
L	H	Zählung
H	L	Zählung
L	L	Zählung

Beschreibung:
Dieser Baustein enthält einen zweifachen und einen achtfachen Teiler.

Betrieb:
Der Baustein besteht aus 4 Flipflops, die intern derart verbunden sind, dass ein Zähler bis 2 und ein Zähler bis 8 entsteht.
Alle Flipflops besitzen eine gemeinsame Reset-Leitung, über die sie jederzeit gelöscht werden können (Pin 2 und Pin 3 = H).
Das 1. Flipflop ist intern nicht mit den übrigen Stufen verbunden, wodurch verschiedene Zählfolgen möglich sind:
a) Zählen bis 16: Hierzu wird der Ausgang Q0 mit dem Takteingang "Clock 1" verbunden. Die Eingangsfrequenz wird dem Anschluss "Clock 0" zugeführt und die Ausgangsfrequenz an Q3 entnommen. Der Baustein zählt im Binärcode bis 16 (0-15) und fällt beim 16. Impuls in den Zustand Null zurück.
b) Zählen bis 2 und Zählen bis 8: Hierbei wird das 1. Flipflop als Teiler 2:1 und das 2., 3. und 4. Flipflop als Teiler 8:1 verwendet.

Die Triggerung erfolgt immer an der negativen Flanke des Taktimpulses. Für normalen Zählbetrieb muss wenigstens einer der beiden Reset-Anschlüsse MR1 oder MR2 an Masse gelegt werden.
(Siehe auch 7493)

Anwendung:
Zähler und Teiler 2:1, 8:1 und 16:1.

Daten:	L	
Min. garantierte Taktfrequenz	6	MHz
Stromaufnahme	5.5	mA

74L93 — 4-Bit-Binärzähler

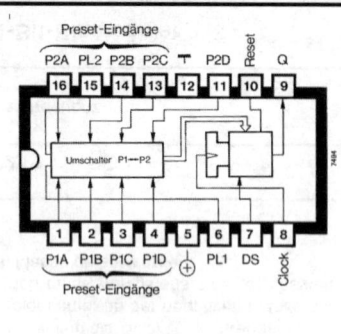

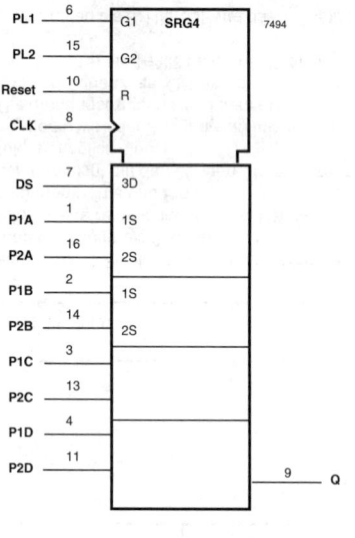

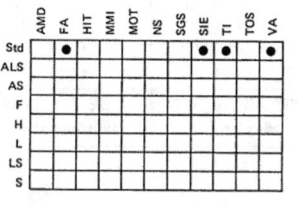

	AMD	FA	HIT	MMI	MOT	NS	SGS	SIE	TI	TOS	VA
Std		●						●	●		
ALS											
AS											
F											
H											
L											
LS											
S											

| **7494** | **4-Bit-Schieberegister (parallel/seriell-ein, seriell-aus) mit Löschen** |

Fortsetzung:

Eingänge					Intern			Ausgang	Funktion
R	PL1	PL2	CLK	DS	0	1	2	3=Q	
H	L	L	X	X	L	L	L	L	Reset
X	H	L	X	X	P2A	P2B	P2C	P2D	Laden Wort 1
X	L	H	X	X	P1A	P1B	P1C	P1D	Laden Wort 2
L	L	L	I	X	DS	P1A	P1B	P1C od. P2C	Shift DS

Beschreibung:
Dieser Baustein enthält ein vierstufiges Schieberegister mit serieller und paralleler Daten-Eingabe und serieller Ausgabe.

Betrieb:
Der Baustein enthält 4 gleichspannungs-gekoppelte RS-Master/Slave-Flipflops mit serieller Dateneingabe (DS) in die erste Stufe für eine Betriebsart seriell-ein/seriell-aus, sowie zwei Sätze individuelle asynchrone Voreinstell-(Preset)Eingänge P1A — P1D und P2A — P2D. Löschen ist über einen gemeinsamen asynchronen Reset-Eingang möglich, wenn dieser Eingang kurzzeitig auf High gelegt wird.
Die Preset-Eingänge P1A—P1D werden mit einem High-Signal an PL1 freigegeben, die Preset-Eingänge P2A—P2D mit einem High an PL2.
Die normale Arbeitsweise für eine Parallel-Eingabe von Daten besteht in einem Löschen der Flipflops durch kurzzeitiges Anlegen eines High-Signals am Reset-Anschluss, gefolgt von einem High-Signal, entweder an PL1 oder PL2, abhängig davon, welcher Satz der parallelen Daten gewünscht wird.
Für eine serielle Betriebsart müssen der Clock-Eingang und beide PL-Eingänge Low sein. Ein Rechts-Schieben erfolgt jeweils an der positiven Flanke des Taktes am Anschluss Clock.

Anwendung:
Serien-Register, Parallel-Serien-Umsetzer mit Informationsweiche.

Daten:	Std	
Min. garantierte Schiebefrequenz	10	MHz
Stromaufnahme	35	mA

7494	4-Bit-Schieberegister (parallel/seriell-ein, seriell-aus) mit Löschen

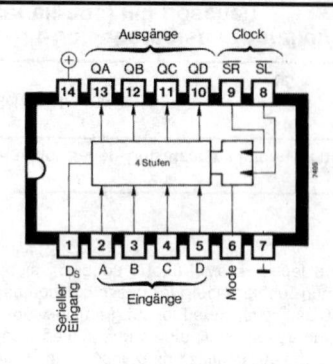

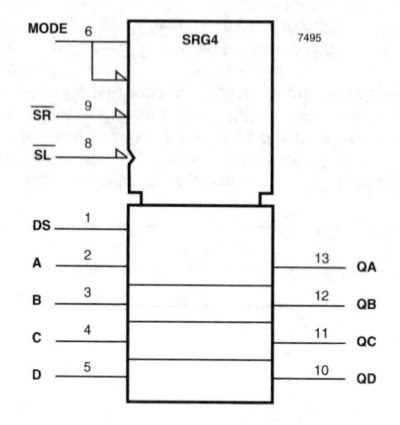

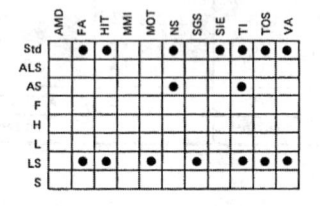

	AMD	FA	HIT	MMI	MOT	NS	SGS	SIE	TI	TOS	VA
Std		●	●			●		●	●	●	●
ALS											
AS					●				●		
F											
H											
L											
LS	●	●	●		●		●		●	●	●
S											

7495	4-Bit-Rechts/Links-Schieberegister (parallel/seriell-ein, parallel/seriell-aus)

Fortsetzung:

M	Clocks		DS	Parallel				QA	QB	QC	QD	Funktion
	SL	SR		A	B	C	D					
H	H	X	X	X	X	X	X	QA0	QB0	QC0	QD0	Keine Änderung
H	I	X	X	X	X	X	X	A	B	C	D	Laden
H	I	X	X	QB	QC	QD	D	QBn	QCn	QDn	D	Linksverschiebung
L	L	H	X	X	X	X	X	QA0	QB0	QC0	QD0	Keine Änderung
L	X	I	H	X	X	X	X	H	QAn	QBn	QCn	Rechtsverschiebung
L	X	I	L	X	X	X	X	L	QAn	QBn	QCn	Rechtsverschiebung
I	L	L	X	X	X	X	X	QA0	QB0	QC0	QD0	Keine Änderung
I	L	L	X	X	X	X	X	QA0	QB0	QC0	QD0	Keine Änderung
I	L	H	X	X	X	X	X	QA0	QB0	QC0	QD0	Keine Änderung
I	H	L	X	X	X	X	X	QA0	QB0	QC0	QD0	Keine Änderung
I	H	H	X	X	X	X	X	QA0	QB0	QC0	QD0	Keine Änderung

Beschreibung:
Dieser Baustein enthält ein 4-Bit-Schieberegister, bei dem die Daten parallel ein- und ausgegeben, sowie wahlweise nach rechts oder nach links geschoben werden können.

Betrieb:
Der Baustein kann in zwei Betriebsarten verwendet werden. Schieben oder Laden.

Die Schiebe-Betriebsart nach rechts wird ausgewählt, indem der Anschluss "Mode" (Betriebsart, Pin 6, auch als PE = Parallel Enable Input = Parallel-Freigabe bezeichnet) auf Low gelegt wird. Eine negative Flanke des Taktes an $\overline{SR}$ (Shift Right) schiebt dann die Daten um eine Stufe nach rechts. Hierbei sind die Eingänge und $\overline{SL}$ gesperrt.

Bei der Schiebe-Betriebsart wird die Information am Eingang DS angelegt und geht bei der ersten negativen Flanke (an SR) in QA. Der Inhalt von QA geht in QB, der Inhalt von QB in QC, QC in QD, und der Inhalt von QD geht verloren oder wird in einen weiteren Baustein eingeschoben.

Eine Linksverschiebung der Daten ist möglich, wenn QB mit A, QC mit B und QD mit C extern verbunden wird. Die Daten werden an D eingegeben, (mit "Mode" = High) und mit jeder negativen Flanke an $\overline{SL}$ um eine Stufe nach links geschoben. Hierbei ist der Eingang DS (serieller Dateneingang) und $\overline{SR}$ gesperrt.

Bei der Lade-Betriebsart wird der Anschluss "Mode" High gemacht und die Informationen an den Lade-Eingängen A, B, C und D werden bei einer negativen Flanke an $\overline{SL}$ in den Baustein transferiert.

Der Eingang $\overline{SL}$ erfüllt somit einen doppelten Zweck. Mit Mode = Low bewirkt er eine Linksverschiebung, und ein Laden der Daten mit Mode = High.
(Siehe auch 74L95)

Anwendung:
Serien-Parallel-Umsetzer, Parallel-Serien-Umsetzer, Speicher.

Daten:	Std	AS	LS	
Min. garantierte Schiebefrequenz	25	100	25	MHz
Stromaufnahme	50	23	13	mA

7495	4-Bit-Rechts/Links-Schieberegister (parallel/seriell-ein, parallel/seriell-aus)

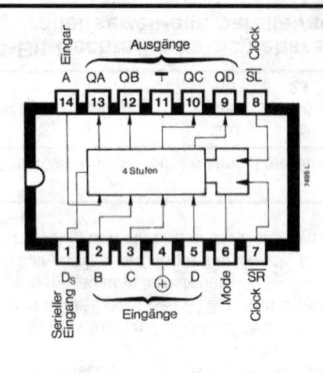

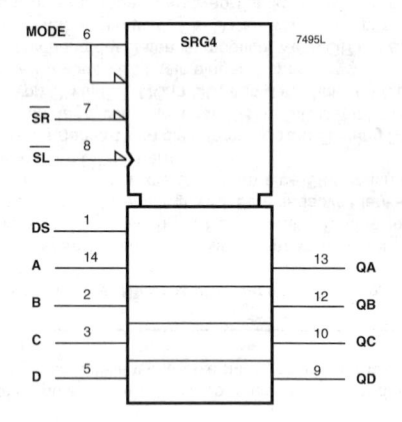

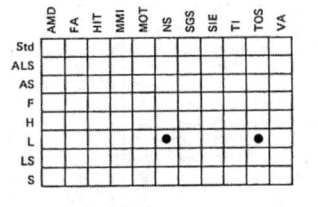

	AMD	FA	HIT	MMI	MOT	NS	SGS	SIE	TI	TOS	VA
Std											
ALS											
AS											
F											
H											
L						●				●	
LS											
S											

74L95	4-Bit-Rechts/Links-Schieberegister (parallel/seriell-ein, parallel/seriell-aus)

Fortsetzung:

	Eingänge							Ausgänge				Funktion
M	Clocks		DS	Parallel				QA	QB	QC	QD	
	SL	SR		A	B	C	D					
H	H	X	X	X	X	X	X	QA0	QB0	QC0	QD0	Keine Änderung
H	I	X	X	X	X	X	X	A	B	C	D	Laden
H	I	X	X	QB	QC	QD	D	QBn	QCn	QDn	D	Linksverschiebung
L	L	H	X	X	X	X	X	QA0	QB0	QC0	QD0	Keine Änderung
L	X	I	H	X	X	X	X	H	QAn	QBn	QCn	Rechtsverschiebung
L	X	I	L	X	X	X	X	L	QAn	QBn	QCn	Rechtsverschiebung
I	L	L	X	X	X	X	X	QA0	QB0	QC0	QD0	Keine Änderung
I	L	L	X	X	X	X	X	QA0	QB0	QC0	QD0	Keine Änderung
I	L	H	X	X	X	X	X	QA0	QB0	QC0	QD0	Keine Änderung
I	H	L	X	X	X	X	X	QA0	QB0	QC0	QD0	Keine Änderung
I	H	H	X	X	X	X	X	QA0	QB0	QC0	QD0	Keine Änderung

Beschreibung:
Dieser Baustein enthält ein 4-Bit-Schieberegister, bei dem die Daten parallel ein- und ausgegeben, sowie wahlweise nach rechts oder nach links geschoben werden können.

Betrieb:
Der Baustein kann in zwei Betriebsarten verwendet werden. Schieben oder Laden.
Die Schiebe-Betriebsart nach rechts wird ausgewählt, indem der Anschluss "Mode" (Betriebsart, Pin 6, auch als PE = Parallel Enable Input = Parallel-Freigabe bezeichnet) auf Low gelegt wird. Eine negative Flanke des Taktes an $\overline{SR}$ (Shift Right) schiebt dann die Daten um eine Stufe nach rechts. Hierbei sind die Eingänge und $\overline{SL}$ gesperrt.
Bei der Schiebe-Betriebsart wird die Information am Eingang DS angelegt und geht bei der ersten negativen Flanke (an $\overline{SR}$) in QA. Der Inhalt von QA geht in QB, der Inhalt von QB in QC, QC in QD, und der Inhalt von QD geht verloren oder wird in einen weiteren Baustein eingeschoben.
Eine Linksverschiebung der Daten ist möglich, wenn QB mit A, QC mit B und QD mit C extern verbunden wird. Die Daten werden an D eingegeben, (mit "Mode" = High) und mit jeder negativen Flanke an $\overline{SL}$ um eine Stufe nach links geschoben. Hierbei ist der Eingang DS (serieller Dateneingang) und $\overline{SR}$ gesperrt.
Bei der Lade-Betriebsart wird der Anschluss "Mode" High gemacht und die Informationen an den Lade-Eingängen A, B, C und D werden bei einer negativen Flanke an $\overline{SL}$ in den Baustein transferiert.
Der Eingang $\overline{SL}$ erfüllt somit einen doppelten Zweck. Mit Mode = Low bewirkt er eine Linksverschiebung, und ein Laden der Daten mit Mode = High.
(Siehe auch 7495)

Anwendung:
Serien-Parallel-Umsetzer, Parallel-Serien-Umsetzer, Speicher.

Daten: L

Min. garantierte Schiebefrequenz	8	MHz
Stromaufnahme	4.8	mA

74L95   **4-Bit-Rechts/Links-Schieberegister (parallel/seriell-ein, parallel/seriell-aus)**

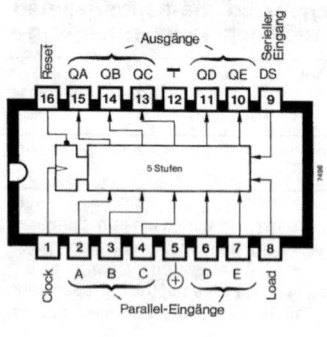

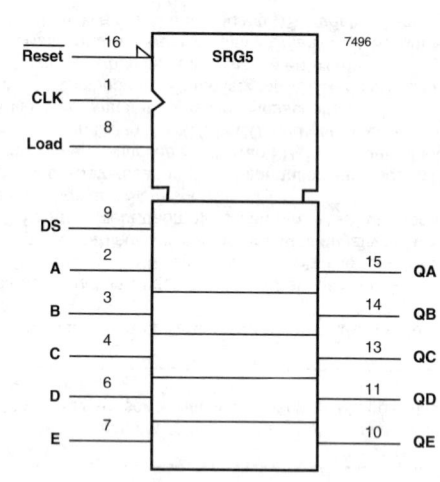

	AMD	FA	HIT	MMI	MOT	NS	SGS	SIE	TI	TOS	VA
Std		•	•		•			•	•		•
ALS											
AS											
F											
H											
L									•		
LS			•		•	•					•
S											

| 7496 | 5-Bit-Schieberegister (parallel/seriell-ein, parallel/seriell-aus) |

Fortsetzung:

Eingänge									Ausgänge				
Reset	Load	Preset					CLK	DS	QA	QB	QC	QD	QE
		A	B	C	D	E							
L	L	X	X	X	X	X	X	X	L	L	L	L	L
L	X	L	L	L	L	L	X	X	L	L	L	L	L
H	H	H	H	H	H	H	X	X	H	H	H	H	H
H	H	L	L	L	L	L	L	X	QA0	QB0	QC0	QD0	QE0
H	H	H	L	H	L	H	L	X	H	QB0	H	QD0	H
H	L	X	X	X	X	X	L	X	QA0	QB0	QC0	QD0	QE0
H	L	X	X	X	X	X	↑	H	H	QA0	QB0	QC0	QD0
H	L	X	X	X	X	X	↑	L	L	QA0	QB0	QC0	QD0

Beschreibung:
Dieser Baustein enthält ein 5-stufiges Rechts-Schieberegister, in das seriell und parallel eingeschrieben, und auch seriell und parallel ausgegeben werden kann.

Betrieb:
Der Baustein enthält 5 RS-Master/Slave-Flipflops. Da alle Ein- und Ausgänge der Flipflops herausgeführt sind, ist der Baustein äußerst vielseitig verwendbar.

Alle Flipflops können (unabhängig vom Zustand aller übrigen Eingänge) gleichzeitig auf Low gesetzt werden, indem man den Anschluss Reset kurzzeitig auf Masse bringt.

Um Daten in das Register zu laden, werden diese an die Eingänge A bis E gelegt und der normalerweise auf Low liegende Eingang "Load" kurzzeitig auf High gebracht.

Dieses Register muss vor dem Laden gelöscht werden. Man kann eine bereits im Register vorhandene 1 nicht durch Einschreiben einer 0 über die Lade-Eingänge ändern. Über die Lade-Eingänge kann man nur Einsen eingeben, oder eine bereits vorhandene Null unverändert lassen. (Eine 1 entspricht einem High-Zustand).

Um die Daten nach rechts zu schieben, muss der Reset-Eingang auf High und der Load-Eingang auf Low liegen. Dann werden bei einem LH-Übergang (positive Flanke) des Taktes an "Clock" die Daten um eine Stufe nach rechts geschoben. Bei einer Schiebe-Operation gehen die Informationen am Eingang DS in A, die Informationen in A gehen in B, B in C, C in D, D in E. Die Informationen in E gehen entweder verloren oder gelangen in eine weitere angeschlossene Stufe.

Anwendung:
Serien-Parallel-Umsetzer, Parallel-Serien-Umsetzer, Register, Speicher.

Daten:
	Std	LS	
Min. garantierte Schiebefrequenz	10	10	MHz
Stromaufnahme	48	12	mA

7496 — **5-Bit-Schieberegister (parallel/seriell-ein, parallel/seriell-aus)**

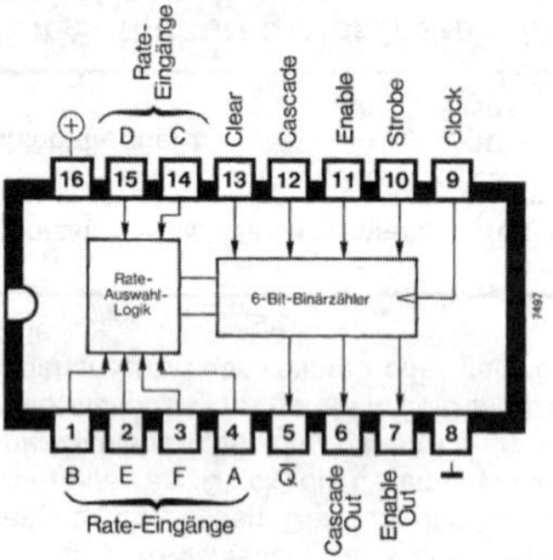

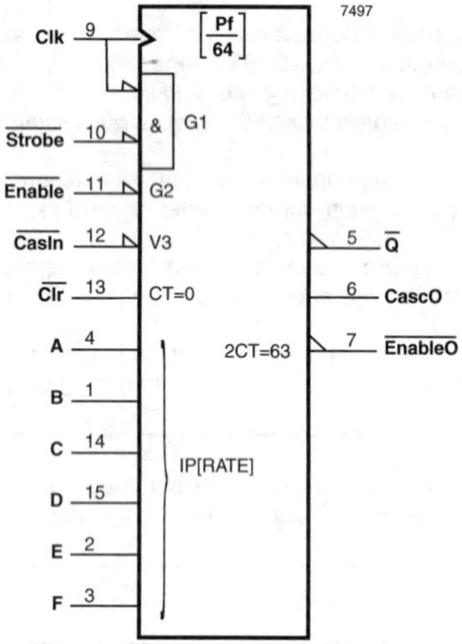

7497

Rate-Eingänge D C

| 16 (+) | 15 D | 14 C | 13 Clear | 12 Cascade | 11 Enable | 10 Strobe | 9 Clock |

Rate-Auswahl-Logik — 6-Bit-Binärzähler — 7497

| 1 B | 2 E | 3 F | 4 A | 5 $\overline{Q}$ | 6 Cascade Out | 7 Enable Out | 8 ⏚ |

Rate-Eingänge

7497

$\boxed{\dfrac{Pf}{64}}$

Clk	9
$\overline{\text{Strobe}}$	10	& G1
$\overline{\text{Enable}}$	11	G2
$\overline{\text{CasIn}}$	12	V3
$\overline{\text{Clr}}$	13	CT=0
A	4
B	1
C	14	IP[RATE]
D	15
E	2
F	3

5 $\overline{Q}$
6 CascO
2CT=63 — 7 $\overline{\text{EnableO}}$

	AMD	FA	HIT	MMI	MOT	NS	SGS	SIE	TI	TOS	VA
Std		●						●	●		
ALS											
AS											
F											
H											
L											
LS											
S											

| 7497 | Synchroner programmierbarer 6-Bit-Binärfrequenzteiler |

Fortsetzung:

Eingänge									Anzahl Der Clock Impulse	Ausgänge			
			Binary Rate								Logik Level od. Anz.d. Impulse		
CLR	ENI	STR	F	E	D	C	B	A		CASCI	CASCO	Q	ENO
H	X	L	X	X	X	X	X	X	X	H	L	H	H
L	L	L	L	L	L	L	L	L	64	H	L	H	1
L	L	L	L	L	L	L	L	H	64	H	1	1	1
L	L	L	L	L	L	L	H	L	64	H	2	2	1
L	L	L	L	L	L	H	L	L	64	H	4	4	1
L	L	L	L	L	H	L	L	L	64	H	8	8	1
L	L	L	L	H	L	L	L	L	64	H	16	16	1
L	L	L	H	L	L	L	L	L	64	H	32	32	1
L	L	L	H	H	H	H	H	H	64	H	63	63	1
L	L	L	H	H	H	H	H	H	64	L	H	63	1
L	L	L	H	L	H	L	L	L	64	H	40	40	1

Beschreibung:
Dieser Baustein enthält einen programmierbaren 6-Bit-Frequenzteiler, häufig auch als Bit Rate Multiplier (Modulo 64) bezeichnet.

Betrieb:
Dieser Baustein gibt für jeweils 64 Eingangs-Impulse eine vorprogrammierte Anzahl von 1 bis 63 Ausgangs-Impulsen ab.
Das Teilungsverhältnis f_{aus}/f_{ein} kann an den Eingängen A bis F vorgewählt werden:

$$f_{aus} = f_{ein} \cdot \frac{M}{64} \text{ wobei } M = F \cdot 2^5 + E \cdot 2^4 + D \cdot 2^3 + C \cdot 2^2 + B \cdot 2^1 + A \cdot 2^0$$

Für normalen Betrieb sind die Anschlüsse Strobe (Austasten), Clear (Löschen) und Enable (Freigabe) an Masse zu legen, der Cascade-Input auf High. Dann legt man eine Rechteck-Spannung an den Takt-Eingang (Clock). Am Enable-Ausgang erhält man dann eine 1-aus-64-Decodierung des Eingangstaktes, d.h. 1 Impuls für je 64 Eingangs-impulse. Am normalen Ausgang Q (Pin 5) erhält man so viele Impulse je 64 Eingangs-Taktzyklen, wie man durch die Eingänge A bis F auswählt. Will man beispielsweise 37 Ausgangs-Impulse für je 64 Eingangs-Impulse, so programmiert man: (dezimal 37 = binär 100101) F = High, E = Low, D = Low, C = High, B = Low, A = High.
Im Allgemeinen sind die Ausgangs-Impulse nicht exakt gleich weit voneinander entfernt. Daher enthält ein Rate-Multiplier-System meist etwas Jitter, was jedoch ohne praktische Bedeutung ist.
Macht man "Clear" kurzzeitig High, so wird der interne Zähler auf Null gesetzt. Macht man "Strobe" High, so wird der Zähler zwar arbeiten, jedoch keine Impulse an Pin 5 oder 6 ausgeben. Pin 6 ist das Komplement von Pin 5 und wird direkt durch den "Cascade"-Eingang getort. Cascade-Eingang auf Low sperrt den Ausgang an Pin 6.

Anwendung:
Rechenoperationen, Division, Analog-Digital- oder Digital-Analog-Umwandlungen.

Daten:
	Std	
Min. garantierte Teilerfrequenz	25	MHz
Stromaufnahme	69	mA

7497 — Synchroner programmierbarer 6-Bit-Binärfrequenzteiler

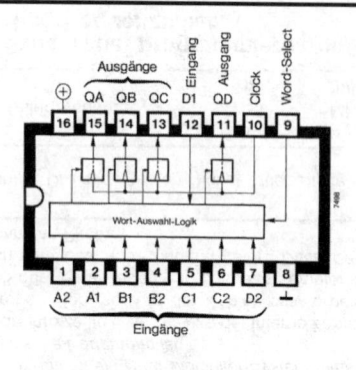

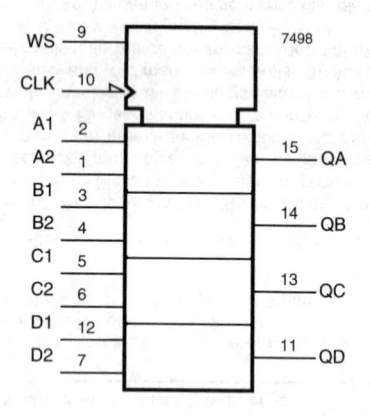

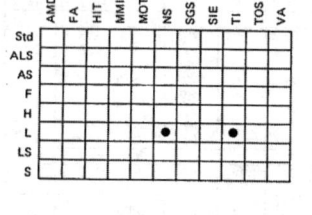

	AMD	FA	HIT	MMI	MOT	NS	SGS	SIE	TI	TOS	VA
Std											
ALS											
AS											
F											
H											
L						●			●		
LS											
S											

7498	Vier 2-zu-1-Datenselektoren/Multiplexer mit Speicher

Fortsetzung:

Eingänge		Ausgänge			
WS	CLK	QA	QB	QC	QD
L	⊥	A1	B1	C1	D1
H	⊥	A2	B2	C2	D2

Beschreibung:
Dieser Baustein gestattet die Auswahl von zwei 4-Bit-Datenquellen und die Speicherung der ausgewählten Daten.

Betrieb:
Der Baustein enthält außer einer Reihe von Gattern für die Auswahl der 4-Bit-Daten noch 4 Flipflops zur Aufbewahrung dieser Daten.
Wenn der Eingang für die Auswahl (Word Select) der gewünschten 4-Bit-Daten Low ist, wird das Wort 1, d.h. die Daten an den Eingängen Al. B1, C1 und D1 bei der negativen Flanke des Taktes in die Flipflops geschrieben, und stehen an den Ausgängen QA, QB, QC und QD zur Verfügung.
Ein High am Anschluss "Word-Select" bewirkt dasselbe für die Daten an den Anschlüssen A2, B2, C2 und D2.

Anwendung:
Datenselektion oder Multiplexen von 4-Bit-Worten.

Daten:	L	
Min. garantierte Taktfrequenz	3	MHz
Stromaufnahme	5	mA

7498	Vier 2-zu-1-Datenselektoren/Multiplexer mit Speicher

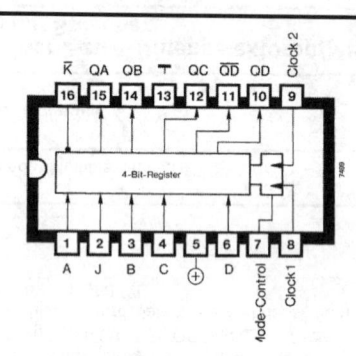

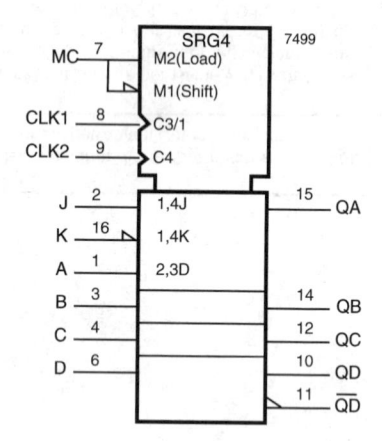

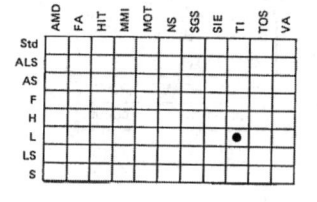

	AMD	FA	HIT	MMI	MOT	NS	SGS	SIE	TI	TOS	VA
Std											
ALS											
AS											
F											
H											
L									●		
LS											
S											

7499	**4-Bit-Rechts/Links-Schieberegister** **(parallel/seriell-ein, parallel-aus)**

Fortsetzung:

Eingänge					Ausgänge					Funktion
MC	CLK2	CLK1	J	K	QA	QB	QC	QD	QD	
H	H	X	X	X	QAn	QBn	QCn	QDn	QDn	Keine Änderung
H	I	X	X	X	A	B	C	D	D	Laden
H	I	X	X	X	QBn	QCn	QDn	Cn	D	Linksverschiebung
L	L	H	X	X	QAn	QBn	QCn	QDn	QDn	Keine Änderung
L	X	I	L	H	QAn	QAn	QBn	QCn	QCn	Rechtsverschiebung
L	X	I	L	L	L	QAn	QBn	QCn	QCn	Rechtsverschiebung
L	X	I	H	H	H	QAn	QBn	QCn	QCn	Rechtsverschiebung
L	X	I	H	L	QAn	QAn	QBn	QCn	QCn	Rechtsverschiebung

Beschreibung:
Dieser Baustein enthält ein 4-Bit-Schieberegister, bei dem die Daten parallel ein- und ausgegeben, sowie wahlweise nach rechts oder nach links geschoben werden können.

Betrieb:
Dieses 4-Bit-Register besitzt neben den parallelen Ein- und Ausgängen noch serielle J-$\bar{\text{K}}$-Eingänge bei der ersten Stufe, einen Betriebsarten-Eingang (Mode Control), sowie 2 Takteingänge (Clock 1 und Clock 2). Das Register besitzt drei Betriebsarten:
1) Paralleles Laden
2) Rechtsverschieben (von QA in Richtung QD)
3) Linksverschieben (von QD in Richtung QA)

Paralleles Laden geschieht durch Anlegen der 4 Datenbits an A bis D und einem High an "Mode-Control". Die Daten werden dann in die entsprechenden Flipflops geladen und erscheinen an den Ausgängen nach dem HL-Übergang (negative Flanke) des Taktes an Clock 2. Während des Ladens ist die Eingabe serieller Daten gesperrt.

Rechtsverschiebung erfolgt beim HL-Übergang von Clock 2 mit Mode-Control auf High. Serielle Daten für die Rechtsverschiebung werden an den J-$\bar{\text{K}}$-Eingängen eingegeben. Die erste Stufe arbeitet als J$\bar{\text{K}}$-D-(oder T-)Flipflop.

Linksverschiebung erfolgt beim HL-Übergang von Clock 2 mit Mode-Control auf High, wenn QB mit A, QC mit B und QD mit C extern verbunden wird. Die Daten werden an D eingegeben.

Änderungen des Pegels an "Mode-Control" sollten normalerweise nur ausgeführt werden, wenn beide Takteingänge auf Low liegen.

Anwendung:
Serien-Parallel-Umsetzer, Parallel-Serien-Umsetzer, Speicher.

Daten:
	L	
Min. garantierte Schiebefrequenz	3	MHz
Stromaufnahme	4	mA

7499 — **4-Bit-Rechts/Links-Schieberegister (parallel/seriell-ein, parallel-aus)**

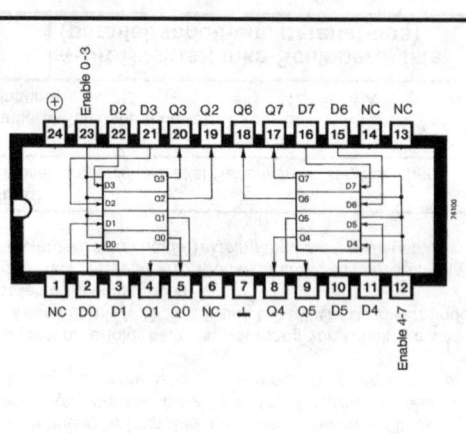

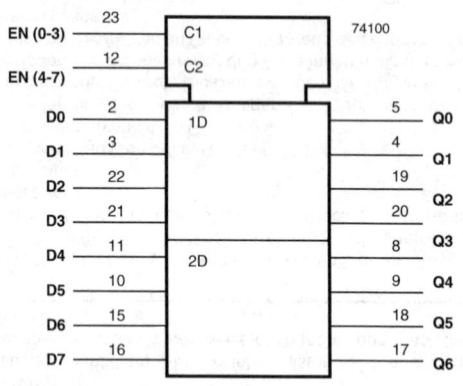

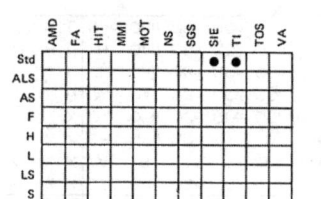

| 74100 | Zwei 4-Bit-Zwischenspeicher mit Freigabe |

Fortsetzung:

Eingänge		Ausgang
D	Freigabe	Q
L	H	L
H	H	H
X	L	Q_0

Q_0 = Pegel von Q vor dem HL-Übergang von Enable

Beschreibung:
Dieser Baustein enthält zwei 4-Bit-D-Flipflops zur Zwischenspeicherung binärer Daten.

Betrieb:
Die an den Daten-Eingängen (D0 — D3) liegenden Informationen werden zu den zugehörigen Q-Ausgängen (Q0 — Q3) transferiert, wenn der Freigabe- (Enable-)Eingang (Enable 0 — 3) High ist. Die Q-Ausgänge werden den Daten-Eingängen so lange folgen, wie Enable High bleibt.
Geht Enable auf Low, werden die Informationen, die zu diesem Zeitpunkt an den Daten-Eingängen anlagen, so lange aufbewahrt und stehen an den Q-Ausgängen zur Verfügung, bis Enable wiederum auf High geht. Dasselbe gilt für die Flipflops 4 — 7.

Anwendung:
Zwischenspeicherung von 2 x 4-Bit-Binärdaten.

Daten:	Std	
Durchlauf-Verzögerung	15	ns
Stromaufnahme	64	mA

74100	Zwei 4-Bit-Zwischenspeicher mit Freigabe

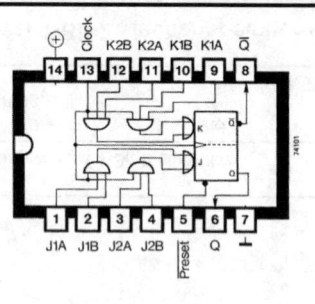

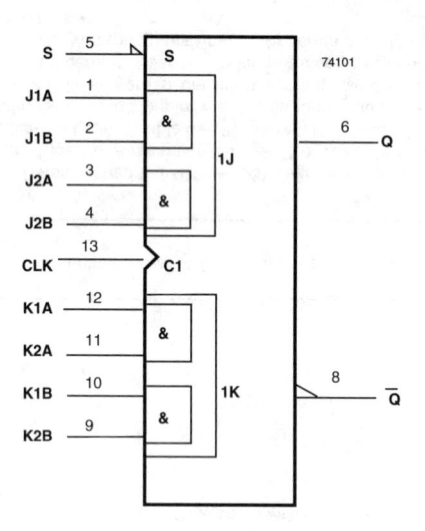

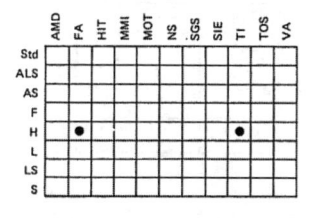

	AMD	FA	HIT	MMI	MOT	NS	SGS	SIE	TI	TOS	VA
Std											
ALS											
AS											
F											
H		●							●		
L											
LS											
S											

74101	JK-Flipflop mit 2x2 UND-ODER-Eingängen und Voreinstellung

Fortsetzung:

Eingänge		Ausgänge	
J	K	Q	Q̄
L	L	keine Änderung	
L	H	L	H
H	L	H	L
H	H	toggle	

J(K)1A	J(K)1B	J(K)2A	J(K)2B	J(K)
H	H	X	X	H
X	X	H	H	H
Alle übrigen Kombinationen				L

Beschreibung:
Dieser Baustein enthält ein schnelles flankengetriggertes JK-Flipflop mit je 2x2 UND-ODER-Eingängen, und einen Voreinstell-Eingang.

Betrieb:
Die UND-ODER-Eingänge sind gesperrt, wenn der Takt-Eingang (Clock) auf Low liegt. Geht der Takt-Eingang auf High, so werden die Eingänge freigegeben und die Daten angenommen. Während des High-Zustands des Takt-Eingangs können die Daten an den Eingängen geändert werden. Der Ausgangszustand des Flipflops ändert sich jedoch erst beim HL-Übergang (negative Flanke) des Taktes.

Durch die UND-ODER-Verknüpfung der Eingänge ist z.B. J nur dann High, wenn entweder J1A und J1B oder J2A und J2B High sind. Dasselbe gilt sinngemäß für den K-Eingang.

Mit J und K gleichzeitig auf High kippt das Flipflop bei jeder negativen Flanke des Taktes von einem Zustand in den anderen, wodurch eine binäre Frequenzteilung möglich ist (toggle).

Der Voreinstell- ($\overline{Preset}$-)Eingang arbeitet asynchron, d.h., unabhängig von allen anderen Eingängen. Wird er auf Low gelegt, so geht Q auf High und Q̄ auf Low.

Anwendung:
Register, Zähler, Steuerschaltungen.

Daten:	H	
Min. garantierte Taktfrequenz	40	MHz
Durchlauf-Verzögerung	13	ns
Stromaufnahme	20	mA

74101	JK-Flipflop mit 2x2 UND-ODER-Eingängen und Voreinstellung

74102 — JK-Flipflop mit je 3 UND-Eingängen, Voreinstellung und Löschen

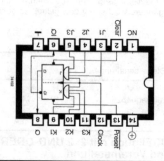

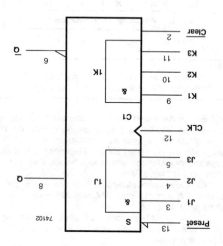

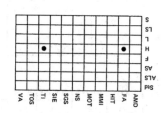

Fortsetzung:

Eingänge		Ausgänge	
J	K	Q	$\overline{Q}$
L	L	keine Änderung	
L	H	L	H
H	L	H	L
H	H	toggle	

J(K)1	J(K)2	J(K)3	J(K)
L	X	X	L
X	L	X	L
X	X	L	L
H	H	H	H

Beschreibung:
Dieser Baustein enthält ein schnelles flankengetriggertes JK-Flipflop mit je 3 UND-Eingängen, Voreinstellung und Löschen.

Betrieb:
Die UND-Eingänge sind gesperrt, wenn der Takt-Eingang (Clock) auf Low liegt. Geht der Takt-Eingang auf High, so werden die Eingänge freigegeben und die Daten angenommen. Während des High-Zustandes des Takt-Einganges können die Daten an den Eingängen geändert werden. Der Ausgangszustand des Flipflops ändert sich jedoch erst beim HL-Über-gang (negative Flanke) des Taktes.
Durch die UND-Verknüpfung der Eingänge ist z.B. J nur dann High, wenn alle drei Eingänge J1, J2 und J3 gleichzeitig High sind. Dasselbe gilt sinngemäß für den K-Eingang. Mit J und K gleichzeitig auf High kippt das Flipflop bei jeder negativen Flanke des Taktes von einem Zustand in den anderen, wodurch eine binäre Frequenzteilung möglich ist (toggle).
Der Voreinstell- ($\overline{Preset}$) Eingang und der Lösch- ($\overline{Clear}$-) Eingang arbeiten asynchron, d.h. unabhängig von allen anderen Eingängen. Wird $\overline{Preset}$ auf Low gelegt, geht Q auf High. Wird $\overline{Clear}$ auf Low gelegt, geht Q auf Low.

Anwendung:
Register, Zähler, Steuerschaltungen.

Daten:	H	
Min. garantierte Taktfrequenz	40	MHz
Durchlauf-Verzögerung	13	ns
Stromaufnahme	20	mA

74102	JK-Flipflop mit je 3 UND-Eingängen, Voreinstellung und Löschen

74103 — Zwei JK-Flipflops mit Löschen

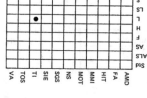

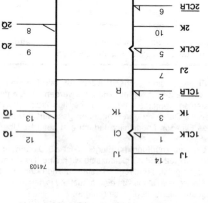

Fortsetzung:

$\overline{\text{Clear}}$	Eingänge Clock	J	K	Ausgänge Q $\overline{Q}$
L	X	X	X	L H
H	⊥	L	L	keine Änderung
H	⊥	L	H	L H
H	⊥	H	L	H L
H	⊥	H	H	toggle
H	L	X	X	keine Änderung
H	H	X	X	keine Änderung
H	⌐	X	X	keine Änderung

Beschreibung:
Dieser Baustein enthält zwei getrennte JK-Flipflops, wobei jedes Flipflop einen eigenen Takt- und Lösch-Eingang besitzt.

Betrieb:
Geht bei einem Flipflop der Takt-Eingang auf High, so werden die Eingänge freigegeben und die Daten angenommen. Während des High-Zustandes des Takt-Einganges können die Daten an den Eingängen geändert werden. Die Eingangsdaten werden zu den Ausgängen beim HL-Übergang (negative Flanke) des Taktimpulses transferiert.
Mit J und K gleichzeitig auf High, kippt ein Flipflop bei jeder negativen Flanke des Taktes von einem Zustand in den anderen, wodurch eine binäre Frequenzteilung möglich ist. Die Lösch- ($\overline{\text{Clear}}$) Eingänge arbeiten asynchron, d.h. unabhängig von allen anderen Eingängen. Wird $\overline{\text{Clear}}$ auf Low gelegt, geht der entsprechende Q-Ausgang auf Low.

Anwendung:
Register, Zähler, Steuerschaltungen.

Daten:	**H**	
Min. garantierte Taktfrequenz	40	MHz
Durchlauf-Verzögerung	13	ns
Stromaufnahme	40	mA

74103	**Zwei JK-Flipflops mit Löschen**

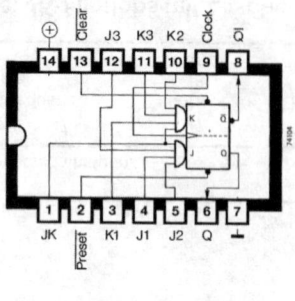

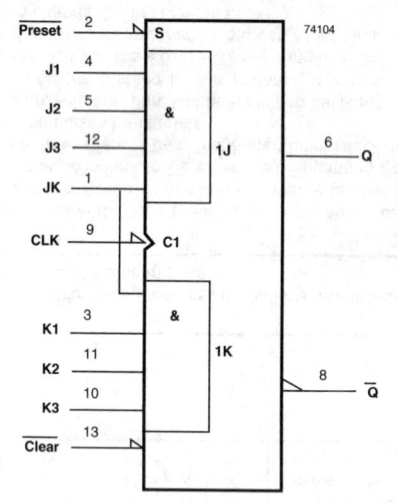

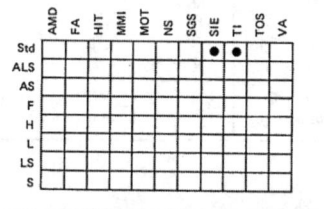

	AMD	FA	HIT	MMI	MOT	NS	SGS	SIE	TI	TOS	VA
Std								●	●		
ALS											
AS											
F											
H											
L											
LS											
S											

74104	**JK-Master-Slave-Flipflop mit je 3 Eingängen, Voreinstellen und Löschen**

1 - 230

Fortsetzung:

Eingänge		Ausgänge	
J	K	Q	Q̄
L	L	keine Änderung	
L	H	L	H
H	L	H	L
H	H	toggle	

J(K)1	J(K)2	J(K)3	J(K)
L	X	X	L
X	L	X	L
X	X	L	L
H	H	H	H

Beschreibung:
Dieser Baustein enthält ein JK-Flipflop mit je 3 UND-Eingängen, einen zusätzlichen JK-Eingang, sowie Eingängen für Voreinstellen und Löschen.

Betrieb:
Das Flipflop besitzt je 3 UND-Gatter an den J- und K-Eingängen. Daher ist z.B. J nur dann High, wenn alle drei Eingänge J1, J2 und J3 zur selben Zeit High sind. Dasselbe gilt für den K-Eingang. Über den zusätzlichen JK-Eingang (Pin1) ist ein Sperren des Flipflops möglich, indem dieser Pin auf Low gelegt wird.

Mit J und K gleichzeitig auf High kippt das Flipflop bei jedem Taktimpuls von einem Zustand in den anderen, wodurch eine binäre Frequenzteilung möglich ist (toggle). Die Übertragung der Eingangs-informationen zum Ausgang erfolgt bei der positiven Flanke des Taktimpulses.

Der Voreinstell- (Preset-) Eingang und der Lösch- (Clear-) Eingang arbeiten asynchron, d.h. unabhängig von allen anderen Eingängen. Wird Preset auf Low gelegt, geht Q auf High. Wird Clear auf Low gelegt, geht Q auf Low.

Anwendung:
Register, Zähler, Steuerschaltungen.

Daten:	Std	
Min. garantierte Taktfrequenz	15	MHz
Durchlauf-Verzögerung	12	ns
Stromaufnahme	15	mA

74104 — JK-Master-Slave-Flipflop mit je 3 Eingängen, Voreinstellen und Löschen

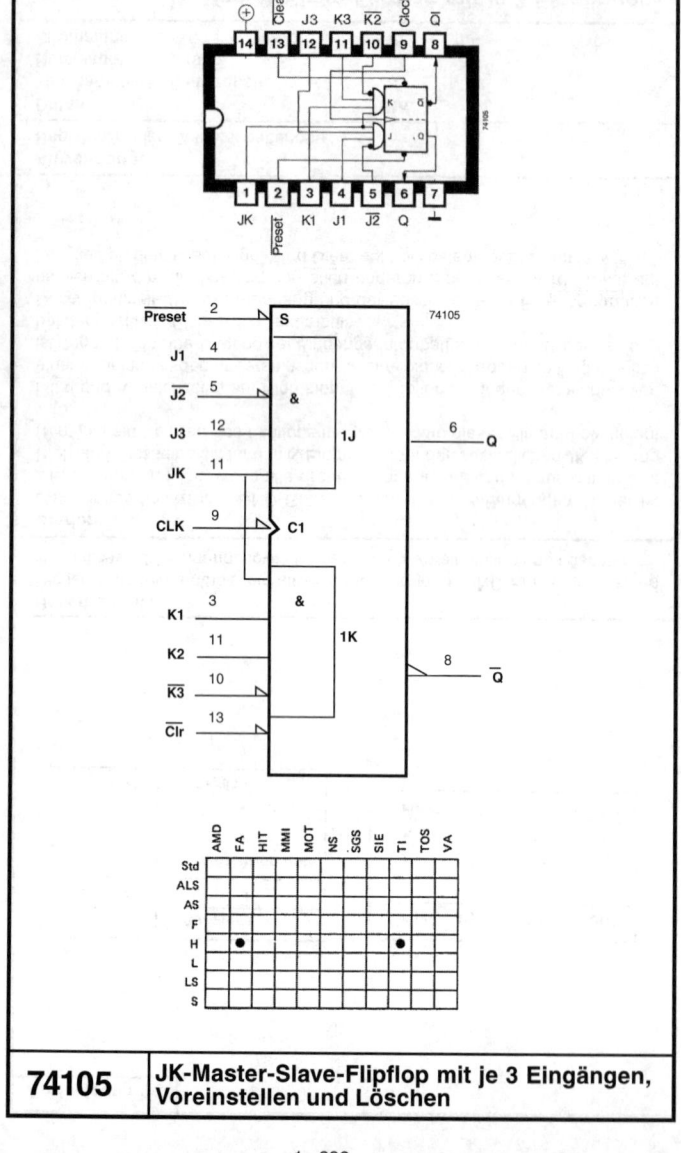

	AMD	FA	HIT	MMI	MOT	NS	SGS	SIE	TI	TOS	VA
Std											
ALS											
AS											
F											
H		●							●		
L											
LS											
S											

74105	**JK-Master-Slave-Flipflop mit je 3 Eingängen, Voreinstellen und Löschen**

Fortsetzung:

Eingänge		Ausgänge	
J	K	Q	$\bar{Q}$
L	L	keine Änderung	
L	H	L	H
H	L	H	L
H	H	toggle	

J(K)1	$\overline{J(K)2}$	J(K)3	JK	J(K)
L	X	X	H	L
X	H	X	H	L
X	X	L	H	L
H	L	H	H	H
X	X	X	L	L

Beschreibung:
Dieser Baustein enthält ein JK-Flipflop mit je 3 UND-Eingängen (J2 und K2 invertiert), einen zusätzlichen JK-Eingang, sowie Eingänge für Voreinstellen und Löschen.

Betrieb:
Das Flipflop besitzt je ein UND-Gatter mit 3 Eingängen an den J-und K-Eingängen, wobei je ein Eingang der Gatter invertiert ist. Daher ist z.B. J nur dann High, wenn J1 High, J2 Low und J3 High ist. Dasselbe gilt für den K-Eingang. Über den zusätzlichen JK-Eingang (Pin1) ist ein Sperren des Flipflop möglich, indem dieser Pin auf Low gelegt wird. Mit J und K gleichzeitig auf High kippt das Flipflop bei jedem Taktimpuls von einem Zustand in den anderen, wodurch eine binäre Frquenzteilung möglich ist (toggle). Die Übertragung der Eingangs-informationen zum Ausgang erfolgt bei der positiven Flanke des Taktimpulses.
Der Voreinstell- ($\overline{Preset}$-) Eingang und der Lösch- ($\overline{Clear}$-) Eingang arbeiten asynchron, d.h. unabhängig von allen anderen Eingängen. Wird $\overline{Preset}$ auf Low gelegt, geht Q auf High. Wird $\overline{Clear}$ auf Low gelegt, geht Q auf Low.

Anwendung:
Register, Zähler, Steuerschaltungen.

Daten:	Std	
Min. garantierte Taktfrequenz	30	MHz
Durchlauf-Verzögerung	12	ns
Stromaufnahme	17	mA

74105	JK-Master-Slave-Flipflop mit je 3 Eingängen, Voreinstellen und Löschen

74106 — Zwei JK-Flipflops mit Voreinstellen und Löschen

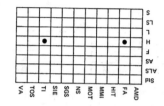

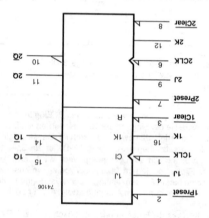

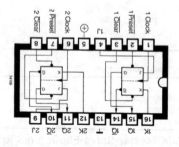

Fortsetzung:

Eingänge		Ausgänge	
J	K	Q	Q̄
L	L	keine Änderung	
L	H	L	H
H	L	H	L
H	H	toggle	

Beschreibung:
Dieser Baustein enthält zwei getrennte JK-Flipflops, wobei jedes Flipflop einen eigenen Takt-, Voreinstell- und Lösch-Eingang besitzt.

Betrieb:
Geht bei einem Flipflop der Takt-Eingang auf High, so werden die Eingänge freigegeben und die Daten angenommen. Während des High-Zustandes des Takt-Einganges können die Daten an den Eingängen geändert werden. Die Eingangsdaten werden zu den Ausgängen beim HL-Übergang (negative Flanke) des Taktes transferiert.
Mit J und K gleichzeitig auf High kippt das Flipflop bei jeder negativen Flanke des Taktes von einem Zustand in den anderen, wodurch eine binäre Frequenzteilung möglich ist. Die Voreinstell- (Preset) und Lösch- (Clear-) Eingänge arbeiten asynchron, d.h. unabhängig von allen anderen Eingängen. Wird Preset auf Low gelegt, geht der entsprechende Q-Ausgang auf High. Legt man Clear auf Low, so geht der entsprechende Q-Ausgang auf Low.

Anwendung:
Register, Zähler, Steuerschaltungen.

Daten:	**H**	
Min. garantierte Taktfrequenz	40	MHz
Durchlauf-Verzögerung	13	ns
Stromaufnahme	40	mA

74106	**Zwei JK-Flipflops mit Voreinstellen und Löschen**

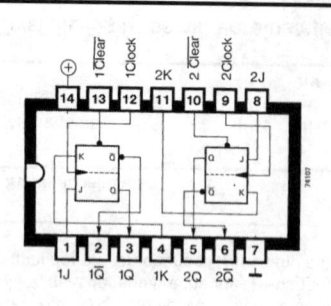

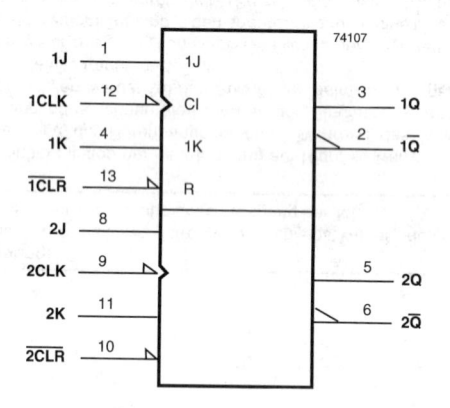

	AMD	FA	HIT	MMI	MOT	NS	SGS	SiE	TI	TOS	VA
Std		●	●			●		●	●	●	●
ALS											
AS											
F											
H											
L											
LS	●	●			●	●	●		●		●
S											

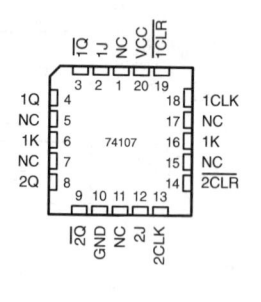

74107 — Zwei JK-Flipflops mit Löschen

Fortsetzung :

74LS107

	Eingänge			Ausgänge	
$\overline{\text{Clear}}$	Clock	J	K	Q	$\overline{\text{Q}}$
L	X	X	X	L	H
H	↓	L	L	keine Änderung	
H	↓	L	H	L	H
H	↓	H	L	H	L
H	↓	H	H	toggle	
H	L	X	X	keine Änderung	
H	H	X	X	keine Änderung	
H	↑	X	X	keine Änderung	

Beschreibung:
Dieser Baustein enthält zwei getrennte JK-Flipflops mit separaten Takt- und Lösch-Eingängen.

Betrieb:
Wenn bei einem der beiden Flipflops der Takt auf High geht, werden die Eingänge freigegeben und die Daten angenommen. Während des High-Zustandes des Taktes können die Daten an den Eingängen geändert werden. Die Eingangsdaten werden zu den Ausgängen beim HL-Übergang (negative Flanke) des Taktes transferiert.
Mit J und K gleichzeitig auf High kippt das Flipflop bei jeder negativen Flanke des Taktes von einem Zustand in den anderen, wodurch eine binäre Frequenzteilung möglich ist. Der Lösch- ($\overline{\text{Clear}}$-) Eingang arbeitet asynchron, d.h. unabhängig von allen anderen Eingängen. Wird Clear auf Low gelegt, so geht der entsprechende Q-Ausgang auf Low. Im Normalbetrieb lässt man $\overline{\text{Clear}}$ offen oder legt diesen Anschluss auf +5V. Die Standard-Ausführung wird mit einem positiven Impuls getriggert, die LS-Ausführung mit der negativen Flanke (HL-Übergang) des Taktes.

Anwendung:
Register, Zähler, Steuerschaltungen.

Daten:	**Std**	**LS**	
Min. garantierte Taktfrequenz	15	30	MHz
Durchlauf-Verzögerung	30	15	ns
Stromaufnahme	16	4	mA

74107 Zwei JK-Flipflops mit Löschen

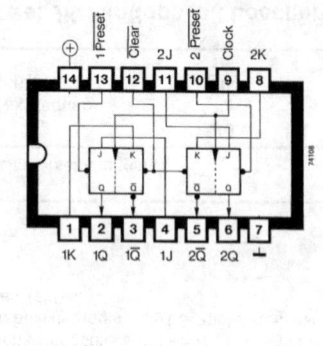

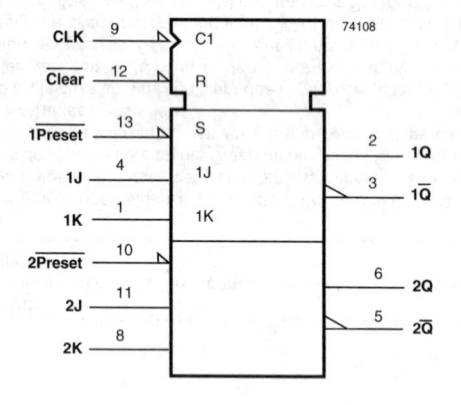

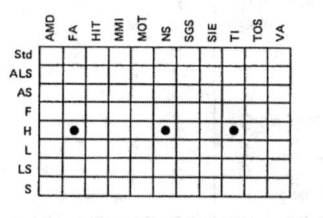

	AMD	FA	HIT	MMI	MOT	NS	SGS	SIE	TI	TOS	VA
Std											
ALS											
AS											
F											
H		●				●			●		
L											
LS											
S											

74108	**Zwei JK-Flipflops mit Voreinstellen, gemeinsamem Takt und gemeinsamem Löschen**

Fortsetzung:

Eingänge					Ausgänge	
$\overline{Preset}$	$\overline{Clear}$	Clock	J	K	Q	$\overline{Q}$
L	H	X	X	X	H	L
H	L	X	X	X	L	H
L	L	X	X	X	H*	H*
H	H	⌐_	L	L	keine Änderung	
H	H	⌐_	L	H	L	H
H	H	⌐_	H	L	H	L
H	H	⌐_	H	H	toggle	
H	H	L	X	X	keine Änderung	
H	H	H	X	X	keine Änderung	
H	H	_⌐	X	X	keine Änderung	

*instabiler Zustand

Beschreibung:
Dieser Baustein enthält zwei getrennte schnelle JK-Flipflops mit Voreinstellen, gemeinsamem Löschen und gemeinsamem Takt.

Betrieb:
Wenn der Takt (Clock) auf High geht, werden bei beiden Flipflops die Eingänge freigegeben und die Daten angenommen. Während des High-Zustandes des Taktes können die Daten an den Eingängen geändert werden. Die Eingangsdaten werden zu den Ausgängen beim HL-Übergang (negative Flanke) des Taktes transferiert.
Mit J und K gleichzeitig auf High kippen die Flipflops bei jeder negativen Flanke des Taktes von einem Zustand in den anderen, wodurch eine binäre Frequenzteilung möglich ist. Die Voreinstell- ($\overline{Preset}$-) Eingänge und der gemeinsame Lösch- ($\overline{Clear}$-) Eingang arbeiten asynchron, d.h. unabhängig von allen anderen Eingängen. Wird ein $\overline{Preset}$-Eingang auf Low gelegt, so geht der zugehörige Q-Ausgang auf High. Wird $\overline{Clear}$ auf Low gelegt, gehen beide Q-Ausgänge auf Low. Im Normalbetrieb lässt man die Voreinstell- und den Lösch-Eingang offen oder legt ihn auf +5V.

Anwendung:
Register, Zähler, Steuerschaltungen.

Daten:	H	
Min. garantierte Taktfrequenz	40	MHz
Durchlauf-Verzögerung	13	ns
Stromaufnahme	40	mA

74108	Zwei JK-Flipflops mit Voreinstellen, gemeinsamem Takt und gemeinsamem Löschen

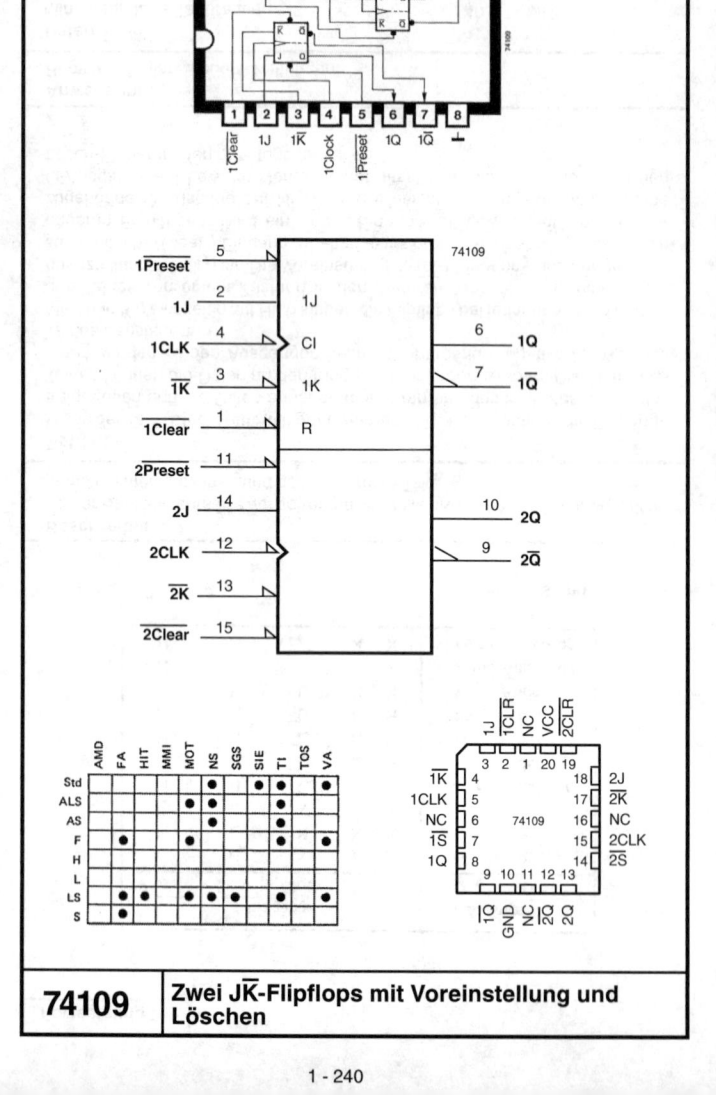

	AMD	FA	HIT	MMI	MOT	NS	SGS	SIE	TI	TOS	VA
Std						●			●		
ALS				●		●			●		
AS						●			●		
F		●			●				●		●
H											
L											
LS	●	●		●	●	●	●		●		●
S	●				●				●		

| 74109 | Zwei J$\overline{\text{K}}$-Flipflops mit Voreinstellung und Löschen |

Fortsetzung:

Preset	Eingänge Clear	Clock	J	$\overline{K}$	Ausgänge Q	$\overline{Q}$
L	H	X	X	X	H	L
H	L	X	X	X	L	H
L	L	X	X	X	H*	H*
H	H	⌐	L	L	L	H
H	H	⌐	H	L	toggle	
H	H	⌐	L	H	keine Änderung	
H	H	⌐	H	H	H	L
H	H	L	X	X	keine Änderung	

* = instabiler Zustand

Beschreibung:
Dieser Baustein enthält zwei getrennte JK-Flipflops mit Voreinstellung und Löschen.

Betrieb:
Die Eingangsdaten eines Flipflops werden beim LH-Übergang (positive Flanke) des Taktimpulses an die Ausgänge übertragen.
Liegt J auf High und $\overline{K}$ auf Low, so kippt das entsprechende Flipflop bei jeder positiven Flanke des Taktes von einem Zustand in den anderen, wodurch eine binäre Frequenzteilung möglich ist.
Das Takten ist unabhängig von der Anstiegs- oder Abfall-Zeit des Taktes, da der Takteingang pegel-sensitiv ist. Für eine zuverlässige Arbeitsweise sollte jedoch die Anstiegszeit des Taktimpulses zwischen 0.8V und 2.0V gleich oder kleiner als die Durchlaufzeit vom Takteingang zum Ausgang sein.
Die Invertierung des K-Eingangs ($\overline{K}$) gestattet eine Verwendung dieses Bausteins als D-Flipflop, indem einfach die beiden Eingänge J und $\overline{K}$ miteinander verbunden werden. Die Voreinstell- ($\overline{Preset}$-) und Lösch- ($\overline{Clear}$-) Eingänge arbeiten asynchron, d.h. unabhängig von allen anderen Eingängen. Wird ein $\overline{Preset}$-Eingang auf Low gelegt, so geht der zugehörige Q-Ausgang auf High. Wird ein $\overline{Clear}$-Eingang auf Low gelegt, so geht der zugehörige Q-Ausgang auf Low.

Anwendung:
Register, Zähler, Steuerschaltungen.

Daten:	Std	ALS	AS	F	LS	S	
Min. garantierte Taktfrequenz	25	34	105	125	,25	75	MHz
Durchlauf-Verzögerung	14	11	6.5	3	19	5	ns
Stromaufnahme	18	1.2	6	12	4	52	mA

74109	Zwei J$\overline{K}$-Flipflops mit Voreinstellung und Löschen

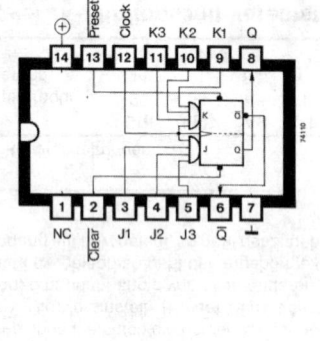

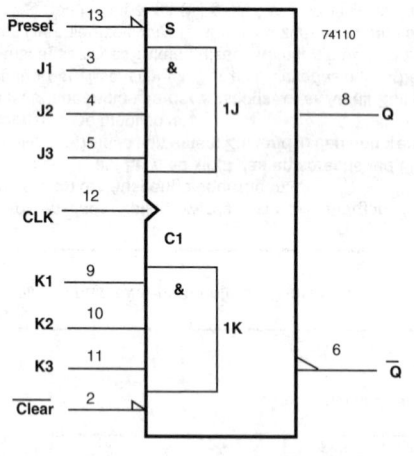

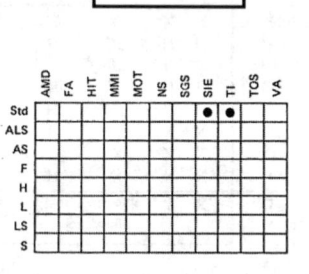

| 74110 | JK-Master-Slave-Flipflop mit je 3 Eingängen, Voreinstellung, Löschen und Eingangssperre |

Fortsetzung:

	Eingänge				Ausgänge	
$\overline{\text{Preset}}$	$\overline{\text{Clear}}$	Clock	J	K	Q	$\overline{Q}$
L	H	X	X	X	H	L
H	L	X	X	X	L	H
L	L	X	X	X	H*	H*
H	H	⌐	X	X	keine Änderung	
H	H	⌐	L	L	keine Änderung	
H	H	⌐	L	H	L	H
H	H	⌐	H	L	H	L
H	H	⌐	H	H	toggle	

*instabiler Zustand

Beschreibung:
Dieser Baustein enthält ein JK-Master-Slave-Flipflop mit je 3 UND-Eingängen, Voreinstellung, Löschen und Eingangssperre.

Betrieb:
Das Flipflop besitzt je 1 UND-Gatter mit 3 Eingängen an den J- und K-Eingängen. Daher ist z.B. J nur dann High, wenn J1, J2 und J3 zur selben Zeit High ist. Dasselbe gilt für den K-Eingang.
Mit J und K gleichzeitig auf High kippt das Flipflop bei jedem Taktimpuls (positive Flanke) von einem Zustand in den anderen, wodurch eine binäre Frequenzteilung möglich ist. Die Übertragung der Eingangs-informationen erfolgt bei der positiven Flanke des Taktimpulses.
Während der Takteingang High ist, haben Änderungen an den J- und K-Eingängen keinen Einfluss mehr auf den Zustand des Flipflops.
Infolge der kurzen Haltezeit von nur 5ns (d.h. 5ns nachdem der Taktimpuls die 1.SV-Schwelle überschritten hat) dürfen die JK-Signale bereits während des Taktimpulses wechseln, ohne dass eine Fehlinformation zu befürchten ist. Dies ist besonders bei langen Schieberegistern von Vorteil, wenn nicht sichergestellt werden kann, dass der Takt bei allen Flipflops zur selben Zeit eintrifft.
Der Voreinstell- ($\overline{\text{Preset}}$-) Eingang und der Lösch- ($\overline{\text{Clear}}$-) Eingang arbeiten asynchron, d.h. unabhängig von allen anderen Eingängen. Wird $\overline{\text{Preset}}$ auf Low gelegt, geht Q auf High. Wird $\overline{\text{Clear}}$ auf Low gelegt, geht Q auf Low.

Anwendung:
Register, Zähler, Steuerschaltungen.

Daten:	Std	
Min. garantierte Taktfrequenz	20	MHz.
Durchlauf-Verzögerung	16	ns
Stromaufnahme	20	mA

74110	JK-Master-Slave-Flipflop mit je 3 Eingängen, Voreinstellung, Löschen und Eingangssperre

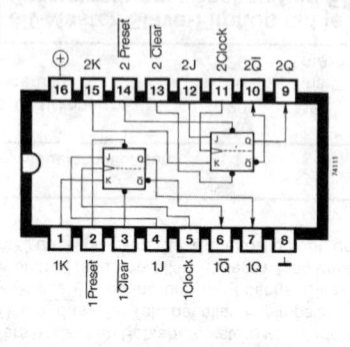

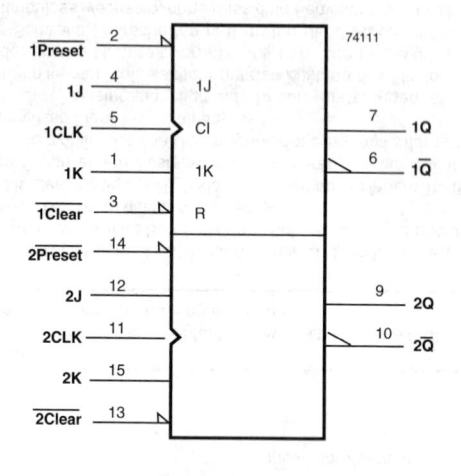

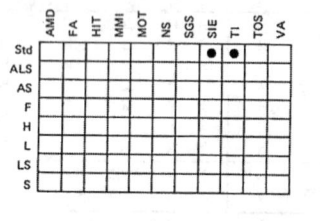

	AMD	FA	HIT	MMI	MOT	NS	SGS	SIE	TI	TOS	VA
Std								●	●		
ALS											
AS											
F											
H											
L											
LS											
S											

74111   Zwei JK-Master-Slave-Flipflops mit Vorein-stellung, Löschen und Eingangssperre

Fortsetzung:

Eingänge					Ausgänge	
$\overline{Preset}$	$\overline{Clear}$	Clock	J	K	Q	$\overline{Q}$
L	H	X	X	X	H	L
H	L	X	X	X	L	H
L	L	X	X	X	H*	H*
H	H	⎍	X	X	keine Änderung	
H	H	⎍	L	L	L	H
H	H	⎍	H	L	H	L
H	H	⎍	H	H	toggle	

*instabiler Zustand

Beschreibung:
Dieser Baustein enthält zwei getrennte JK-Flipflops mit Voreinstellung und Löschen. Die Triggerung erfolgt an der positiven Flanke des Taktes.

Betrieb:
Die Eingangsdaten eines Flipflops werden beim LH-Übergang (positive Flanke) des Taktimpulses an die Ausgänge übertragen.
Mit J und K gleichzeitig auf High kippt das Flipflop bei jedem Taktimpuls (positive Flanke) von einem Zustand in den anderen, wodurch eine binäre Frequenzteilung möglich ist. Während der Takteingang High ist, haben Änderungen an den J- und K-Eingängen keinen Einfluss mehr auf den Zustand des Flipflops.
Infolge der kurzen Haltezeit von 5ns (d.h. 5ns nachdem der Taktimpuls die 1.5V-Schwelle überschritten hat) dürfen die JK-Signale bereits wechseln, ohne dass eine Fehlinformation zu befürchten ist.
Dies ist besonders bei langen Schieberegistern von Vorteil, wenn nicht sichergestellt werden kann, dass der Takt bei allen Flipflops zur selben Zeit eintrifft.
Der Voreinstell- ($\overline{Preset}$-) Eingang und der Lösch- ($\overline{Clear}$-) Eingang arbeiten asynchron, d.h. unabhängig von allen anderen Eingängen. Wird $\overline{Preset}$ auf Low gelegt, geht Q auf High. Wird $\overline{Clear}$ auf Low gelegt, geht Q auf Low. Ein ähnlicher Baustein, jedoch ohne Voreinstell-Eingänge ist der 74115 in einem 14-poligen Gehäuse.

Anwendung:
Register, Zähler, Steuerschaltungen.

Daten:	Std	
Min. garantierte Taktfrequenz	20	MHz
Durchlauf-Verzögerung	16	ns
Stromaufnahme	28	mA

74111	Zwei JK-Master-Slave-Flipflops mit Voreinstellung, Löschen und Eingangssperre

74112 — Zwei JK-Flipflops mit Voreinstellung und Löschen

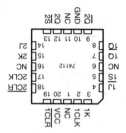

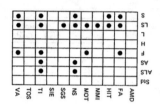

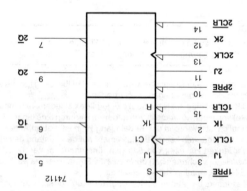

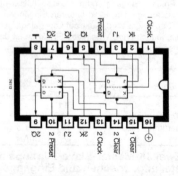

Fortsetzung:

Eingänge					Ausgänge	
Preset	Clear	Clock	J	K	Q	$\overline{Q}$
L	H	X	X	X	H	L
H	L	X	X	X	L	H
L	L	X	X	X	L*	L*
H	H	⇂	L	L	keine Änderung	
H	H	⇂	L	H	L	H
H	H	⇂	H	L	H	L
H	H	⇂	H	H	toggle	
H	H	L	X	X	keine Änderung	
H	H	H	X	X	keine Änderung	
H	H	⇃	X	X	keine Änderung	

*instabiler Zustand

Beschreibung:
Dieser Baustein enthält zwei getrennte JK-Flipflops mit Voreinstellung und Löschen. Die Triggerung erfolgt an der negativen Flanke des Taktes.

Betrieb:
Die Eingangsdaten eines Flipflops werden beim HL-Übergang (negative Flanke) des Taktimpulses an die Ausgänge übertragen.
Mit J und K gleichzeitig auf High kippt das Flipflop bei jedem Taktimpuls (negative Flanke) von einem Zustand in den anderen, wodurch eine binäre Frequenzteilung möglich ist. Während der Takteingang High ist, haben Änderungen an den J- und K-Eingängen keinen Einfluss auf den Zustand des Flipflops.
Der Voreinstell- ($\overline{Preset}$-) Eingang und der Lösch- ($\overline{Clear}$-) Eingang arbeiten asynchron, d.h. unabhängig von allen anderen Eingängen. Wird Preset auf Low gelegt, geht Q auf High. Wird Clear auf Low gelegt, 1 geht Q auf Low.
Dieser Baustein ist identisch mit dem 7476, der jedoch eine andere Pinbelegung besitzt.

Anwendung:
Register, Zähler, Steuerschaltungen.

Daten:	ALS	AS	F	LS	S	
Min. garantierte Taktfrequenz	30	175	130	30	80	MHz
Durchlauf-Verzögerung	10.5	3.5	4	15	4.5	ns
Stromaufnahme	1.2	19	12	4	30	mA

74112	Zwei JK-Flipflops mit Voreinstellung und Löschen

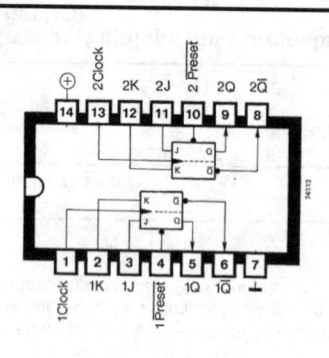

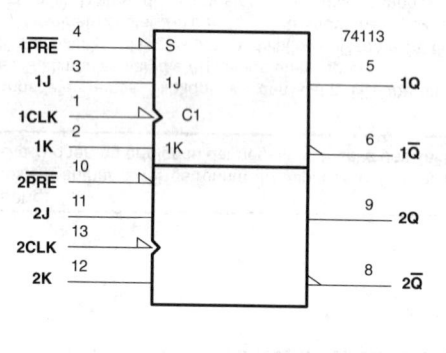

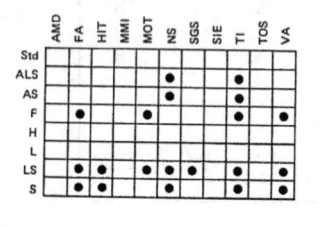

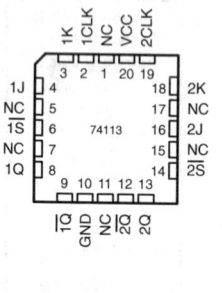

| 74113 | Zwei JK-Flipflops mit Voreinstellung |

Fortsetzung:

Preset	Eingänge Clock	J	K	Ausgänge Q	$\overline{Q}$
L	X	X	X	H	L
H	⊓_	L	L	keine Änderung	
H	⊓_	L	H	L	H
H	⊓_	H	L	H	L
H	⊓_	H	H	toggle	
H	H	X	X	keine Änderung	
H	L	X	X	keine Änderung	
H	_⊓	X	X	keine Änderung	

Beschreibung:
Dieser Baustein enthält zwei getrennte JK-Flipflops mit Voreinstellung. Die Triggerung erfolgt bei der negativen Flanke des Taktimpulses.

Betrieb:
Die Eingangsdaten eines Flipflop werden beim HL-Übergang (negative Flanke) des Taktimpulses an die Ausgänge übertragen.
Mit J und K gleichzeitig auf High kippt das Flipflop bei jeder negativen Flanke des Taktimpulses von einem Zustand in den anderen, wodurch eine binäre Frequenzteilung möglich ist.
Während der Takteingang High ist, können die Signale am J- und K-Eingang verändert werden und haben keinen Einfluss mehr auf den Zustand des Flipflops. Der Voreinstell- ($\overline{Preset}$-) Eingang arbeitet asynchron, d.h. unabhängig von allen anderen Eingängen. Wird $\overline{Preset}$ auf Low gelegt, geht Q auf High (und $\overline{Q}$ auf Low).

Anwendung:
Register, Zähler, Steuerschaltungen.

Daten:	ALS	AS	F	LS	S	
Min. garantierte Taktfrequenz	30	175	125	30	80	MHz
Durchlauf-Verzögerung	10.5	3.5	4	15	4.5	ns
Stromaufnahme	1.2	19	12	4	30	mA

74113	Zwei JK-Flipflops mit Voreinstellung

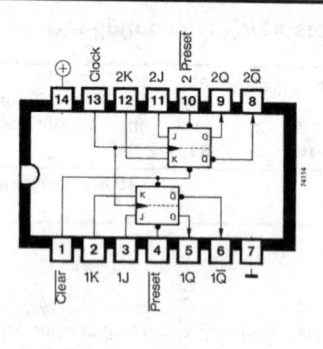

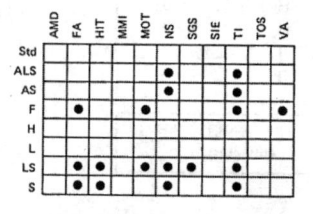

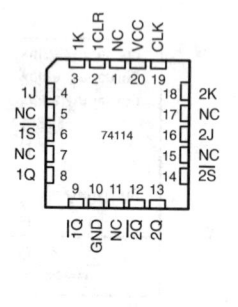

	AMD	FA	HIT	MMI	MOT	NS	SGS	SIE	TI	TOS	VA
Std											
ALS						●			●		
AS						●			●		
F		●			●				●		
H											
L											
LS	●	●		●	●	●	●		●		
S	●	●	●			●			●		

74114 Zwei JK-Flipflops mit Voreinstellung, gemeinsamem Löschen und gemeinsamem Takt

Fortsetzung:

Eingänge					Ausgänge	
$\overline{\text{Preset}}$	$\overline{\text{Clear}}$	Clock	J	K	Q	$\overline{\text{Q}}$
L	H	X	X	X	H	L
H	L	X	X	X	L	H
L	L	X	X	X	H*	H*
H	H	⌐L	L	L	keine Änderung	
H	H	⌐L	H	L	H	L
H	H	⌐L	L	H	L	H
H	H	⌐L	H	H	toggle	
H	H	L	X	X	keine Änderung	
H	H	H	X	X	keine Änderung	
H	H	⌐	X	X	keine Änderung	

*instabiler Zustand

Beschreibung:
Dieser Baustein enthält zwei JK-Flipflops mit Voreinstellung, gemeinsamem Takt und gemeinsamem Löschen. Die Triggerung erfolgt bei der negativen Flanke des Taktimpulses.

Betrieb:
Wenn der Takt auf High geht, werden die Eingänge freigegeben und die Daten werden angenommen. Während der Taktimpuls High ist, können die Logikpegel der J- und K-Eingänge geändert werden.
Die Eingangsdaten der beiden Flipflops werden beim HL-Übergang (negative Flanke) des Taktimpulses am gemeinsamen Takteingang (Pin 13) an die Ausgänge übertragen. Mit J und K gleichzeitig auf High kippt das Flipflop bei jeder negativen Flanke des Taktimpulses von einem Zustand in den anderen, wodurch eine binäre Frequenzteilung möglich ist (toggle).
Die Voreinstell- ($\overline{\text{Preset}}$-) Eingänge und der Lösch- ($\overline{\text{Clear}}$-) Eingang arbeiten asynchron, d.h. unabhängig von allen anderen Eingängen. Wird ein $\overline{\text{Preset}}$-Eingang auf Low gelegt, geht der Ausgang Q des zugehörigen Flipflops auf High. Wird $\overline{\text{Clear}}$ auf Low gelegt, gehen die Q-Ausgänge beider Flipflops auf Low.
Dieser Baustein ist mit dem 7478 identisch, besitzt jedoch eine ander Pinbelegung.

Anwendung:
Register, Zähler, Steuerschaltungen.

Daten:	ALS	AS	F	LS	S	
Min. garantierte Taktfrequenz	30	175	125	30	80	MHz
Durchlauf-Verzögerung	10.5	3.5	4	15	4.5	ns
Stromaufnahme	1.2	19	12	4	30	mA

74114	Zwei JK-Flipflops mit Voreinstellung, gemeinsamem Löschen und gemeinsamem Takt

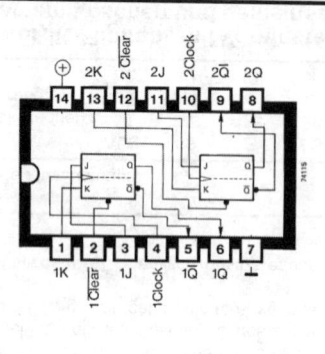

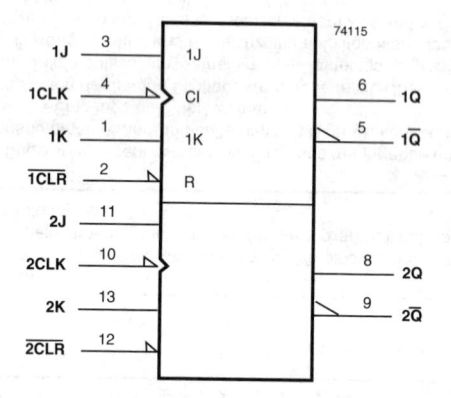

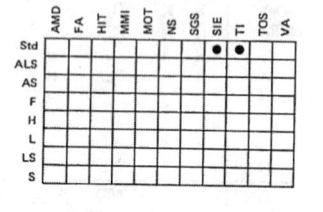

	AMD	FA	HIT	MMI	MOT	NS	SGS	SIE	TI	TOS	VA
Std								●	●		
ALS											
AS											
F											
H											
L											
LS											
S											

74115 | **Zwei JK-Master-Slave-Flipflops mit Löschen und Eingangssperre**

Fortsetzung:

Clear	Eingänge Clock	J	K	Ausgänge Q Q̄
L	X	X	X	L H
H	⎍	L	L	keine Änderung
H	⎍	L	H	L H
H	⎍	H	L	H L
H	⎍	H	H	toggle
H	L	X	X	keine Änderung
H	H	X	X	keine Änderung
H	⎌	X	X	keine Änderung

Beschreibung:
Dieser Baustein enthält zwei getrennte JK-Flipflops mit Löschen. Die Triggerung erfolgt an den positiven Flanken des Taktes.

Betrieb:
Die Eingangsdaten eines Flipflops werden beim LH-Übergang (positive Flanke) des Taktimpulses an die Ausgänge übertragen.
Mit J und K gleichzeitig auf High kippt das Flipflop bei jedem Taktimpuls (positive Flanke) von einem Zustand in den anderen, wodurch eine binäre Frequenzteilung möglich ist. Während der Takteingang High ist, haben Änderungen an den J- und K-Eingängen keinen Einfluss mehr auf den Zustand des Flipflops. Infolge der kurzen Haltezeit von 5ns (d.h. 5ns nachdem der Taktimpuls die 1.5V-Schwelle überschritten hat) dürfen die JK-Signale bereits wechseln, ohne dass eine Fehlinformation zu befürchten ist.
Dies ist besonders bei langen Schieberegistern von Vorteil, wenn nicht sichergestellt werden kann, dass der Takt bei allen Flipflops zur selben Zeit eintrifft.
Die Lösch- (Clear-) Eingänge arbeiten asynchron, d.h. unabhängig von allen anderen Eingängen. Wird Clear auf Low gelegt, geht der zugehörige Q-Ausgang auf Low.
Ein ähnlicher Baustein, jedoch mit zusätzlicher Voreinstell-Möglichkeit ist der 74111 in einem 16-poligen Gehäuse.

Anwendung:
Register, Zähler, Steuerschaltungen.

Daten: Std
Min. garantierte Taktfrequenz	20	MHz
Durchlauf-Verzögerung	16	ns
Stromaufnahme	28	mA

74115	Zwei JK-Master-Slave-Flipflops mit Löschen und Eingangssperre

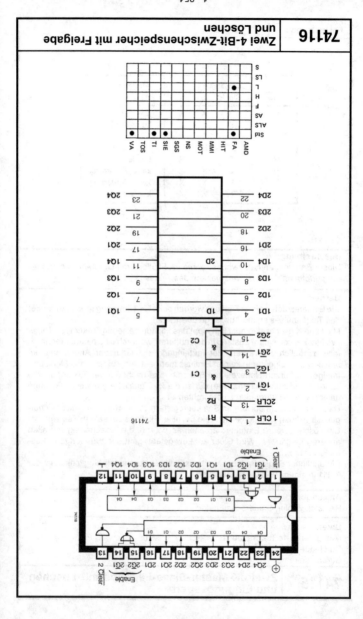

Fortsetzung:

Clear	Enable G1 G2	Daten D	Ausgang Q
H	L L	L	L
H	L L	H	H
H	⌐ L		Q_0
H	L ⌐		Q_0
H	H X	X	keine Änderung
H	X H	X	keine Änderung
L	X X	X	L

Q_0 = Pegel von Q unmittelbar vor einem LH-Übergang von G1 oder G2

Beschreibung:
Dieser Baustein enthält zwei getrennte 4 Bit-D-Zwischenspeicher mit Freigabe und Löschen.

Betrieb:
Jeder der beiden 4-Bit-Zwischenspeicher (Latches) besitzt einen asynchronen Lösch-(Clear-) Eingang und eine Freigabe-Möglichkeit mit 2 Eingängen. Wenn beide Freigabe- (Enable-) Eingänge Low sind, werden die Ausgänge (Q1 — Q4) den Pegeln an den Dateneingängen (D1 — D4) folgen. Wenn einer oder beide Freigabe-Eingänge High gemacht werden, verbleiben die Ausgänge auf den Pegeln, die sie vor dem LH-Übergang des Freigabe-Einganges (oder Freigabe-Eingänge) hatten. Nach diesem LH-Übergang sind die Dateneingänge gesperrt.
Der Lösch- (Clear-) Eingang arbeitet unabhängig von den übrigen Eingängen und bringt alle vier Ausgänge auf Low, wenn er an Masse gelegt wird. Dieser Baustein wird von Fairchild unter der Bezeichnung 9308 gefertigt.

Anwendung:
Zwischenspeicherung von Daten, Register.

Daten:	Std	
Durchlauf-Verzögerung	11	ns
Stromaufnahme	50	mA

74116	Zwei 4-Bit-Zwischenspeicher mit Freigabe und Löschen

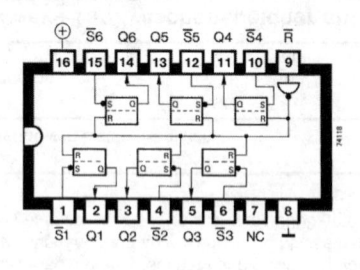

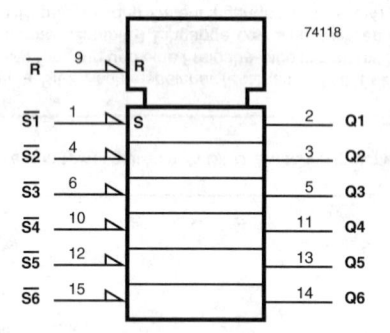

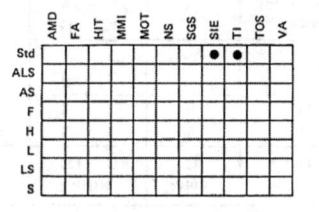

	AMD	FA	HIT	MMI	MOT	NS	SGS	SIE	TI	TOS	VA
Std								●	●		
ALS											
AS											
F											
H											
L											
LS											
S											

74118	Sechs $\overline{R}$-$\overline{S}$-Zwischenspeicher mit gemeinsamer Rückstellung

Fortsetzung:

Eingänge		Ausgang
$\overline{S}$	$\overline{R}$	Q
L	X	H
H	L	L
L	L	H*
H	H	Q_o (Speichern)

*= instabil

Beschreibung:
Dieser Baustein enthält sechs $\overline{R}$-$\overline{S}$-Zwischenspeicher (Latches) mit gemeinsamer Rückstellung.

Betrieb:
Die Setz- ($\overline{S}$-) und Rückstell- ($\overline{R}$-) Eingänge dieses nicht getakteten Bausteins sind invertiert. Legt man einen der $\overline{S}$-Eingänge kurzzeitig auf Low (R beliebig), so geht der zugehörige Q-Ausgang auf High.
Bringt man den Rückstell-Eingang $\overline{R}$ auf Low, gehen alle Q-Ausgänge ebenfalls auf Low. Wenn sowohl $\overline{S}$ als auch $\overline{R}$ eines Flipflops gleichzeitig Low ist, geht der zugehörige Ausgang auf High. Dies ist jedoch ein nicht stabiler Zustand, d.h., er bleibt nicht erhalten, wenn $\overline{S}$ und/oder R wieder inaktiv (High) werden.
Sind $\overline{S}$ und $\overline{R}$ gleichzeitig High, so verbleibt der zugehörige Q-Ausgang auf jenem Pegel, den er vor Erreichen dieses Zustandes hatte, d.h. dieser Zustand wird gespeichert.

Anwendung:
Abfragen und Speichern von Daten oder Zwischenergebnissen in Systemen.

Daten:	Std	
Durchlauf-Verzögerung	18	ns
Stromaufnahme	30	mA

74118	Sechs $\overline{R}$-$\overline{S}$-Zwischenspeicher mit gemeinsamer Rückstellung

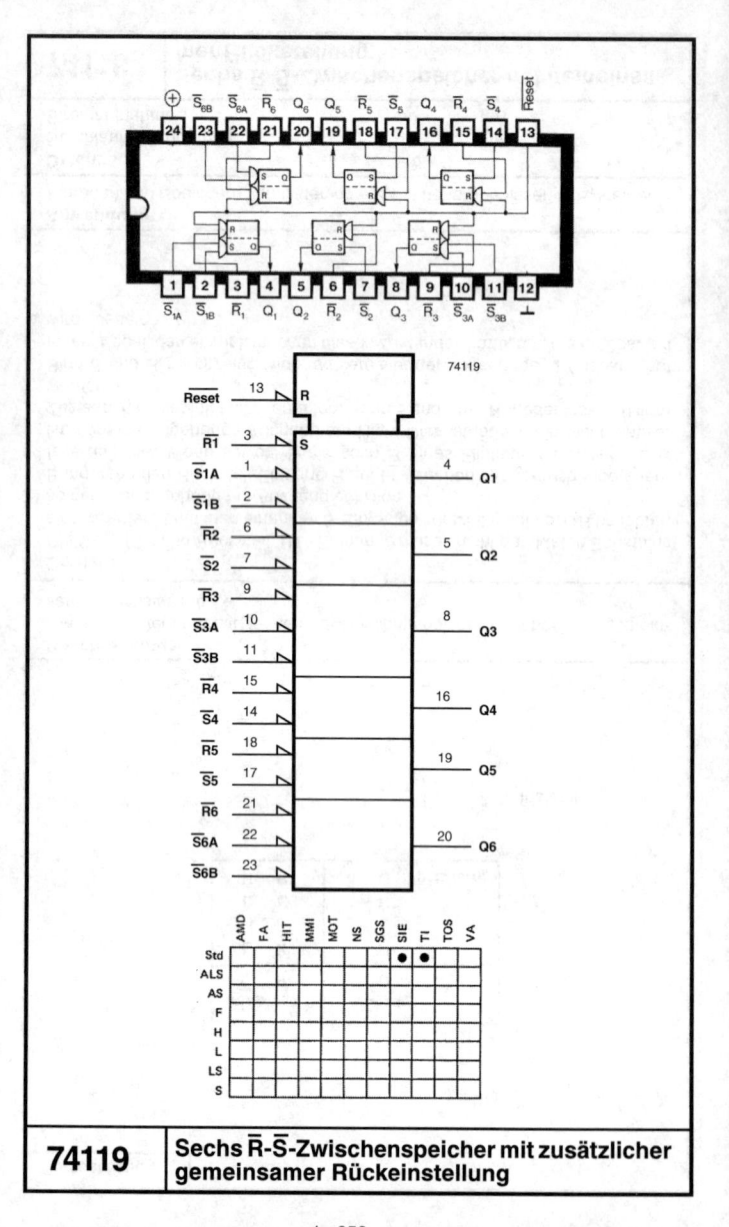

	AMD	FA	HIT	MMI	MOT	NS	SGS	SIE	TI	TOS	VA
Std								●	●		
ALS											
AS											
F											
H											
L											
LS											
S											

74119	Sechs $\overline{R}$-$\overline{S}$-Zwischenspeicher mit zusätzlicher gemeinsamer Rückeinstellung

Fortsetzung:

Eingänge			Ausgang
$\overline{S}$	$\overline{R}$	$\overline{Reset}$	Q
L	H	H	H
H	L	X	L
H	X	L	L
L	L	X	H*
L	X	L	H*
H	H	H	Q_o (Speichern)

*= instabil

Beschreibung:
Dieser Baustein enthält sechs $\overline{R}$-$\overline{S}$-Zwischenspeicher (Latches), von denen drei je 2 S-Eingänge besitzen. Alle Zwischenspeicher besitzen einen zusätzlichen gemeinsamen Rückstell-Eingang.

Betrieb:
Die Setz- ($\overline{S}$-) und Rückstell- ($\overline{R}$-) Eingänge dieses nicht-getakteten Bausteins sind invertiert. Legt man daher einen der $\overline{S}$-Eingänge kurzzeitig auf Low (während $\overline{R}$, oder der gemeinsame $\overline{Reset}$, High bleibt), geht der zugehörige Q-Ausgang auf High. Für die drei Zwischenspeicher mit zwei $\overline{S}$-Eingängen gilt:

Beide $\overline{S}$-Eingänge sind High = H
Einer oder beide $\overline{S}$-Eingänge sind Low = L.

Bringt man einen Rückstell-Eingang $\overline{R}$ auf Low, geht der zugehörige Q-Ausgang auf Low. Legt man die gemeinsame Rückstell-Leitung ($\overline{Reset}$) auf Low, gehen sämtliche Q-Ausgänge auf Low.
Wenn sowohl $\overline{S}$ als auch $\overline{R}$ eines Flipflops gleichzeitig Low ist, geht der zugehörige Ausgang auf High. Dieser Zustand ist jedoch nicht stabil, d.h. er bleibt nicht erhalten, wenn $\overline{S}$ und/oder $\overline{R}$ wieder inaktiv (High) werden. Sind $\overline{S}$ und $\overline{R}$ gleichzeitig High, so verbleibt der zugehörige Q-Ausgang auf jenem Pegel, den er vor Erreichen dieses Zustandes hatte, d.h. dieser Zustand wird gespeichert.

Anwendung:
Abfragen und Speichern von Daten oder Zwischenergebnissen in Systemen.

Daten:	Std	
Durchlauf-Verzögerung	18	ns
Stromaufnahme	30	mA

74119	Sechs $\overline{R}$-$\overline{S}$-Zwischenspeicher mit zusätzlicher gemeinsamer Rückeinstellung

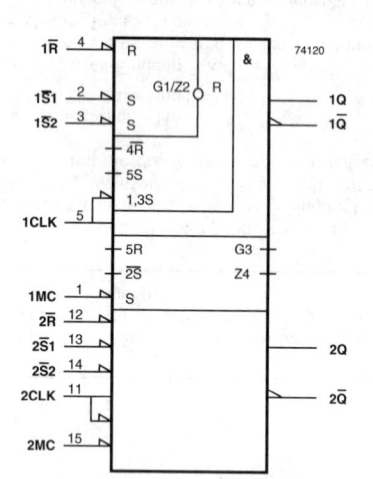

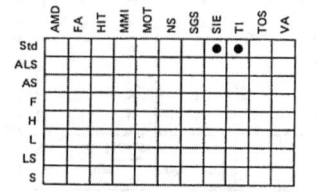

74120 Zwei Pulssynchronisierer/Treiber

Fortsetzung:

Eingänge			Funktion
R	S1	S2	
X	L	X	Ausgangsimpulse können passieren
X	X	L	Ausgangsimpulse können passieren
L	H	H	Ausgangsimpulse gesperrt
H	⊥	H	Start der Ausgangsimpulse
H	H	⊥	Start der Ausgangsimpulse
⊥	H	H	Stop der Ausgangsimpulse
H	H	H	Fortsetzung*

* = Die mit der letzten negativen Flanke ausgeführte Operation wird weiter ausgeführt.

Beschreibung:
Dieser Baustein enthält zwei getrennte Impuls-Synchronisierer.

Betrieb:
Dieser Baustein nimmt manuelle oder asynchrone Signale an den Eingängen $\overline{S1}$ und $\overline{S2}$ auf und synchronisiert diese mit einem Systemtakt, der am Eingang C liegt. Die Taktimpulse erscheinen am Ausgang Q und invertiert an $\overline{Q}$.

Mit dem Eingang M (Mode) wird zunächst festgelegt, ob ein einzelner Ausgangsimpuls (M = High) oder eine Impulsfolge (M = Low) am Ausgang auftreten soll. Legt man z.B. $\overline{R}$ auf Low, so lassen sich mit einem $\overline{S}$-Eingang (aktiv Low) die Ausgangsimpulse starten, passieren und stoppen, wobei der jeweils andere $\overline{S}$-Eingang auf High liegen muss.

Legt man $\overline{R}$ auf High (M auf Low) kann man mit der negativen Flanke von $\overline{S1}$ oder $\overline{S2}$ die Ausgangs-Impulsfolge starten und diese mit der negativen Flanke eines Impulses an $\overline{R}$ wieder stoppen. Die Ausgangs-Impulsfolge kann man auch stoppen, indem man M wieder auf High legt.

Unabhängig vom Zeitpunkt des Stopsignals erscheinen an den Ausgängen immer vollständige Impulse.

Anwendung:
Synchronisation von manuellen oder asynchronen Signalen mit einem Systemtakt.

Daten:	Std	
Durchlauf-Verzögerung	16	ns
Stromaufnahme	51	mA

74120	Zwei Pulssynchronisierer/Treiber

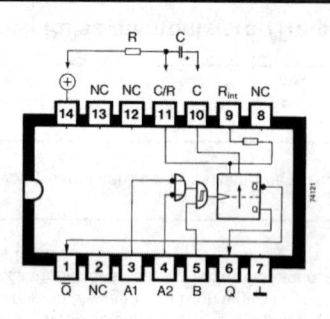

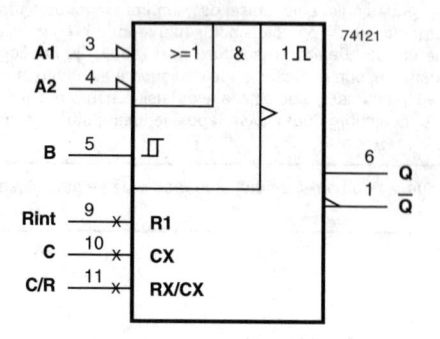

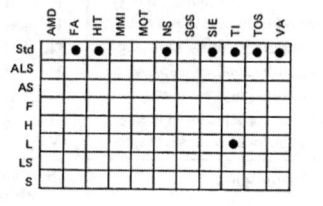

	AMD	FA	HIT	MMI	MOT	NS	SGS	SIE	TI	TOS	VA
Std		●	●			●		●	●	●	●
ALS											
AS											
F											
H											
L									●		
LS											
S											

74121	Monoflop mit Schmitt-Triggereingang

Fortsetzung:

Eingänge			Ausgänge	
A1	A2	B	Q	Q̄
L	X	L	L	H
X	L	H	L	H
X	X	L	L	H
H	H	X	L	H
H	⊐_	H	⊓_	⊔‾
⊐_	H	H	⊓_	⊔‾
⊐_	⊐_	H	⊓_	⊔‾
L	X	_⊐	⊓_	⊔‾
X	L	_⊐	⊓_	⊔‾

Beschreibung:
Dieser Baustein enthält einen nicht retriggerbaren Monovibrator mit komplementären Ausgängen.

Betrieb:
Die Dauer des abgegebenen Impulses hängt von der Zeitkonstanten R.C ab. (t = 0.7RC). R kann hierbei von 2 bis 40kΩ und C von 10pF bis 1000pF reichen. Bei geringeren Genauigkeitsforderungen kann ohne externe Zeitkomponenten gearbeitet werden. Dabei wird nur der interne Widerstand von 2kΩ verwendet (Pin 9 und 10 miteinander verbunden, 10 und 11 offen), wobei sich ein Ausgangsimpuls von ca. 30ns ergibt. Die Impulsdauer ist weitgehend unabhängig von Betriebsspannung und Temperatur, und wird im wesentlichen von der Güte der Zeitkomponenten bestimmt. An den Eingängen A1 und A2 wird der Monovibrator mit der negativen Flanke des Eingangssignales getriggert. Der jeweils andere A-Eingang und der B-Eingang liegen hierbei auf Masse.

Der Eingang B besitzt eine Schmitt-Trigger-Funktion für langsame Eingangsflanken bis 1V/s und triggert den Monovibrator beim LH-Übergang (positive Flanke), wobei A1 oder A2 auf Masse liegen muss. Die Schaltung ist nicht retriggerbar. Für ein neuerliches Triggern muss die sogenannte "Erholzeit" abgewartet werden, die etwa 75% der Impulsdauer beträgt.

Anwendung:
Impuls-Verzögerung und Zeitgeber, Impuls-Formung.

Daten:	Std	
Typ. Impulsverzögerung von A oder B	45	ns
Stromaufnahme	18	mA

74121 — Monoflop mit Schmitt-Triggereingang

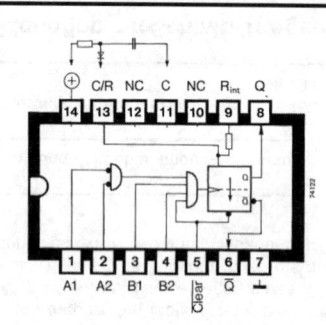

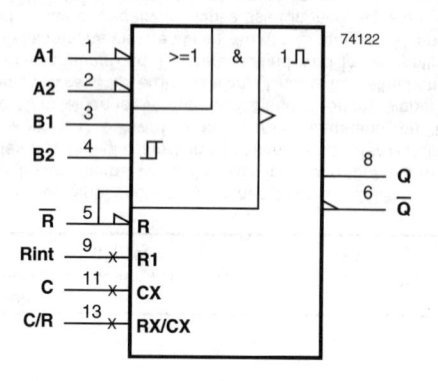

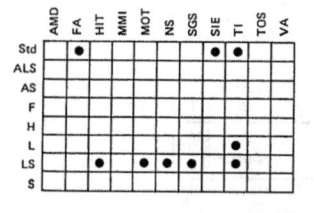

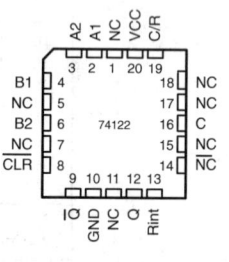

| 74122 | Retriggerbarer Monoflop mit Löschen |

Fortsetzung:

Eingänge					Ausgänge	
$\overline{\text{Clear}}$	A1	A2	B1	B2	Q	$\overline{Q}$
L	X	X	X	X	L	H
X	H	H	X	X	L	H
X	X	X	L	X	L	H
X	X	X	X	L	L	H
X	L	X	H	H	L	H
H	L	X	⌐	H	⊓	⊔
H	L	X	H	⌐	⊓	⊔
H	X	L	H	H	L	H
H	X	L	⌐	H	⊓	⊔
H	X	L	H	⌐	⊓	⊔
H	H	⊥	H	H	⊓	⊔
H	⊥	⊥	H	H	⊓	⊔
H	⊥	H	H	H	⊓	⊔
⌐	L	X	X	X	⊓	⊔
⌐	X	L	H	H	⊓	⊔

Beschreibung:
Dieser Baustein enthält einen retriggerbaren Monovibrator mit komplementären Ausgängen und Lösch-Eingang.

Betrieb:
Die Dauer des abgegebenen Impulses hängt von der Zeitkonstante R.C ab: t = 0.32C(R + 700Ω). R kann hierbei 5 bis 25kΩ und C 10pF aufwärts betragen. Wenn der externe Kondensator ein Elektrolyt-Kondensator ist, oder wenn die Lösch-Funktion bei C > 1 nF benützt wird, sollte die gestrichelt gezeichnete Diode verwendet werden. Dann ist t = 0.28C (R + 7000). Mit dem internen Widerstand (10 kΩ) kann der Baustein allein mit einem externen Kondensator verwendet werden.

An den Eingängen A1 und A2 wird der Monovibrator mit der negativen Flanke des Eingangssignals getriggert. Der jeweils andere A-Eingang und die B-Eingänge liegen hierbei auf High.

Die B-Eingänge triggern beim LH-Übergang (positive Flanke) des Eingangssignals, wobei der jeweils andere B-Eingang auf High und wenigstens ein A-Eingang auf Low liegen muss. Der Baustein kann in bereits getriggertem Zustand jederzeit erneut getriggert werden, so dass die Dauer des Ausgangsimpulses vom letzten Triggerimpuls bestimmt wird.

Der Lösch- ($\overline{\text{Clear}}$-) Eingang liegt normalerweise auf High. Wird er auf Low gelegt, so sperrt er die Triggerung und bringt die Schaltung in einen Zustand mit Q = Low und $\overline{Q}$ = High.

Anwendung:
Impuls-Verzögerung und Zeitgeber, Impuls-Formung.

Daten:

	Std	LS	
Min. Dauer des Ausgangsimpulses	45	200	ns
Durchlauf-Verzögerung (von A oder B)	26	26	ns
Stromaufnahme	23	6	mA

74122 — Retriggerbarer Monoflop mit Löschen

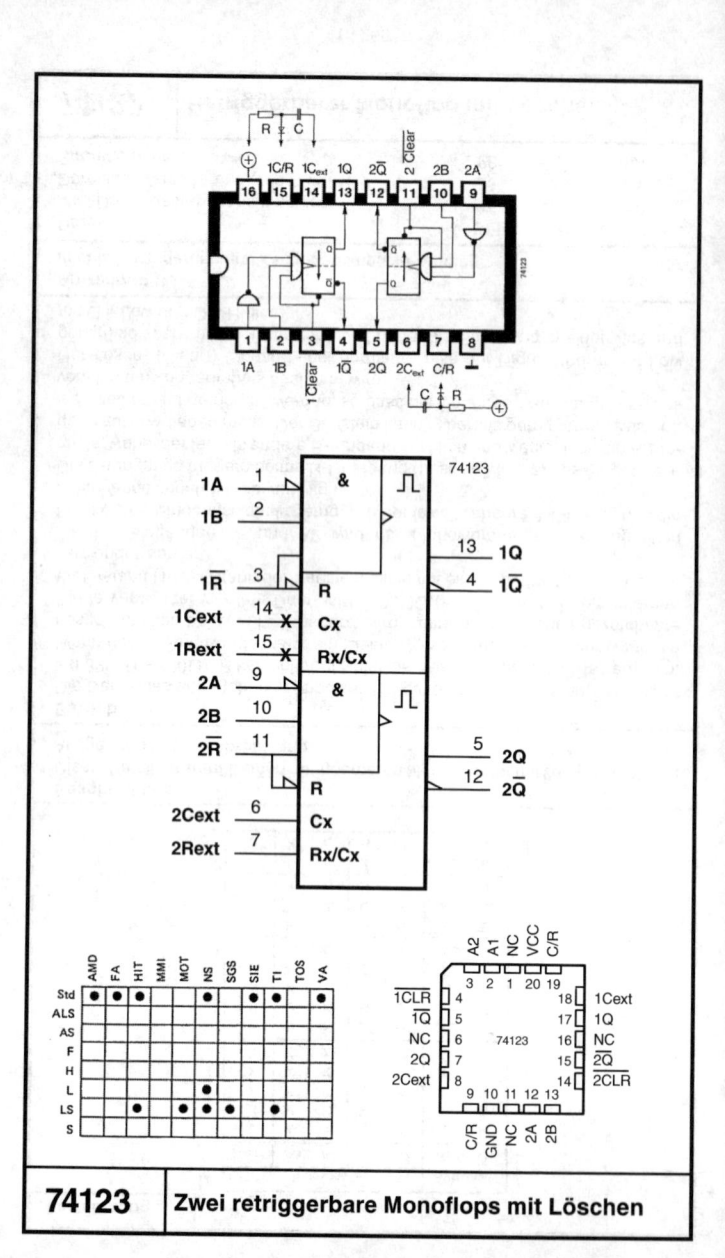

74123   Zwei retriggerbare Monoflops mit Löschen

Fortsetzung:

Eingänge			Ausgänge	
$\overline{\text{Clear}}$	A	B	Q	$\overline{Q}$
L	X	X	L	H
X	H	X	L	H
X	X	L	L	H
H	L	⌐	⊓	⊔
H	⌐	H	⊓	⊔
⌐	L	H	⊓	⊔

Beschreibung:
Dieser Baustein enthält zwei retriggerbare Monovibratoren mit komplementären Ausgängen und Lösch-Eingängen.

Betrieb:
Die Dauer des abgegebenen Impulses hängt von der Zeitkonstante RxC ab:
$t = 0.32\,C\,(R + 700\Omega)$. R kann hierbei 5 bis 25 kΩ und C 10pF aufwärts betragen. Wenn der externe Kondensator ein Elektrolyt-Kondensator ist, oder wenn die Löschfunktion bei C>1nF benützt wird, sollte die gestrichelt gezeichnete Diode verwendet werden. Dann ist $t = 0.28\,C\,(R+700\Omega)$.
Am Eingang A wird der Monovibrator mit der negativen Flanke des Eingangssignals getriggert. Der B-Eingang muss hierbei auf High liegen.
An Eingang B kann mit der positiven Flanke (LH-Übergang) des Eingangssignals getriggert werden. Der A-Eingang muss hierbei auf Low liegen.
Der Baustein kann in bereits getriggertem Zustand jederzeit erneut getriggert werden.
Der Lösch- ($\overline{\text{Clear}}$-) Eingang liegt normalerweise auf High. Wird er auf Low gelegt so sperrt er die Triggerung und bringt die Schaltung in einen Zustand mit Q = Low und $\overline{Q}$ = High.
Man kann den Baustein außerdem über den Clear-Eingang mit einer positiven Flanke triggern.

Anwendung:
Impuls-Verzögerung und Zeitgeber, Impuls-Formung.

Daten:	Std	LS	
Min. Dauer des Ausgangsimpulses	45	200	ns
Durchlauf-Verzögerung (von A oder B)	26	26	ns
Stromaufnahme	46	12	mA

74123	Zwei retriggerbare Monoflops mit Löschen

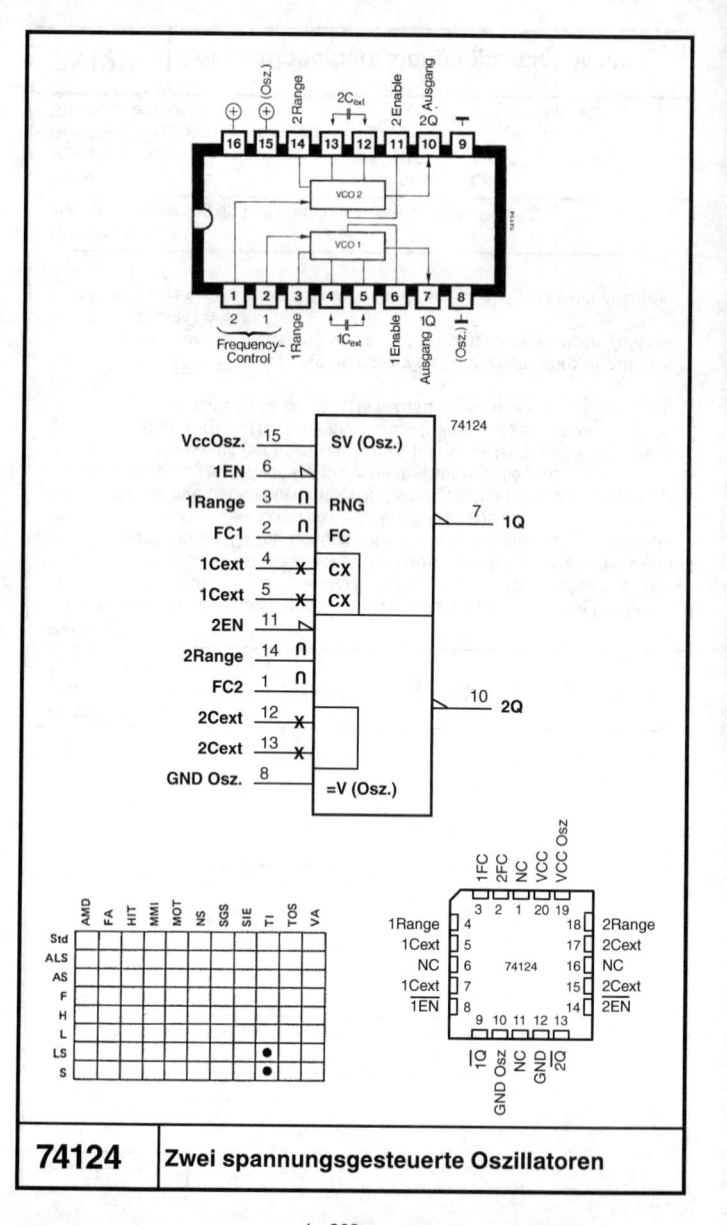

	AMD	FA	HIT	MMI	MOT	NS	SGS	SIE	TI	TOS	VA
Std											
ALS											
AS											
F											
H											
L											
LS								●			
S								●			

| 74124 | Zwei spannungsgesteuerte Oszillatoren |

Fortsetzung :

Keine Wahrheitstabelle vorhanden

Beschreibung:
Dieser Baustein enthält zwei getrennte spannungsgesteuerte Oszillatoren (VCO = Voltage Controlled Oscillator).

Betrieb:
Die Ausgangs-Frequenz jedes VCOs wird durch ein einziges Bauelement, entweder ein Kondensator oder ein Quarz und durch zwei spannungsgesteuerte Eingänge, einen für den Frequenzbereich und den anderen für die Frequenz-Einstellung bestimmt. Der Arbeitsbereich der VCOs ist äußerst hoch und reicht von 0.12 Hz bis 85MHz.
Die Ausgangsfrequenz wird angenähert bestimmt durch:

Für LS-Bausteine $f = (1 \times 10^{-4})/C_{ext}$
für S-Bausteine $f = (5 \times 10^{-4})/C_{ext}$

Hierbei ist f in Hertz und C in Farad einzusetzen.
Mit einem Kondensator von z.B. 50 pF, einer Spannung an Pin 3 (Range = Bereich) von 0V lässt sich mit einer Frequenz-Steuerspannung an Pin 2 (Frequency Control) von 0 bis 4.5V die Ausgangsfrequenz von ca. 4MHz bis 30MHz variieren. Bei einer Spannung von 5V an Pin 3 beträgt der Variationsbereich nur ca. 2MHz bis 8MHz.
Der Oszillator kann mit dem Freigabe- (Enable-) Eingang auf Low gestartet und mit High gestoppt werden. Durch eine interne Synchronisation wird gesorgt, dass der erste Ausgangs-Impuls immer dieselbe Länge besitzt. Das Tastverhältnis der rechteckförmigen Ausgangsspannung beträgt etwa 1:1.
Um den Oszillator und die Steuerschaltung zu entkoppeln sind getrennte Anschlüsse für die Betriebsspannungen und Masse vorgesehen (Pin 15 und Pin 8 für den Oszillator, Pin 16 und Pin 9 für die übrige Schaltung).
Eine verbesserte Version ist der 74LS629.

Anwendung:
Oszillatoren, PLL-Schaltungen.

Daten:	LS	S	
Min. garantierte Oszillator-Frequenz	1 Hz-35 MHz	1 Hz-60 MHz	
Stromaufnahme	22	105	mA

74124	**Zwei spannungsgesteuerte Oszillatoren**

74125 | Vier Bus-Leitungstreiber (TS)

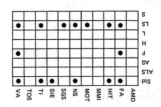

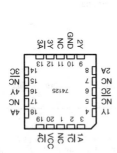

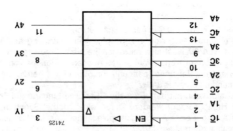

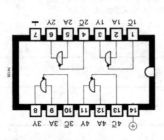

Fortsetzung :

Eingänge		Ausgang
$\overline{C}$	A	Y
L	H	H
L	L	L
H	X	Z

Beschreibung:
Dieser Baustein enthält vier getrennte nicht-invertierende Bus-Leitungstreiber mit Tristate-Ausgängen.

Betrieb:
Dieser Baustein dient als Leitungstreiber bei normalen TTL-Pegeln. Mit Hilfe der zusätzlichen Steuer- ($\overline{Control}$-)Eingängen lassen sich die Ausgänge hochohmig machen, wenn man den entsprechenden C-Eingang an +5V legt. Diese Eingänge werden auch manchmal als Freigabe- (Enable-) Eingänge (mit aktiv Low) bezeichnet.
Durch den hochohmigen Ausgang lassen sich auch Wired-UND-Verbindungen mit kurzen Schaltzeiten herstellen.
Diese Bausteine ermöglichen es, auf einfache Weise den normalen Totem-Pole-Ausgang eines ICs mit einem Tristate-Ausgang zu versehen, indem man einen derartigen Treiber an den Ausgang des entsprechenden ICs hängt.
Ein pinkompatibler Baustein mit Steuereingängen C = Low für hochohmige Ausgänge ist der 74126.

Anwendung:
Treiber für Busleitungen.

Daten:	Std	F	LS	
Durchlauf-Verzögerung	10	5	10	ns
Stromaufnahme	32	23	11	mA

74125	**Vier Bus-Leitungstreiber (TS)**

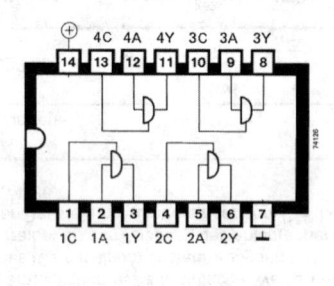

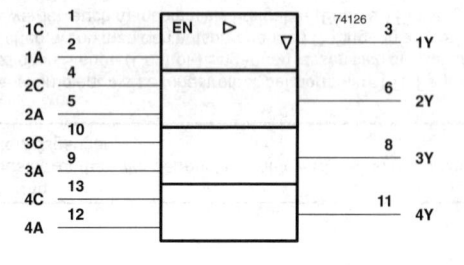

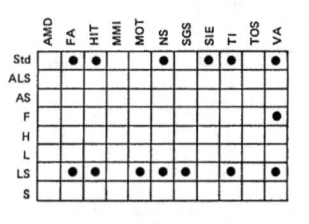

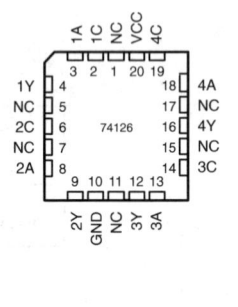

	AMD	FA	HIT	MMI	MOT	NS	SGS	SIE	TI	TOS	VA
Std		●	●			●			●		
ALS											
AS											
F											●
H											
L											
LS	●	●			●	●	●		●		●
S											

74126 Vier Bus-Leitungstreiber (TS)

Fortsetzung:

Eingänge		Ausgang
C	A	Y
H	H	H
H	L	L
L	X	Z

Beschreibung:
Dieser Baustein enthält vier getrennte nicht-invertierende Bus-Leitungstreiber mit Tristate-Ausgängen.

Betrieb:
Dieser Baustein dient als Leitungstreiber bei normalen TTL-Pegeln. Mit Hilfe der zusätzlichen Steuer- (Control-) Eingänge lassen sich die Ausgänge hochohmig machen, wenn man den entsprechenden C-Eingang an Masse legt. Diese Eingänge werden auch manchmal als Freigabe- (Enable-) Eingänge (mit aktiv High) bezeichnet.
Durch den hochohmigen Ausgang lassen sich auch Wired-UND-Verbindungen mit kurzen Schaltzeiten herstellen.
Diese Bausteine ermöglichen es, auf einfache Weise den normalen Totem-Pole-Ausgang eines ICs mit einem Tristate-Ausgang zu versehen, indem man einen derartigen Treiber an den Ausgang des entsprechenden ICs hängt.
Ein pinkompatibler Baustein mit Steuereingängen C = High für hochohmige Ausgänge ist der 74125.

Anwendung:
Treiber für Busleitungen.

Daten:	Std	F	LS	
Durchlauf-Verzögerung	10	5	10	ns
Stromaufnahme	36	26	12	mA

74126	Vier Bus-Leitungstreiber (TS)

74128 Vier 50-Ω-NOR-Leitungstreiber mit je 2 Eingängen

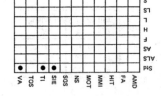

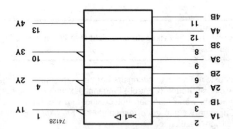

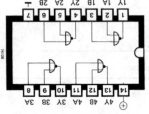

Fortsetzung:

Eingänge		Ausgang
A	B	Y
H	X	L
X	H	L
L	L	H

Beschreibung:
Dieser Baustein enthält vier getrennte 50-Ω-NOR-Leitungstreiber mit je 2 Eingängen.

Betrieb:
Alle vier NOR-Gatter können unabhängig voneinander verwendet werden. Bei jedem Gatter wird der Ausgang auf Low sein, wenn einer oder beide Eingänge High sind. Sind beide Eingänge Low, so ist der Ausgang High.
Gegenüber dem 7428 besitzt dieser Baustein einen höheren Ausgangs-Lastfaktor und eignet sich besonders für die Ansteuerung von 50Ω-Leitungen.
Der Baustein ist pinkompatibel mit den 7402 und 7428.

Anwendung:
Leitungstreiber mit NOR-Verknüpfung.

Daten:	Std	
Max. Ausgangsstrom bei Low	48	mA
Durchlauf-Verzögerung	7	ns

74128	**Vier 50-Ω-NOR-Leitungstreiber mit je 2 Eingängen**

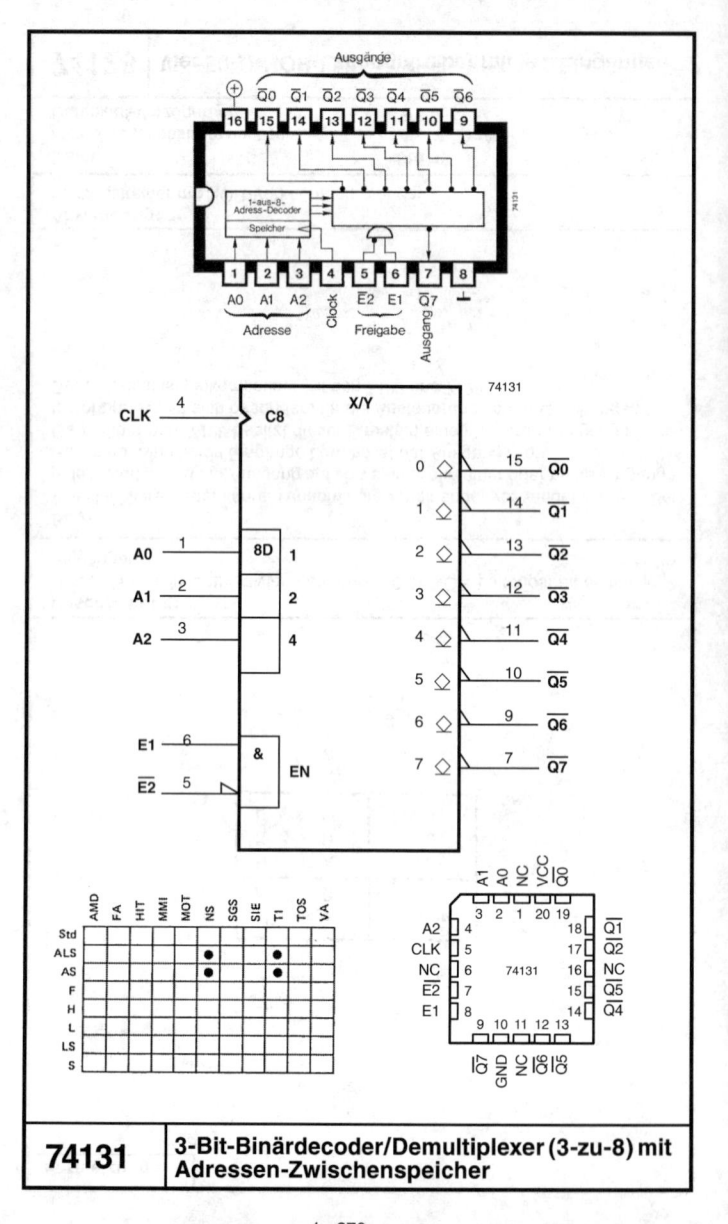

	AMD	FA	HIT	MMI	MOT	NS	SGS	SIE	TI	TOS	VA
Std											
ALS						●			●		
AS						●			●		
F											
H											
L											
LS											
S											

74131 3-Bit-Binärdecoder/Demultiplexer (3-zu-8) mit Adressen-Zwischenspeicher

Fortsetzung :

Eingänge						Ausgänge							
Clock	E1	$\overline{E2}$	A2	A1	A0	$\overline{Q}_0$	$\overline{Q}_1$	$\overline{Q}_2$	$\overline{Q}_3$	$\overline{Q}_4$	$\overline{Q}_5$	$\overline{Q}_6$	$\overline{Q}_7$
X	X	H	X	X	X	H	H	H	H	H	H	H	H
X	L	X	X	X	X	H	H	H	H	H	H	H	H
⌐	H	L	L	L	L	L	H	H	H	H	H	H	H
⌐	H	L	L	L	H	H	L	H	H	H	H	H	H
⌐	H	L	L	H	L	H	H	L	H	H	H	H	H
⌐	H	L	L	H	H	H	H	H	L	H	H	H	H
⌐	H	L	H	L	L	H	H	H	H	L	H	H	H
⌐	H	L	H	L	H	H	H	H	H	H	L	H	H
⌐	H	L	H	H	L	H	H	H	H	H	H	L	H
⌐	H	L	H	H	H	H	H	H	H	H	H	H	L
L	H	L	X	X	X	Ausgänge sind entsprechend der gespeicherten Adresse L, alle übrigen H							

Beschreibung:
Dieser Baustein enthält einen schnellen 3-zu-8-Decoder/Demultiplexer mit Adressen-Zwischenspeicher.

Betrieb:
Dieser Baustein arbeitet ähnlich wie der 74137.
Wenn der Takteingang (Clock) von Low auf High geht, so werden die an den Adressen-Eingängen (A0, A1 und A2) binär gewichteten Daten in den Adressenspeicher übernommen.
Der dem gespeicherten Adressencode entsprechende Ausgang $\overline{Q}$ geht auf Low, während die übrigen Ausgänge High bleiben.
Die Freigabe-Eingänge E1 und $\overline{E2}$ steuern den Zustand der Ausgänge unabhängig vom Inhalt des Adressen-Zwischenspeichers. Alle Ausgänge sind High, wenn E1 Low oder $\overline{E2}$ High ist.

Anwendung:
Digitales Demultiplexen, Adressen-Decodierung in bus-orientierten Systemen, Steuerung-Decodierung

Daten:	ALS	AS	
Max. Taktfrequenz	50	140	MHz
Stromaufnahme	6	16	mA

74131	3-Bit-Binärdecoder/Demultiplexer (3-zu-8) mit Adressen-Zwischenspeicher

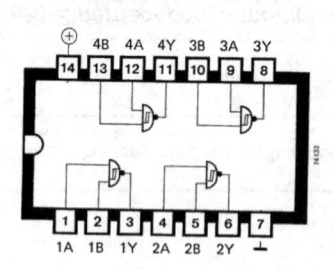

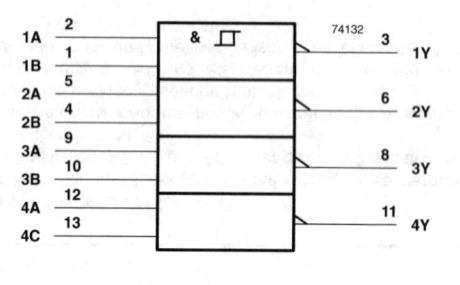

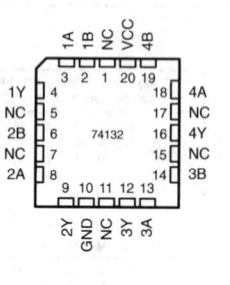

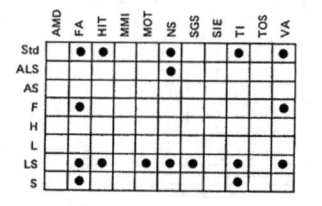

	AMD	FA	HIT	MMI	MOT	NS	SGS	SIE	TI	TOS	VA
Std		●				●			●		●
ALS						●					
AS											
F		●									●
H											
L											
LS	●	●		●	●	●			●		●
S		●							●		

74132 | **Vier NAND-Schmitt-Trigger mit je 2 Eingängen**

Fortsetzung:

Eingänge		Ausgang
A	B	Y
L	X	H
X	L	H
H	H	L

Beschreibung:
Dieser Baustein enthält vier NAND-Gatter mit je 2 Eingängen und Schmitt-Trigger-Funktion.

Betrieb:
Alle vier NAND-Gatter können unabhängig voneinander verwendet werden. Bei jedem Gatter wird mit einem oder beiden Eingängen auf Low der Ausgang High sein. Sind beide Eingänge High, wird der Ausgang Low sein.
Wenn auch dieser Baustein als gewöhnliches NAND-Gatter verwendet werden kann, so macht doch eine interne Hysteresis an den Eingängen den Baustein ideal für verrauschte oder sich langsam ändernde Eingangs-Pegel.
Bei einer in positive Richtung ansteigenden Eingangsspannung wird sich der Ausgang bei ca. 1.7V ändern. In negative Richtung erfolgt die Änderung der Ausgangsspannung dagegen bei einer Eingangsspannung von ca. 0.9V. Daher beträgt die Hysterese, oder das "Tot-Band" 0.8V. Infolgedessen können die Bausteine durch sehr flache Eingangsflanken und durch Gleichspannung getriggert werden, wobei sie ein sauberes Ausgangssignal abgeben.
Die Hysterese ist intern temperatur-kompensiert. Die Anschlussbelegung entspricht dem 7400.

Anwendung:
NAND-Gatter bei verrauschten oder sich langsam ändernden Eingangspegeln, Impulsformer, astabile und monostabile Multivibratoren, Schwellwert-Detektor.

Daten:	Std	ALS	AS	LS	S	
Durchlauf-Verzögerung	15	8	6.3	15	7.5	ns
Stromaufnähme	20	8	13	7	36	mA

74132	Vier NAND-Schmitt-Trigger mit je 2 Eingängen

| 74133 | NAND-Gatter mit 13 Eingängen |

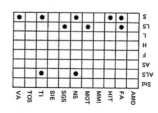

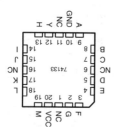

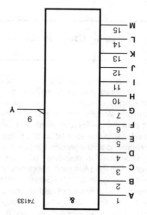

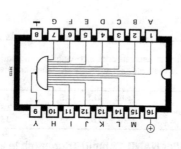

Fortsetzung:

Eingänge	Ausgang
Ein oder mehrere Eingänge L	H
Alle Eingänge H	L

Beschreibung:
Dieser Baustein enthält ein einziges NAND-Gatter mit 13 Eingängen.

Betrieb:
Wenn ein oder mehrere Eingänge Low sind, wird der Ausgang High sein. Wenn alle 13 Eingänge High sind, wird der Ausgang Low sein. Ein ähnlicher Baustein mit 12 Eingängen und einem Tristate-Ausgang ist der 74134.

Anwendung:
Realisierung von NAND-Funktionen.

Daten:	ALS	LS	S	
Durchlauf-Verzögerung	7	25	4	ns
Stromaufnahme	0.4	1	4.4	mA

74133	**NAND-Gatter mit 13 Eingängen**

74134 | NAND-Gatter mit 12 Eingängen

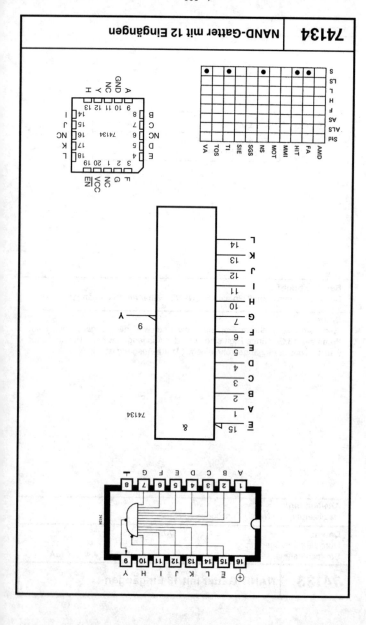

Fortsetzung:

Eingänge A–L	$\overline{E}$	Ausgang
Ein oder mehrere Eingänge L	L	H
Alle Eingänge H	L	L
Eingänge A–L beliebig	H	Z

Beschreibung:
Dieser Baustein enthält ein einzelnes NAND-Gatter mit 12 Eingängen und Tristate-Ausgang.

Betrieb:
Wenn ein oder mehrere Eingänge Low sind, wird der Ausgang High sein.
Wenn alle 12 Eingänge High sind, wird der Ausgang Low sein.
Dies gilt jedoch nur, wenn Pin 15 ($\overline{E}$) auf Low liegt. Liegt dieser Pin auf High, geht der Ausgang in einen hochohmigen Zustand über.
Ein ähnlicher Baustein, jedoch mit 13 Eingängen und ohne Tristate-Ausgang, ist der 74133.

Anwendung:
Realisierung von NAND-Funktionen.

Daten:	S	
Durchlauf-Verzögerung	5	ns
Stromaufnahme	10	mA

74134	NAND-Gatter mit 12 Eingängen

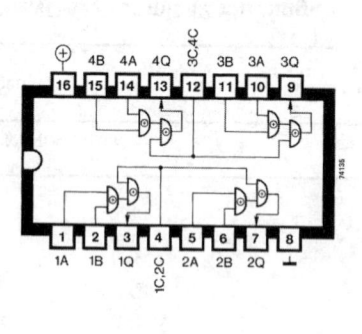

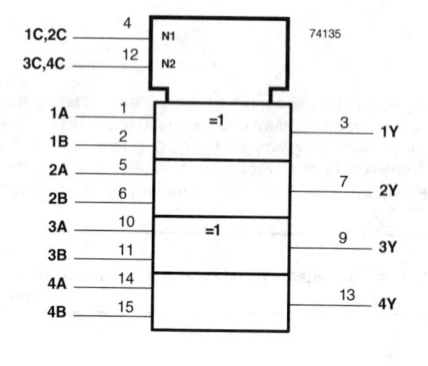

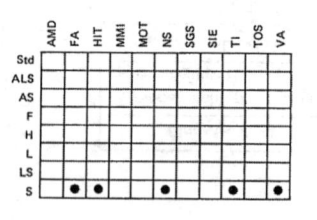

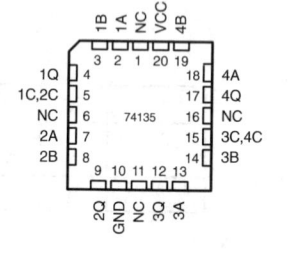

	AMD	FA	HIT	MMI	MOT	NS	SGS	SIE	TI	TOS	VA
Std											
ALS											
AS											
F											
H											
L											
LS											
S		●	●		●			●		●	●

74135	Vier Exklusiv-ODER/NOR-Gatter mit je 2 Eingängen

Fortsetzung:

Eingänge A	B	C	Ausgang Y
L	L	L	L
L	H	L	H
H	L	L	H
H	H	L	L
L	L	H	H
L	H	H	L
H	L	H	L
H	H	H	H

Beschreibung:
Dieser Baustein enthält vier Exklusiv-ODER-Gatter, die durch je ein zusätzliches Gatter in Exklusiv-NOR-Gatter umgeschaltet werden können.

Betrieb:
Bei jedem Gatter ist, wenn nur ein Eingang High ist, der Ausgang High. Sind beide Eingänge High oder beide Eingänge Low, wird der Ausgang Low sein. Diese Exklusiv-ODER-Funktion ist jedoch nur erfüllt, wenn der zugehörige C-Eingang ebenfalls Low ist.
Ist der entsprechende C-Eingang jedoch High, so arbeitet das jeweilige Gatter als Exklusiv-NOR-Gatter. In diesem Fall ist der Ausgang Low, wenn nur ein Eingang High ist. Sind dagegen beide Eingänge High oder beide Eingänge Low, so ist der Ausgang High.

Anwendung:
Realisierung von Exklusiv-ODER/NOR-Funktionen, Erzeugung und Prüfung von gerader und ungerader Parität, Addierer/Subtrahierer, logische Komparatoren, umschaltbarer Inverter.

Daten:	S	
Durchlauf-Verzögerung	8	ns
Stromaufnahme	65	mA

74135	Vier Exklusiv-ODER/NOR-Gatter mit je 2 Eingängen

74136 — Vier Exklusiv-ODER-Gatter mit 2 Eingängen (o.K.)

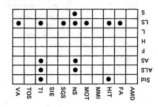

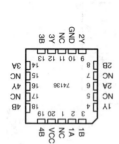

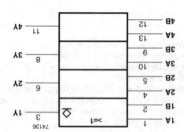

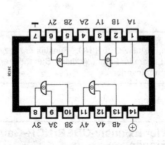

Fortsetzung:

Eingänge		Ausgang
A	B	Y
L	L	L
L	H	H
H	L	H
H	H	L

Beschreibung:
Dieser Baustein enthält vier getrennte Exklusiv-ODER-Gatter mit je 2 Eingängen und Ausgänge mit offenem Kollektor.

Betrieb:
Bei jedem Gatter ist, wenn nur ein Eingang High ist, der Ausgang High. Sind beide Eingänge High oder beide Eingänge Low, wird der Ausgang Low sein. Um einen Ausgang mit High zu erzielen, muss er über einen externen Widerstand (gewöhnlich 2.2kΩ) mit +5V verbunden werden.
Das Gatter kann als ein Komparator verwendet werden, der bei identischen Eingangssignalen einen Ausgang mit Low ergibt, und bei unterschiedlichen Eingangssignalen einen Ausgang mit High. Er kann auch als steuerbarer Inverter verwendet werden, indem ein Low an einem Eingang durchlässt, was immer am zweiten Eingang liegt. Ein High dagegen wird immer komplementieren, was am anderen Eingang liegt.

$$Y = A \oplus B = \bar{A}B + A\bar{B}$$

Anwendung:
Realisierung von Exklusiv-ODER-Funktionen, Erzeugung und Prüfung von gerader und ungerader Parität, Addierer/Subtrahierer, logische Komparatoren.

Daten:	Std	ALS	AS	LS	S	
Max. Ausgangsspannung	5.5	5.5	5.25	5.5	5.25	V
Durchlauf-Verzögerung	17	22		18	10	ns
Stromaufnahme	30	4		6	50	mA

74136	Vier Exklusiv-ODER-Gatter mit je 2 Eingängen (o.K.)

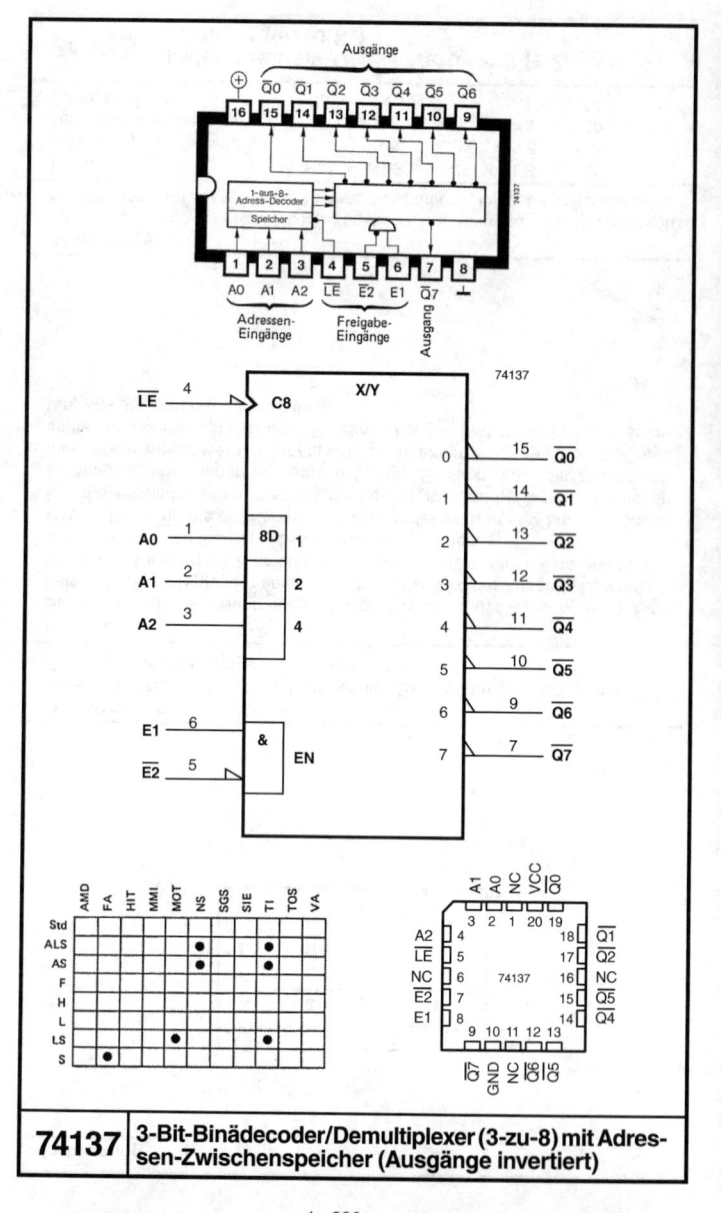

| 74137 | 3-Bit-Binädecoder/Demultiplexer (3-zu-8) mit Adressen-Zwischenspeicher (Ausgänge invertiert) |

Fortsetzung:

Eingänge						Ausgänge							
Freigabe			Adresse										
$\overline{LE}$	$\overline{E2}$	E1	A2	A1	A0	$\overline{Q0}$	$\overline{Q1}$	$\overline{Q2}$	$\overline{Q3}$	$\overline{Q4}$	$\overline{Q5}$	$\overline{Q6}$	$\overline{Q7}$
X	X	H	X	X	X	H	H	H	H	H	H	H	H
X	L	X	X	X	X	H	H	H	H	H	H	H	H
L	H	L	L	L	L	L	H	H	H	H	H	H	H
L	H	L	L	L	H	H	L	H	H	H	H	H	H
L	H	L	L	H	L	H	H	L	H	H	H	H	H
L	H	L	L	H	H	H	H	H	L	H	H	H	H
L	H	L	H	L	L	H	H	H	H	L	H	H	H
L	H	L	H	L	H	H	H	H	H	H	L	H	H
L	H	L	H	H	L	H	H	H	H	H	H	L	H
L	H	L	H	H	H	H	H	H	H	H	H	H	L
H	H	L	X	X	X	Ausgang entsprechend der gespeicherten Adresse L, alle übrigen H.							

Beschreibung:
Dieser Baustein enthält einen schnellen 3-zu-8-Decoder/Demultiplexer mit Adressen-Zwischenspeicher.

Betrieb:
Dieser Baustein entspricht im wesentlichen dem 1-aus-8-Decoder 74138, enthält jedoch einen zusätzlichen 3-Bit-Zwischenspeicher für die Adresse. Wenn der Speicher freigegeben ist ($\overline{LE}$: = Latch Enable = Low), arbeitet der Baustein als 1-aus-8-Decoder. Wenn also den drei binär gewichteten Adressen-Eingängen (A0, A1 und A2) ein 3-Bit-Code zugeführt wird, geht der diesem Code entsprechende Ausgang Q auf Low, während die übrigen Ausgänge High bleiben.
Geht $\overline{LE}$ von Low auf High, so werden die letzten an den Adressen-Eingängen liegenden Daten gespeichert und alle weiteren Daten an den Eingängen ignoriert, solange $\overline{LE}$ auf High bleibt. Die Freigabe-Eingänge $\overline{E1}$ und $\overline{E2}$ steuern den Zustand der Ausgänge unabhängig von den Adressen-Eingängen oder dem Adressen-Zwischenspeicher. Alle Ausgänge sind High, wenn $\overline{E2}$ High oder $\overline{E1}$ Low ist.

Anwendung:
Digitales Demultiplexen, Adressen-Decodierung, Steuerungs-Decodierung.

Daten:	ALS	AS	LS	S	
Durchlauf-Verzögerung	13	6.8	19	16	ns
Stromaufnahme	5	16	13	95	mA

74137 3-Bit-Binädecoder/Demultiplexer (3-zu-8) mit Adressen-Zwischenspeicher (Ausgänge invertiert)

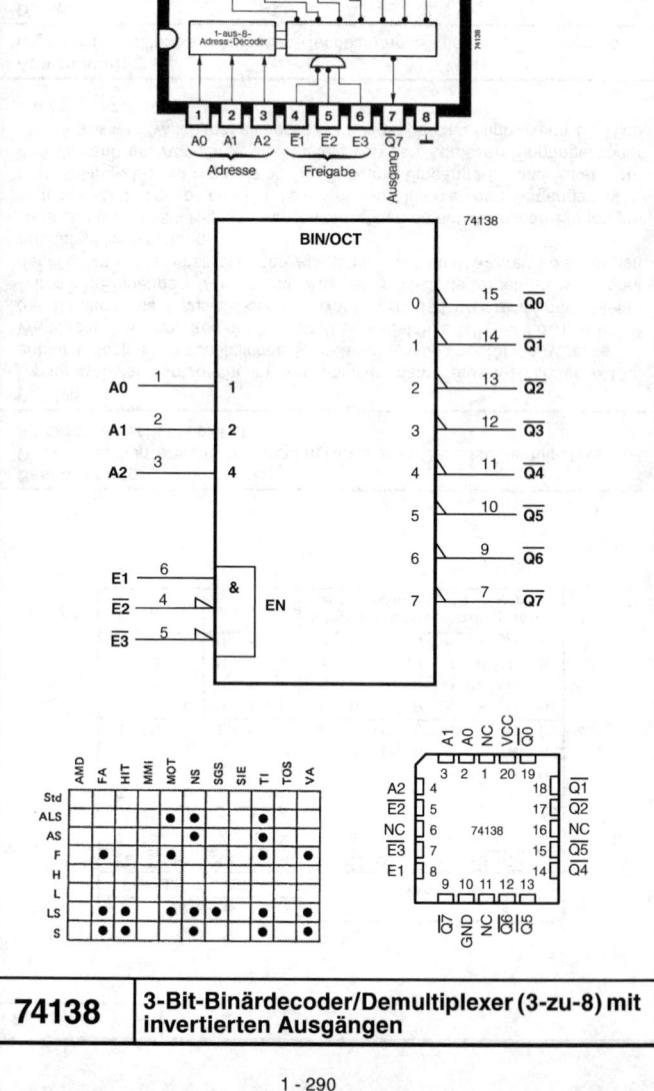

	AMD	FA	HIT	MMI	MOT	NS	SGS	SIE	TI	TOS	VA
Std											
ALS					●	●			●		
AS					●	●					
F		●			●				●	●	
H											
L											
LS	●	●	●		●	●	●	●		●	●
S	●	●			●				●	●	●

74138	3-Bit-Binärdecoder/Demultiplexer (3-zu-8) mit invertierten Ausgängen

Fortsetzung:

Freigabe-Eingänge			Adressen-Eingänge			Ausgänge							
E3	$\overline{E2}$	$\overline{E1}$	A2	A1	A0	$\overline{Q0}$	$\overline{Q1}$	$\overline{Q2}$	$\overline{Q3}$	$\overline{Q4}$	$\overline{Q5}$	$\overline{Q6}$	$\overline{Q7}$
X	H	X	X	X	X	H	H	H	H	H	H	H	H
X	X	H	X	X	X	H	H	H	H	H	H	H	H
L	X	X	X	X	X	H	H	H	H	H	H	H	H
H	L	L	L	L	L	L	H	H	H	H	H	H	H
H	L	L	L	L	H	H	L	H	H	H	H	H	H
H	L	L	L	H	L	H	H	L	H	H	H	H	H
H	L	L	L	H	H	H	H	H	L	H	H	H	H
H	L	L	H	L	L	H	H	H	H	L	H	H	H
H	L	L	H	L	H	H	H	H	H	H	L	H	H
H	L	L	H	H	L	H	H	H	H	H	H	L	H
H	L	L	H	H	H	H	H	H	H	H	H	H	L

Beschreibung:
Dieser Baustein enthält einen schnellen 3-zu-8-Decoder/Demultiplexer mit 3 Freigabe-Eingängen.

Betrieb:
Wenn den drei binär gewichteten Adressen-Eingängen (A0, A1 und A2) ein 3-Bit-Code zugeführt wird, geht der diesem Code entsprechende Ausgang Q auf Low, während die übrigen Ausgänge High bleiben.
Dies trifft jedoch nur zu, wenn die Freigabe-(Enable) Eingänge $\overline{E1}$ und $\overline{E2}$ Low und E3 High ist.
Diese mehrfache Freigabe-Möglichkeit gestattet eine einfache parallele Erweiterung des Bausteins auf einen 1-aus-32-Decoder mit nur vier derartigen Bausteinen (74138) und einem Inverter.
Dieser Baustein kann auch als Demultiplexer mit 8 Ausgängen dienen, indem einer der $\overline{E1}$- oder $\overline{E2}$-Eingänge (mit aktiv Low) als Daten-Eingang und die anderen Freigabe-Eingänge als Austast-(Strobe-) Eingänge verwendet werden. Die nicht verwendeten Freigabe-Eingänge müssen hierbei ständig an ihre entsprechenden Pegel mit aktiv High oder aktiv Low gelegt werden.

Anwendung:
Digitales Demultiplexen, Adressen-Decodierung, Steuerungs-Decodierung.

Daten:	ALS	AS	F	LS	S	
Durchlauf-Verzögerung	13	5.8	5.8	22	8	ns
Stromaufnahme	6	5	13	13	49	mA

74138	3-Bit-Binärdecoder/Demultiplexer (3-zu-8) mit invertierten Ausgängen

74139
Zwei 2-Bit-Binärdecoder/Demultiplexer (2-zu-4) mit invertierten Ausgängen

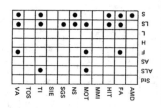

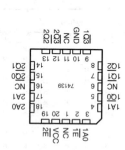

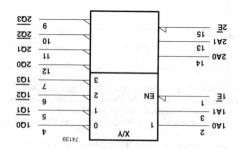

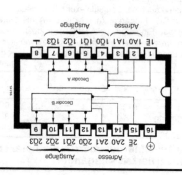

Fortsetzung:

Eingänge		Ausgänge			
Freigabe	Adresse				
$\overline{E}$	A1 A0	$\overline{Q}0$	$\overline{Q}1$	$\overline{Q}2$	$\overline{Q}3$
H	X X	H	H	H	H
L	L L	L	H	H	H
L	L H	H	L	H	H
L	H L	H	H	L	H
L	H H	H	H	H	L

Beschreibung:
Dieser Baustein enthält zwei getrennte 1-aus-4(oder 2-zu-4-) Decoder, die entweder als Decoder oder Verteiler verwendet werden können. Mit einem externen Inverter können sie auch als ein 1-zu-8-Decoder oder Verteiler eingesetzt werden.

Betrieb:
Im Normalbetrieb liegen die Pins 1 und 15 ($\overline{E}$ = Enable = Freigabe) auf Masse. Wenn ein Auswahlcode, gewichtet A0 und A1 den Eingängen zugeführt wird, geht der zugehörige Ausgang auf Low, die übrigen Ausgänge bleiben auf High. Beispielsweise geht mit A0 = High und A1 = Low der Ausgang $\overline{Q}1$ auf Low. Beachten Sie, dass beide Schaltungshälften getrennte Auswahl- und Freigabe-Eingänge besitzen.
Macht man einen Freigabe-Eingang ($\overline{E}$) High, so gehen alle zugehörigen Ausgänge auf High, unabhängig vom Zustand der Adressen-Eingänge A0 und A1. Der Freigabe-Eingang kann auch als Daten-Eingang für Verteilerzwecke verwendet werden. Eine 1 am Freigabe-Eingang liefert eine 1 am gewählten Ausgang und umgekehrt. Der Freigabe-Eingang kann auch verwendet werden, um einen 1-aus-8-Verteiler oder Decoder zu bilden, indem eine Seite von einem neuen Eingang A2 (gewichtet A2 = 4) gesteuert wird und die andere von seinem Komplement.

Anwendung:
Decodierung, Code-Umwandlung, Demultiplexen (wobei der Freigabe-Eingang als Daten-Eingang verwendet wird), Speicherchip-Auswahl-Logik, Funktions-Auswahl.

Daten:	ALS	AS	F	LS	S	
Durchlauf-Verzögerung	10	5.75	5.3	22	7.5	ns
Stromaufnahme	4.5	13	13	7	60	mA

74139 — **Zwei 2-Bit-Binärdecoder/Demultiplexer (2-zu-4) mit invertierten Ausgängen**

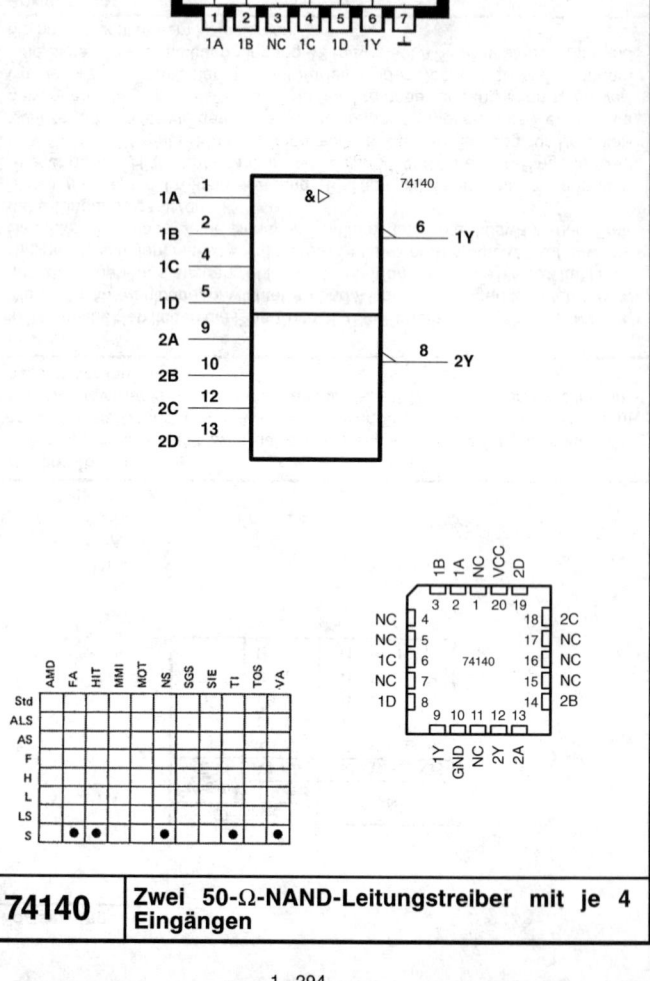

	AMD	FA	HIT	MMI	MOT	NS	SGS	SIE	TI	TOS	VA
Std											
ALS											
AS											
F											
H											
L											
LS											
S		●	●			●			●		●

74140	Zwei 50-Ω-NAND-Leitungstreiber mit je 4 Eingängen

Fortsetzung:

Eingänge				Ausgang
A	B	C	D	Y
L	X	X	X	H
X	L	X	X	H
X	X	L	X	H
X	X	X	L	H
H	H	H	H	L

Beschreibung:
Dieser Baustein enthält zwei getrennte NAND-Gatter mit je 4 Eingängen und hohem Ausgangs-Lastfaktor.

Betrieb:
Beide NAND-Gatter können unabhängig voneinander verwendet werden.
Wenn ein, mehrere oder alle vier Eingänge eines Gatters Low sind, wird der Ausgang High sein. Sind alle vier Eingänge High, wird der Ausgang Low sein.
Infolge seines hohen Ausgangs-Lastfaktors von 30 eignet sich der Baustein besonders zur Ansteuerung niederohmiger Leitungen.
Dieser Baustein besitzt die gleiche Anschlussbelegung wie der 7420 und 7440.

Anwendung:
Realisierung von NAND-, UND- und Inverter-Funktionen, Leitungstreiber.

Daten:	S	
Durchlauf-Verzögerung	4	ns
Max. Ausgangsstrom bei Low	60	mA
Stromaufnahme	18	mA

74140	Zwei 50-Ω-NAND-Leitungstreiber mit je 4 Eingängen

74141 BCD-zu-Dezimal-Decoder/Anzeigetreiber (o.K.,60V)

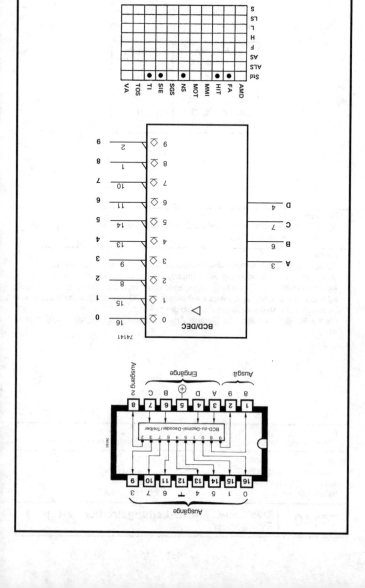

Fortsetzung:

D	BCD-Eingänge C	B	A	Durchgeschalteter Ausgang
L	L	L	L	0
L	L	L	H	1
L	L	H	L	2
L	L	H	H	3
L	H	L	L	4
L	H	L	H	5
L	H	H	L	6
L	H	H	H	7
H	L	L	L	8
H	L	L	H	9
H	L	H	L	–
H	L	H	H	–
H	H	L	L	–
H	H	L	H	–
H	H	H	L	–
H	H	H	H	–

Beschreibung:
Dieser Baustein wandelt einen 4-Bit-BCD-Code mit TTL-Pegel in einen Dezimalcode für Anzeigen mit hoher Betriebsspannung (bis 60V) um.

Betrieb:
Der BCD-Code wird den Eingängen $A = 2^0$, $B = 2^1$, $C = 2^2$ und $D = 2^3$ zugeführt. Der dem Eingangscode entsprechende Ausgang (und nur dieser eine Ausgang) wird auf Low gezogen.
Die Codes 10 bis 15 (1010 bis 1111) werden als ungültig angesehen und können verwendet werden, um die Anzeige dunkel zu tasten, da alle Ausgänge auf High gehen. Die Kathoden der Kaltkathoden-Anzeige-Röhren (z.B. Nixie-Röhren) werden mit den entsprechenden Ausgängen verbunden. Die gemeinsame Anode der Anzeige-Röhre wird über einen Strombegrenzungs-Widerstand (typisch 15kΩ) an eine geeignete Gleichspannung (typisch +175V) gelegt.
Der jeweilige auf Low gezogene Ausgang kann maximal 7mA aufnehmen und verträgt eine Spannung bis +60V. Die Betriebsspannung an Pin 5 bleibt natürlich +5V.
Beachten Sie, dass sich dieser Baustein nicht zur Ansteuerung von 7-Segment-Anzeigen eignet.

Anwendung:
Code-Umwandlung, Ansteuerung von Kaltkathoden-Anzeigeröhren.

Daten:	Std	
Max. Ausgangsspannung	60	V
Max. Ausgangsstrom	7	mA
Stromaufnahme	16	mA

74141 | BCD-zu-Dezimal-Decoder/Anzeigetreiber (o.K.,60V)

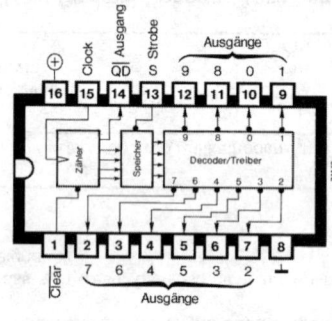

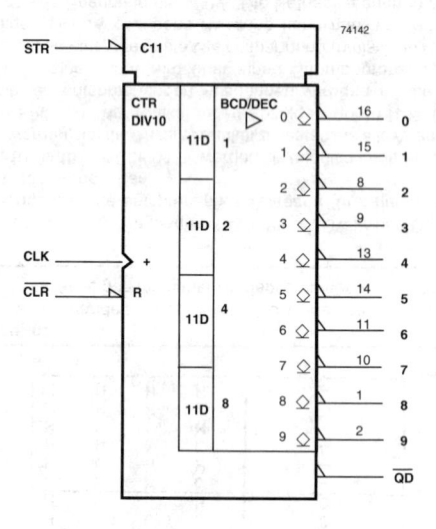

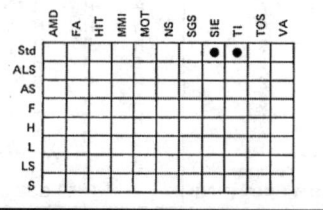

	AMD	FA	HIT	MMI	MOT	NS	SGS	SIE	TI	TOS	VA
Std								●	●		
ALS											
AS											
F											
H											
L											
LS											
S											

| 74142 | Dezimalzähler/Speicher/Decoder/Anzeigetreiber (o.K., 60V) |

Fortsetzung:

Anzahl der Taktimpulse	Clear	Strobe	Angesteuerte Ausgänge	Übertrag (Ausgang $\overline{QD}$)
X	L	L	0	H
0	H	L	0	H
1	H	L	1	H
2	H	L	2	H
3	H	L	3	H
4	H	L	4	H
5	H	L	5	H
6	H	L	6	H
7	H	L	7	H
8	H	L	8	L
9	H	L	9	L
10	H	L	0	H
11 bis N	H	H	0	H

Beschreibung:
Dieser Baustein enthält in einem einzigen Gehäuse einen Dezimalzähler, einen Zwischenspeicher, sowie einen Decoder mit Anzeigetreiber für Ziffernanzeige-Röhren.

Betrieb:
Der Zählerstand erhöht sich mit dem LH-Übergang (positive Flanke) des Taktsignals am Clock-Eingang. Der Lösch-Eingang ($\overline{Clear}$) liegt hierbei auf High. Der Zähler wird auf Null gestellt, wenn man diesen Eingang kurzzeitig auf Low bringt. Der $\overline{QD}$-Ausgang kann direkt mit dem Takteingang der nächsten Stufe bei mehrstelligen Zählern verbunden werden.
Mit dem Strobe-Eingang auf Low folgen die Ausgänge des Bausteins dem Zähler direkt. Wird dieser Eingang auf High gelegt, wird der Zählerstand gespeichert, der unmittelbar vor dem LH-Übergang des Store-Signales vorlag. Der Zähler arbeitet jedoch weiter.
Die Ausgänge entsprechen in etwa dem 74141. Sie können direkt Ziffernanzeige-Röhren treiben, deren Anode über einen Strombegrenzungs-Widerstand (typ.15kΩ) an eine Gleichspannung (typ. +175V) gelegt wird.
Der jeweilig auf Low gezogene Ausgang kann maximal 7mA aufnehmen und verträgt eine Spannung bis +60V.
Beachten Sie, dass der Baustein nicht zur Ansteuerung von 7-Segment-Anzeigen vorgesehen ist.

Anwendung:
Zähler mit Ziffernanzeigeröhren.

Daten:	Std	
Max. Ausgangsspannung	60	V
Max. Ausgangsstrom (Ausgänge 0 bis 9)	7	mA
Durchlauf-Verzögerung	32	ns
Min. garantierte Zählfrequenz	20	MHz

74142	Dezimalzähler/Speicher/Decoder/Anzeigetreiber (o.K., 60V)

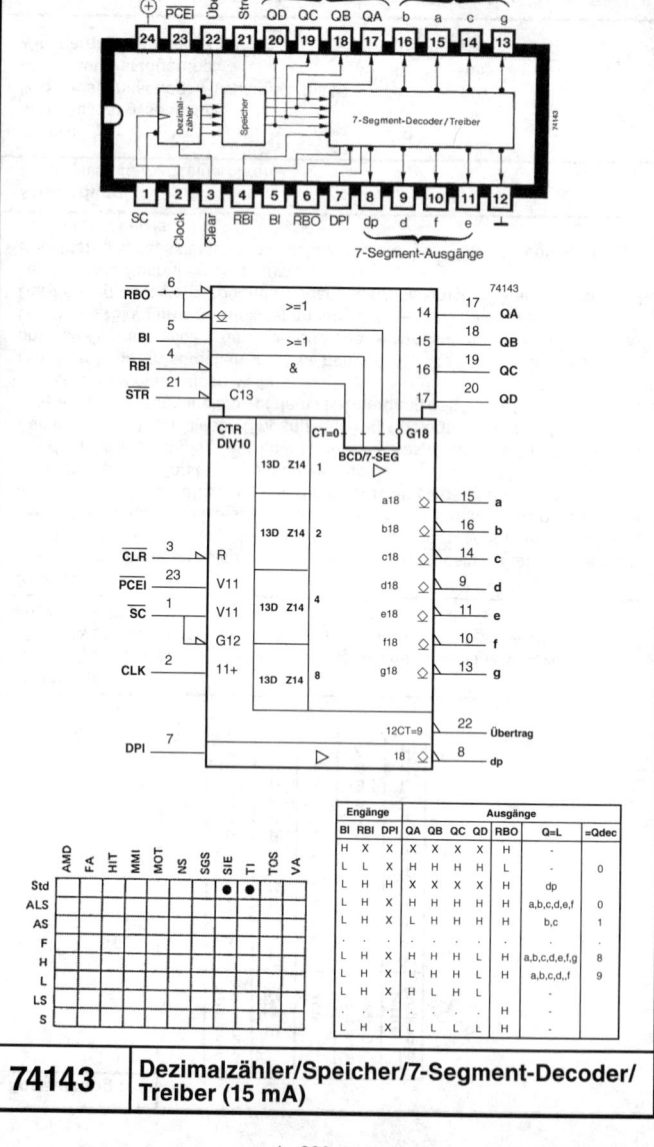

			Speicher-Ausgänge				7-Segment-Ausgänge			
			QD	QC	QB	QA	b	a	c	g
24	**23**	**22**	**21**	**20**	**19**	**18**	**17**	**16**	**15**	**14**	**13**

7-Segment-Decoder / Treiber

| **1** | **2** | **3** | **4** | **5** | **6** | **7** | **8** | **9** | **10** | **11** | **12** |
| SC | Clock | Clear | $\overline{RBI}$ | BI | $\overline{RBO}$ | DPI | dp | d | f | e | ⊥ |

7-Segment-Ausgänge

	Engänge			Ausgänge						
	BI	RBI	DPI	QA	QB	QC	QD	RBO	Q=L	=Qdec
	H	X	X	X	X	X	X	H	-	
	L	L	X	H	H	H	H	L	-	0
	L	H	H	X	X	X	X	H	dp	
	L	H	X	H	H	H	H	H	a,b,c,d,e,f	0
	L	H	X	L	H	H	H	H	b,c	1
	.	.	.	.	.	.	.	.	.	
	L	H	X	H	H	H	L	H	a,b,c,d,e,f,g	8
	L	H	X	L	H	H	L	H	a,b,c,d,.,f	9
	L	H	X	H	L	H	L	.	.	
	.	.	.	.	.	.	.	H	.	
	L	H	X	L	L	L	L	H	-	

74143 | Dezimalzähler/Speicher/7-Segment-Decoder/Treiber (15 mA)

Fortsetzung :

Segment-Identifikation	Resultierende Anzeige

Beschreibung:
Dieser Baustein enthält einen Dezimalzähler, Zwischenspeicher mit herausgeführten Ausgängen, sowie einen 7-Segment-Decoder und Treiber mit Konstantstromquelle.

Betrieb:
Der Zähler wird bei jeder positiven Flanke des Taktimpulses (am Clock-Eingang) weitergestellt. Hierzu muss der Lösch-Eingang (Clear) auf High liegen (bei Low stellt er den Zähler auf 0), und der Freigabe-Eingang für den Zähler ($\overline{PCEI}$ = Parallel Counter Enable Input) auf Low. Liegt dieser Eingang auf High, wird der Zähler gesperrt.

Der Übertrags-Ausgang (Pin 22) geht auf Low, solange der Zähler auf dezimal 9 steht und sich $\overline{SCEI}$ auf Low befindet. Er geht auf High, wenn der Zähler auf 0 springt und bleibt während des Zählens von 1 bis 8 auf High.

Mit $\overline{SCEI}$, dem seriellen Freigabe-Eingang, ist eine Erweiterungsmöglichkeit durch Verbinden mit dem Übertrags-Ausgang der vorhergehenden Dekade möglich. Ein High an diesem Pin sperrt den Zähler. Bei einem Low am Strobe-Eingang folgen die Daten im Speicher den Daten im Zähler. Legt man diesen Pin auf High, wird der Speicherinhalt aufbewahrt, der Zähler arbeitet jedoch unabhängig davon weiter.

Die BCD-Daten, die den Decoder treiben, sind an den Pins 17 bis 20 für andere Zwecke verfügbar und QA = 1, QB = 2, QC = 4 und QD = 8 gewichtet.

Den Dezimal-Punkt-Eingang (DPI) legt man auf High, wenn man den Dezimalpunkt darstellen will. Bei Low oder Austastung (oder mit $\overline{RBI}$ oder $\overline{RBO}$ auf Low) ist er dunkel. Eine Ausblendung ist mit BI (Blanking Input) möglich. BI auf High bringt alle Decoder-Ausgänge a—g, dp und $\overline{RBO}$ auf High. Dieser Pin liegt für normale Anzeige auf Low und kann für eine Helligkeitssteuerung gepulst werden. Wenn im Speicher ein BCD = 0 liegt, so wird bei einem Low an $\overline{RBI}$ (Ripple Blanking Input = Übertragseingang zur Nullen-Ausblendung) die 0 dunkel getastet und $\overline{RBO}$ geht auf Low. Der Übertrags-Ausgang zur Nullenausblendung ($\overline{RBO}$) gestattet die Nullaustastung über mehrere Dekaden mit $\overline{RBI}$ der nächsten Stufe, vorausgesetzt BI ist High oder $\overline{RBI}$ Low und es liegt 0 im Speicher.

Die Ausgänge a—g (15mA) und dp (7mA) besitzen eine Konstantstromquelle und gestatten eine Ansteuerung der LED-Segmente ohne Begrenzungswiderstand.

Anwendung:
Dekadische Zähler mit 7-Segment-Anzeige.

Daten:	Std	
Min. garantierte Zählfrequenz	12	MHz
Stromaufnahme	56	mA

74143	Dezimalzähler/Speicher/7-Segment-Decoder/Treiber (15 mA)

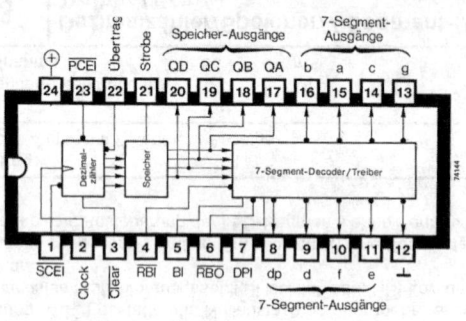

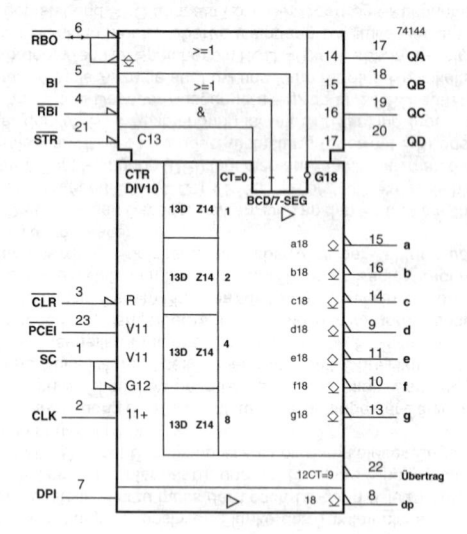

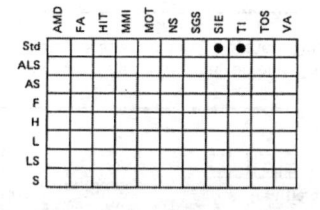

	AMD	FA	HIT	MMI	MOT	NS	SGS	SIE	TI	TOS	VA
Std								●	●		
ALS											
AS											
F											
H											
L											
LS											
S											

74144 — Dezimalzähler/Speicher/7-Segment-Decoder/Treiber (o.K. 15 V/25 mA)

Fortsetzung :

Segment-Identifikation

Resultierende Anzeige

Eingänge			Ausgänge						
BI	RBI	DPI	QA	QB	QC	QD	RBO	Q=L	=Qdec
H	X	X	X	X	X	X	H	-	
L	L	X	H	H	H	H	L	-	0
L	H	H	X	X	X	X	H	dp	
L	H	X	H	H	H	H	H	a,b,c,d,e,f	0
L	H	X	L	H	H	H	H	b,c	1
.	.	.	.	.	.	.	.	.	.
L	H	X	H	H	H	L	H	a,b,c,d,e,f,g	8
L	H	X	L	H	H	L	H	a,b,c,d,,f	9
L	H	X	H	L	H	L		-	
.	.	.	.	.	.	.	H	-	
L	H	X	L	L	L	L	H	-	

Beschreibung:
Dieser Baustein enthält einen Dezimalzähler, Zwischenspeicher mit herausgeführten Ausgängen, sowie einen 7-Segment-Decoder und Treiber mit offenem Kollektor.

Betrieb:
Der Baustein ist in Funktion und Anschlussbelegung mit dem 74143 (siehe dort) identisch, mit Ausnahme der Segment-Ausgänge. Diese besitzen einen offenen Kollektor und gestatten den Betrieb bis 15V und 25mA.

Anwendung:
Dekadische Zähler mit 7-Segment-Anzeige.

Daten:	Std	
Min. garantierte Zählfrequenz	12	MHz
Stromaufnahme	56	mA

74144	Dezimalzähler/Speicher/7-Segment-Decoder/Treiber (o.K. 15 V/25 mA)

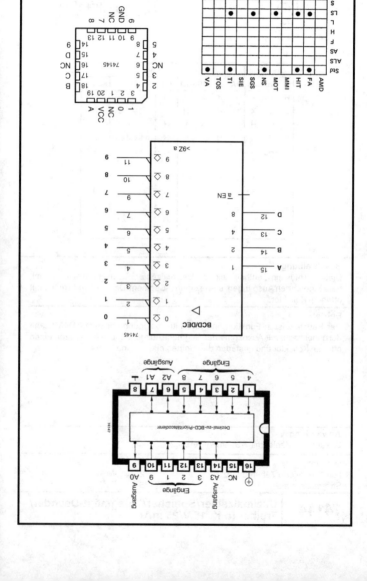

Fortsetzung:

Nr.	Eingänge				Ausgänge									
	D	C	B	A	0	1	2	3	4	5	6	7	8	9
0	L	L	L	L	L	H	H	H	H	H	H	H	H	H
1	L	L	L	H	H	L	H	H	H	H	H	H	H	H
2	L	L	H	L	H	H	L	H	H	H	H	H	H	H
3	L	L	H	H	H	H	H	L	H	H	H	H	H	H
4	L	H	L	L	H	H	H	H	L	H	H	H	H	H
5	L	H	L	H	H	H	H	H	H	L	H	H	H	H
6	L	H	H	L	H	H	H	H	H	H	L	H	H	H
7	L	H	H	H	H	H	H	H	H	H	H	L	H	H
8	H	L	L	L	H	H	H	H	H	H	H	H	L	H
9	H	L	L	H	H	H	H	H	H	H	H	H	H	L
ungültig	H	L	H	L	H	H	H	H	H	H	H	H	H	H
	H	L	H	H	H	H	H	H	H	H	H	H	H	H
	H	H	L	L	H	H	H	H	H	H	H	H	H	H
	H	H	L	H	H	H	H	H	H	H	H	H	H	H
	H	H	H	L	H	H	H	H	H	H	H	H	H	H
	H	H	H	H	H	H	H	H	H	H	H	H	H	H

Beschreibung:
Dieser Baustein wird einen Standard-BCD-Code mit 4 Bits in eine Dezimalzahl von 0 bis 9 decodieren. Er kann auch jeden 3-Bit-Code in 1-aus-8 Ausgänge umwandeln.

Betrieb:
Der BCD-Code wird an den Anschlüssen 12 bis 15 eingegeben, mit dem niedrigstwertigen Bit $2^0 = 1$ an A, dem Bit $2^1 = 2$ an B, dem Bit $2^2 = 4$ an C und dem Bit $2^4 = 8$ an D.
Für ein gegebenes Eingangssignal geht der entsprechende Ausgang auf Low, die anderen Ausgänge verbleiben auf High. Der auf Low gezogene Ausgang kann maximal 80mA aufnehmen.
Ein High am Ausgang erhält man jedoch nur, wenn ein externer Widerstand an eine Spannung bis maximal 15V gelegt wird. Wenn beispielsweise A=1, B=1, C=1 und D=0 ist, geht der Ausgang 7 (Pin 9) auf Low und der Rest verbleibt auf High. Alle Ausgänge verbleiben auf High, wenn ein ungültiger BCD-Code (größer als 1001) zugeführt wird.
Wird der Baustein als 1-aus-8-Decoder verwendet, so wird der Eingang D (Pin 12) an Masse gelegt.
Ein ähnlicher pinkompatibler Baustein, jedoch mit einer maximalen Ausgangsspannung von +30V ist der 7445.

Anwendung:
Code-Umwandlung, Relais- und Anzeige-Steuerung

Daten:	Std	ALS	
Durchlauf-Verzögerung	50	50	ns
Stromaufnahme	43	7	mA

74145 | BCD-zu-Dezimal-Decoder/Anzeigetreiber (o.K., 15V)

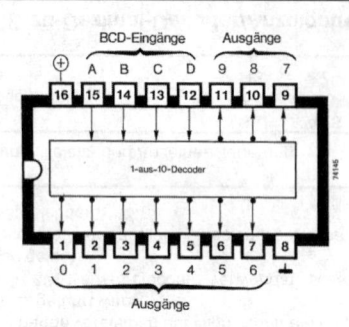

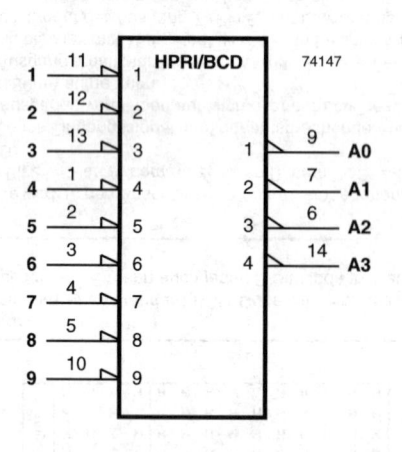

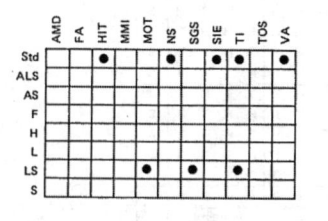

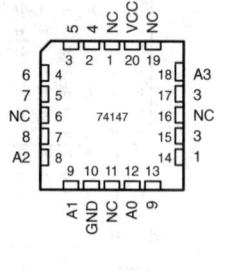

74147 Dezimal-zu-BCD-Prioritäts-Codierer

Fortsetzung:

Eingänge									Ausgänge			
1	2	3	4	5	6	7	8	9	A3	A2	A1	A0
H	H	H	H	H	H	H	H	H	H	H	H	H
X	X	X	X	X	X	X	X	L	L	H	H	L
X	X	X	X	X	X	X	L	H	L	H	H	H
X	X	X	X	X	X	L	H	H	H	L	L	L
X	X	X	X	X	L	H	H	H	H	L	L	H
X	X	X	X	L	H	H	H	H	H	L	H	L
X	X	X	L	H	H	H	H	H	H	L	H	H
X	X	L	H	H	H	H	H	H	H	H	L	L
X	L	H	H	H	H	H	H	H	H	H	L	H
L	H	H	H	H	H	H	H	H	H	H	H	L

Beschreibung:
Es handelt sich hier um einen speziellen Baustein, mit dem man 10 Eingangssignale in der Reihenfolge ihrer Wichtigkeit (Priorität) anordnen kann. Er dient auch als Tastatur-Codierer oder sonstiger 1-aus-10-Codierer.

Betrieb:
Es gibt 9 Eingänge (1 bis 9) und vier binär gewichtete Ausgänge (A0 bis A3). *Ein- und Ausgänge sind aktiv-Low.* Liegt kein Eingangssignal vor, verbleiben alle Eingänge auf High (entspricht der dezimalen 0). Wenn nur einer der Eingänge auf Low geht, so nehmen die Ausgänge den Binärcode für diesen Eingang an. Z.B. wird ein Low auf der Leitung 6 (Pin 3) folgenden Ausgang ergeben: A0 =1, A1=0, A2=0, A3=1 (6 in BCD = 0110, *mit aktiv Low* = 1001).
Wenn zwei oder mehr Eingänge gleichzeitig auf Low gehen, wird der eine mit der höchsten Zahl (der höchsten Priorität) als Ausgangssignal codiert, und die anderen Eingänge werden ignoriert. Z.B. geben die Eingänge 4 und 6 gleichzeitig auf Low ein 1001 aus, während 4 und 7 ein 1000 ausgeben. Wenn Eingänge mit höherer Priorität auf High zurückgehen, so stellt sich der Ausgangscode zurück zum Eingang mit der nächstniedrigeren Priorität, bis schließlich alle Ausgänge auf High gehen.
Der Betrieb erfolgt ungetaktet und der Baustein besitzt keinen internen Speicher. Zu jedem Zeitpunkt erscheint der als höchster bewertete Eingang mit seinem binären Äquivalent (aktiv Low) an den Ausgängen.

Anwendung:
Prioritäts-Codierer, Tastatur-Codierer.

Daten:	Std	LS	
Durchlauf-Verzögerung	10	15	ns
Stromaufnahme	45	12	mA

74147	Dezimal-zu-BCD-Prioritäts-Codierer

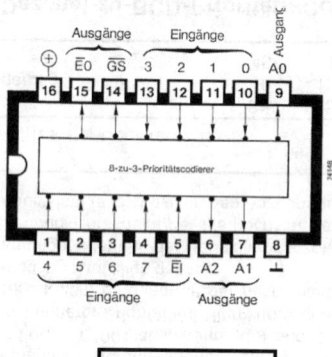

Ausgänge / Eingänge / Ausgang

HPRI/BCD 74148

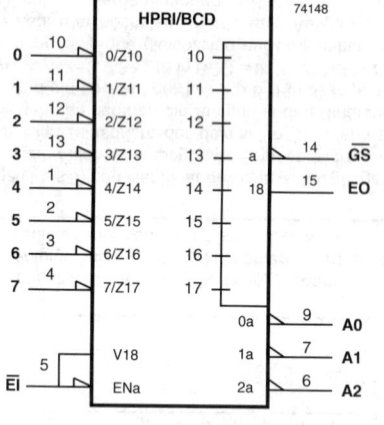

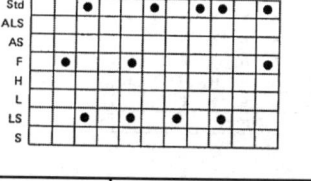

	AMD	FA	HIT	MMI	MOT	NS	SGS	SIE	TI	TOS	VA
Std			•			•		•	•		
ALS											
AS											
F	•				•						•
H											
L											
LS			•		•	•			•		
S											

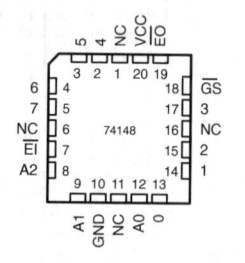

74148 Binärer 8-zu-3-Prioritätscodierer

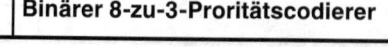

Fortsetzung:

Eingänge									Ausgänge				
EI	0	1	2	3	4	5	6	7	A2	A1	A0	GS	EO
H	X	X	X	X	X	X	X	X	H	H	H	H	H
L	H	H	H	H	H	H	H	H	H	H	H	H	L
L	X	X	X	X	X	X	X	L	L	L	L	L	H
L	X	X	X	X	X	X	L	H	L	L	H	L	H
L	X	X	X	X	X	L	H	H	L	H	L	L	H
L	X	X	X	X	L	H	H	H	L	H	H	L	H
L	X	X	X	L	H	H	H	H	H	L	L	L	H
L	X	X	L	H	H	H	H	H	H	L	H	L	H
L	X	L	H	H	H	H	H	H	H	H	L	L	H
L	L	H	H	H	H	H	H	H	H	H	H	L	H

Beschreibung:
Es handelt sich hier um einen speziellen Baustein, mit dem man 8 Eingangssignale in der Reihenfolge ihrer Wichtigkeit (Priorität) anordnen kann.

Betrieb:
Es gibt 8 Signaleingänge (0—7) und drei binär gewichtete Ausgänge (A0—A2). Ein- und Ausgänge sind aktiv-Low. Liegt kein Eingangssignal vor, oder ein Low am Eingang 0 (Pin 10), verbleiben alle Eingänge auf High. Wenn nur einer der Eingänge auf Low geht, nehmen die Ausgänge den Binärcode für diesen Eingang an. Z.B. wird ein Low auf der Leitung 6 (Pin 3) folgenden Ausgang ergeben: A0=1, A1=0, A2=0 (6 in binär = 110, mit aktiv Low = 001).

Wenn zwei oder mehr Eingänge gleichzeitig auf Low gehen, wird der eine mit der höchsten Zahl (der höchsten Priorität) als Ausgangssignal codiert, und die anderen Eingänge werden ignoriert. Z.B. geben die Eingänge 4 und 6 gleichzeitig auf Low ein 001 aus, während 4 und 7 ein 000 ausgeben. Wenn Eingänge mit höherer Priorität auf High zurückgehen, so stellt sich der Ausgangscode zurück zum Eingang mit der nächstniedrigeren Priorität, bis schließlich alle Ausgänge auf High gehen.

Außer den drei Daten-Ausgängen gibt es noch einen Gruppensignal-Ausgang (GS) und einen Freigabe-Ausgang (EO). GS ist (aktiv) Low, wenn irgend ein Eingang Low ist. Dies zeigt an, dass ein Eingang aktiv ist. EO ist (aktiv) Low, wenn alle Eingänge High sind.

Durch die Verwendung der Freigabe-Ein- und Ausgänge ist ein Kaskadieren von n Eingangssignalen möglich. Sowohl EO wie GS sind High wenn der Freigabe-Eingang High ist. EI muss im Normalbetrieb Low sein.

Anwendung:
n-Bit-Codierung, Code-Umsetzer und Code-Generatoren.

Daten:	Std	F	LS	
Durchlauf-Verzögerung	10	6	10	ns
Stromaufnahme	38	23	12	mA

74148	Binärer 8-zu-3-Proritätscodierer

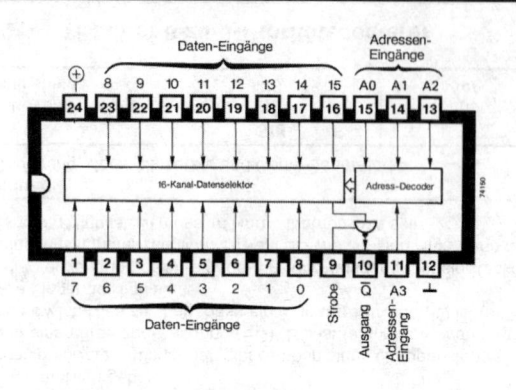

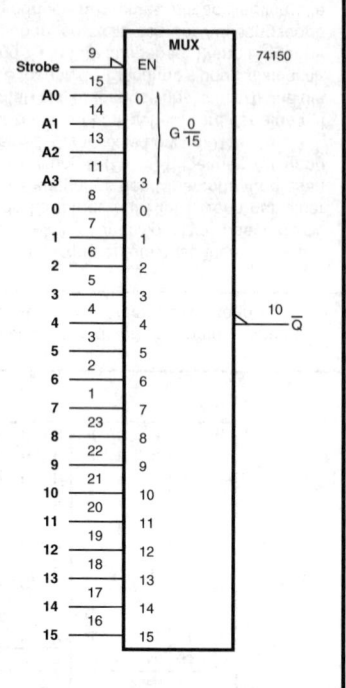

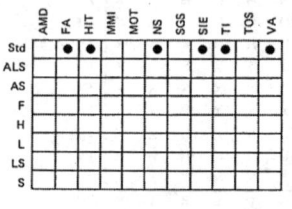

	AMD	FA	HIT	MMI	MOT	NS	SGS	SIE	TI	TOS	VA
Std		●	●			●		●	●		●
ALS											
AS											
F											
H											
L											
LS											
S											

74150	1-aus-16-Datenselektor/Multiplexer mit invertierendem Ausgang

Fortsetzung:

Adresse A3 A2 A1 A0	Strobe	Durchgeschalteter Kanal
L L L L	L	0
L L L H	L	1
L L H L	L	2
L L H H	L	3
L H L L	L	4
L H L H	L	5
L H H L	L	6
L H H H	L	7
H L L L	L	8
H L L H	L	9
H L H L	L	10
H L H H	L	11
H H L L	L	12
H H L H	L	13
H H H L	L	14
H H H H	L	15
X X X X	H	keiner

Beschreibung:
Dieser Baustein enthält einen Datenselektor, der eines aus 16 Eingangssignalen mittels einer 4-Bit-Binäradresse auswählt.

Betrieb:
Der gewünschte Eingang (0 bis 15) wird mittels der Binäradresse an den Adressen-Eingängen (A0 bis A3) ausgewählt. Das Signal am ausgewählten Eingang erscheint in invertierter Form am Ausgang $\overline{Q}$.
Im Normalbetrieb wird der Strobe-Eingang auf Low gelegt. Macht man Strobe High, wird der Ausgang $\overline{Q}$ High, unabhängig vom Zustand der anderen Eingänge. Der Baustein lässt sich auch als Funktionsgenerator mit bis zu 5 Variablen einsetzen.

Anwendung:
Multiplexen, Adressen-Decodierung, Hexadezimal/BCD-Codierung, serielle Datenübertragung, Funktionsgenerator.

Daten:	Std	
Durchlauf-Verzögerung	11	ns
Stromaufnahme	80	mA

74150	1-aus-16-Datenselektor/Multiplexer mit invertierendem Ausgang

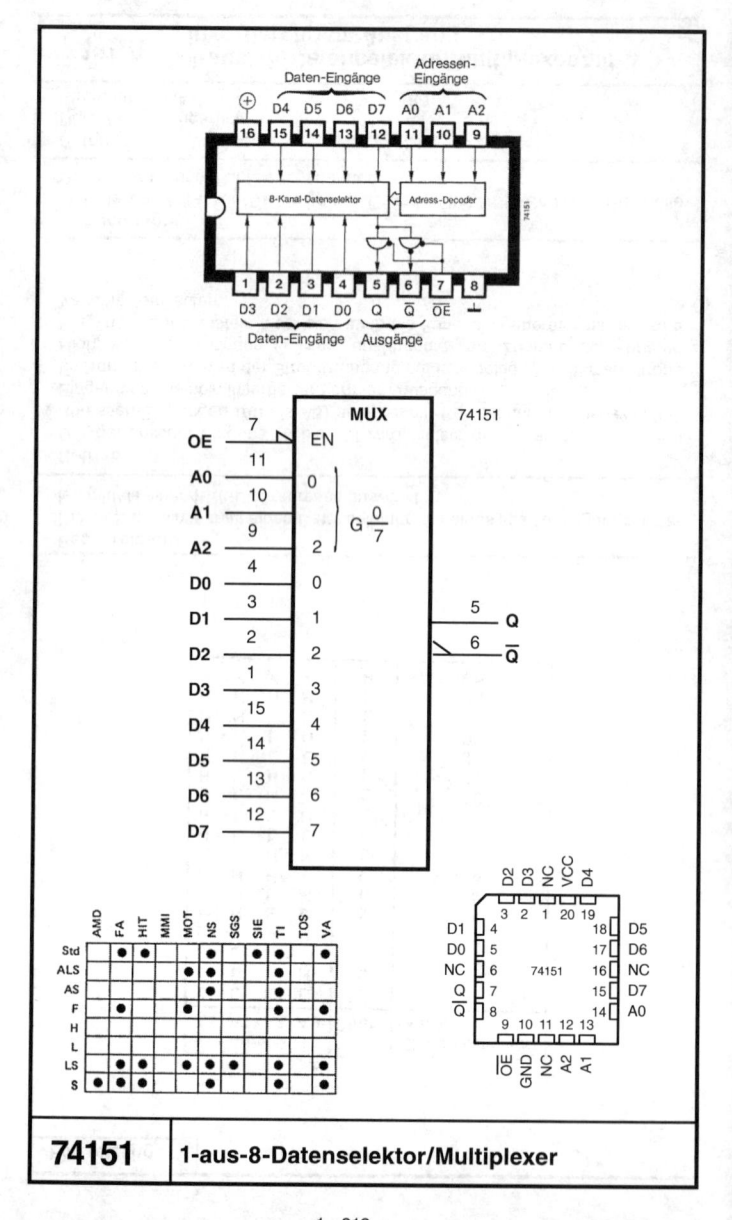

	AMD	FA	HIT	MMI	MOT	NS	SGS	SIE	TI	TOS	VA
Std		●	●			●		●	●		●
ALS					●	●		●	●		
AS					●						
F		●						●	●		
H											
L											
LS		●	●		●	●	●		●	●	●
S	●	●	●		●			●			●

74151 1-aus-8-Datenselektor/Multiplexer

Fortsetzung:

Eingänge				Ausgänge	
Adresse			Ausgangs-Freigabe		
A2	A1	A0	$\overline{OE}$	Q	$\overline{Q}$
X	X	X	H	L	H
L	L	L	L	D0	$\overline{D0}$*
L	L	H	L	D1	$\overline{D1}$
L	H	L	L	D2	$\overline{D2}$
L	H	H	L	D3	$\overline{D3}$
H	L	L	L	D4	$\overline{D4}$
H	L	H	L	D5	$\overline{D5}$
H	H	L	L	D6	$\overline{D6}$
H	H	H	L	D7	$\overline{D7}$

*= Pegel der entsprechenden Eingänge

Beschreibung:
Dieser Baustein enthält einen Datenselektor, der eines aus 8 Eingangssignalen mittels eines 3-Bit-Binärcodes auswählt.

Betrieb:
Der gewünschte Eingang (D0—D7) wird mittels der Binäradresse an den Adressen-Eingängen (A0—A2) ausgewählt. Das Signal am ausgewählten Eingang erscheint am Ausgang Q und invertiert an Ausgang $\overline{Q}$.
Im Normalbetrieb wird der Freigabe-Eingang $\overline{OE}$ = Output Enable auf Low gelegt. Macht man $\overline{OE}$ High, so geht der Ausgang Q auf Low und der Ausgang $\overline{Q}$ auf High, unabhängig vom Zustand der anderen Eingänge.
Der Baustein lässt sich auch als Funktionsgenerator mit bis zu 4 Variablen einsetzen, sowie bei der seriellen Datenübertragung. Ein ähnlicher Baustein, bei dem jedoch mit $\overline{OE}$ = High die beiden Ausgänge Q und $\overline{Q}$ in den hochohmigen Zustand gehen, ist der 74251.

Anwendung:
Multiplexen, Adressen-Decodierung, serielle Datenübertragung, Funktionsgenerator.

Daten:	Std	ALS	AS	F	LS	S	
Durchlauf-Verzögerung	25	n	8	6	15	12	ns
Stromaufnahme	29	7.5	19	12	6	45	mA

74151	1-aus-8-Datenselektor/Multiplexer

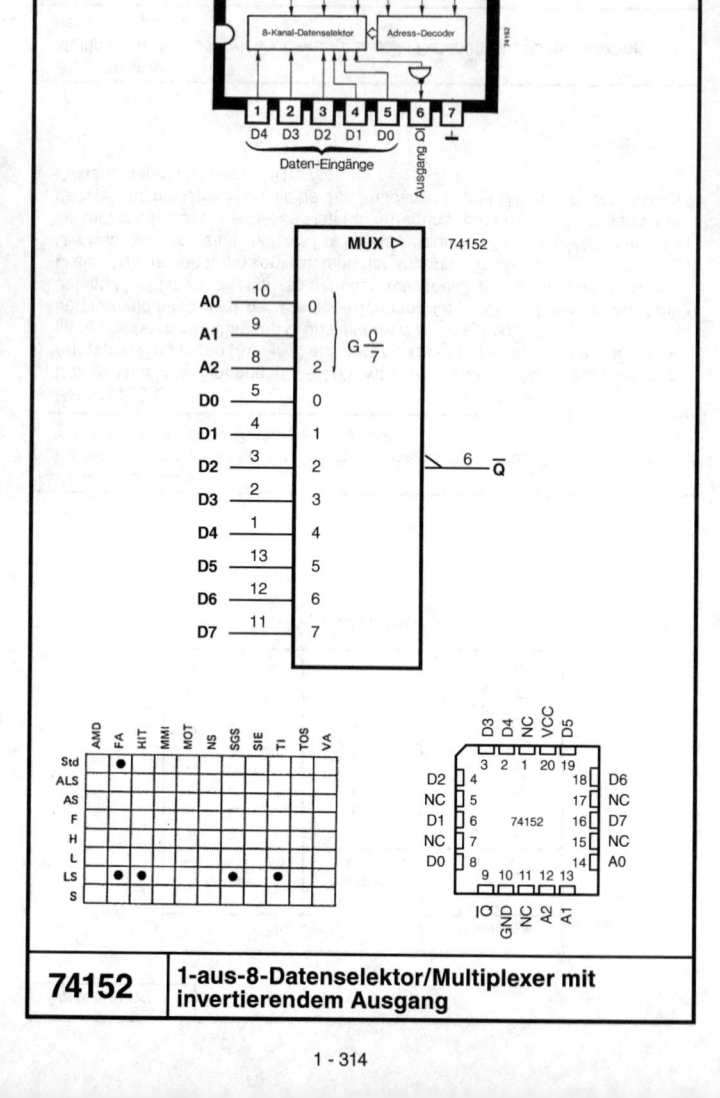

| 74152 | 1-aus-8-Datenselektor/Multiplexer mit invertierendem Ausgang |

Fortsetzung:

Adress-Eingänge A2 A1 A0	Ausgang $\overline{Q}$
L L L	$\overline{D0}$ *
L L H	$\overline{D1}$
L H L	$\overline{D2}$
L H H	$\overline{D3}$
H L L	$\overline{D4}$
H L H	$\overline{D5}$
H H L	$\overline{D6}$
H H H	$\overline{D7}$

* = Pegel der entsprechenden Eingänge

Beschreibung:
Dieser Baustein enthält einen Datenselektor, der eines aus 8 Eingangssignalen mittels eines 3-Bit-Binärcodes auswählt.

Betrieb:
Der gewünschte Eingang (D0—D7) wird mittels der Binäradresse an den Adressen-Eingängen (A0—A2) ausgewählt. Das Signal am angewählten Eingang erscheint invertiert am Ausgang $\overline{Q}$.
Der Baustein lässt sich auch als Funktionsgenerator mit bis zu 4 Variablen einsetzen, sowie bei der seriellen Datenübertragung. Beachten Sie, dass dieser Baustein nur im W-Gehäuse (Flatpack) erhältlich ist.

Anwendung:
Multiplexen, Adressen-Decodierung, serielle Datenübertragung, Funktionsgenerator.

Daten:	Std	LS	
Durchlauf-Verzögerung	20	21	ns
Stromaufnahme	43	9	mA

74152	1-aus-8-Datenselektor/Multiplexer mit invertierendem Ausgang

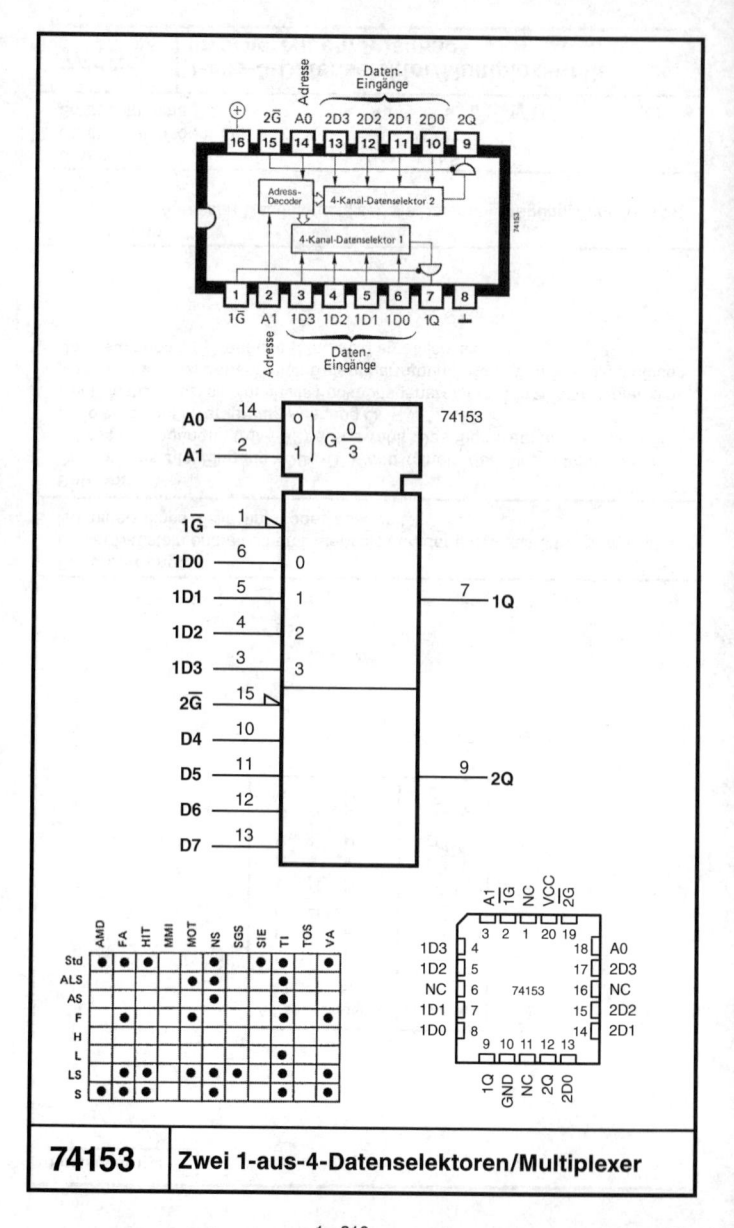

	AMD	FA	HIT	MMI	MOT	NS	SGS	SIE	TI	TOS	VA
Std	●	●	●		●			●	●	●	●
ALS						●			●		●
AS						●			●		
F		●			●						
H		●									
L											
LS	●	●	●			●			●		●
S	●	●	●			●			●		●

74153	Zwei 1-aus-4-Datenselektoren/Multiplexer

Fortsetzung:

Adressen-Eingänge		Daten-Eingänge				Freigabe	Ausgang
A1	A0	D0	D1	D2	D3	$\overline{G}$	Q
X	X	X	X	X	X	H	L
L	L	L	X	X	X	L	L
L	L	H	X	X	X	L	H
L	H	X	L	X	X	L	L
L	H	X	H	X	X	L	H
H	L	X	X	L	X	L	L
H	L	X	X	H	X	L	H
H	H	X	X	X	L	L	L
H	H	X	X	X	H	L	H

Beschreibung:
Dieser Baustein enthält zwei 1-aus-4-Datenselektoren mit gemeinsamen Adressen-Eingängen, jedoch getrennten Austast- (Strobe-) Eingängen.

Betrieb:
Die Auswahl des gewünschten Eingangs erfolgt bei beiden Datenselektoren über die gemeinsamen Adressen-Eingänge A0 und A1 im Binärcode. Das Signal am angewählten Eingang erscheint am jeweiligen Ausgang 1Q und 2Q in nicht invertierter Form.
Die Freigabe-Eingänge (Pin 1 und 15) arbeiten dagegen unabhängig voneinander. Die Freigabe-Eingänge liegen im Normalbetrieb auf Low. Legt man einen dieser Eingänge auf High, so geht der zugehörige Ausgang 1Q oder 2Q auf Low, unabhängig vom Zustand der übrigen Eingänge.

Anwendung:
Multiplexen, Adressen-Decodierung, serielle Datenübertragung.

Daten:	Std	ALS	AS	F	LS	S	
Durchlauf-Verzögerung	17	10	6.6	7	17	19	ns
Stromaufnahme	36	7.5	18.5	12	6	45	mA

74153 — Zwei 1-aus-4-Datenselektoren/Multiplexer

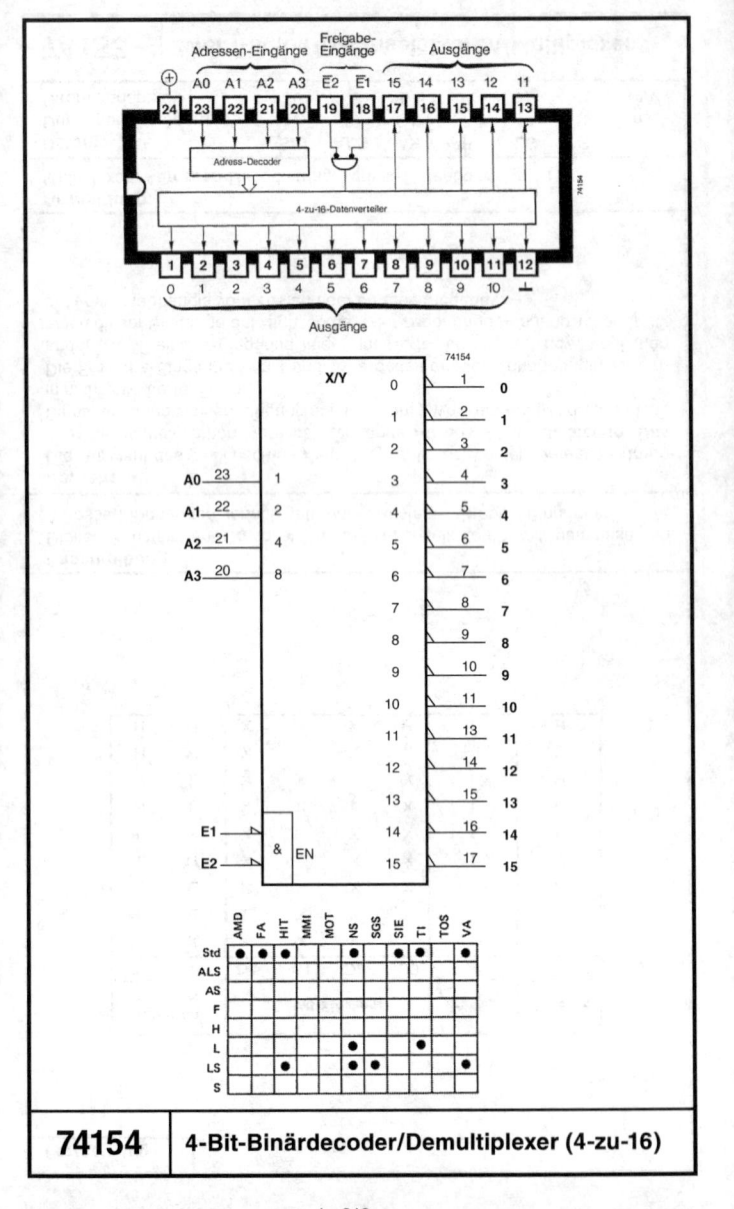

	AMD	FA	HIT	MMI	MOT	NS	SGS	SIE	TI	TOS	VA
Std	●	●	●			●					●
ALS											
AS											
F											
H											
L						●			●		
LS			●			●	●				●
S											

| 74154 | 4-Bit-Binärdecoder/Demultiplexer (4-zu-16) |

Fortsetzung:

EINGÄNGE						AUSGÄNGE															
E1	E2	A3	A2	A1	A0	0	1	2	3	4	5	6	7	8	9	10	11	12	13	14	15
L	L	L	L	L	L	L	H	H	H	H	H	H	H	H	H	H	H	H	H	H	H
L	L	L	L	L	H	H	L	H	H	H	H	H	H	H	H	H	H	H	H	H	H
L	L	L	L	H	L	H	H	L	H	H	H	H	H	H	H	H	H	H	H	H	H
L	L	L	L	H	H	H	H	H	L	H	H	H	H	H	H	H	H	H	H	H	H
L	L	L	H	L	L	H	H	H	H	L	H	H	H	H	H	H	H	H	H	H	H
L	L	L	H	L	H	H	H	H	H	H	L	H	H	H	H	H	H	H	H	H	H
L	L	L	H	H	L	H	H	H	H	H	H	L	H	H	H	H	H	H	H	H	H
L	L	L	H	H	H	H	H	H	H	H	H	H	L	H	H	H	H	H	H	H	H
L	L	H	L	L	L	H	H	H	H	H	H	H	H	L	H	H	H	H	H	H	H
L	L	H	L	L	H	H	H	H	H	H	H	H	H	H	L	H	H	H	H	H	H
L	L	H	L	H	L	H	H	H	H	H	H	H	H	H	H	L	H	H	H	H	H
L	L	H	L	H	H	H	H	H	H	H	H	H	H	H	H	H	L	H	H	H	H
L	L	H	H	L	L	H	H	H	H	H	H	H	H	H	H	H	H	L	H	H	H
L	L	H	H	L	H	H	H	H	H	H	H	H	H	H	H	H	H	H	L	H	H
L	L	H	H	H	L	H	H	H	H	H	H	H	H	H	H	H	H	H	H	L	H
L	L	H	H	H	H	H	H	H	H	H	H	H	H	H	H	H	H	H	H	H	L
L	H	X	X	X	X	H	H	H	H	H	H	H	H	H	H	H	H	H	H	H	H
H	L	X	X	X	X	H	H	H	H	H	H	H	H	H	H	H	H	H	H	H	H
H	H	X	X	X	X	H	H	H	H	H	H	H	H	H	H	H	H	H	H	H	H

Beschreibung:
Dieser Baustein nimmt einen 4-Bit-Binärcode auf und steuert damit einen von 16 Ausgängen auf Low.

Betrieb:
Wenn man an den Adressen-Eingängen (A0—A3) einen 4-Bit-Binärcode anlegt, geht der entsprechende Ausgang auf Low, die übrigen Eingänge verbleiben auf High.
Dies trifft jedoch nur zu, wenn beide Freigabe- (Enable-) Eingänge auf Low liegen. Legt man einen oder beide Freigabe-Eingänge auf High, so gehen alle Ausgänge auf High.
Legt man einen Freigabe-Eingang auf Low, und betrachtet den anderen Freigabe-Eingang als Daten-Eingang, so folgt der über die Adressen-Eingänge ausgewählte Ausgang dem logischen Zustand dieses zweiten Freigabe-Einganges. Damit ist der Baustein als Demultiplexer oder Datenverteiler verwendbar.

Anwendung:
Demultiplexer, Datenverteiler, 4-Bit-Binärdecoder.

Daten:	Std	LS	
Durchlauf-Verzögerung	23	23	ns
Stromaufnahme	34	9	mA

74154	4-Bit-Binärdecoder/Demultiplexer (4-zu-16)

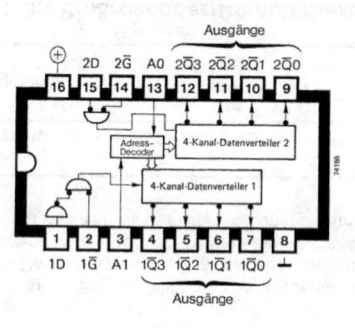

IEEE -Symbole siehe nächste Seite

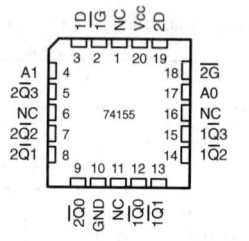

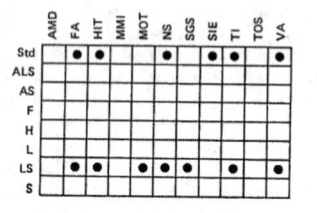

	AMD	FA	HIT	MMI	MOT	NS	SGS	SIE	TI	TOS	VA
Std		•	•			•		•			
ALS											
AS											
F											
H											
L											
LS	•	•			•	•	•		•		•
S											

74155	Zwei 2-Bit-Binärdecoder/Demultiplexer

Fortsetzung :

Eingänge				Ausgänge			
A1	A0	1$\bar{G}$	1D	1$\bar{Q}$0	1$\bar{Q}$1	1$\bar{Q}$2	1$\bar{Q}$3
X	X	H	X	H	H	H	H
L	L	L	H	L	H	H	H
L	H	L	H	H	L	H	H
H	L	L	H	H	H	L	H
H	H	L	H	H	H	H	L
X	X	X	L	H	H	H	H

Eingänge				Ausgänge			
A1	A0	2$\bar{G}$	2$\bar{D}$	2Q0	2Q1	2Q2	2Q3
X	X	H	X	H	H	H	H
L	L	L	L	L	H	H	H
L	H	L	L	H	L	H	H
H	L	L	L	H	H	L	H
H	H	L	L	H	H	H	L
X	X	X	H	H	H	H	H

Beschreibung:
Dieser Baustein enthält zwei 2-Bit-Datenverteiler mit gemeinsamer Adressierung.

Betrieb:
Die Auswahl des gewünschten Ausgangs erfolgt bei beiden Datenverteilern über die gemeinsamen Adressen-Eingänge A0 und A1 im Binärcode.
Wenn beim Schaltungsteil Nr. 1 der Dateneingang 1D (Pin 1) High gemacht und der Strobe-Eingang 1$\bar{G}$ (Pin 2) Low gemacht wird, geht der über die Adressen-Eingänge angewählte Ausgang auf Low, die übrigen bleiben auf High.
Beim Schaltungsteil Nr. 2 wird mit dem Dateneingang 2$\bar{D}$ (Pin 15) auf Low und dem Strobe-Eingang 2$\bar{G}$ (Pin 14) auf Low der angewählte Ausgang auf Low gehen. Wird bei der Schaltung Nr. 1 der Strobe-Eingang Low gemacht, erscheint am angewählten Ausgang das Komplement der Eingangsdaten. Wird bei der Schaltung Nr. 2 der Strobe-Eingang Low gemacht, erscheinen die Daten am gewählten Ausgang nicht invertiert. Beachten Sie, dass die beiden Hälften der Schaltung nicht identisch sind: Die Seite Nr. 1 invertiert die Daten, Seite 2 dagegen nicht.
Man kann die Schaltung als 1-aus-8-Datenverteiler verwenden, wenn die beiden Datenleitungen miteinander verbunden werden und man sie als zusätzlichen Adressen-Eingang A2 verwendet. Werden sodann die beiden Strobe-Eingänge ebenfalls miteinander verbunden und auf Low gelegt, geht der angewählte 1-aus-8-Ausgang auf Low (A2, A1, A0 = 000 ergibt 2Q0 = Low bis A2, A1, A0 = 111 ergibt 1$\bar{Q}$3 = Low). Steuert man die beiden parallel geschalteten Strobe-Eingänge mit Daten, werden sie zum angewählten Ausgang geführt.

Anwendung:
Zwei 2-Bit-Binärdecoder, 3-Bit-Binärdecoder, zweifacher Demultiplexer, 1-zu-8-Demultiplexer, Serien-Parallel-Umsetzer.

Daten:	Std	LS	
Durchlauf-Verzögerung	21	18	ns
Stromaufnahme	25	6	mA

74155	Zwei 2-Bit-Binärdecoder/Demultiplexer

74155

Fortsetzung 74155:

2-LINE TO 4-LINE DECODER

X/Y

- 1G̅ — 2 — EN — 8
- 1C — 1
- A — 13 — 1
- B — 3 — 2
  - 0 — 6 — 1Y0
  - 1 — 5 — 1Y1
  - 2 — 4 — 1Y2
  - 3 — 4 — 1Y3

- 2G̅ — 14 — EN — 8
- 2C — 15
  - 0 — 9 — 2Y0
  - 1 — 10 — 2Y1
  - 2 — 11 — 2Y2
  - 3 — 12 — 2Y3

3-LINE TO 8-LINE DECODER

X/Y

- A — 13 — 1
- B — 3 — 2
- C — 15 — 4
- G̅ — 2 — 14 — EN
  - 0 — 9 — 2Y0
  - 1 — 10 — 2Y1
  - 2 — 11 — 2Y2
  - 3 — 12 — 2Y3
  - 4 — 7 — 1Y0
  - 5 — 6 — 1Y1
  - 6 — 5 — 1Y2
  - 7 — 4 — 1Y3

1-LINE TO 8-LINE DEMULTIPLEXER

DMUX

- A — 13
- B — 3 — $G\genfrac{}{}{0pt}{}{0}{7}$
- C — 15
- G̅ — 2 — 14
  - 0 — 9 — 2Y0
  - 1 — 10 — 2Y1
  - 2 — 11 — 2Y2
  - 3 — 12 — 2Y3
  - 4 — 7 — 1Y0
  - 5 — 6 — 1Y1
  - 6 — 5 — 1Y2
  - 7 — 4 — 1Y3

1-LINE TO 4-LINE DEMULTIPLEXER

DMUX

- A — 13 — 0
- B — 3 — 1 $G\genfrac{}{}{0pt}{}{0}{3}$
- 1G̅ — 2 — G4
- 1C — 1 — 4
  - 0 — 7 — 1Y0
  - 1 — 6 — 1Y1
  - 2 — 5 — 1Y2
  - 3 — 4 — 1Y3
  - 0 — 9 — 2Y0
  - 1 — 10 — 2Y1
  - 2 — 11 — 2Y2
  - 3 — 12 — 2Y3
- 2G̅ — 14
- 2C — 15

Zwei 2-Bit-Binärdecoder/Demultiplexer

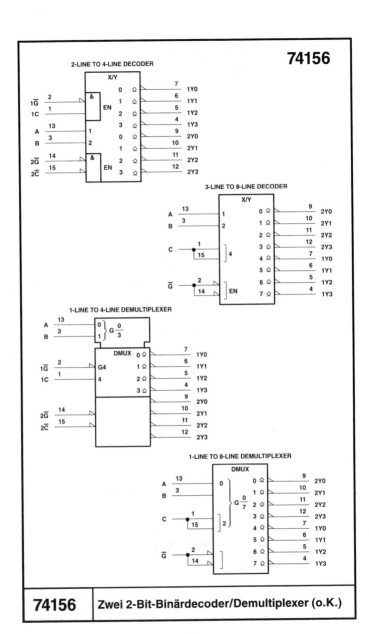

74156 — Zwei 2-Bit-Binärdecoder/Demultiplexer (o.K.)

Fortsetzung 74156 :

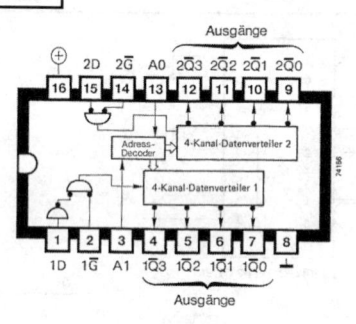

IEEE-Symbole siehe vorhergehende Seite

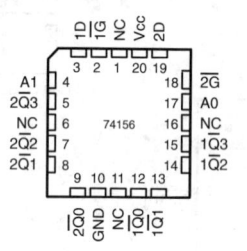

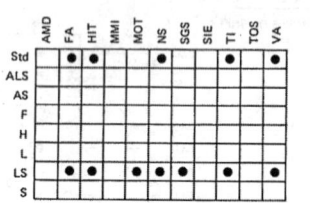

	AMD	FA	HIT	MMI	MOT	NS	SGS	SIE	TI	TOS	VA
Std		●	●			●			●		●
ALS											
AS											
F											
H											
L											
LS	●	●		●	●	●			●		●
S											

| **74156** | **Zwei 2-Bit-Binärdecoder/Demultiplexer (o.K.)** |

Fortsetzung :

Eingänge				Ausgänge			
A1	A0	$1\overline{G}$	1D	$1\overline{Q}0$	$1\overline{Q}1$	$1\overline{Q}2$	$1\overline{Q}3$
X	X	H	X	H	H	H	H
L	L	L	H	L	H	H	H
L	H	L	H	H	L	H	H
H	L	L	H	H	H	L	H
H	H	L	H	H	H	H	L
X	X	X	L	H	H	H	H

Eingänge				Ausgänge			
A1	A0	$2\overline{G}$	$2\overline{D}$	$2\overline{Q}0$	$2\overline{Q}1$	$2\overline{Q}2$	$2\overline{Q}3$
X	X	H	X	H	H	H	H
L	L	L	L	L	H	H	H
L	H	L	L	H	L	H	H
H	L	L	L	H	H	L	H
H	H	L	L	H	H	H	L
X	X	X	H	H	H	H	H

Beschreibung:
Dieser Baustein enthält zwei 2-Bit-Datenverteiler mit gemeinsamer Adressierung. Er besitzt Ausgänge mit offenem Kollektor.

Betrieb:
Die Auswahl des gewünschten Ausgangs erfolgt bei beiden Datenverteilern über die gemeinsamen Adressen-Eingänge A0 und A1 im Binärcode.
Wenn beim Schaltungsteil Nr.1 der Dateneingang 1D (Pin 1) High gemacht und der Strobe-Eingang $1\overline{G}$ (Pin 2) Low gemacht wird, geht der über die Adressen-Eingänge angewählte Ausgang auf Low, die übrigen bleiben auf High.
Beim Schaltungsteil Nr.2 wird mit dem Dateneingang $2\overline{D}$ (Pin 15) auf Low und dem Strobe-Eingang $2\overline{G}$ (Pin 14) auf Low der angewählte Ausgang auf Low gehen. Wird bei der Schaltung Nr.1 der Strobe-Eingang Low gemacht, erscheint am angewählten Ausgang das Komplement der Eingangsdaten. Wird bei der Schaltung Nr.2 der Strobe-Eingang Low gemacht, erscheinen die Daten am gewählten Ausgang nicht invertiert. Beachten Sie, dass die beiden Hälften der Schaltung nicht identisch sind: Die Seite Nr.1 invertiert die Daten, Seite 2 dagegen nicht.
Man kann die Schaltung als 1-aus-8-Datenverteiler verwenden, wenn die beiden Datenleitungen miteinander verbunden werden und man sie als zusätzlichen Adressen-Eingang A2 verwendet. Werden sodann die beiden Strobe-Eingänge ebenfalls miteinander verbunden und auf Low gelegt, geht der angewählte 1-aus-8-Ausgang auf Low (A2, A1, A0 = 000 ergibt $2\overline{Q}O$ = Low bis A2, A1, A0 = 111 ergibt $1\overline{Q}3$ = Low). Steuert man die beiden parallel geschalteten Strobe-Eingänge mit Daten, werden sie zum angewählten Ausgang geführt.
Dieser Baustein ist mit dem 74155 funktionsmäßig identisch, besitzt jedoch Ausgänge mit offenem Kollektor.

Anwendung:
Zwei 2-Bit-Binärdecoder, 3-Bit-Binärdecoder, zweifacher Demultiplexer, 1-zu-8-Demultiplexer, Serien-Parallel-Umsetzer.

Daten:	Std	LS	
Max. Ausgangsspannung	5.5	5.5	V
Durchlauf-Verzögerung	21	18	ns
Stromaufnahme	25	6	mA

74156 — Zwei 2-Bit-Binärdecoder/Demultiplexer (o.K.)

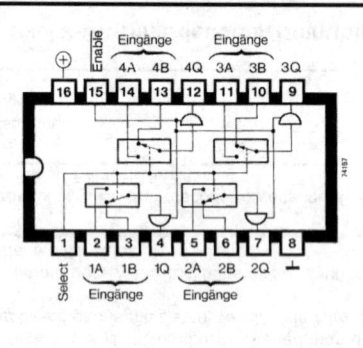

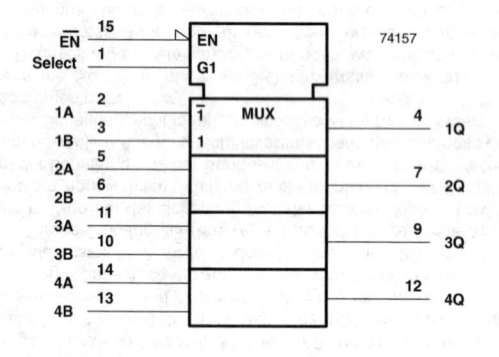

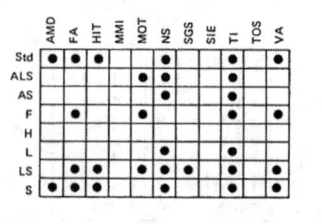

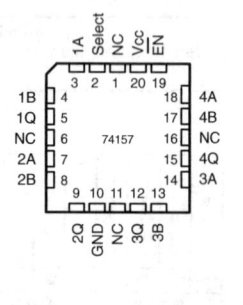

74157   Vier 2-zu-1 Datenselektoren/Multiplexer

Fortsetzung :

Eingänge		Daten		Ausgang
$\overline{\text{Enable}}$	Select $\overline{\text{A}}$/B	A	B	Q
H	X	X	X	L
L	L	L	X	L
L	L	H	X	H
L	H	X	L	L
L	H	X	H	H

Beschreibung:
Dieser Baustein enthält vier 1-aus-2-Datenselektoren.

Betrieb:
Mit diesem Baustein kann man aus vier Datenpaaren 1A/1B bis 4A/4B jeweils eine Information auswählen und an den entsprechenden Ausgang 1Q bis 4Q weiterleiten. Der Freigabe- ($\overline{\text{Enable}}$-) Eingang gestattet ein Abschalten der Ausgänge unabhängig vom Select- (Auswahl-) Eingang. Wird der $\overline{\text{Enable}}$-Eingang auf High gelegt, gehen alle Ausgänge auf Low, unabhängig vom Zustand aller übrigen Eingänge. Legt man ihn auf Low, reagieren die Ausgänge auf dem Select-Eingang.
Ist der Select-Eingang Low, so folgen die Ausgänge den A-Eingängen, ist er dagegen High, so geben die Ausgänge den logischen Pegel der B-Eingänge wieder.
Es handelt sich hier um einen Daten-Selector und nicht um einen Daten-Verteiler. Es können Daten von jeweils zwei verschiedenen Quellen ausgewählt und weitergeleitet werden. Beachten Sie, dass dieser Baustein zwar einem zweipoligen Umschalter entspricht, jedoch nur digitale (und nicht wie beim CMOS-Baustein 4551 auch analoge Signale) geschaltet werden können.
Der 74158 ist ein ähnlicher Baustein mit invertierenden Ausgängen.

Anwendung:
Multiplexen, Datenwähler.

Daten:	Std	ALS	AS	F	LS	S	
Durchlauf-Verzögerung	9	4.25	3.5	4.6	9	5	ns
Stromaufnahme	30	5	17.5	15	10	50	mA

74157	Vier 2-zu-1 Datenselektoren/Multiplexer

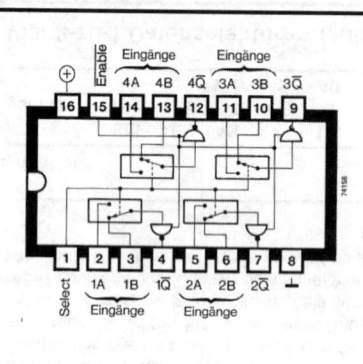

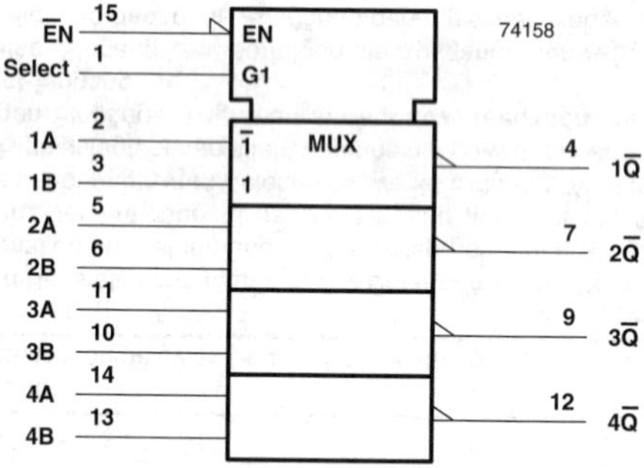

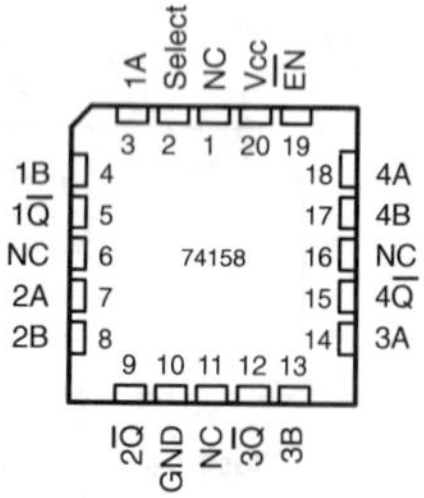

$\overline{EN}$ — 15 — EN

Select — 1 — G1

74158

1A — 2 — $\overline{1}$ MUX
1B — 3 — 1 → 4 — $1\overline{Q}$

2A — 5
2B — 6 → 7 — $2\overline{Q}$

3A — 11
3B — 10 → 9 — $3\overline{Q}$

4A — 14
4B — 13 → 12 — $4\overline{Q}$

74158 PLCC:
- Top: 1A (3), Select (2), NC (1), Vcc (20), EN (19)
- Left: 1B (4), $1\overline{Q}$ (5), NC (6), 2A (7), 2B (8)
- Bottom: $2\overline{Q}$ (9), GND (10), NC (11), $3\overline{Q}$ (12), 3B (13)
- Right: 4A (18), 4B (17), NC (16), $4\overline{Q}$ (15), 3A (14)

	AMD	FA	HIT	MMI	MOT	NS	SGS	SIE	TI	TOS	VA
Std											●
ALS					●	●			●		
AS						●			●		
F		●			●				●		
H											
L											
LS		●	●	●	●	●	●		●		●
S	●	●	●		●				●		●

74158 Vier 2-zu-1-Datenselektoren/Multiplexer mit invertierenden Ausgängen

Fortsetzung:

Eingänge				Ausgang
$\overline{\text{Enable}}$	Select $\overline{\text{A}}$/B	Daten A	B	$\overline{\text{Q}}$
H	X	X	X	H
L	L	L	X	H
L	L	H	X	L
L	H	X	L	H
L	H	X	H	L

Beschreibung:
Dieser Baustein enthält vier 1-aus-2-Datenselektoren mit invertierenden Ausgängen.

Betrieb:
Dieser Baustein ist pin- und funktions-kompatibel mit dem 74157 (siehe dort), mit Ausnahme, dass die Ausgänge 1Q bis 4Q invertiert sind.

Anwendung:
Multiplexen, Datenwähler.

Daten:	Std	ALS	AS	F	LS	S	
Durchlauf-Verzögerung	9	4.25	2.9	3.7	7	4	ns
Stromaufnahme	30	5	17.5	10	5	39	mA

74158	Vier 2-zu-1-Datenselektoren/Multiplexer mit invertierenden Ausgängen

74159 — 4-Bit-Binärdecoder/Demultiplexer (4-zu-16, o.K., 50µA)

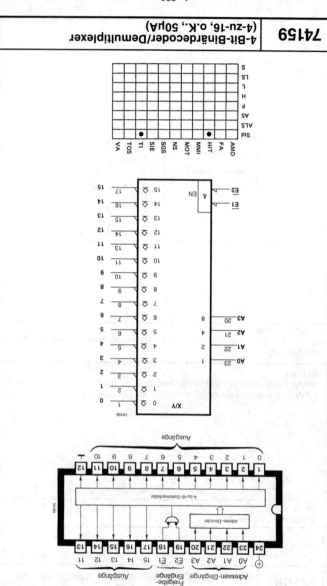

Fortsetzung:

EINGÄNGE						AUSGÄNGE															
E1	E2	A3	A2	A1	A0	0	1	2	3	4	5	6	7	8	9	10	11	12	13	14	15
L	L	L	L	L	L	L	H	H	H	H	H	H	H	H	H	H	H	H	H	H	H
L	L	L	L	L	H	H	L	H	H	H	H	H	H	H	H	H	H	H	H	H	H
L	L	L	L	H	L	H	H	L	H	H	H	H	H	H	H	H	H	H	H	H	H
L	L	L	L	H	H	H	H	H	L	H	H	H	H	H	H	H	H	H	H	H	H
L	L	L	H	L	L	H	H	H	H	L	H	H	H	H	H	H	H	H	H	H	H
L	L	L	H	L	H	H	H	H	H	H	L	H	H	H	H	H	H	H	H	H	H
L	L	L	H	H	L	H	H	H	H	H	H	L	H	H	H	H	H	H	H	H	H
L	L	L	H	H	H	H	H	H	H	H	H	H	L	H	H	H	H	H	H	H	H
L	L	H	L	L	L	H	H	H	H	H	H	H	H	L	H	H	H	H	H	H	H
L	L	H	L	L	H	H	H	H	H	H	H	H	H	H	L	H	H	H	H	H	H
L	L	H	L	H	L	H	H	H	H	H	H	H	H	H	H	L	H	H	H	H	H
L	L	H	L	H	H	H	H	H	H	H	H	H	H	H	H	H	L	H	H	H	H
L	L	H	H	L	L	H	H	H	H	H	H	H	H	H	H	H	H	L	H	H	H
L	L	H	H	L	H	H	H	H	H	H	H	H	H	H	H	H	H	H	L	H	H
L	L	H	H	H	L	H	H	H	H	H	H	H	H	H	H	H	H	H	H	L	H
L	L	H	H	H	H	H	H	H	H	H	H	H	H	H	H	H	H	H	H	H	L
L	H	X	X	X	X	H	H	H	H	H	H	H	H	H	H	H	H	H	H	H	H
H	L	X	X	X	X	H	H	H	H	H	H	H	H	H	H	H	H	H	H	H	H
H	H	X	X	X	X	H	H	H	H	H	H	H	H	H	H	H	H	H	H	H	H

Beschreibung:
Dieser Baustein nimmt einen 4-Bit-Binärcode auf und steuert damit einen von 16 Ausgängen auf Low. Die Ausgänge besitzen einen offenen Kollektor.

Betrieb:
Dieser Baustein ist mit dem 74154 pin- und funktionskompatibel (siehe dort), mit Ausnahme, dass die Ausgänge einen offenen Kollektor besitzen und daher über einen Widerstand an +U gelegt werden müssen.
Die Ausführung 74159 erlaubt eine maximale Ausgangsspannung von +5.5V, und der 74159-S1 eine maximale Ausgangsspannung von +15V. Der maximale Reststrom bei V_{OH} beträgt für beide Ausführungen 50µA.

Anwendung:
Demultiplexer, Datenverteiler, 4-Bit-Binärdecoder.

Daten:	Std	
Maximale Ausgangsspannung: 74159	5.5	V
Durchlauf-Verzögerung	24	ns
Stromaufnahme	34	mA

74159	4-Bit-Binärdecoder/Demultiplexer (4-zu-16, o.K., 50µA)

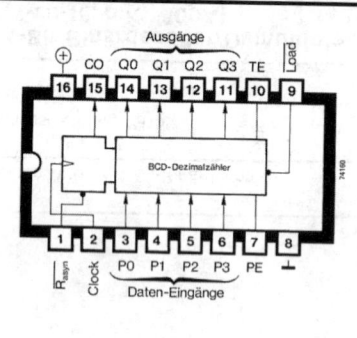

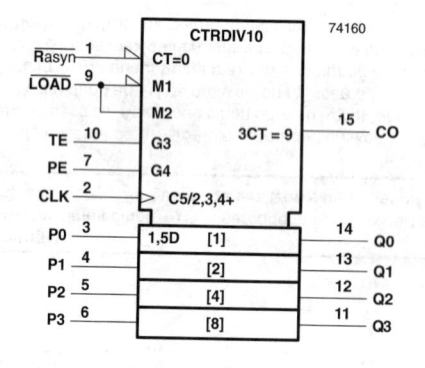

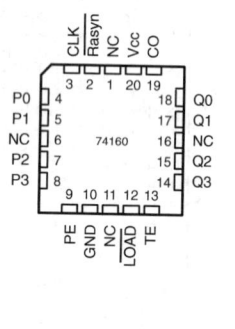

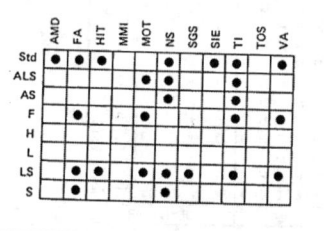

| 74160 | Synchroner programmierbarer Dezimalzähler mit asynchronem Löschen |

Fortsetzung:

$\overline{\text{Load}}$	PE	TE	Betriebsart
L	X	X	Voreinstellen
H	L	X	keine Änderung
H	X	L	keine Änderung
H	H	H	Zählung

Beschreibung:
Es handelt sich bei diesem Baustein um einen programmierbaren synchronen, dekadischen Zähler, der im BCD-Code aufwärts zählt und asynchron zurückgesetzt wird.

Betrieb:
Für normalen Zählbetrieb werden Pin 1 ($\overline{R_{asyn}}$), die Pins PE (P-Enable) und TE (T-Enable), sowie der $\overline{\text{Load}}$-Eingang High gemacht.
Der Zähler schreitet um eine Zählung synchron bei einem LH-Übergang des Taktes fort. Die Schaltung triggert also an den positiven Flanken des Taktimpulses. Die Ausgänge Q0, Q1, Q2 und Q3 folgen dem BCD-Code.
Zur Rückstellung des Zählers wird der Anschluss 1 ($\overline{R_{asyn}}$) kurzzeitig auf Masse gelegt. Diese Rückstell-Funktion ist asynchron und setzt alle vier Ausgänge auf Low, unabhängig vom Zustand der anderen Eingänge.
Wenn der Eingang $\overline{\text{Load}}$ auf Low ist, so wird bei der nächsten positiven Flanke des Taktimpulses der an den Anschlüssen P0 bis P3 liegende Code in den Zähler geladen. Für synchrones Zählen mit mehreren Dekaden ohne externe Gatter dienen die beiden Eingänge für die Zähler-Freigabe PE und TE, sowie der Anschluss CO (Carry Out). Die Verbindung geschieht folgendermaßen:
1. Dekade (niedrigstwertige): PE = TE = High, CO wird mit PE und TE der zweiten Dekade, und mit PE der dritten (usw.) Dekade verbunden.
2. Dekade: CO der zweiten Dekade wird mit TE der dritten Dekade verbunden usw.

Alle Stufen werden synchron vom Eingangstakt gesteuert, indem die Takteingänge aller Stufen miteinander verbunden werden. Ebenso werden alle Rückstell-Eingänge parallel geschaltet.
Dieser Baustein ist pinkompatibel mit dem CMOS 4160 und 40160.

Anwendung:
Programmierbare Zähler, Zähler- und Zeitgeber-Steuerung, Frequenzteiler.

Daten:	Std	ALS	AS	F	LS	S	
Max. Zählfrequenz	25	30	75	120	25	60	MHz
Stromaufnahme	61	12	35	40	19	95	mA

74160	Synchroner programmierbarer Dezimalzähler mit asynchronem Löschen

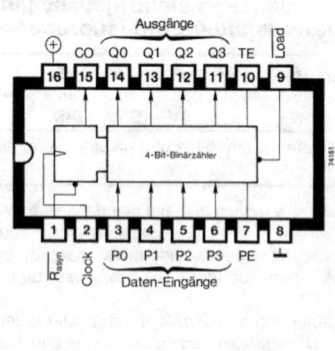

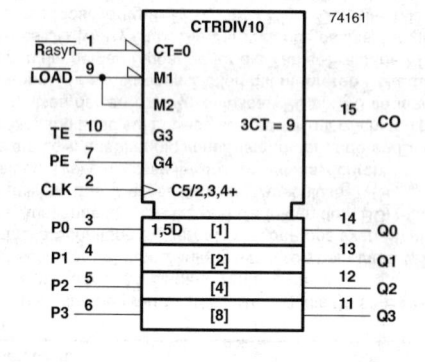

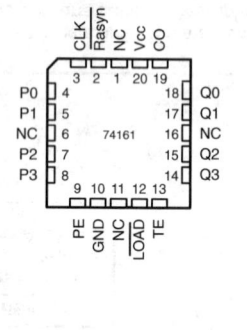

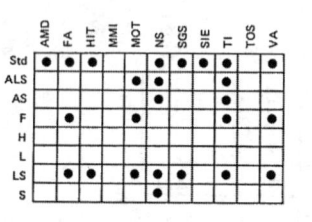

74161 — Synchroner programmierbarer 4-Bit-Binärzähler mit asynchronem Löschen

Fortsetzung :

$\overline{\text{Load}}$	PE	TE	Betriebsart
L	X	X	Voreinstellen
H	L	X	keine Änderung
H	X	L	keine Änderung
H	H	H	Zählung

Beschreibung:
Es handelt sich bei diesem Baustein um einen programmierbaren synchronen 4-Bit-Binärzähler, der im Binärcode zählt und asynchron zurückgesetzt wird.

Betrieb:
Für normalen Zählbetrieb werden Pin 1 ($\overline{R_{asyn}}$), die Pins PE (P-Enable) und TE (T-Enable), sowie der $\overline{\text{Load}}$-Eingang High gemacht.
Der Zähler schreitet um eine Zählung synchron einem LH-Übergang des Taktes fort. Die Schaltung triggert also an den positiven Flanken des Taktimpulses. Die Ausgänge Q0, Q1, Q2 und Q3 folgen dem Binärcode.
Zur Rückstellung des Zählers wird der Anschluss 1 ($\overline{R_{asyn}}$) kurzeitig auf Masse gelegt. Diese Rückstell-Funktion ist asynchron und setzt alle vier Ausgänge auf Low, unabhängig vom Zustand der anderen Eingänge.
Wenn der Eingang $\overline{\text{Load}}$ auf Low ist, so wird bei der nächsten positiven Flanke des Taktimpulses der an den Anschlüssen P0 bis P3 liegende Code in den Zähler geladen. Für synchrones Zählen mit mehreren Stellen ohne externe Gatter dienen die beiden Eingänge für die Zähler-Freigabe PE und TE, sowie der Anschluss CO (Carry Out). Die Verbindung geschieht folgendermaßen:
1. Dekade (niedrigstwertige): PE = TE = High, CO wird mit PE und TE der zweiten Dekade, und mit PE der dritten Dekade (usw.) verbunden.
2. Dekade: CO der zweiten Dekade wird mit TE der dritten Dekade verbunden usw.

Alle Stufen werden synchron vom Eingangstakt gesteuert, indem die Takteingänge aller Stufen miteinander verbunden werden. Ebenso werden alle Rückstell-Eingänge parallel geschaltet.
Dieser Baustein ist pin-kompatibel mit dem CMOS 4161 und 40161.

Anwendung:
Programmierbare Zähler, Zähler- und Zeitgeber-Steuerung, Frequenzteiler.

Daten:	Std	ALS	AS	F	LS	S	
Max. Zählfrequenz	25	30	75	120	25	60	MHz
Stromaufnahme	61	12	35	40	19	95	mA

74161	Synchroner programmierbarer 4-Bit-Binärzähler mit asynchronem Löschen

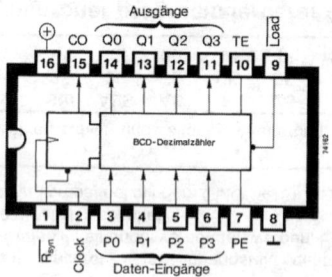

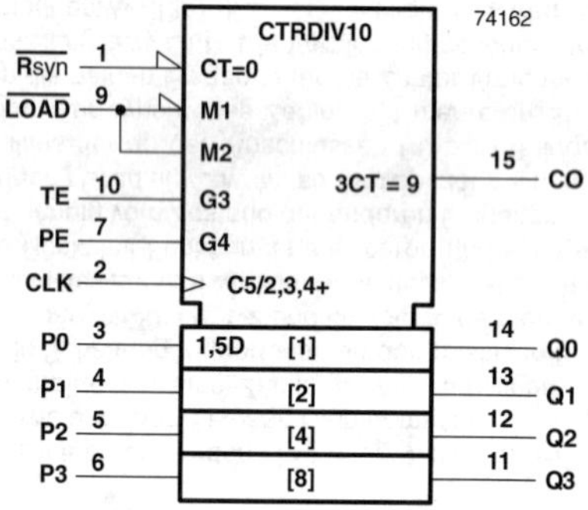

CTRDIV10 74162

$\overline{Rsyn}$ 1	CT=0	
$\overline{LOAD}$ 9	M1	
	M2	
TE 10	G3	3CT = 9 — 15 CO
PE 7	G4	
CLK 2	C5/2,3,4+	

P0 3	1,5D [1]	14 Q0
P1 4	[2]	13 Q1
P2 5	[4]	12 Q2
P3 6	[8]	11 Q3

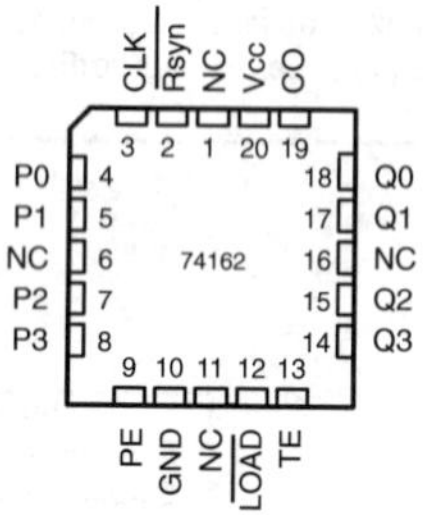

	AMD	FA	HIT	MMI	MOT	NS	SGS	SIE	TI	TOS	VA
Std	•	•	•			•	•		•		
ALS						•			•		
AS						•			•		
F		•			•				•		•
H											
L											
LS	•	•		•	•	•			•		•
S						•			•		

74162 Synchroner programmierbarer Dezimalzähler mit synchronem Löschen

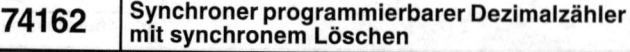

Fortsetzung:

$\overline{R_{syn}}$	$\overline{Load}$	PE	TE	Betriebsart
H	L	X	X	Voreinstellen
H	H	L	X	keine Änderung
H	H	X	L	keine Änderung
H	H.	H	H	Zählung
L	X	X	X	Rückstellen

Beschreibung:
Es handelt sich bei diesem Baustein um einen programmierbaren synchronen, dekadischen Zähler, der im BCD-Code aufwärts zählt und synchron zurückgestellt wird.

Betrieb:
Für normalen Zählbetrieb werden Pin 1 ($\overline{R_{syn}}$), die Pins PE (P-Enable) und TE (T-Enable), sowie der $\overline{Load}$-Eingang High gemacht.
Der Zähler schreitet um eine Zählung synchron beim LH-Übergang des Taktes fort. Die Schaltung triggert also an den positiven Flanken des Taktimpulses. Die Ausgänge Q0, Q1, Q2 und Q3 folgen dem BCD-Code.
Zur Rückstellung des Zählers wird der Anschluss 1 ($\overline{R_{syn}}$) auf Low gelegt. Die Rückstellung erfolgt dann bei der nächsten positiven Taktflanke und setzt alle Ausgänge auf Low. Wenn der Eingang $\overline{Load}$ auf Low ist, so wird bei der nächsten positiven Flanke des Taktimpulses der an den Anschlüssen P0 bis P3 liegende Code in den Zähler geladen. Für synchrones Zählen mit mehreren Dekaden ohne externe Gatter dienen die beiden Eingänge für die Zähler-Freigabe PE und TE, sowie der Anschluss CO (Carry Out). Die Verbindung geschieht folgendermaßen:
1. Dekade (niedrigstwertige): PE = TE = High, CO wird mit PE und TE der zweiten Dekade, und mit PE der dritten Dekade (usw.) verbunden.
2. Dekade: CO der zweiten Dekade wird mit TE der dritten Dekade verbunden (usw).

Alle Stufen werden synchron vom Eingangstakt gesteuert, indem die Takteingänge aller Stufen miteinander verbunden werden. Ebenso werden alle Rückstell-Eingänge parallel geschaltet.
Dieser Baustein ist pinkompatibel mit dem CMOS 4162 und 40162.

Anwendung:
Programmierbare Zähler, Zähler- und Zeitgeber-Steuerung, Frequenzteiler.

Daten:	Std	ALS	AS	F	LS	S	
Max. Zählfrequenz	25	30	75	120	25	60	MHz
Stromaufnahme	61	12	35	40	19	95	mA

74162	Synchroner programmierbarer Dezimalzähler mit synchronem Löschen

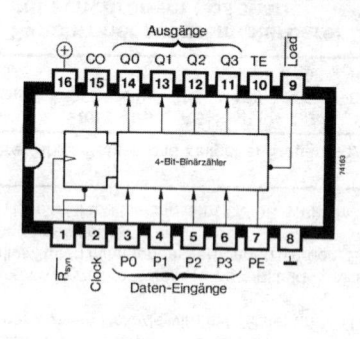

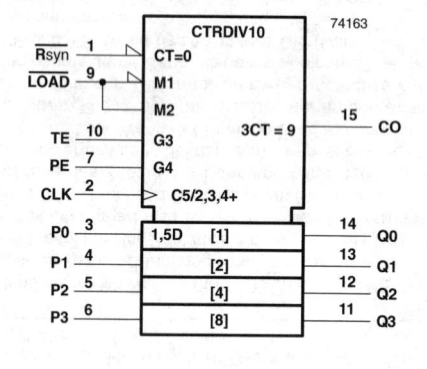

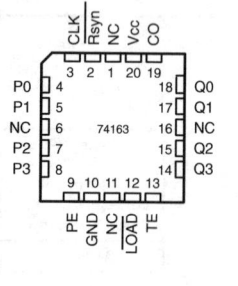

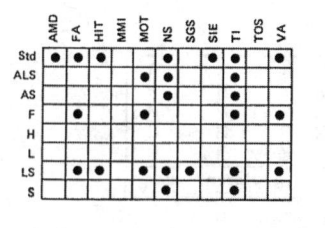

	AMD	FA	HIT	MMI	MOT	NS	SGS	SIE	TI	TOS	VA
Std	●	●	●		●		●		●	●	
ALS					●	●	●		●		
AS						●	●				
F		●			●						●
H											
L											
LS	●	●	●		●	●	●		●	●	
S					●				●		

74163 Synchroner programmierbarer 4-Bit-Binärzähler mit synchronem Löschen

Fortsetzung:

$\overline{R_{syn}}$	$\overline{Load}$	PE	TE	Betriebsart
H	L	X	X	Voreinstellen
H	H	L	X	keine Änderung
H	H	X	L	keine Änderung
H	H	H	H	Zählung
L	X	X	X	Rückstellen

Beschreibung:
Es handelt sich bei diesem Baustein um einen programmierbaren synchronen 4-Bit-Zähler, der im Binärcode aufwärts zählt und synchron zurücksetzt.

Betrieb:
Für normalen Zählbetrieb wird Pin 1 ($\overline{R_{syn}}$), die Pins PE (P-Enable und TE (T-Enable), sowie der $\overline{Load}$-Eingang High gemacht.
Der Zähler schreitet um eine Zählung synchron beim LH-Übergang des Taktes fort. Die Schaltung triggert also an den positiven Flanken des Taktimpulses. Die Ausgänge Q0, Q1, Q2 und Q3 folgen dem Binärcode.
Zur Rückstellung des Zählers wird der Anschluss 1 ($\overline{R_{syn}}$) auf Low gelegt. Die Rückstellung erfolgt dann bei der nächsten positiven Taktflanke und setzt alle Ausgänge auf Low. Wenn der Eingang $\overline{Load}$ auf Low ist, so wird bei der nächsten positiven Flanke des Taktimpulses der an den Anschlüssen P0 bis P3 liegende Code in den Zähler geladen. Für synchrones Zählen mit mehreren Stellen ohne externe Gatter dienen die beiden Eingänge für die Zähler-Freigabe PE und TE, sowie der Anschluss CO (Carry Out). Die Verbindung geschieht folgendermaßen:
1. Dekade (niedrigstwertige): PE = TE = High, CO wird mit PE und TE der zweiten Dekade, und mit PE der dritten Dekade (usw.) verbunden.
2. Dekade: CO der zweiten Dekade wird mit TE der dritten Dekade verbunden usw.

Alle Stufen werden synchron vom Eingangstakt gesteuert, indem die Takteingänge aller Stufen miteinander verbunden werden. Ebenso werden alle Rückstell-Eingänge parallel geschaltet.
Dieser Baustein ist pinkompatibel mit dem CMOS 4163 und 40163.

Anwendung:
Programmierbare Zähler, Zähler- und Zeitgeber-Steuerung, Frequenzteiler.

Daten:	Std	ALS	AS	F	LS	S	
Max. Zählfrequenz	25	30	75	120	25	60	MHz
Stromaufnahme	61	12	35	40	19	95	mA

74163	Synchroner programmierbarer 4-Bit-Binärzähler mit synchronem Löschen

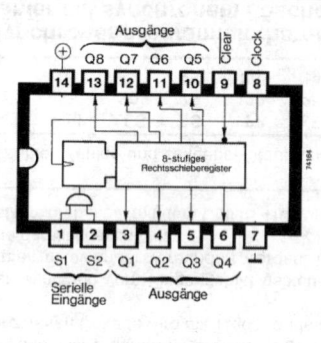

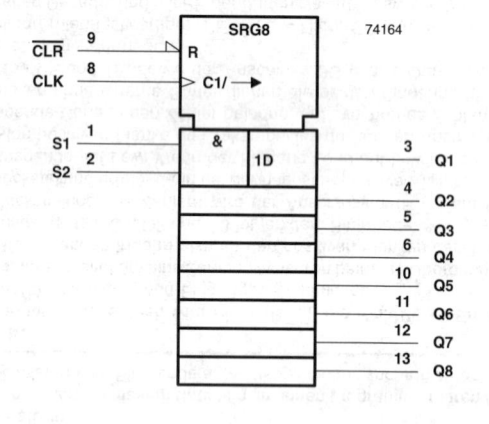

	AMD	FA	HIT	MMI	MOT	NS	SGS	SIE	TI	TOS	VA
Std		•	•			•			•		
ALS									•		
AS											
F		•									•
H											
L						•		•			
LS	•	•	•		•	•	•		•		•
S											

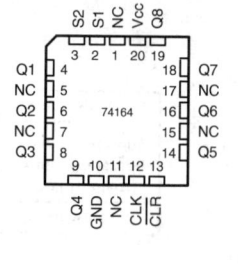

74164	8-Bit-Schieberegister (seriell-ein, parallel/seriell-aus), mit Löschen

Fortsetzung:

Eingänge				Ausgänge		
Clear	Clock	S1	S2	Q1	Q2	... Q8
L	X	X	X	L	L	L
H	⊓	X	X	keine Änderung		
H	⌐	L	X	L	Q_{1n}	... Q_{7n}
H	⌐	X	L	L	Q_{1n}	... Q_{7n}
H	⌐	H	H	H	Q_{1n}	... Q_{7n}

Q1n..Q7n = Daten, die von der vorausgehenden Stufe bei der positiven Flanke des Taktes verschoben werden.

Beschreibung:
Dieser Baustein enthält ein schnelles 8-stufiges Schieberegister mit serieller Eingabe und paralleler oder serieller Ausgabe, sowie Löschmöglichkeit.

Betrieb:
Für Normalbetrieb wird der Lösch- ($\overline{\text{Clear}}$-) Eingang und einer der beiden seriellen Dateneingänge (S1 oder S2) auf High gehalten. Die Daten werden dem zweiten seriellen Dateneingang zugeführt. Dann werden bei jedem LH-Übergang (positive Flanke) des Taktes am Clock-Anschluss die Daten um eine Stufe nach rechts geschoben. Die Information erscheint dann bei der ersten Taktflanke an Q1, ein bereits vorhandener Inhalt in Q1 geht nach Q2 usw, der Inhalt von Q7 geht nach Q8, und der Inhalt von Q8 gelangt in ein gegebenenfalls angeschlossenes weiteres Schieberegister oder geht verloren. Der Inhalt des Registers kann gelöscht werden, wenn man $\overline{\text{Clear}}$ kurzzeitig auf Low bringt. Dann gehen alle Ausgänge Q1 bis Q7 auf Low. Das Löschen ist unabhängig vom Zustand des Takteinganges.

Um ein High in das Register einzuschieben, müssen beide seriellen Eingänge S1 und S2 auf High liegen. Legt man einen der beiden seriellen Eingänge auf Low, so gelangt beim nachfolgenden Taktimpuls ein Low in das Register.

Daten, die von der vorausgehenden Stufe bei der positiven Flanke des Taktes verschoben werden.

Anwendung:
Speichern und Registrieren von Daten, Serien-Parallel-Umsetzung.

Daten:	Std	ALS	F	LS	
Max. Taktfrequenz	25	60	90	25	MHz
Stromaufnahme	34	10	33	38	mA

74164	8-Bit-Schieberegister (seriell-ein, parallel/seriell-aus), mit Löschen

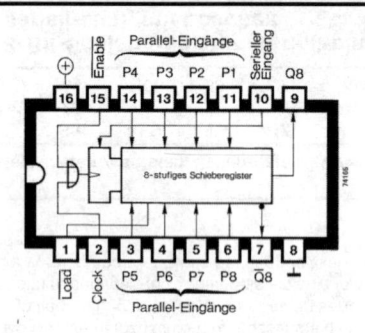

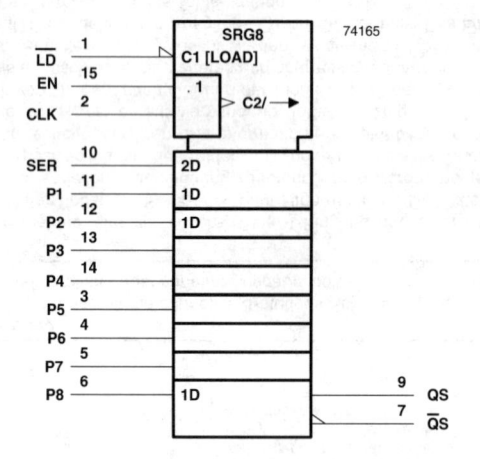

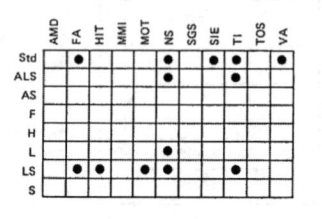

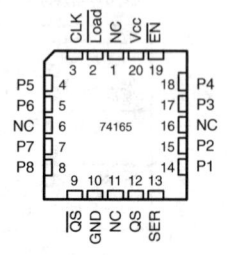

| 74165 | 8-Bit-Schieberegister (parallel/seriell-ein, seriell) |

Fortsetzung:

Eingänge Shift/Load	Clock	Enable	Funktion
L	X	X	Paralleles Laden
H	H	X	keine Änderung
H	X	H	keine Änderung
H	L	⌐	Verschiebung
H	⌐	L	Verschiebung

Beschreibung:
Dieser Baustein enthält ein 8-stufiges Rechts-Schieberegister mit serieller oder paralleler Eingabe und serieller Ausgabe.

Betrieb:
Bei Normalbetrieb wird der Freigabe- (Enable-) Eingang auf Low gehalten. Jeder LH-Übergang (positive Flanke) des Taktes am Clock-Eingang schiebt die Daten um eine Stufe nach rechts.
Das Schieberegister kann mit parallelen Daten an P1 bis P8 geladen werden, wenn man den Load-Eingang kurzzeitig auf Low legt. Dieser Ladevorgang ist unabhängig vom Takt. Am seriellen Eingang (Pin 10) liegende Daten werden bei jeder positiven Flanke des Taktes vom Register aufgenommen, (das jedoch nur für ein High-Signal an Pin 10 gilt). Die Ausgabe erfolgt seriell am Ausgang Q8 und invertiert an Q8.
Das Takten kann man sperren, indem man den Freigabe- (Enable-) Eingang auf High legt. Infolge der ODER-Verknüpfung der Eingänge Clock und Enable können die beiden Eingänge auch vertauscht werden.
Ein ähnlicher Baustein mit einer zusätzlichen Löschfunktion ist der 74166.

Anwendung:
Parallel-Serien-Umwandlung, Zwischenspeichern von Daten.

Daten:	Std	ALS	LS	
Min. garantierte Schiebefrequenz	20	60	25	MHz
Stromaufnahme	42	16	21	mA

74165	8-Bit-Schieberegister (parallel/seriell-ein, seriell)

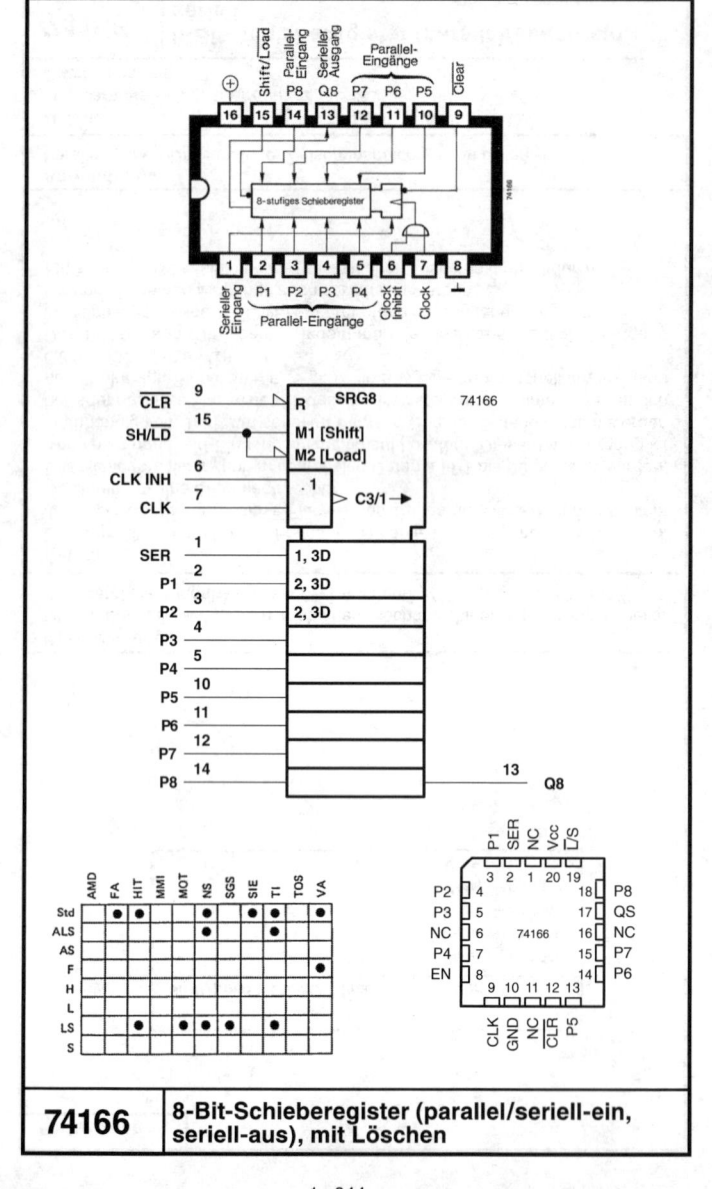

	AMD	FA	HIT	MMI	MOT	NS	SGS	SIE	TI	TOS	VA
Std		●	●			●		●			
ALS						●		●			
AS											
F											●
H											
L											
LS		●			●	●	●		●		
S											

74166 | 8-Bit-Schieberegister (parallel/seriell-ein, seriell-aus), mit Löschen

Fortsetzung:

$\overline{\text{Clear}}$	Shift/ Load	Clock Inhibit	Clock	Serieller Eingang	Parallel-Eing. P1 ... P8	Ausgang Q8	Funktion
L	X	X	X	X	X	L	Asynchrones Löschen
H	L	L	⌐	X	D1 ... D8 1)	D8	Asynchrones paralleles Laden
H	H	L	⌐	H	X	2)	Serielles Schieben
H	H	L	⌐	L	X	2)	Serielles Schieben
H	X	H	⌐	X	X	2)	keine Änderung

1) D1 ... D8 = Daten an den Parallel-Eingängen P1-P8
2) Daten, die von der vorhergehenden internen Stufe geschoben werden

Beschreibung:
Dieser Baustein enthält ein 8-stufiges Schieberegister mit paralleler oder serieller Eingabe und serieller Ausgabe, sowie Lösch- und Taktsperr-Eingängen.

Betrieb:
Bei Normalbetrieb wird der Taktsperr- (Clock Inhibit-) Eingang auf Low gehalten. Jeder LH-Übergang (positive Flanke) des Taktes am Clock-Eingang schiebt die Daten um eine Stufe nach rechts.
Das Schieberegister kann mit parallelen Daten an P1 bis P8 geladen werden, wenn man den Load-Eingang kurzzeitig auf Low legt. Dieser Ladevorgang ist unabhängig vom Takt. Am Eingang für serielle Daten liegende Informationen werden bei jeder positiven Flanke des Taktes vom Register übernommen.
Die Ausgabe erfolgt seriell am Ausgang Q8 in nicht invertierter Form. Das Takten kann man sperren, indem man Pin 6 (Clock Inhibit) auf High legt. Infolge der ODER-Verknüpfung der Eingänge Clock und Clock-Inhibit können die beiden Eingänge auch vertauscht werden.
Wird der Eingang $\overline{\text{Clear}}$ kurzzeitig auf Low gelegt, so werden alle Stufen des Registers intern gelöscht und der Ausgang Q8 geht ebenfalls auf Low. Die Löschfunktion ist unabhängig vom Takteingang.
Ein ähnlicher Baustein, jedoch ohne Löschfunktion, dafür mit einem zusätzlichen invertierenden seriellen Ausgang, ist der 74165.

Anwendung:
Parallel-Serien-Umwandlung, Zwischenspeichern von Daten.

Daten:	Std	ALS	F	LS	
Min. garantierte Schiebefrequenz	25	60	175	25	MHz
Stromaufnahme	40	60	41	21	mA

74166	8-Bit-Schieberegister (parallel/seriell-ein, seriell-aus), mit Löschen

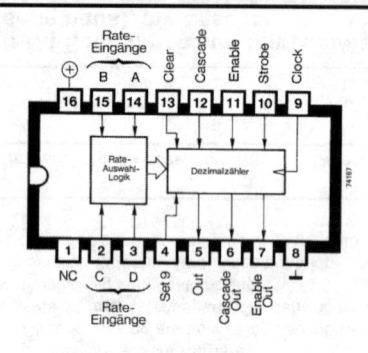

Rate-Eingänge

| | | Clear | Cascade | Enable | Strobe | Clock |

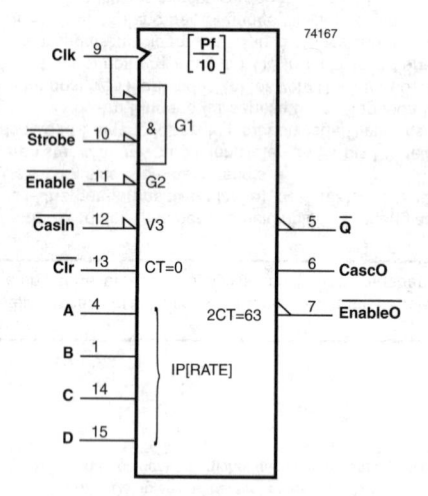

74167

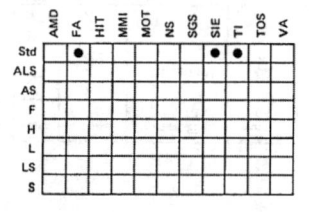

	AMD	FA	HIT	MMI	MOT	NS	SGS	SIE	TI	TOS	VA
Std		●						●	●		
ALS											
AS											
F											
H											
L											
LS											
S											

| **74167** | **Synchroner programmierbarer Dezimal-Frequenzteiler** |

Fortsetzung :

Eingänge							Anzahl der Clock-Impulse	Ausgänge			
			BCD Rate						Logic-Level od. Anz. der Impulse		
CLR	ENI	STR	D	C	B	A		CASCI	CASCO	Q	ENO
H	X	H	X	X	X	X	X	H	L	H	H
L	L	L	L	L	L	L	10	H	L	H	1
L	L	L	L	L	L	H	10	H	1	1	1
L	L	L	L	L	H	L	10	H	2	2	1
L	L	L	L	H	L	L	10	H	3	3	1
L	L	L	.	.	.	.	10	H	.	.	1
L	L	L	H	L	L	H	10	H	9	9	1
L	L	L	H	L	H	L	10	H	8	8	1
L	L	L	H	L	H	H	10	H	9	9	1
L	L	L	.	.	.	.	10	H	8/9	8/9	1
L	L	L	H	L	L	H	10	L	H	9	1

Beschreibung:
Dieser Baustein enthält einen programmierbaren dezimalen Frequenzteiler, der häufig auch als Rate Multiplier (Modulo 10) bezeichnet wird.

Betrieb:
Dieser Baustein gibt für jeweils 10 Eingangsimpulse eine vorprogrammierte Anzahl von 1 bis 9 Ausgangsimpulsen ab.

Das Teilungsverhältnis f_{aus}/f_{ein} kann an den Eingängen A bis D vorgewählt werden:

$f_{aus}/f_{ein} = \dfrac{M}{16}$, wobei $M = D \cdot 2^3 + C \cdot 2^2 + B \cdot 2^1 + A \cdot 2^0$ von dezimal 0 bis 9.

Für normalen Betrieb sind die Anschlüsse Strobe (Austasten), Clear (Löschen) und Enable (Freigabe) an Masse zu legen. Dann führt man eine Rechteck-Spannung an den Takteingang (Clock). Am Enable-Eingang (Pin 7) erhält man dann eine 1-aus-10-Decodierung des Eingangstaktes, d.h. 1 Impuls für je 10 Eingangs-Impulse.

Am normalen Ausgang Q (Pin 5) erhält man so viele Impulse je 10 Eingangs-Taktzyklen, wie man durch die Eingänge A bis D auswählt. Will man beispielsweise 5 Ausgangs-Impulse für je 10 Eingangs-Impulse, so programmiert man: (dezimal 5 = binär 0101) D = Low, C = High, B = Low und A = High.

Im allgemeinen sind die Ausgangs-Impulse nicht gleich weit voneinander entfernt. Daher enthält ein Rate-Multplier-System meist etwas Jitter, was jedoch ohne Bedeutung ist.

Macht man Clear kurzzeitig High, so wird der interne Zehnerteiler auf Null gesetzt. Wenn der Strobe-Eingang positiv gemacht wird, arbeitet der Zähler zwar, es treten jedoch keine Impulse an Pin 5 oder 6 auf. Pin 6 ist das Komplement und wird direkt durch den Cascade-Eingang getort. Cascade-Eingang auf Low sperrt den Ausgang an Pin 6.

Anwendung:
Rechenoperationen, Division, Analog-Digital oder Digital-Analog-Umwandlungen.

Daten:	Std	
Min garantierte Taktfrequenz	32	MHz
Stromaufnahme	54	mA

74167 — Synchroner programmierbarer Dezimal-Frequenzteiler

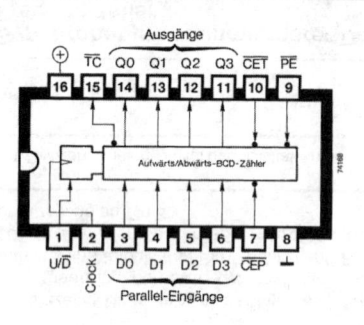

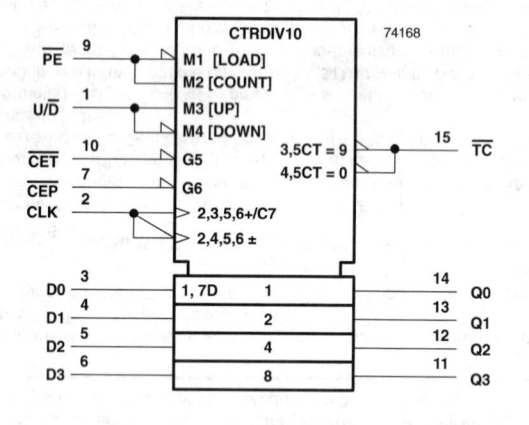

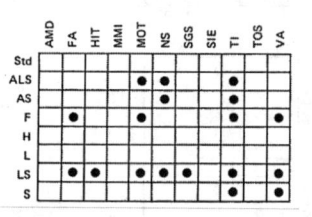

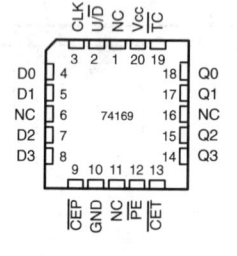

74168	Synchroner programmierbarer Aufwärts-/Abwärts-Dezimal-Zähler

Fortsetzung:

$\overline{PE}$	$\overline{CEP}$	$\overline{CET}$	U/$\overline{D}$	Clock	Funktion
L	X	X	X	⎍	Paralleles Laden
H	L	L	H	⎍	Aufwärtszählen
H	L	L	L	⎍	Abwärtszählen
H	H	X	X	⎍	keine Änderung
H	X	H	X	⎍	keine Änderung

Beschreibung:
Dieser Baustein enthält einen synchronen programmierbaren, dezimalen Vorwärts-/Rückwärts-Zähler.

Betrieb:
Dieser Dezimalzähler arbeitet im BCD-Code und wird bei jedem LH-Übergang (positive Flanke) des Taktes an Pin 2 (Clock) weitergestellt.
Wenn hierbei der Anschluss 1 (U/$\overline{D}$ = Up/$\overline{Down}$) auf High liegt, wird vorwärts (oder aufwärts) gezählt. Liegt dieser Pin auf Low, erfolgt die Zählung rückwärts (oder abwärts). Voreinstellen oder Programmieren erfolgt über die Daten-Eingänge D0 bis D3. Ein Low am Eingang $\overline{PE}$ (Parallel Enable) sperrt den Zähler und bewirkt, dass die Daten an D0 bis D3 beim nächsten LH-Übergang des Taktes in den Zähler geladen werden.
Damit die Zählung abläuft, muss $\overline{CEP}$ (Count Enable Parallel Input) und $\overline{CET}$ (Count Enable Trickle Input) auf Low und $\overline{PE}$ wieder auf High liegen.
Der Anschluss $\overline{TC}$ (Terminal Count Output) ist normalerweise High und geht auf Low, wenn der Zähler beim Abwärtszählen 0 oder beim Aufwärtszählen 9 erreicht. $\overline{TC}$ kann auch Low bei den illegalen Zuständen 11, 13 und 15 sein. Dieser Zustand kann beim Anlegen der Betriebsspannung oder beim parallelen Laden auftreten und wird nach zwei Zählschritten wieder verschwinden.
Kaskadieren mehrerer Zähler ist ohne externe Gatter möglich

Anwendung:
Aufwärts-/Abwärts-Differenz-Zählung, synchrone Frequenzteiler, A/D- und D/A-Wandler, Programmierbare BCD-Zählung.

Daten:	ALS	AS	F	LS	S	
Min. garantierte Taktfrequenz	30	75	115	25	40	MHz
Stromaufnahme	15	41	50	20	100	mA

74168	Synchroner programmierbarer Aufwärts-/Abwärts-Dezimal-Zähler

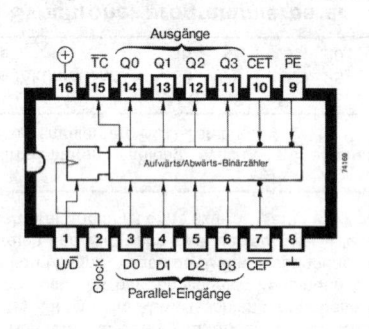

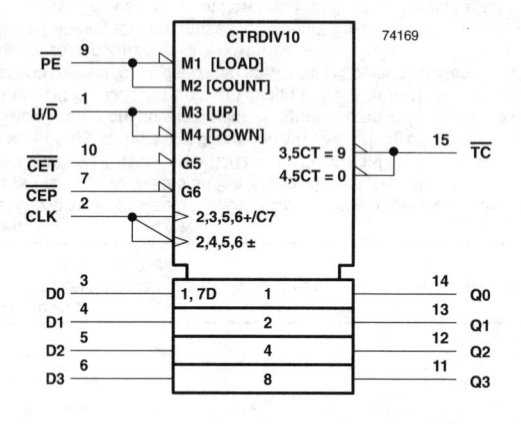

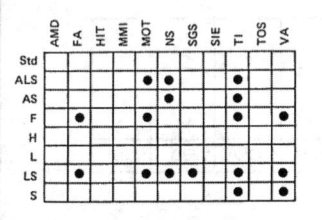

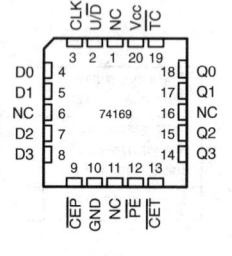

	AMD	FA	HIT	MMI	MOT	NS	SGS	SIE	TI	TOS	VA
Std											
ALS					●				●		
AS					●				●		
F		●							●		●
H											
L											
LS		●			●	●	●		●		●
S									●		

74169	Synchroner programmierbarer Aufwärts-/Abwärts-4-Bit-Binärzähler

Fortsetzung:

$\overline{PE}$	$\overline{CEP}$	$\overline{CET}$	U/$\overline{D}$	Clock	Funktion
L	X	X	X	⌐	Paralleles Laden
H	L	L	H	⌐	Aufwärtszählen
H	L	L	L	⌐	Abwärtszählen
H	H	X	X	⌐	keine Änderung
H	X	H	X	⌐	keine Änderung

Beschreibung:
Dieser Baustein enthält einen synchronen, programmierbaren, binären Vorwärts-/Rückwärts-Zähler.

Betrieb:
Dieser Zähler arbeitet im Binärcode und wird bei jedem LH-Übergang (positive Flanke) des Taktes an Pin 2 (Clock) weitergestellt.
Wenn hierbei der Anschluss 1 (U/$\overline{D}$ =Up/$\overline{Down}$) auf High liegt, wird vorwärts (oder aufwärts) gezählt. Liegt dieser Pin auf Low, erfolgt die Zählung rückwärts (oder abwärts). Voreinstellen oder Programmieren erfolgt über die Daten-Eingänge D0 bis D3. Ein Low am Eingang $\overline{PE}$ (Parallel Enable) sperrt den Zähler und bewirkt, dass die Daten an D0 bis D3 beim nächsten LH-Übergang des Taktes in den Zähler geladen werden.
Damit die Zählung abläuft, muss $\overline{CEP}$ (Count Enable Parallel Input) und $\overline{CET}$ (Count Enable Trickle Input) auf Low und $\overline{PE}$ wieder auf High liegen.
Der Anschluss $\overline{TC}$ (Terminal Count Output) ist normalerweise High und geht auf Low, wenn der Zähler beim Abwärtszählen 0 oder beim Aufwärtszählen 15 erreicht. Kaskadieren mehrerer Zähler ist ohne externe Gatter möglich.

Anwendung:
AufwärtsVAbwärts-Differenz-Zählung, synchrone Frequenzteiler, A/D- und D/A-Wandler, programmierbare Binärzählung.

Daten:	ALS	AS	F	LS	S	
Min. garantierte Taktfrequenz	30	75	115	25	40	MHz
Stromaufnahme	15	41	50	20	100	mA

74169	Synchroner programmierbarer Aufwärts-/Abwärts-4-Bit-Binärzähler

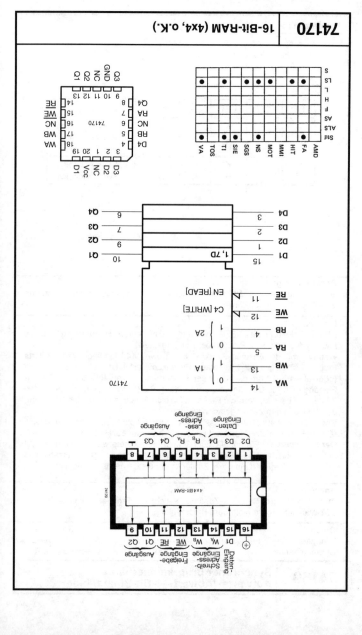

Fortsetzung:

Schreib-Eingänge			D-Eingänge zu
$\overline{WE}$	WB	WA	
L	L	L	Wort 1
L	L	H	Wort 2
L	H	L	Wort 3
L	H	H	Wort 4
H	X	X	keine (Speichern)

Lese-Eingänge			Ausgänge von
$\overline{RE}$	RB	RA	
L	L	L	Wort 1
L	L	H	Wort 2
L	H	L	Wort 3
L	H	H	Wort 4
H	X	X	keine (Ausgänge Z)

Beschreibung:
Dieser Baustein enthält einen 16-Bit-Schreib/Lese-Speicher (RAM), der in 4x4 Worten organisiert ist und gleichzeitiges Schreiben und Lesen gestattet.

Betrieb:
Das zu speichernde 4-Bit-Wort wird an die Dateneingänge D1 bis D4 gelegt. Der für dieses Wort vorgesehene Speicherplatz wird durch die Schreib-Adress-Eingänge W_A und W_B bestimmt. Zum Einschreiben braucht dann nur mehr der Schreib-Freigabe-Eingang $\overline{WE}$ (Write Enable) auf Low gelegt werden. Bei $\overline{WE}$ auf High werden die Dateneingänge gesperrt und eine Änderung an diesen Eingängen hat keinen Einfluss mehr auf die gespeicherten Informationen. Ein externer Adress-Decoder erübrigt sich hiermit.
Zum Auslesen eines 4-Bit-Wortes wird mit den Lese-Adress-Eingängen R_A und R_B der gewünschte Speicherplatz angewählt und der Lese-Freigabe-Eingang $\overline{RE}$ (Read Enable) auf Low gelegt. Dann steht der Inhalt des angewählten Speicherplatzes in nicht invertierter Form an den Ausgängen Q1 bis Q4.
Dieser Speicher gestattet ein gleichzeitiges Lesen und Schreiben. Beim Lesen werden die gespeicherten Informationen nicht zerstört.
Die Ausgänge besitzen einen offenen Kollektor, wodurch eine Wired-AND-Verknüpfung für Erweiterungen möglich ist.

Anwendung:
Schnelle Zwischenspeicherung von Daten.

Daten:	Std	LS	
Max. Ausgangsspannung	5.5	5.5	V
Typ. Zugriffszeit	20	20	ns
Leistungsaufnahme	127	25	mA

74170	16-Bit-RAM (4x4, o.K.)

| 74171 | Vier D-Flipflops mit Löscheingang |

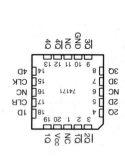

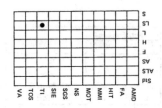

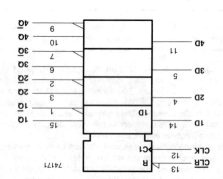

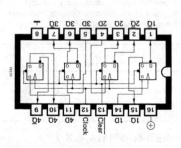

Fortsetzung :

Eingänge			Ausgänge	
$\overline{\text{Clear}}$	Clock	D	Q	$\overline{Q}$
L	X	X	L	H
H	↑	H	H	L
H	↑	L	L	H
H	L	X	Q_0	$\overline{Q}_0$

Q_0 = Pegel von Q, bevor die angegebenen stationären Eingangsbedingungen erreicht wurden.

Beschreibung:
Dieser Baustein enthält vier flankengetriggerte D-Flipflops mit gemeinsamen Takt- und Lösch-Eingängen.

Betrieb:
Die 4 Flipflops werden über einen gemeinsamen Takt-Eingang gesteuert, d.h. die an den D-Eingängen liegenden Daten werden beim LH-Übergang (positive Flanke) des Taktes in die entsprechenden Flipflops übernommen.
Wenn der Takteingang auf High oder Low liegt, hat eine Änderung an einem D-Eingang keinen Einfluss auf die Ausgänge.
Der $\overline{\text{Clear}}$ (Lösch)-Eingang ist für alle Flipflops gemeinsam. Legt man ihn auf Low, so gehen alle Q-Ausgänge auf Low und alle $\overline{Q}$-Ausgänge auf High.

Anwendung:
Register, Steuerschaltungen, Zwischenspeicherung von Daten

Daten:	LS	
Max. Taktfrequenz	30	MHz
Stromaufnahme	14	mA

74171	Vier D-Flipflops mit Löscheingang

74172 — 16-Bit-RAM (8x2, TS)

Eingänge									Funktion (Lesen)
1WE	2WE	1W0	1W1	1W2	2W0/R0	2W1/R1	2W2/R2	CLK	
X	X	X	X	X	X	X	X	X	–
H	H	L	adress x		X	X	X	↑	1D zu Mx
H	H	X	X	X	L	adress y		↑	2D zu Mx
L	L	L	adress x		L	adress y		↑	1D zu Mx und 2D zu My

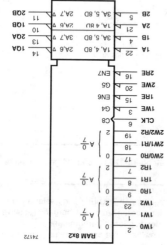

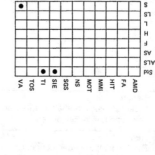

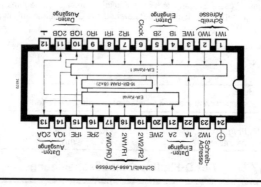

Fortsetzung :

Eingänge									Funktion
1RE	2RE	1R0	1R1	1R2	2W0/R0	2W1/R1	2W2/R2	CLK	(Lesen)
H	H	X	X	X	X	X	X	X	Q=Z
L	H	adress x			X	X	X	X	Mx zu 1Q
H	L	X	X	X	adress y			X	My zu 2Q
L	L	adress x			adress y			X	Mx zu 1Q und My zu 2Q

Beschreibung:
Dieser Baustein enthält ein 16-Bit-RAM (8x2) mit mehrfacher Ein- und Ausgabe, sowie Tristate-Ausgängen.

Betrieb:
Der Speicher besitzt je zwei unabhängige Ein- und Ausgabekanäle, wodurch gleichzeitiges Lesen und Schreiben möglich ist. Beim 1. Kanal ist Ein- und Ausgabecodierung getrennt, beim 2. Kanal dagegen gemeinsam, so dass bei diesem Lesen und Schreiben nur bei derselben Adresse möglich ist.
1. Schreib-Adressierung: Kanal 1, binäre Ansteuerung der 3 Schreib-Adressen-Eingänge 1W0, 1W1, 1W2. Kanal 2, binäre Ansteuerung der gemeinsamen Schreib-Lese-Adressen-Eingänge 2W0/R0, 2W1/R1, 2W2/R2.
2 Schreib-Freigabe: Mit Low an den Schreib-Freigabe-Eingängen 1WE.2WE. Einschreiben von Daten an der positiven Taktflanke.
3. Dateneingänge: Die Daten 1A, 1B und 2A, 2B werden bei der positiven Taktflanke in den Speicher übernommen. Wird über beide Kanäle derselbe Speicherplatz angesteuert, so werden die Daten mit Low-Pegel bevorzugt.
4. Lese-Adressierung: Kanal 1, binär an 1 R0, 1R1, 1R2. Kanal 2, binär an 1W0/R0, 2W2/R2, gemeinsam mit Schreibeingang.
5. Lese Freigabe: Mit Low an den Lese-Freigabe-Eingängen 1RE, 2RE gehen die gespeicherten Daten an die Ausgänge.
6. Datenausgänge: Kanal 1, 1QA, 1QB. Kanal 2, 2QA, 2QB. Lesefreigabe-Eingänge müssen dabei Low sein. Sind diese High, werden die Ausgänge hochohmig (Tristate).
7. Takt: Der Takt ist für beide Kanäle gemeinsam.
Dieses RAM (ebenso wie der 74170) wird in der Literatur häufig als "Register File" und nicht als RAM (Schreib/Lese-Speicher) bezeichnet.

Anwendung:
Gestapelte Datenregister, Zwischenspeicher, Pufferspeicher zwischen Prozessoren, schnelle Multiplikations-Systeme.

Daten:	Std	S	
Min. garantierte Taktfrequenz	25	40	MHz
Zugriffszeit (von RE)	15	12	ns
Zugriffszeit (von Lese-Adresse)	33	30	ns
Stromaufnahme	112	160	mA

74172	16-Bit-RAM (8x2, TS)

74173 | 4Bit-D-Register mit Freigabe und Löschen (TS)

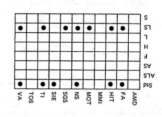

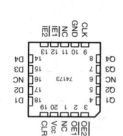

	Std	ALS	AS	F	H	L	LS	S
VA	•						•	
TOS							•	
TI							•	
SIE							•	
SGS							•	
NS							•	
MOT							•	
MMI							•	
HIT							•	
FA							•	
AMD							•	

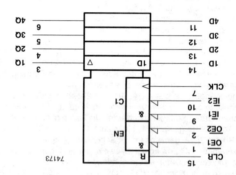

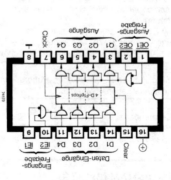

Fortsetzung:

Eingänge						Ausgänge
Ausgangs-Freigabe		Clear	Clock	Eingangs-Freigabe	Daten-Eingang	Q1–Q4
$\overline{OE1}$	$\overline{OE2}$			IE1 IE2	D1–D4	
L	L	H	X	X X	X	L
L	L	L	L	X X	X	keine Änderung
L	L	L	H	X X	X	keine Änderung
L	L	L	⌐	H X	X	keine Änderung
L	L	L	⌐	X H	X	keine Änderung
L	L	L	⌐	L L	L	L
L	L	L	⌐	L L	H	H
L	L	L	⌒	X X	X	keine Änderung
L	H	X	X	X X	X	Z
H	L	X	X	X X	X	Z
H	H	X	X	X X	X	Z

Beschreibung:
Dieser Baustein enthält vier D-Flipflops mit Freigabe-Eingängen und Löschmöglichkeit, sowie Tristate-Ausgängen.

Betrieb:
Die Eingabe der parallelen Daten erfolgt über die Eingänge D1 bis D4. Die Übernahme der Daten in die Register erfolgt bei der positiven Flanke des Taktes am Clock-Anschluss. Hierzu müssen beide Freigabe-Eingänge $\overline{IE1}$ und $\overline{IE2}$ (Input Enable) auf Low liegen.
Bringt man einen dieser Freigabe-Eingänge auf High, so bleiben die eingeschriebenen Daten bei weiteren Taktimpulsen gespeichert.
Die gespeicherten Daten stehen an den Ausgängen Q1 bis Q4, vorausgesetzt, die beiden Ausgangs-Freigabe-Anschlüsse $\overline{OE1}$ und $\overline{OE2}$ (Output Enable) liegen auf Low. Wird einer dieser Pins auf High gebracht, so gehen die Ausgänge in einen hochohmigen Zustand (Tristate).
Der Anschluss für Löschen (Clear) liegt normalerweise auf Low. Bringt man ihn kurzzeitig auf High, gehen alle Ausgänge auf Low.

Anwendung:
Zwischenspeicher-Register.

Daten:	Std	LS	
Min. garantierte Taktfrequenz	35	50	MHz
Durchlauf-Verzögerung	23.5	17	ns
Stromaufnahme	50	19	mA

74173	4Bit-D-Register mit Freigabe und Löschen (TS)

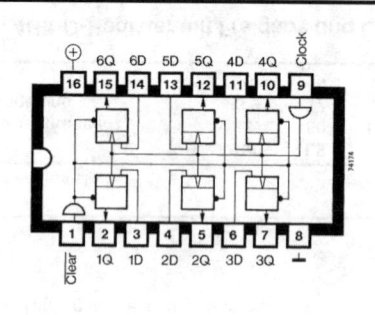

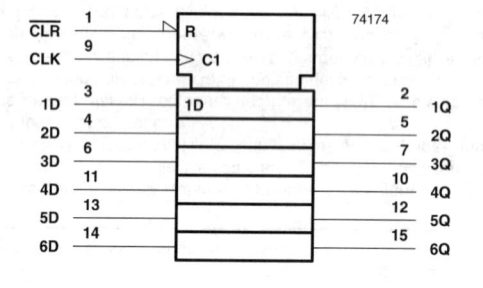

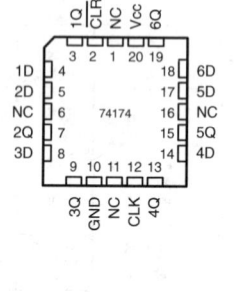

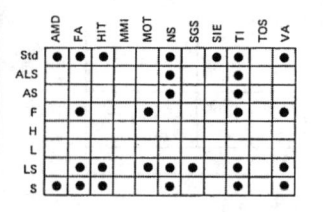

	AMD	FA	HIT	MMI	MOT	NS	SGS	SIE	TI	TOS	VA
Std	●	●	●			●		●	●		●
ALS						●					
AS					●		●				
F		●		●					●		●
H											
L											
LS	●	●	●		●	●		●	●		●
S	●	●	●			●			●		●

74174	6-Bit-D-Register mit Löschen

Fortsetzung :

	Eingänge		Ausgang
Clock	Daten	$\overline{\text{Clear}}$	Q
⌐⌠	L	H	L
⌐⌠	H	H	H
⌐⌡	X	H	keine Änderung
X	X	L	L

Beschreibung:
Dieser Baustein dient zur gleichzeitigen Speicherung von sechs Informations-Bits.

Betrieb:
Bei normalem Betrieb wird Pin 1 ($\overline{\text{Clear}}$) auf High liegen.
Zu speichernde Daten werden den D-Eingängen zugeführt. Beim LH-Übergang (positive Flanke) des Taktes am Clock-Eingang werden die Informationen intern gespeichert und erscheinen an den entsprechenden Q-Ausgängen.
Wird Pin 1 ($\overline{\text{Clear}}$) kurzzeitig auf Masse gelegt, gehen alle Ausgänge in den Low- oder Null-Zustand.

Anwendung:
Zwischenspeicher-Register.

Daten:	Std	ALS	AS	F	LS	S	
Maximale Taktfrequenz	25	50	100	100	30	75	MHz
Durchlauf-Verzögerung	22	10	6.5	6	20	10	ns
Stromaufnahme	45	11	30	35	16	90	mA

74174	**6-Bit-D-Register mit Löschen**

| 74175 | 4-Bit-D-Register mit Löschen |

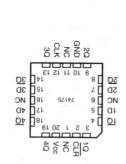

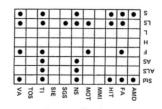

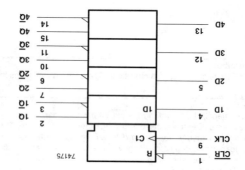

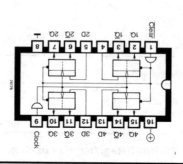

Fortsetzung:

Clock	Eingänge Daten	$\overline{\text{Clear}}$	Ausgänge Q	$\overline{Q}$
⎍	L	H	L	H
⎍	H	H	H	L
⎌	X	H	keine Änderung	
X	X	L	L	H

Beschreibung:
Dieser Baustein dient zur gleichzeitigen Speicherung von vier Informations-Bits und ihrer Komplemente.

Betrieb:
Bei normalem Betrieb wird Pin 1 ($\overline{\text{Clear}}$) auf High liegen.
Die zu speichernden Daten werden den D-Eingängen zugeführt. Beim LH-Übergang (positive Flanke) des Taktes am Clock-Eingang werden die Informationen an den Eingängen intern gespeichert und erscheinen an den entsprechenden Q-Ausgängen, das Komplement an den $\overline{Q}$-Ausgängen.
Wird Pin 1 ($\overline{\text{Clear}}$) kurzzeitig an Masse gelegt, gehen alle Q-Ausgänge auf Low und die $\overline{Q}$-Ausgänge auf High.

Anwendung:
Zwischenspeicher-Register.

Daten:	Std	ALS	AS	F	LS	S	
Maximale Taktfrequenz	25	50	100	140	30	75	MHz
Durchlauf-Verzögerung	22	10	6.5	6	14	10	ns
Stromaufnahme	30	9	22	25	11	60	mA

74175	4-Bit-D-Register mit Löschen

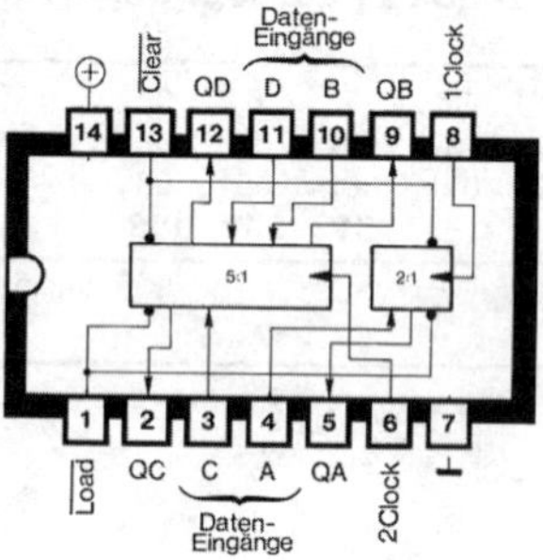

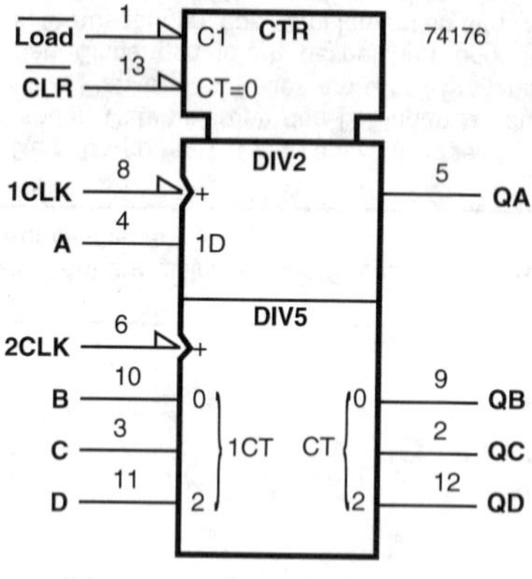

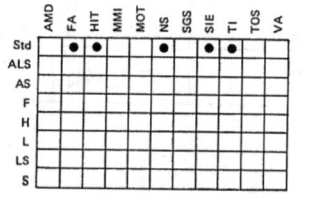

	AMD	FA	HIT	MMI	MOT	NS	SGS	SIE	TI	TOS	VA
Std		●	●			●		●	●		
ALS											
AS											
F											
H											
L											
LS											
S											

| **74176** | Programmierbarer Dezimalzähler mit Löschen |

Fortsetzung:

	Eingänge		Ausgänge
$\overline{\text{Clear}}$	Load	Clock	QA–QD
L	X	X	L
H	L	X	Paralleles Laden
H	H	⌐	Zählen

Beschreibung:
Dieser Baustein enthält einen Teiler 2:1, einen Teiler 5:1, sowie einen Voreinstell- und einen Lösch-Eingang.

Betrieb:
Da der Baustein aus 2 getrennten Teilern mit 2:1 und 5:1 mit getrennten Takteingängen besteht, gestattet er verschiedene Betriebsarten.
1. Teiler durch 2 und Teiler durch 5:
   Der Eingang 1Clock (Pin 8) steuert QA im Taktverhältnis 2:1. 2Clock (Pin 6) steuert die Ausgänge QD, QC und QB für ein Teilerverhältnis 5:1. Wenn auch die Teiler getrennt arbeiten, so erfolgt Voreinstellen und Löschen jedoch gemeinsam.
2. Dezimal-Zähler: QA wird mit 2Clock verbunden. Die Taktfrequenz wird 1Clock zugeführt. Der Zähler arbeitet im BCD-Code.
3. Teiler durch 10: QD wird mit 1Clock verbunden, der Takt wird an 2Clock gelegt. Es ergibt sich eine biquinäre Zählfolge. Der Ausgang an QA liefert eine symmetrische Rechteck-Spannung.

Der Zähler wird beim HL-Übergang (negative Flanke) des Taktes weitergestellt.

Für normalen Zählbetrieb liegt der Lösch-Eingang ($\overline{\text{Clear}}$) auf High. Bringt man ihn kurzzeitig auf Low, gehen alle Ausgänge ebenfalls auf Low.

Der Zähler ist über die Dateneingänge A bis D voreinstellbar, indem der gewünschte Code an diese Eingänge gebracht und der Anschluss Load kurzzeitig auf Low gelegt wird.

Löschen und Laden sind asynchron, d.h. unabhängig vom Takt.

Der Baustein entspricht dem 74196, hat jedoch eine niedrigere Leistungsaufnahme und eine etwas niedrigere maximale Taktfrequenz.

Anwendung:
Programmierbare Zähler und Teiler, Frequenz-Synthesizer.

Daten:

		Std	
Max. Taktfrequenz:			
	Clock1	35	MHz
	Clock2	17.5	MHz
Stromaufnahme		30	mA

74176	**Programmierbarer Dezimalzähler mit Löschen**

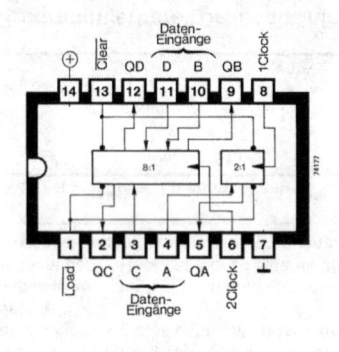

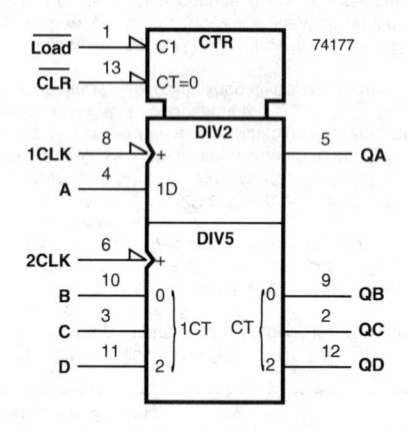

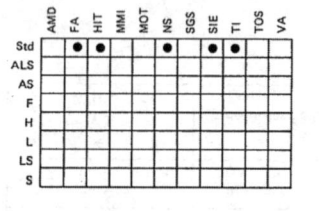

	AMD	FA	HIT	MMI	MOT	NS	SGS	SIE	TI	TOS	VA
Std		●	●			●		●	●		
ALS											
AS											
F											
H											
L											
LS											
S											

74177   **Programmierbarer 4-Bit-Binärzähler mit Löschen**

Fortsetzung:

Eingänge			Ausgänge
$\overline{\text{Clear}}$	Load	Clock	QA–QD
L	X	X	L
H	L	X	Paralleles Laden
H	H	⌐_	Zählen

Beschreibung:
Dieser Baustein enthält einen Teiler 2:1, einen Teiler 8:1, sowie einen gemeinsamen Voreinstell- und einen Lösch-Eingang.

Betrieb:
Der Baustein kann als 4-Bit-Binärzähler verwendet werden, indem man den Ausgang QA mit 2Clock verbindet und die Taktfrequenz Pin 8 (Clock 1) zuführt. Die möglichen Teilerverhältnisse sind 2:1, 4:1, 8:1, 16:1.
Wird QA nicht verwendet, so arbeitet der Zähler als 3-Bit-Binärzähler, wenn man den Takt an 2Clock (Pin 6) legt.
Die Zähler werden beim HL-Übergang (negative Flanke) des Taktes weitergestellt. Für normalen Zählbetrieb liegt der Lösch-Eingang (Clear) auf High. Bringt man ihn kurzzeitig auf Low, gehen alle Ausgänge ebenfalls auf Low.
Der Zähler ist über die Dateneingänge A bis D voreinstellbar, indem der gewünschte Code an diese Eingänge gebracht und der Anschluss Load kurzzeitig auf Low gelegt wird.
Löschen und Laden sind asynchron, d.h. unabhängig vom Takt.
Der Baustein entspricht dem 74197, hat jedoch eine geringere Leistungsaufnahme, sowie eine etwas niedrigere maximale Taktfrequenz.

Anwendung:
Programmierbare Zähler und Teiler, Frequenz-Synthesizer.

Daten:	Std	
Max. Taktfrequenz:		
Clock1	35	MHz
Clock2	17.5	MHz
Stromaufnahme	30	mA

74177	**Programmierbarer 4-Bit-Binärzähler mit Löschen**

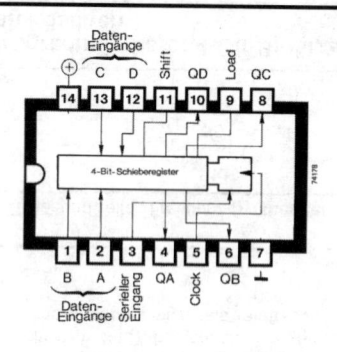

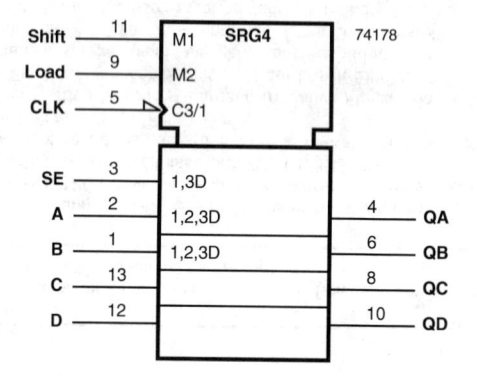

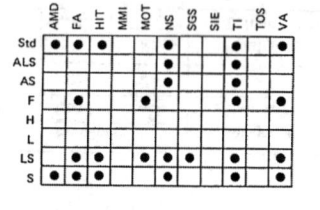

	AMD	FA	HIT	MMI	MOT	NS	SGS	SIE	TI	TOS	VA
Std	●	●	●			●			●		●
ALS						●			●		
AS						●			●		
F		●			●				●		●
H											
L											
LS	●	●	●		●	●	●		●		●
S	●	●	●			●			●		●

74178	4-Bit-Schieberegister (parallel/seriell-ein, parallel-aus)

Fortsetzung:

Eingänge			Funktion
Shift	Load	Clock	
L	H	⊐	Paralleles Laden
H	X	⊐	Rechtsverschieben
L	L	X	Halten der Daten

Beschreibung:
Dieser Baustein enthält ein 4-Bit-Rechts-Schieberegister mit paralleler oder serieller Eingabe und paralleler Ausgabe.

Betrieb:
Um das Schieberegister parallel zu laden, bringt man den Schiebe-Eingang (Shift) auf Low, legt die gewünschten Informationen an die Dateneingänge A bis D und macht den Lade-Eingang (Load) High. Die Daten werden in die entsprechenden Speicher-Flipflops synchron geladen und erscheinen an den zugehörigen Ausgängen nach dem nächsten HL-Übergang (negative Flanke) des Taktes. Während des Ladevorganges erfolgt keine Verschiebung der Daten im Register.
Eine Rechtsverschiebung der Daten erfolgt beim HL-Übergang des Taktes, wenn der Schiebe-Eingang auf High liegt, wobei der Pegel des Lade-Eingangs keinen Einfluss hat. Hierbei erscheinen die an QA liegenden Daten nach der 1 Taktflanke an QB, die an QB liegenden Daten an QC usw.
Bei der 1. Taktflanke wird hierbei der am seriellen Eingang liegende Pegel übernommen und erscheint nunmehr am Ausgang QA. Dieser Vorgang wird bei den weiteren Taktflanken fortgesetzt.
Legt man die Eingänge Shift und Load beide auf Low, bleiben die Daten trotz weiterem Takten unverändert an den Ausgängen stehen. Dadurch ist ein Sperren des Taktes für diesen Zweck nicht erforderlich.
Ein ähnlicher Baustein mit einem zusätzlichen Lösch-Eingang und einem invertiertem QD-Ausgang ist der 74179.

Anwendung:
Speichern und Registrieren von Daten, Serien-Parallel- und Parallel-Serien-Umwandlung.

Daten:	Std	
Max. Taktfrequenz	39	MHz
Durchlauf-Verzögerung	20	ns
Stromaufnahme	46	mA

74178	4-Bit-Schieberegister (parallel/seriell-ein, parallel-aus)

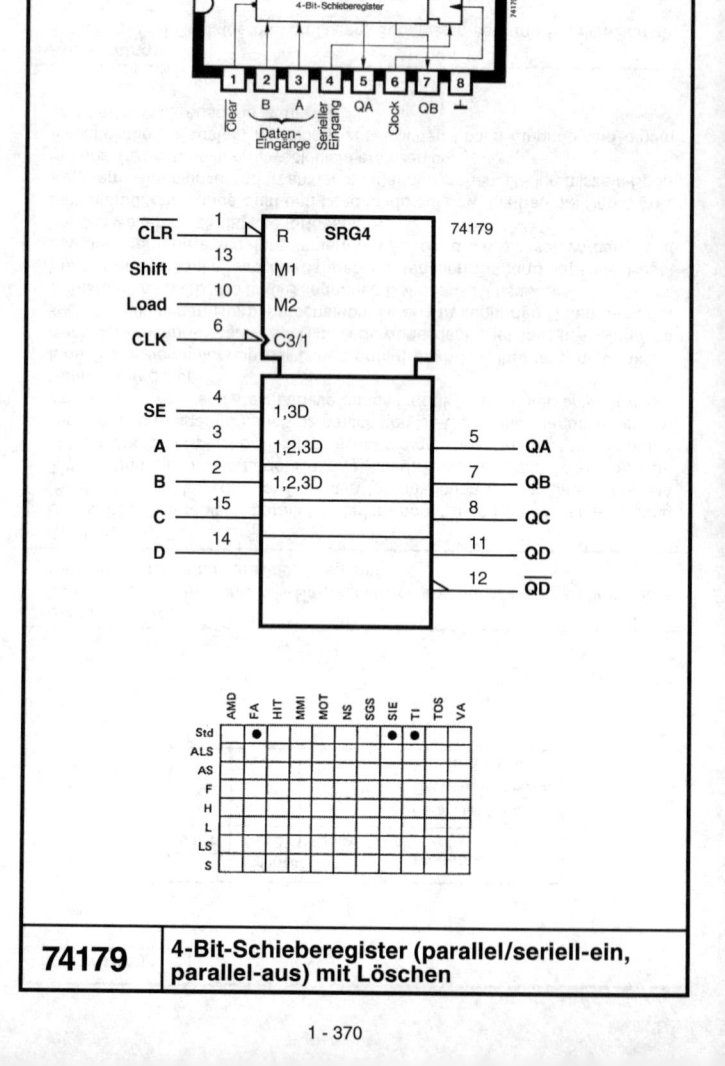

	AMD	FA	HIT	MMI	MOT	NS	SGS	SIE	TI	TOS	VA
Std		●						●	●		
ALS											
AS											
F											
H											
L											
LS											
S											

74179	4-Bit-Schieberegister (parallel/seriell-ein, parallel-aus) mit Löschen

Fortsetzung :

Eingänge				Funktion
Clear	Shift	Load	Clock	
H	L	H	⎍	Paralleles Laden
H	H	X	⎍	Rechtsverschieben
H	L	L	X	Halten der Daten
L	X	X	X	Löschen

Beschreibung:
Dieser Baustein enthält ein 4-Bit-Rechts-Schieberegister mit paralleler oder serieller Eingabe und paralleler Ausgabe und Löschen.

Betrieb:
Um das Schieberegister parallel zu laden, bringt man den Schiebe-Eingang (Shift) auf Low, legt die gewünschten Informationen an die Dateneingänge A bis D und macht den Lade-Eingang (Load) High. Die Daten werden in die entsprechenden Speicher-Flipflops synchron geladen und erscheinen an den zugehörigen Ausgängen nach dem nächsten HL-Übergang (negative Flanke) des Taktes. Während des Ladevorganges erfolgt keine Verschiebung der Daten im Register.

Eine Rechtsverschiebung der Daten erfolgt beim HL-Übergang des Taktes, wenn der Schiebe-Eingang auf High liegt, wobei der Pegel des Lade-Einganges keinen Einfluss hat. Hierbei erscheinen die an QA liegenden Daten nach der 1.Taktflanke an QB die an QB liegenden Daten an QC usw.

Bei der 1. Taktflanke wird hierbei der am seriellen Eingang liegende Pegel übernommen und erscheint nunmehr am Ausgang QA. Dieser Vorgang wird bei den weiteren Taktflanken fortgesetzt.

Legt man die Eingänge Shift und Load beide auf Low, bleiben die Daten trotz weiterem Takten unverändert an den Ausgängen stehen. Dadurch ist ein Sperren des Taktes für diesen Zweck nicht erforderlich.

Dieser Baustein enthält gegenüber dem 74178 noch einen Lösch-Eingang, sowie einen zusätzlichen invertierten $\overline{QD}$-Ausgang. Legt man Pin 1 ($\overline{Clear}$) auf Low, so gehen alle Ausgänge auf Low, $\overline{QD}$ jedoch auf High.

Anwendung:
Speichern und Registrieren von Daten, Serien-Parallel- und Parallel-Serien-Umwandlung.

Daten	Std	
Max. Taktfrequenz	39	MHz
Durchlauf-Verzögerung	20	ns
Stromaufnahme	46	mA

74179	**4-Bit-Schieberegister (parallel/seriell-ein, parallel-aus) mit Löschen**

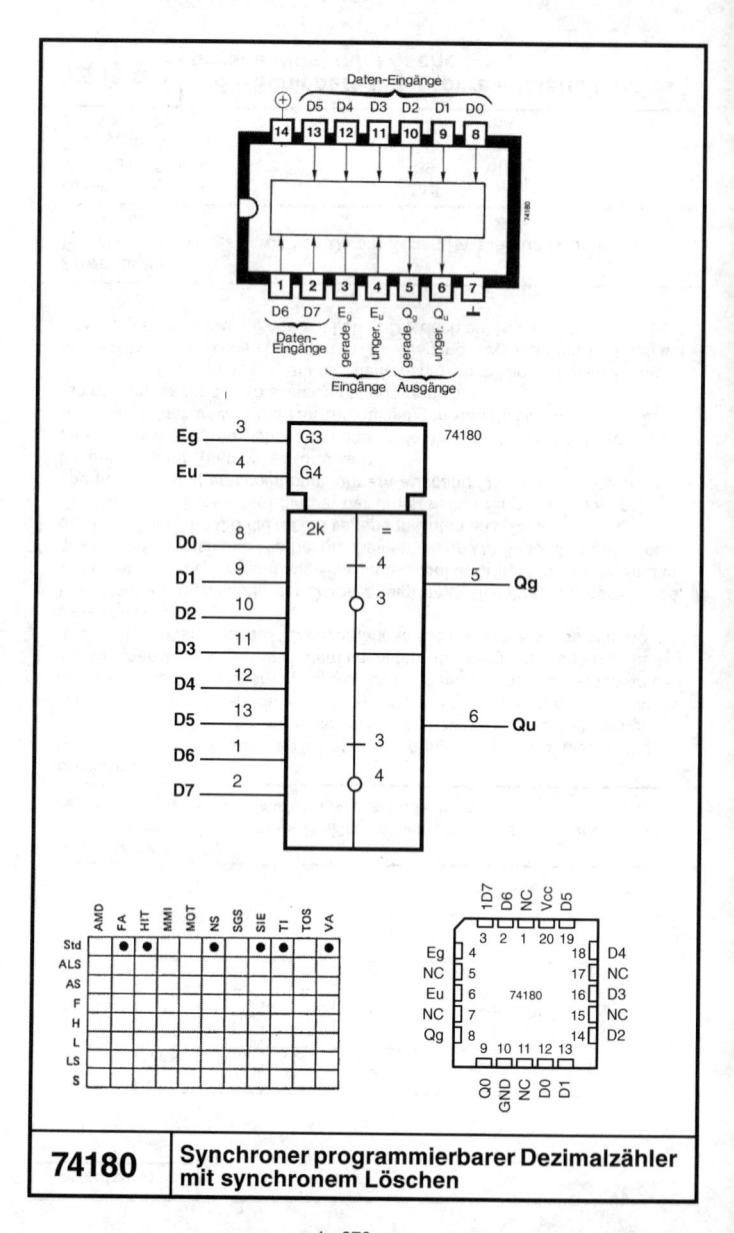

| 74180 | Synchroner programmierbarer Dezimalzähler mit synchronem Löschen |

Fortsetzung:

Eingänge			Ausgänge	
Summe der Einsen an D0 bis D7	E_g	E_u	Q_g	Q_u
gerade	H	L	H	L
ungerade	H	L	L	H
gerade	L	H	L	H
ungerade	L	H	H	L
X	H	H	L	L
X	L	L	H	H

Beschreibung:
Dieser Baustein enthält einen Paritäts-Generator/Prüfer für 9 Bits (8 Datenbits plus 1 Paritätsbit).

Betrieb:
Dieser Baustein nimmt bei Datenvergleichs-Prüfungen über die Dateneingänge D0 bis D7 Worte mit 8 Bits auf und zeigt über die Ausgänge Qg und Qu an, ob die Informationen geradzahlig oder ungeradzahlig sind.
Hierzu wird das zu prüfende Wort an die Eingänge D0 bis D7 gelegt. Macht man nun den Eingang für gerade Parität Eg (Pin 3) High und den Eingang für ungerade Parität Eu (Pin 4) Low, dann wird eine gerade Anzahl von Einsen den Ausgang für gerade Parität Qq auf High und den Ausgang für ungerade Parität Qu auf Low schalten. Macht man dagegen Eg Low und Eu High, wird eine gerade Anzahl von Einsen Qg Low und Qu High machen.
Macht man beide Eingänge Eg und Eu High, so gehen beide Ausgänge auf Low, und umgekehrt, unabhängig vom Zustand der Eingänge D0 bis D7.
Ein 9-Bit-Wort prüft man, indem man die beiden Eingänge Eg und Eu plus einem Inverter als neunten Dateneingang verwendet. Wird das 9. Bit an den Eingang Eu geführt und der Inverter zwischen Pin 4 und Pin 3 gelegt, dann wird bei einer geraden Anzahl von Einsen Qg auf High schalten. Führt man dagegen das 9. Bit an Pin 3 und legt den Inverter zwischen Pin 3 und Pin 4, so schaltet bei einer geraden Anzahl von Einsen Qg auf Low.
Erweiterung auf beliebige Bit-Zahlen in 8-Bit-Schritten ist durch Verbinden von Qg und Qu der ersten Stufe mit Eg und Eu der nächsten Stufe möglich.

Anwendung:
Erzeugung von Paritätsbit und Prüfung auf Übertragungsfehler

Daten:	Std	
Durchlauf-Verzögerung	35	ns
Stromaufnahme	34	mA

74180	Synchroner programmierbarer Dezimalzähler mit synchronem Löschen

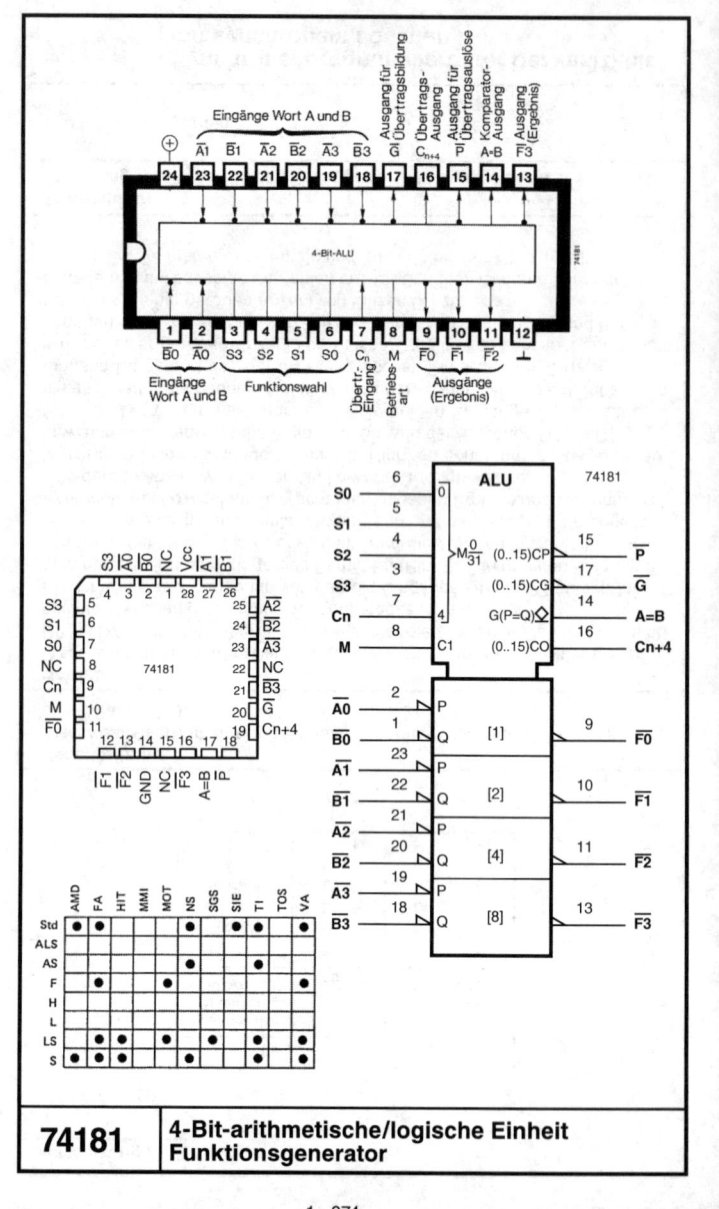

| **74181** | **4-Bit-arithmetische/logische Einheit Funktionsgenerator** |

Fortsetzung:

Funktionswahl				Eingänge und Ausgänge aktiv Low		Eingänge und Ausgänge aktiv High	
S_0	S_1	S_2	S_3	Arithmetisch (M = L, C_n = L)	Logisch (M = H)	Arithmetisch (M = L, $\overline{C}_n$ = H)	Logisch (M = H)
L	L	L	L	F = A minus 1	F = $\overline{A}$	F = A	F = $\overline{A}$
H	L	L	L	AB minus 1	$\overline{AB}$	A + B	$\overline{A + B}$
L	H	L	L	A$\overline{B}$ minus 1	$\overline{A} + B$	A + $\overline{B}$	$\overline{A}B$
H	H	L	L	minus 1 (2's comp.)	Logic '1'	minus 1 (2's comp.)	Logic '0'
L	L	H	L	A plus [A + $\overline{B}$]	$\overline{A + B}$	A plus A$\overline{B}$	$\overline{A}B$
H	L	H	L	AB plus [A + $\overline{B}$]	$\overline{B}$	A$\overline{B}$ plus [A + B]	$\overline{B}$
L	H	H	L	A minus B minus 1	$\overline{A \oplus B}$	A minus B minus 1	A $\oplus$ B
H	H	H	L	A + $\overline{B}$	A + $\overline{B}$	A$\overline{B}$ minus 1	A$\overline{B}$
L	L	L	H	A plus [A + B]	$\overline{A}B$	A plus AB	$\overline{A} + B$
H	L	L	H	A plus B	A $\oplus$ B	A plus B	$\overline{A \oplus B}$
L	H	L	H	A$\overline{B}$ plus [A + B]	B	AB plus [A + $\overline{B}$]	B
H	H	L	H	A + B	A + B	AB minus 1	AB
L	L	H	H	A plus A*	Logic '0'	A plus A*	Logic '1'
H	L	H	H	A plus AB	A$\overline{B}$	A plus [A + B]	A + $\overline{B}$
L	H	H	H	A plus A$\overline{B}$	AB	A plus [A + $\overline{B}$]	A + B
H	H	H	H	A	A	A minus 1	A

* jedes Bit wird in die nächst höhere Stufe geschoben

Beschreibung:
Dieser Baustein enthält eine arithmetisch-logische Recheneinheit (ALU), mit der 16 logische und 16 arithmetische Operationen an 4-Bit-Operanden ausgeführt werden können.

Betrieb:
Die beiden Operanden A und B werden den entsprechenden Eingängen (aktiv Low) zugeführt. Die logische Betriebsart wird mit M (Mode) = H und die arithmetische Betriebsart mit M = L ausgewählt. Dann wird gemäß der Wahrheitstabelle über die Eingänge S0 bis S3 die auszuführende Funktion gewählt und das Ergebnis kann an $\overline{F0}$ bis $\overline{F3}$ (aktiv Low) abgenommen werden.
Eine Erweiterung auf n x 8 Bits ist mittels des Bausteins 74182 (Übertrags-375 375seite) und weiterer 74181 möglich.
Der Baustein ist auch als Komparator verwendbar. Bei gleichen Operanden wird der Ausgang A = B High (offener Kollektor). Bei entsprechender Deutung der Pinbelegung ist ein Arbeiten mit negativer Logik möglich

Anwendung:
Recheneinheit für arithmetische oder logische Operationen.

Daten:	Std	AS	F	LS	S	
Typ. Additionszeit für 4 Bits	24	5	7	24	11	ns
Stromaufnahme	91	135	43	20	120	mA

74181	4-Bit-arithmetische/logische Einheit Funktionsgenerator

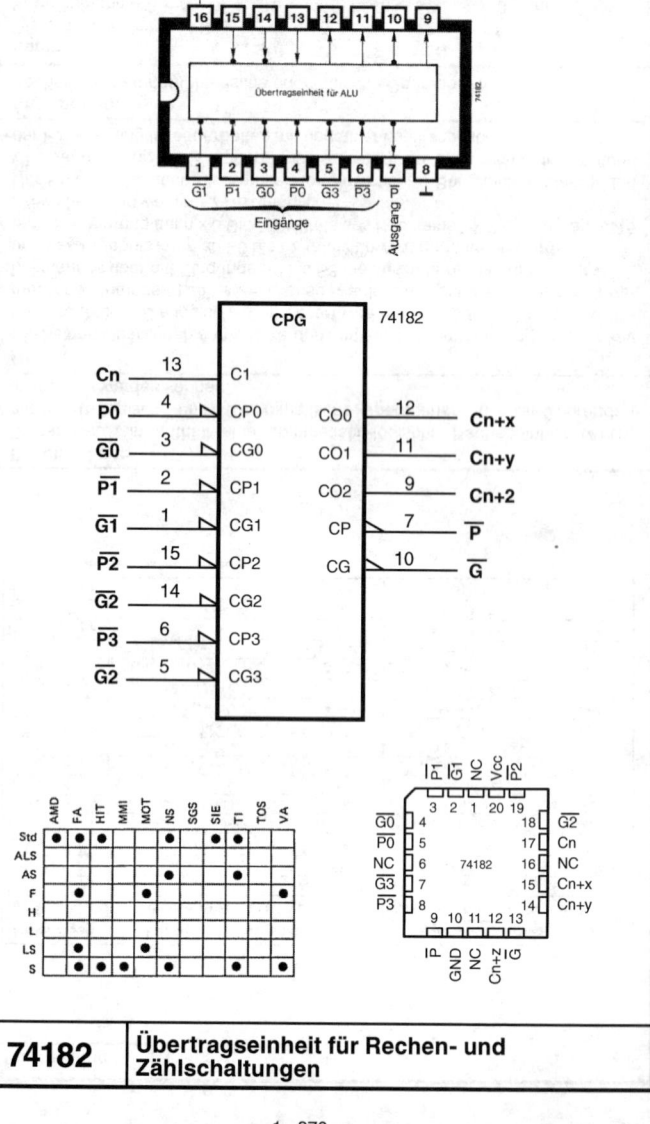

	AMD	FA	HIT	MMI	MOT	NS	SGS	SIE	TI	TOS	VA
Std	●	●			●		●	●	●		
ALS											
AS					●				●		
F		●		●						●	
H											
L											
LS		●		●					●		
S	●	●	●	●		●			●		●

74182   **Übertragseinheit für Rechen- und Zählschaltungen**

Fortsetzung:

Eingänge							Ausgang
$\overline{G3}$	$\overline{G2}$	$\overline{G1}$	$\overline{G0}$	$\overline{P3}$	$\overline{P2}$	$\overline{P1}$	$\overline{G}$
L	X	X	X	X	X	X	L
X	L	X	X	L	X	X	L
X	X	L	X	L	L	X	L
X	X	X	L	L	L	L	L
Alle übrigen Kombinationen							H

Eingänge				Ausgang
$\overline{P3}$	$\overline{P2}$	$\overline{P1}$	$\overline{P0}$	$\overline{P}$
L	L	L	L	L
Alle übrigen Kombinationen				H

Eingänge							Ausgang
$\overline{G2}$	$\overline{G1}$	$\overline{G0}$	$\overline{P2}$	$\overline{P1}$	$\overline{P0}$	C_n	C_{n+z}
L	X	X	X	X	X	X	H
X	L	X	L	X	X	X	H
X	X	L	L	L	X	X	H
X	X	X	L	L	L	H	H
Alle übrigen Kombinationen							L

Eingänge			Ausgang
$\overline{G0}$	$\overline{P0}$	C_n	C_{n+x}
L	X	X	H
X	L	H	H
Alle übrigen Kombinationen			L

Eingänge					Ausgang
$\overline{G1}$	$\overline{G0}$	$\overline{P1}$	$\overline{P0}$	C_n	C_{n+y}
L	X	X	X	X	H
X	L	L	X	X	H
X	X	L	L	H	H
Alle übrigen Kombinationen					L

Beschreibung:
Dieser Baustein stellt eine schnelle, parallel erweiterbare Übertragseinheit dar und ist besonders für die ALU 74181 vorgesehen.

Betrieb:
Diese Einheit kann den Übertrag für 4 binäre Addierer vorwegnehmen und ist auf n Bit erweiterbar.

Der Baustein nimmt bis zu 4 Paare von Signalen für Übertragsauslösung (Carry Propagate) $\overline{P0}$ bis $\overline{P3}$ (aktiv Low) und Übertragsbildung (Carry Generate) $\overline{G0}$ bis $\overline{G3}$ (aktiv Low) sowie einen Übertragseingang (aktiv High) auf und liefert vorweggenommene Überträge C_{n+x}, C_{n+y} und C_{n+z} an vier Gruppen von binären Addierern.

Bei Verwendung des 74181 mit negativer Logik bleiben die Verbindungen mit dem 74182 gleich.

Anwendung:
Übertragsbildung für Recheneinheit 74181

Daten:	Std	AS	F	S	
Übertrags-Verzögerung	13	5	7.5	7	ns
Stromaufnahme	36	20	21	52	mA

74182	Übertragseinheit für Rechen- und Zählschaltungen

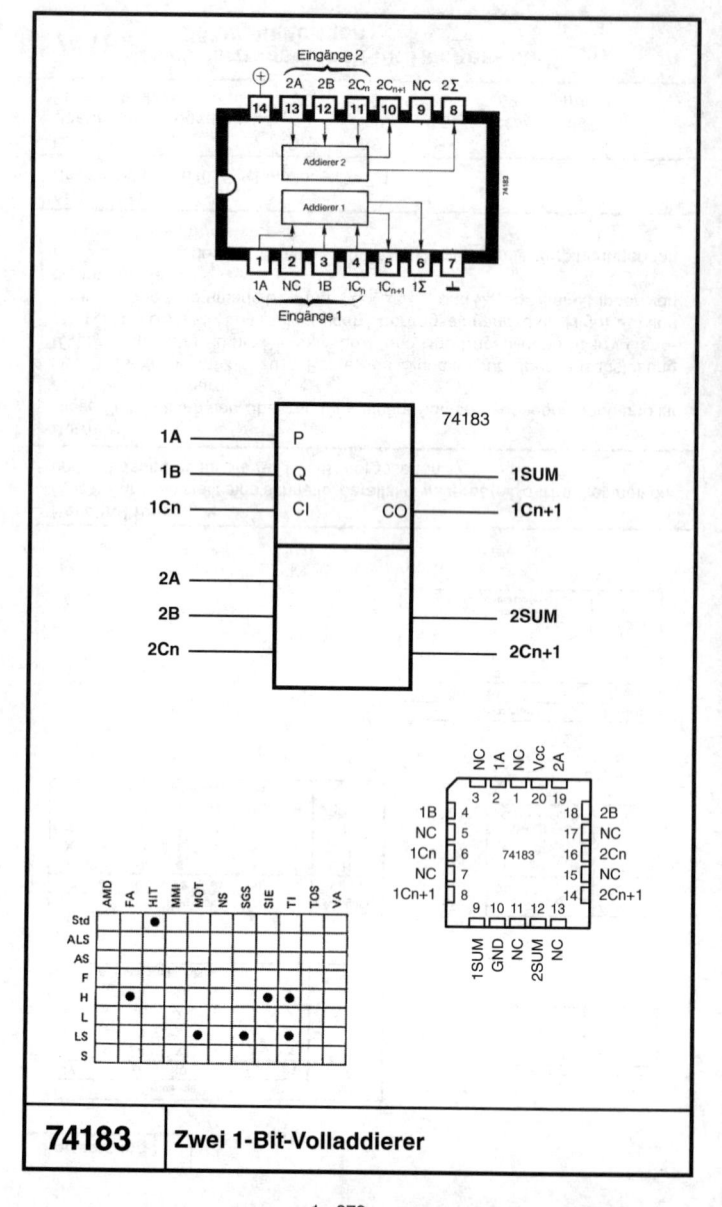

74183 Zwei 1-Bit-Volladdierer

Fortsetzung:

Eingänge			Ausgänge	
C_n	B	A	Σ	C_{n+1}
L	L	L	L	L
L	L	H	H	L
L	H	L	H	L
L	H	H	L	H
H	L	L	H	L
H	L	H	L	H
H	H	L	L	H
H	H	H	H	H

Beschreibung:
Dieser Baustein enthält zwei getrennte schnelle 1-Bit-Volladdierer.

Betrieb:
Die zu addierenden Daten werden den Dateneingängen A und B, sowie der Übertrag einer vorhergehenden Stelle dem Eingang Cn zugeführt. Das Additionsergebnis steht dann am Summen-Ausgang Σ, ein eventueller Übertrag am Übertrags-Ausgang Cn+1 für die nächste höherwertige Stelle. Das logische Verhalten ist in obenstehender Tabelle zusammengefasst:

Anwendung:
Ausführung von Binär-Additionen

Daten:	LS	H	
Typ. Additionszeit	15	11	ns
Stromaufnahme	9	44	mA

74183	Zwei 1-Bit-Volladdierer

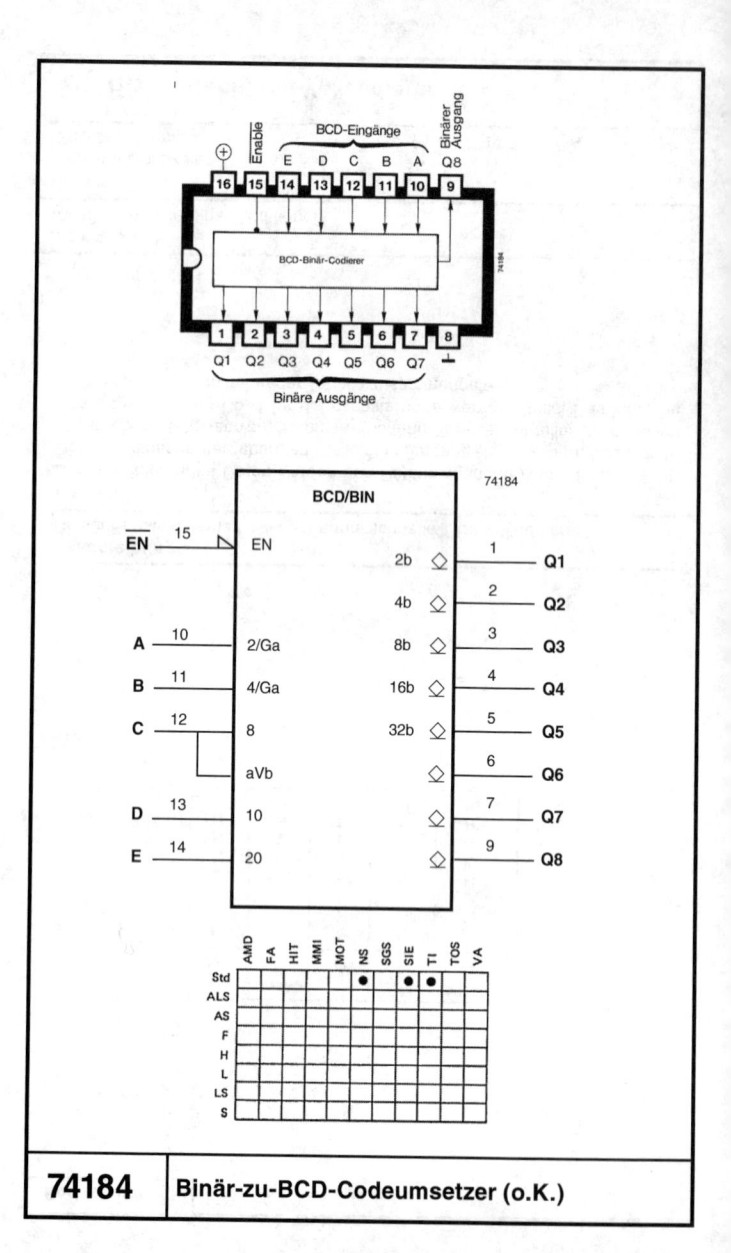

| 74184 | Binär-zu-BCD-Codeumsetzer (o.K.) |

Fortsetzung:

Dez.	Eingänge (BCD) E D C B A	Ausgänge (binär) $Q_5 Q_4 Q_3 Q_2 Q_1$	Dez.	Eingänge (BCD) E D C B A	Ausgänge (binär) $Q_5 Q_4 Q_3 Q_2 Q_1$
0–1	L L L L L	L L L L L	20–21	H L L L L	L H L H L
2–3	L L L L H	L L L L H	22–23	H L L L H	L H L H H
4–5	L L L H L	L L L H L	24–25	H L L H L	L H H L L
6–7	L L L H H	L L L H H	26–27	H L L H H	L H H L H
8–9	L L H L L	L L H L L	28–29	H L H L L	L H H H L
10–11	L H L L L	L L H L H	30–31	H H L L L	L H H H H
12–13	L H L L H	L L H H L	32–33	H H L L H	H L L L L
14–15	L H L H L	L L H H H	34–35	H H L H L	H L L L H
16–17	L H L H H	L H L L L	36–37	H H L H H	H L L H L
18–19	L H H L L	L H L L H	38–39	H H H L L	H L L H H

Beschreibung:
Dieser Baustein enthält einen Decoder, der einen 6-Bit-BCD-Code in einen Binärcode umwandelt.

Betrieb:
Bei diesem Decoder handelt es sich um ein speziell programmiertes ROM7488. Der Baustein enthält nur 5 Eingänge für einen 6-Bit-Code. Man macht hierbei von der Tatsache Gebrauch, dass die niedrigstwertigen Bits (LSB) des Binärcodes und des BCD-Codes identisch sind. Der Eingang A des Bausteins repräsentiert infolgedessen eigentlich die zweitniedrigste Stelle des 6-Bit-Codes. Z.B. entspricht daher die folgende Codierung am Baustein EDCBA = LLLLH = dezimal 2-3, da die niedrigstwertige Stelle des 6-BitBCD-Codes, die am Baustein vorbeigeleitet wird, für dezimal 2 gleich L und für dezimal 3 gleich H ist. Der an den Ausgängen Q5 bis Q1 stehende Code ist in beiden Fällen LLLLH. Treten Eingangsbedingungen auf, die der Codierung (BCD) nicht mehr entsprechen, d.h. Eingangscodes über dezimal 39 = BCD = HHHLL(H), dann gehen alle Ausgänge Q1 bis Q5 auf High.
Die Ausgänge Q6, Q7 und Q8 werden nur für Komplementbildungen benötigt.
Bei Normalbetrieb muss der Freigabe- ($\overline{\text{Enable}}$-) Eingang Low sein. Legt man diesen Eingang auf High, schalten auch alle Ausgänge auf High, unabhängig vom logischen Zustand aller übrigen Eingänge.
Die Ausgänge besitzen einen offenen Kollektor und müssen daher über einen externen Widerstand auf +5V gelegt werden. Es sind maximal 12mA Kollektorstrom zulässig.

Anwendung:
Codewandlung, BCD in Binär, BCD-9er-Komplement-Umsetzer, BCD-10er-Komplement-Umsetzer.

Daten:	Std	
Maximale Ausgangsspannung	5.5	V
Stromaufnahme	56	mA

74184	Binär-zu-BCD-Codeumsetzer (o.K.)

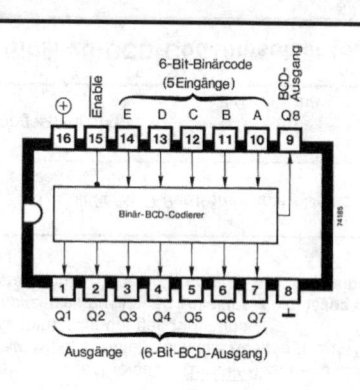

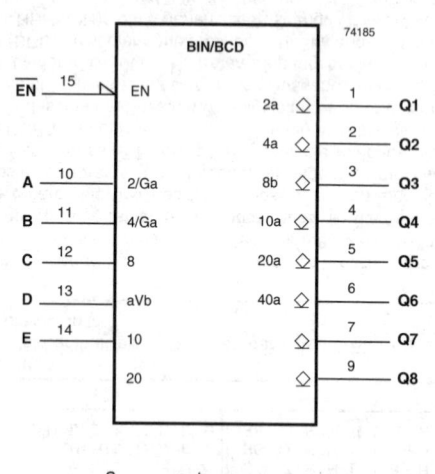

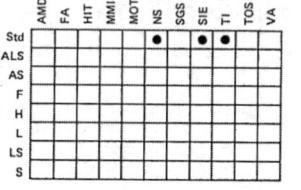

	AMD	FA	HIT	MMI	MOT	NS	SGS	SIE	TI	TOS	VA
Std						●		●	●		
ALS											
AS											
F											
H											
L											
LS											
S											

74185   Binär-zu-BCD-Codeumsetzer (o.K.)

Fortsetzung :

Dez.	Eingänge (binär)					Ausgänge (BCD)							
	E	D	C	B	A	Q_8	Q_7	Q_6	Q_5	Q_4	Q_3	Q_2	Q_1
0-1	L	L	L	L	L	L	L	L	L	L	L	L	L
2-3	L	L	L	L	H	L	L	L	L	L	L	L	H
4-5	L	L	L	H	L	L	L	L	L	L	L	H	L
6-7	L	L	L	H	H	L	L	L	L	L	L	H	H
8-9	L	L	H	L	L	L	L	L	L	L	H	L	L
10-11	L	L	H	L	H	L	L	L	L	H	L	L	L
12-13	L	L	H	H	L	L	L	L	L	H	L	L	H
14-15	L	L	H	H	H	L	L	L	L	H	L	H	L
16-17	L	H	L	L	L	L	L	L	L	H	L	H	H
18-19	L	H	L	L	H	L	L	L	L	H	H	L	L
20-21	L	H	L	H	L	L	L	L	H	L	L	L	L
22-23	L	H	L	H	H	L	L	L	H	L	L	L	H
24-25	L	H	H	L	L	L	L	L	H	L	L	H	L
26-27	L	H	H	L	H	L	L	L	H	L	L	H	H
28-29	L	H	H	H	L	L	L	L	H	L	H	L	L
30-31	L	H	H	H	H	L	L	L	H	H	L	L	L
32-33	H	L	L	L	L	L	L	L	H	H	L	L	H
34-35	H	L	L	L	H	L	L	L	H	H	L	H	L
36-37	H	L	L	H	L	L	L	L	H	H	L	H	H
38-39	H	L	L	H	H	L	L	L	H	H	H	L	L
40-41	H	L	H	L	L	L	L	H	L	L	L	L	L
42-43	H	L	H	L	H	L	L	H	L	L	L	L	H
44-45	H	L	H	H	L	L	L	H	L	L	L	H	L
46-47	H	L	H	H	H	L	L	H	L	L	L	H	H
48-49	H	H	L	L	L	L	L	H	L	L	H	L	L
50-51	H	H	L	L	H	L	L	H	L	H	L	L	L
52-53	H	H	L	H	L	L	L	H	L	H	L	L	H
54-55	H	H	L	H	H	L	L	H	L	H	L	H	L
56-57	H	H	H	L	L	L	L	H	L	H	L	H	H
58-59	H	H	H	L	H	L	L	H	L	H	H	L	L
60-61	H	H	H	H	L	L	L	H	H	L	L	L	L
62-63	H	H	H	H	H	L	L	H	H	L	L	L	H

Beschreibung:
Dieser Baustein enthält einen Decoder, der einen 6-Bit-Binärcode in einen BCD-Code umwandelt.

Betrieb:
Bei diesem Decoder handelt es sich um ein speziell programmiertes ROM7488.

Der Baustein enthält nur 5 Eingänge für einen 6-Bit-Code. Man macht hierbei von der Tatsache Gebrauch, dass die niedrigstwertigen Bits (LSB) des Binärcodes und des BCD-Codes identisch sind. Der Eingang A des Baustei-nes repräsentiert infolgedessen eigentlich die zweitniedrigste Stelle des 6-Bit-Binärcodes. Z.B. entspricht daher folgende Codierung am Baustein EDCBA = LLLLH = dezimal 2—3, da die niedrigstwertige Stelle des 6-Bit-Binärcodes, die am Baustein vorbeigeleitet wird, für dezimal 2 gleich L und für dezimal 3 gleich H ist. Der an den Ausgängen Q5 bis Q1 stehende Code ist in beiden Fällen LLLLH. Die höchste Binärzahl ist bei diesem Baustein dezimal 63 = HHHHH(H).

Q6, Q7 und Q8 werden nur für Komplementbildungen benötigt.

Bei Normalbetrieb muss der Freigabe- (Enable-) Eingang Low sein. Legt man diesen Eingang auf High, schalten auch alle Ausgänge auf High, unabhängig vom logischen Zustand allerübrigen Eingänge. Die Ausgänge besitzen einen offenen Kollektor und müssen daher über einen externen Widerstand auf +5V gelegt werden. Es sind maximal 12mA Kollektorstrom zulässig.

Anwendung:
Codewandlung, Binär in BCD.

Daten:

Std.		
Maximale Ausgangsspannung	5,5	V
Stromaufnahme	56	mA

74185	**Binär-zu-BCD-Codeumsetzer (o.K.)**

74186 | 512 Bit-PROM (64x8) (o.K.)

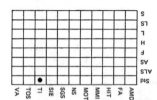

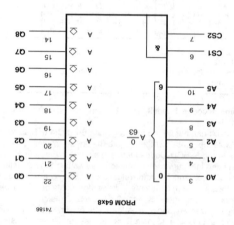

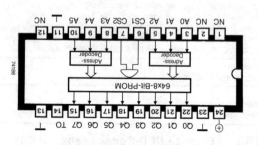

Fortsetzung:

\\	Eingänge							Ausgang
CS1	CS2	A5	A4	A3	A2	A1	A0	Wort
L	X	X	X	X	X	X	X	–
X	L	X	X	X	X	X	X	–
H	H	L	L	L	L	L	L	0
H	H	L	L	L	L	L	H	1
.	.	.	.	.	.	.	.	.
.	.	.	.	.	.	.	.	.
H	H	H	H	H	H	H	L	62
H	H	H	H	H	H	H	H	63

Beschreibung:
Dieser Baustein enthält einen programmierbaren Festwertspeicher (PROM) mit 512 Bits, organisiert in 64 Worten zu je 8 Bits (64x8).

Betrieb:
Das gewünschte Wort wird über die Adressen A0 bis A5 angewählt. Dann stellt sich das der vorher erfolgten Programmierung entsprechende Bitmuster an Ausgängen (Q0 bis Q7) ein. Dazu müssen beide Chip-Auswahl-Eingänge CS (Chip Select) High sein. Diese beiden Eingänge ermöglichen eine einfache Speichererweiterung.
Die Ausgänge besitzen einen offenen Kollektor und müssen daher über einen externen Widerstand mit +5V verbunden werden. Im unprogrammierten Zustand sind alle Ausgänge Low.
Für die Programmierung adressiert man das gewünschte Wort und legt nacheinander an jeden zu programmierenden Ausgang wenigstens 700ms lang direkt eine Spannung von -5V bis -6V (ohne strombegrenzenden Widerstand!).
Die beiden CS-Eingänge werden hierbei auf High gelegt oder bleiben offen. Der Masseanschluss Pin 11 wird dabei ebenfalls an die negative Spannung gelegt, während Pin 13 und 24 auf Masse verbleiben. Der Anschluss 14 dient für Testzwecke und wird nicht extern verbunden.

Anwendung:
Festwertspeicher, Erzeugung von beliebigen Logikfunktionen und komplexen Spannungsformen, Sequenzgeber.

Daten:	Std	
Zugriffszeit	55	ns
Stromaufnahme	120	mA

74186   512 Bit-PROM (64x8) (o.K.)

74188 | 256-Bit-PROM (32x8) (o.K.)

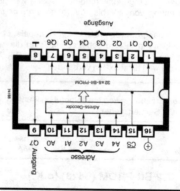

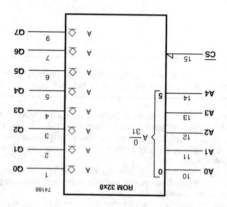

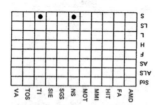

Fortsetzung:

Eingänge						Ausgang Wort
CS	A4	A3	A2	A1	A0	
H	X	X	X	X	X	-
L	L	L	L	L	L	0
L	L	L	L	L	H	1
.	.	.	.	.	.	.
.	.	.	.	.	.	.
L	H	H	H	H	L	30
L	H	H	H	H	H	31

Beschreibung:
Dieser Baustein enthält einen programmierbaren Festwertspeicher (PROM) mit 256 Bits, organisiert in 32 Worten zu je 8 Bits (32x8).

Betrieb:
Das gewünschte Wort wird über die Adressen A0 bis A4 angewählt. Dann stellt sich das der vorher erfolgten Programmierung entsprechende Bitmuster an den Ausgängen Q0 bis Q7 ein. Dazu muss der Chip-Auswahl-Eingang CS (Chip Select) Low sein.
Die Ausgänge besitzen einen offenen Kollektor und müssen daher über einen externen Widerstand mit +5V verbunden werden. In unprogrammiertem Zustand sind alle Ausgänge Low.
Für die Programmierung legt man die normale Betriebsspannung von +5V an und adressiert das zu programmierende Wort. Dann werden die Ausgänge durch ein High an CS abgeschaltet. Es wird jeweils nur 1 Bit programmiert. Die Ausgänge die *nicht* programmiert werden sollen, werden über 3.9kΩ an +5V gelegt. An den zu programmierenden Ausgang legt man 0.25V (0-0,3V/max. Strom 150mA) und dann wird die Betriebsspannung des PROMs auf 10.5V (max. 750mA) erhöht. Anschließend wird CS ca. 1 ms (nach Vorschrift 1µs bis max. 1 ms) Low gemacht, anschließend wieder High. Innerhalb einer weiteren ms schaltet man die Betriebsspannung wieder auf +5V. Dasselbe wiederholt man bei den übrigen zu programmierenden Ausgängen.
Ein ähnlicher Baustein mit Tristate-Ausgängen ist der 74288.

Anwendung:
Festwertspeicher, Erzeugung von beliebigen Logikfunktionen und komplexen Spannungsformen, Sequenzgeber.

Daten:	S	
Zugriffszeit	30	ns
Stromaufnahme	80	mA

74188	256-Bit-PROM (32x8) (o.K.)

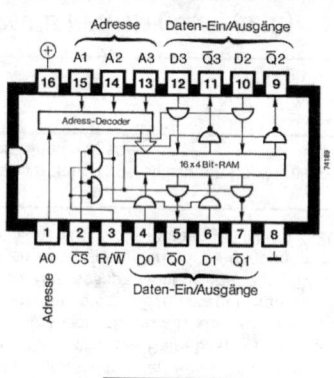

Adresse — Daten-Ein/Ausgänge

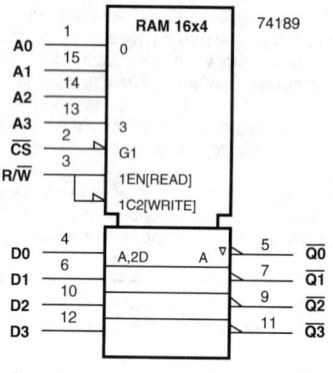

	AMD	FA	HIT	MMI	MOT	NS	SGS	SIE	TI	TOS	VA
Std											
ALS											
AS											
F		●									●
H											
L											
LS		●			●				●		
S		●			●			●			●

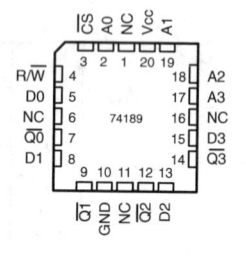

74189 | 64-Bit-RAM (16x4) (TS)

Fortsetzung:

Funktion	Eingänge		Ausgänge
	$\overline{CS}$	R/$\overline{W}$	
Schreiben	L	L	Z
Lesen	L	H	Komplement der eingegebenen Daten
Sperren	H	X	Z

Beschreibung:
Dieser Baustein enthält einen schnellen Schreib/Lese-Speicher (RAM) mit 64 Bit, organisiert zu je 4 Bit (16x4) und Tristate-Ausgängen.

Betrieb:
Über die Adressen-Eingänge A0 bis A3 wird der gewünschte Speicherplatz ausgewählt, in den eingeschrieben oder ausgelesen werden soll. Die Adressen-Eingänge sind gepuffert, um den Adressenbus möglichst wenig zu belasten.
Die einzuschreibenden Daten werden an die Dateneingänge D0 bis D3 geführt und $\overline{CS}$ (Chip Select) und R/$\overline{W}$ (Read/Write) auf Low gebracht. Die Ausgänge werden hierbei hochohmig.
Zum Auslesen bringt man R/$\overline{W}$ auf High ($\overline{CS}$ bleibt auf Low). Dann steht das Komplement der im adressierten Speicherplatz aufbewahrten Daten an den Ausgängen Q0 bis Q3. Legt man $\overline{CS}$ auf High, so wird der Speicher gesperrt und die Ausgänge gehen in den hochohmigen Zustand, unabhängig vom logischen Pegel von R/$\overline{W}$.
Ein ähnlicher Baustein mit nicht invertierten Ausgängen ist der 74219.

Anwendung:
Zwischenspeicherung von 4-Bit-Daten.

Daten:	F	LS	S	
Zugriffszeit	18	50	37	ns
Stromaufnahme	43	40	110	mA

74189	**64-Bit-RAM (16x4) (TS)**

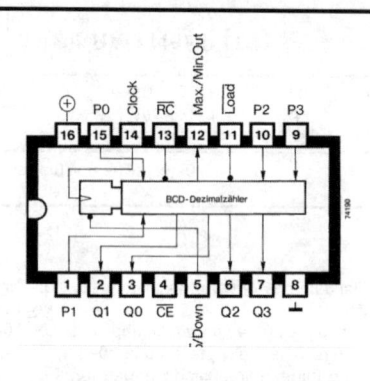

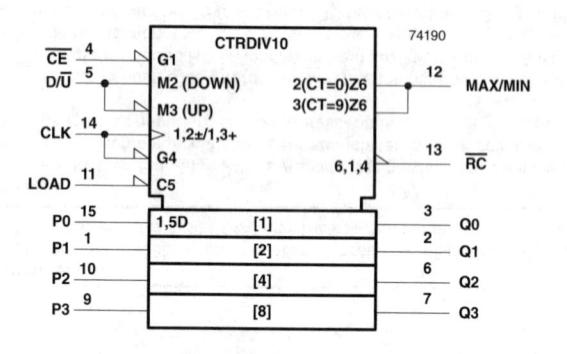

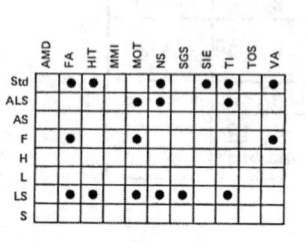

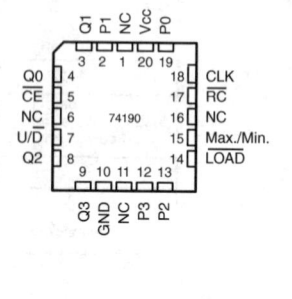

	AMD	FA	HIT	MMI	MOT	NS	SGS	SIE	TI	TOS	VA
Std		•	•			•		•	•		•
ALS						•		•	•		
AS											
F		•			•						•
H											
L											
LS	•	•		•	•	•	•		•		
S											

| 74190 | Synchroner programmierbarer Aufwärts/Abwärts-Dezimalzähler |

Fortsetzung:

	Eingänge			
Load	CE	Up/Down	Clock	Funktion
H	L	L	⌐⌐	Aufwärtszählen
H	L	H	⌐⌐	Abwärtszählen
L	X	X	X	Laden (asynchron)
H	H	X	X	keine Änderung

Beschreibung:
Dieser Baustein enthält einen synchronen, programmierbaren dezimalen Zähler, der im BCD-Code aufwärts oder abwärts zählt.

Betrieb:
Für normalen Zählbetrieb liegt $\overline{\text{Load}}$ und $\overline{\text{CE}}$ (Count Enable) auf Low. Will man aufwärts zählen, dann legt man hierzu den Anschluss $\overline{\text{Up}}$/Down auf Low. Der Zähler schreitet bei jedem LH-Übergang (positive Flanke) des Taktes am Anschluss Clock weiter. Zum Abwärts-Zählen legt man ein High an den Anschluss $\overline{\text{Up}}$/Down. Zur Programmierung wird die gewünschte Zahl im BCD-Code an die Eingänge P0 bis P3 gelegt und Load kurzzeitig auf Low gebracht. Der Ladevorgang ist unabhängig vom Takt. Der Zähler kann als beliebig einstellbarer Teiler arbeiten, wobei mehrere Zähler parallel oder seriell betrieben werden können. Da kein gesonderter Lösch-Eingang vorhanden ist, müssten, falls erforderlich, lauter Nullen geladen werden.
Wenn der Zähler beim Aufwärtszählen 9 oder beim Abwärtszählen 0 erreicht, geht der Abgang Pin 12 auf High.
$\overline{\text{RC}}$ (Ripple Clock) ist normalerweise High. Wenn $\overline{\text{CE}}$ (Clock Enable) Low und Pin 12 High ist, geht $\overline{\text{RC}}$ bei der nächsten negativen Flanke des Taktes auf Low und bleibt auf Low, bis der Takt wieder auf High geht.
Dadurch lässt sich der Aufbau mehrstufiger Zähler vereinfachen, indem man $\overline{\text{RC}}$ mit $\overline{\text{CE}}$ der nächsten Stufe verbindet, wenn man parallel taktet. $\overline{\text{CE}}$ (Taktfreigabe) mit aktiv Low darf nur geändert werden, wenn der Takteingang High ist.

Anwendung:
Aufwärts/Abwärts-Differenz-Zählung, mehrstufiges synchrones Zählen, Frequenzteiler für Synthesizer.

Daten:	Std	ALS	F	LS	
Max. Taktfrequenz	20	25	125	20	MHz
Stromaufnahme	65	12	38	20	mA

74190	Synchroner programmierbarer Aufwärts/Abwärts-Dezimalzähler

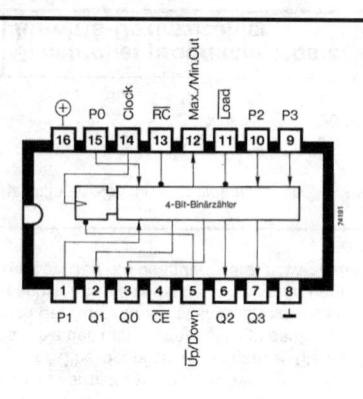

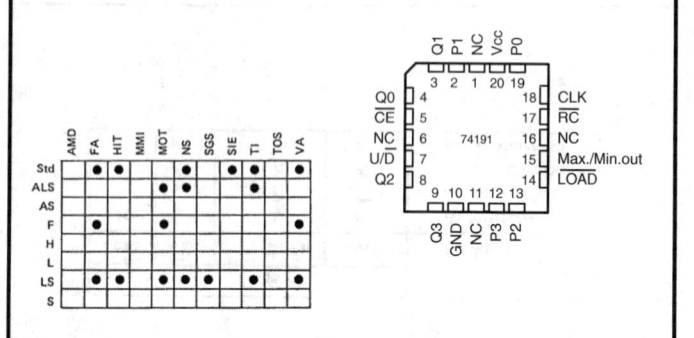

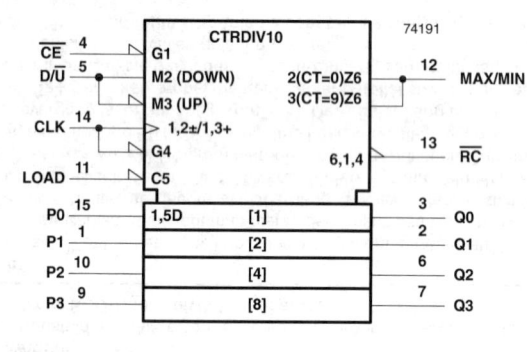

	AMD	FA	HIT	MMI	MOT	NS	SGS	SIE	TI	TOS	VA
Std		●	●			●		●	●		●
ALS				●	●						
AS											
F		●			●						●
H											
L											
LS	●	●	●		●	●	●		●		
S											

74191 Synchroner programmierbarer Aufwärts-/Abwärts-4-Bit-Binärzähler

Fortsetzung:

Eingänge				Funktion
$\overline{Load}$	$\overline{CE}$	Up/Down	Clock	
H	L	L	⌐	Aufwärtszählen
H	L	H	⌐	Abwärtszählen
L	X	X	X	Laden (asynchron)
H	H	X	X	keine Änderung

Beschreibung:
Dieser Baustein enthält einen programmierbaren synchronen Binärzähler, der im 4-Bit-Binärcode aufwärts oder abwärts zählt.

Betrieb:
Für normalen Zählbetrieb liegt $\overline{Load}$ und $\overline{CE}$ (Comit Enable) auf Low. Will man aufwärts zählen, dann legt man hierzu den Anschluss Up/Down auf Low. Der Zähler schreitet bei jedem LH-Übergang (positive Flanke) des Taktes am Anschluss Clock weiter. Zum Abwärtszählen legt man ein High an den Anschluss Up/Down.
Zur Programmierung wird die gewünschte Zahl im Binärcode an die Eingänge P0 bis P3 gelegt und Load kurzzeitig auf Low gebracht. Der Ladevorgang ist unabhängig vom Takt. Der Zähler kann als beliebig einstellbarer Teiler arbeiten, wobei mehrere Zähler parallel oder seriell betrieben werden können. Da kein gesonderter Lösch-Eingang vorhanden ist, müssten, falls erforderlich, lauter Nullen geladen werden.
Wenn der Zähler beim Aufwärtszählen 15 oder beim Abwärtszählen 0 erreicht, geht der Ausgang Pin 12 auf High.
$\overline{RC}$ (Ripple Clock) ist normalerweise High. Wenn $\overline{CE}$ (Clock Enable) Low und Pin 12 High ist, geht $\overline{RC}$ bei der nächsten negativen Flanke des Taktes auf Low und bleibt auf Low, bis der Takt wieder auf High geht. Dadurch lässt sich der Aufbau mehrstufiger Zähler vereinfachen, indem man $\overline{RC}$ mit $\overline{CE}$ der nächsten Stufe verbindet, wenn man parallel taktet. $\overline{CE}$ (Taktfreigabe) mit aktiv Low darf nur geändert werden, wenn der Takteingang High ist.

Anwendung:
Aufwärts/Abwärts-Differenz-Zählung, mehrstufiges synchrones Zählen, Frequenzteiler für Synthesizer.

Daten:	Std	ALS	F	LS	
Max. Taktfrequenz	20	25	125	20	MHz
Stromaufnahme	65	12	38	20	mA

74191	Synchroner programmierbarer Aufwärts-/Abwärts-4-Bit-Binärzähler

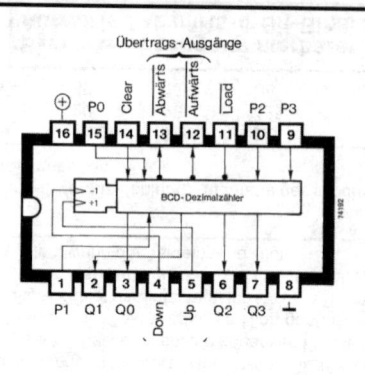

Übertrags-Ausgänge

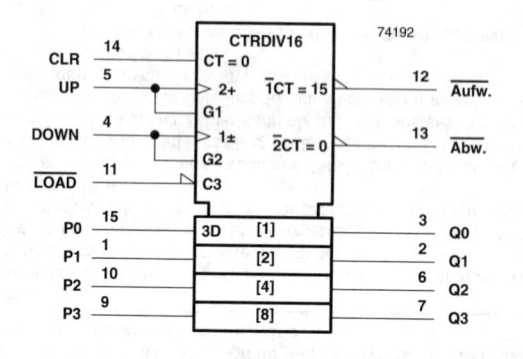

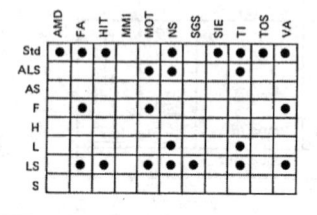

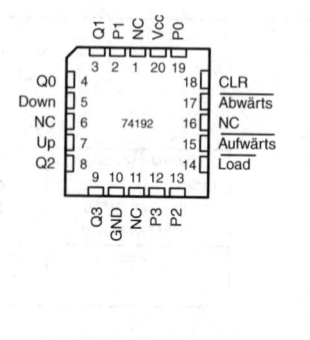

	AMD	FA	HIT	MMI	MOT	NS	SGS	SIE	TI	TOS	VA
Std	●	●	●						●		
ALS						●		●	●		
AS											
F		●			●						●
H											
L						●		●	●		
LS	●	●		●	●	●	●				●
S											

| **74192** | **Synchroner programmierbarer Aufwärts-/Abwärts-Dezimalzähler mit Löschen** |

Fortsetzung:

Clock Up	Clock Down	Clear	$\overline{\text{Load}}$	Funktion
⌐⌙	H	L	H	Aufwärtszählen
H	⌐⌙	L	H	Abwärtszählen
X	X	H	X	Löschen
X	X	L	L	Laden

Beschreibung:
Dieser Baustein enthält einen programmierbaren synchronen, dezimalen BCD-Zähler mit getrennten Takteingängen für Aufwärts- und Abwärtszählen, sowie einen Lösch-Eingang.

Betrieb:
Für normalen Zählbetrieb legt man den Anschluss $\overline{\text{Load}}$ auf High und Clear auf Low. Der Zähler geht bei jedem LH-Übergang (positive Flanke) am Takteingang Up um einen Schritt nach aufwärts weiter. Bei jeder positiven Flanke des Taktes am Down-Eingang geht der Zähler abwärts. Der jeweils andere Takteingang ist auf High zu legen. Zur Programmierung wird die gewünschte Zahl im BCD-Code an die Eingänge P0 bis P3 gelegt und der Eingang $\overline{\text{Load}}$ kurzzeitig auf Low gelegt.
Zum Löschen des Zählers legt man Clear kurzzeitig auf *High*. Der Löschvorgang ist unabhängig vom Takt.
Beim Aufwärtszählen gibt der Übertrags-Ausgang Pin 12 bei Erreichen von 9 einen negativen Impuls ab. Beim Abwärtszählen entsteht beim Erreichen von 0 am Ausgang 13 ein kurzer negativer Impuls.
Für mehrstellige Zähler verbindet man Pin 13 (Abwärts-Übertrag) mit dem Takteingang Clock-Down der nächsten Stufe und Pin 14 (Aufwärts-Übertrag) mit dem Takteingang Clock-Up der folgenden Stufe.

Anwendung:
Aufwärts/Abwärts-Differenz-Zählung, synchrone Frequenzteiler für Synthesizer.

Daten:	Std	ALS	F	LS	
Max. Zählfrequenz	25	25	125	25	MHz
Stromaufnahme	65	12	30	19	mA

74192 — Synchroner programmierbarer Aufwärts-/Abwärts-Dezimalzähler mit Löschen

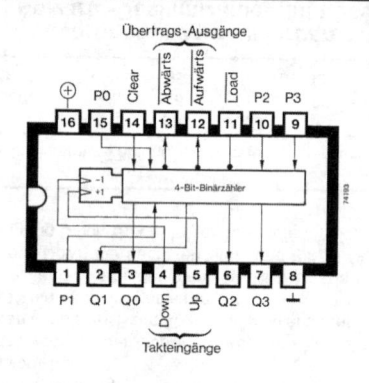

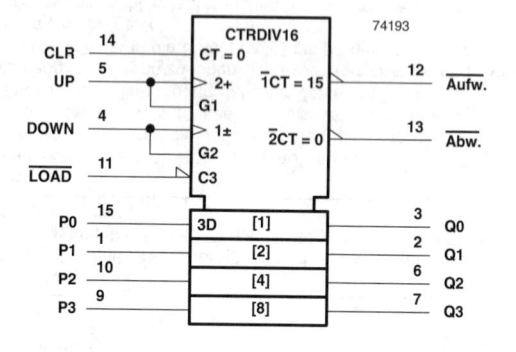

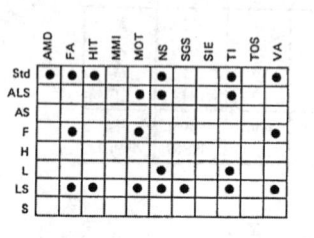

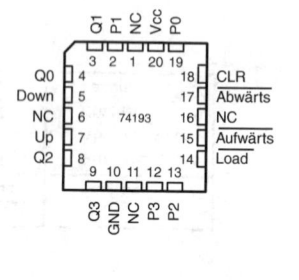

| **74193** | Synchroner programmierbarer Aufwärts-/ Abwärts-4-Bit-Binärzähler mit Löschen |

Fortsetzung:

Clock Up	Clock Down	Clear	$\overline{\text{Load}}$	Funktion
⎍	H	L	H	Aufwärtszählen
H	⎍	L	H	Abwärtszählen
X	X	H	X	Löschen
X	X	L	L	Laden

Beschreibung:
Dieser Baustein enthält einen programmierbaren synchronen 4-Bit-Binärzähler mit getrennten Takteingängen für Aufwärts- und Abwärtszählen, sowie einen Löscheingang.

Betrieb:
Für normalen Betrieb legt man den Anschluss $\overline{\text{Load}}$ auf High und Clear auf Low. Der Zähler geht bei jedem LH-Übergang (positive Flanke) am Takteingang Dp um einen Schritt nach aufwärts weiter. Bei jeder positiven Flanke des Taktes am Down-Eingang geht der Zähler abwärts. Der jeweils andere Takteingang ist auf High zu legen. Zur Programmierung wird die gewünschte Zahl im Binärcode an die Eingänge P0 bis P3 gelegt und der Eingang $\overline{\text{Load}}$ kurzzeitig auf Low gelegt.

Zum Löschen des Zählers legt man Clear kurzzeitig auf High. Der Löschvorgang ist unabhängig vom Takt.

Beim Aufwärtszählen gibt der Übertrags-Ausgang Pin 12 bei Erreichen von 15 einen negativen Impuls ab. Beim Abwärtszählen entsteht beim Erreichen von 0 am Ausgang 13 ein kurzer negativer Impuls.

Für mehrstellige Zähler verbindet man Pin 13 (Abwärts-Übertrag) mit dem Takteingang Clock-Down der nächsten Stufe und Pin 14 (Aufwärts-Übertrag) mit dem Takteingang Clock-Up der folgenden Stufe.

Anwendung:
Aufwärts/Abwärts-Differenz-Zählung, synchrone Frequenzteiler für Synthesizer.

Daten:	Std	ALS	F	LS	
Max. Zählfrequenz	25	25	125	25	MHz
Stromaufnahme	65	12	30	19	mA

74193	Synchroner programmierbarer Aufwärts-/ Abwärts-4-Bit-Binärzähler mit Löschen

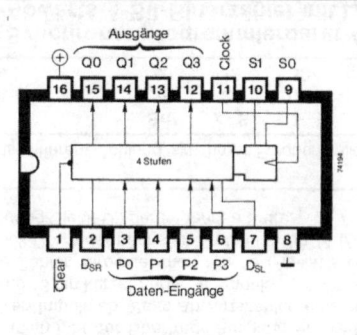

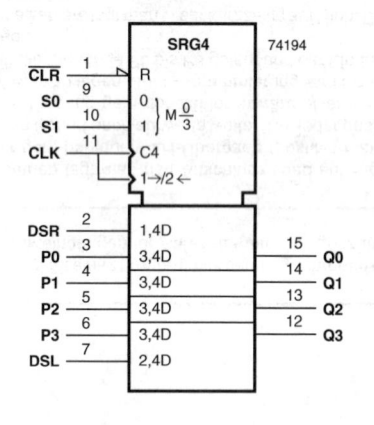

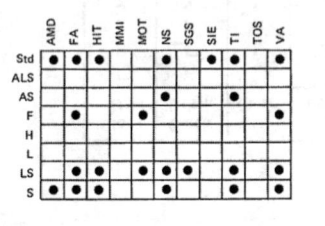

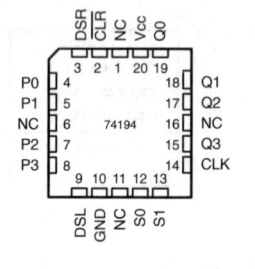

	AMD	FA	HIT	MMI	MOT	NS	SGS	SIE	TI	TOS	VA
Std	●	●	●			●			●	●	●
ALS											
AS						●			●		
F		●			●						●
H											
L											
LS	●	●	●		●	●	●		●		●
S	●	●	●			●			●		●

| **74194** | **4-Bit-Rechts/Links-Schieberegister (parallel/seriell-ein, parallel/seriell-aus) mit Löschen** |

Fortsetzung:

Clock	Mode Select S0	Mode Select S1	Clear	Funktion
X	L	L	H	keine Änderung
⎍	H	L	H	Rechtsverschiebung (Q0→Q3)
⎍	L	H	H	Linksverschiebung (Q3→Q0)
⎍	H	H	H	Paralleles Laden
X	X	X	L	Reset (Löschen)

Beschreibung:
Dieser Baustein enthält ein bidirektionales 4-Bit-Schieberegister für parallele und serielle Ein- und Ausgabe, sowie einen Löscheingang

Betrieb:
Wenn der Löscheingang (Clear) auf Low gelegt wird, gehen alle Ausgänge (Q0 bis Q3) auf Low, unabhängig von allen übrigen Eingangsbedingungen.
Liegt Clear auf High, so wird die Betriebsart durch die beiden Mode-Control-Eingänge (S0, S1) bestimmt. Eine Links-Verschiebung erfolgt, wenn S0 Low und S1 High ist. Die seriellen Daten werden hierbei dem Eingang D_{SL} zugeführt.
Mit S0 auf High und S1 auf Low erfolgt eine Rechts-Verschiebung, wobei die seriellen Daten an D_{SR} gelegt werden.
Mit beiden Eingängen S0 und S1 auf High ist ein paralleles Laden der Daten an P0 bis P3 möglich. Während des parallelen Ladens ist die serielle Dateneingabe gesperrt. Serielle und parallele Daten werden in das Schieberegister synchron beim LH-Übergang (positive Flanke) des Taktes am Anschluss Clock übernommen. Die Daten an den Dateneingängen müssen jedoch rechtzeitig vor der Flanke des Taktimpulses anliegen. S0 und S1 auf Low sperrt den Takt. Diese beiden Eingänge sollten nur geändert werden, wenn der Takteingang auf High liegt.

Anwendung:
Schieberegister, Datenspeicher, Seriell-parallel- und Parallel-seriell-Umwandlung

Daten:	Std	AS	F	LS	S	
Max. Taktfrequenz	25	110	150	25	75	MHz
Stromaufnahme	39	35	33	15	85	mA

74194	4-Bit-Rechts/Links-Schieberegister (parallel/seriell-ein, parallel/seriell-aus) mit Löschen

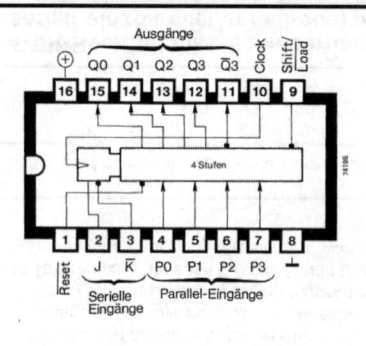

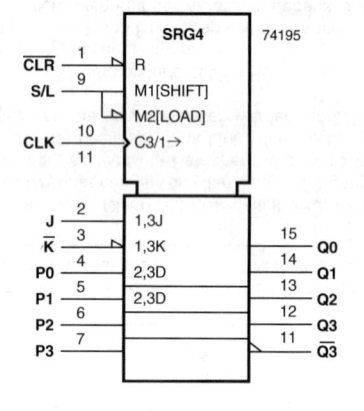

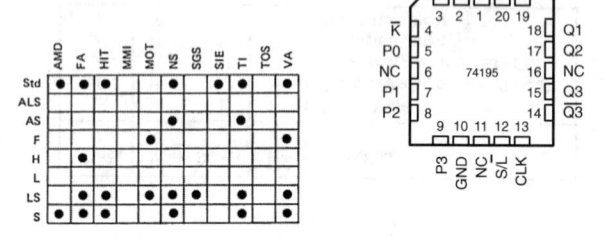

| | 74195 | 4-Bit-Schieberegister (parallel/seriell-ein, parallel/seriell-aus) mit Löschen |

Fortsetzung:

Eingänge										Ausgänge					Betriebsart	
Reset	Shift/Load	Clock	Seriell J	Seriell K	P0	P1	P2	P3		Q0	Q1	Q2	Q3	$\overline{Q3}$		
L	X	X	X	X	X	X	X	X		L	L	L	L	H	Löschen	
H	L	⌐	X	X	0	1	2	3		0	1	2	3	$\overline{3}$	Paralleles Laden	
H	H	L	X	X	X	X	X	X		keine Änderung					Halten	
H	H	⌐	L	H	X	X	X	X		Q0n	Q0n	Q1n	Q2n	$\overline{Q2n}$	1. Stufe erhalten	Serielle Verschiebung
H	H	⌐	L	L	X	X	X	X		L	Q0n	Q1n	Q2n	$\overline{Q2n}$	1. Stufe löschen	
H	H	⌐	H	H	X	X	X	X		H	Q0n	Q1n	Q2n	$\overline{Q2n}$	1. Stufe setzen	
H	H	⌐	H	L	X	X	X	X		$\overline{Q0n}$	Q0n	Q1n	Q2n	$\overline{Q2n}$	1. Stufe kippen	

Beschreibung:
Dieser Baustein enthält ein 4-Bit-Schieberegister mit serieller und paralleler Ein- und Ausgabe, sowie einen Löscheingang.

Betrieb:
Dieses Schieberegister hat zwei Betriebsarten, nämlich Rechtsverschiebung und Laden paralleler Daten, die durch den logischen Zustand von Pin 9 (Shift/$\overline{Load}$) gesteuert werden. Mit Pin 9 auf High werden serielle Daten über die Eingänge J und $\overline{K}$ eingegeben und bei jedem LH-Übergang (positive Flanke) des Taktes 1 Bit nach rechts verschoben.
Zu diesem Zweck werden die beiden Eingänge J und $\overline{K}$ miteinander verbunden. Macht man den J-Eingang High und den $\overline{K}$-Eingang Low, komplementiert das Takten nur das 1. Bit des Registers und schiebt die übrigen im Register vorhandenen Informationen eine Stufe weiter. Mit J auf Low und $\overline{K}$ auf High bleibt die 1. Stufe des Registers unverändert, die übrigen Informationen werden wieder um eine Stufe weitergeschoben. Um Daten parallel zu laden, werden die Informationen den Eingängen P0 bis P3 zugeführt und der Shift/Load-Eingang auf Low gelegt. Diese Daten werden beim nächsten LH-Übergang des Taktes in das Register übernommen und erscheinen an den zugehörigen Ausgängen Q0 bis Q3. Alle seriellen und parallelen Datentransfers arbeiten synchron.
Das Löschen erfolgt dagegen asynchron und unabhängig von allen übrigen Eingängen, indem man den Anschluss $\overline{Reset}$ kurzzeitig auf Low bringt.
Man kann auch eine Linksverschiebung durchführen, indem man die Qn-Ausgänge mit den Pn—1-Eingängen verbindet und Shift/$\overline{Load}$ auf Low legt.

Anwendung:
Register für arithmetische Einheiten, Seriell-parallel- und Parallel-seriell-Umwandlungen,

Daten:	Std	AS	F	LS	S	
Maximale Taktfrequenz	30	110	115	30	70	MHz
Stromaufnahme	39	35	45	14	70	mA

74195	4-Bit-Schieberegister (parallel/seriell-ein, parallel/seriell-aus) mit Löschen

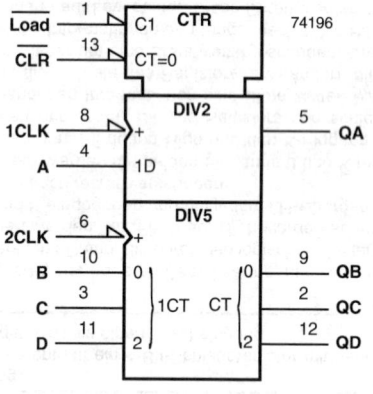

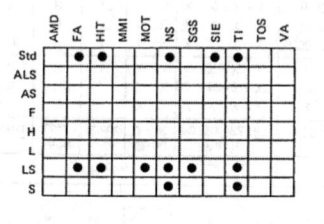

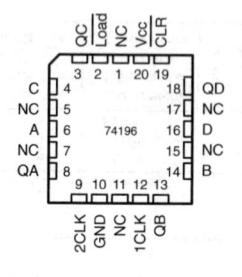

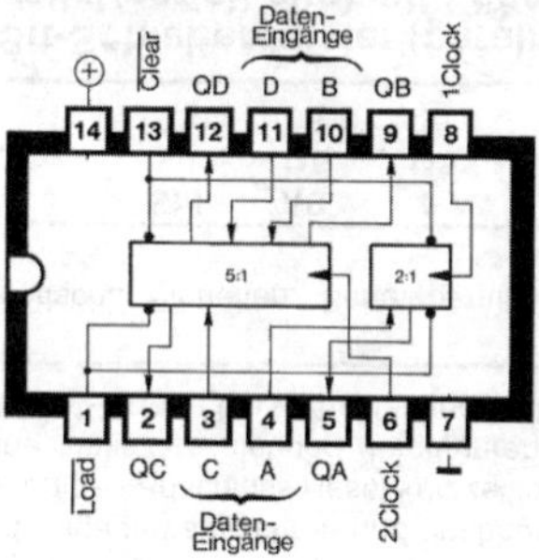

	AMD	FA	HIT	MMI	MOT	NS	SGS	SIE	TI	TOS	VA
Std		●	●			●		●	●		
ALS											
AS											
F											
H											
L											
LS		●	●		●	●	●		●		
S						●			●		

74196 Programmierbarer Dezimalzähler mit Löschen

Fortsetzung:

Eingänge			Ausgänge
$\overline{\text{Clear}}$	$\overline{\text{Load}}$	Clock	QA–QD
L	X	X	L
H	L	X	Paralleles Laden
H	H	⌐_	Zählen

Beschreibung:
Dieser Baustein enthält einen Teiler 2:1, einen Teiler 5:1, sowie einen Voreinstell- und einen Lösch-Eingang.

Betrieb:
Da der Baustein aus 2 getrennten Zählern von 2:1 und 5:1 mit getrennten Takteingängen besteht, gestattet er verschiedene Betriebsarten.
1. Teiler durch 2 und Teiler durch 5:
   Der Eingang 1Clock (Pin 8) steuert QA für ein Teilerverhältnis 2:1. 2Clock (Pin 6) steuert die Ausgänge QD, QC und QB für ein Teilerverhältnis 5:1. Wenn auch die Teiler getrennt arbeiten, so erfolgt Voreinstellen und Löschen jedoch gemeinsam.
2. Dezimal-Zähler: QA wird mit 2Clock verbunden. Die Taktfrequenz wird 1Clock zugeführt. Der Zähler arbeitet im BCD-Code.
3. Teiler durch 10: QD wird mit 1Clock verbunden, der Takt wird an 2Clock gelegt. Es ergibt sich eine biquinäre Zählfolge. Der Ausgang an QA liefert eine symmetrische Rechteck-Spannung.

Der Zähler wird beim HL-Übergang (negative Flanke) des Taktes weitergestellt. Für normalen Zählbetrieb liegt der Lösch-Eingang ($\overline{\text{Clear}}$) auf High. Bringt man ihn kurzzeitig auf Low, gehen alle Ausgänge ebenfalls auf Low.
Der Zähler ist über die Dateneingänge A bis D voreinstellbar, indem der gewünschte Code an diese Eingänge gebracht und der Anschluss Load kurzzeitig auf Low gelegt wird. Löschen und Laden sind asynchron, d.h. unabhängig vom Takt.
Der Baustein entspricht dem 74176, hat jedoch eine höhere Leistungsaufnahme, sowie eine etwas höhere maximale Taktfrequenz.

Anwendung:
Programmierbare Zähler und Teiler, Frequenz-Synthesizer.

Daten:	Std	LS	S	
Max. Taktfrequenz:				
Clock1	50	30	100	MHz
Clock2	25	15	50	MHz
Stromaufnahme	48	16	75	mA

74196	Programmierbarer Dezimalzähler mit Löschen

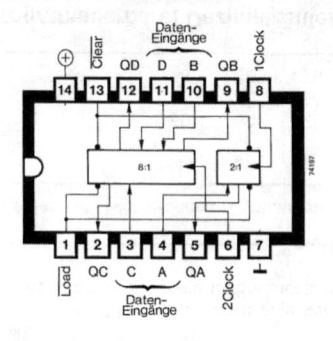

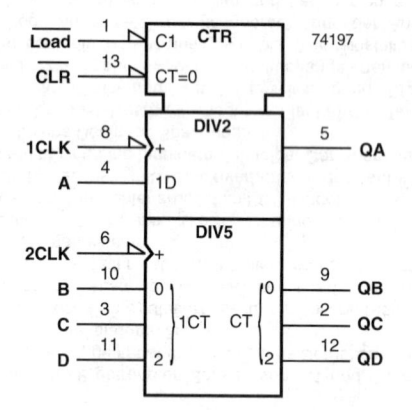

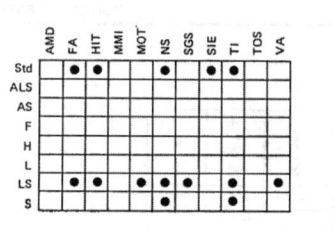

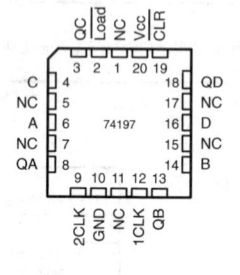

	AMD	FA	HIT	MMI	MOT	NS	SGS	SIE	TI	TOS	VA
Std		●	●			●		●	●		
ALS											
AS											
F											
H											
L											
LS	●	●			●	●	●		●		●
S						●			●		

74197	Programmierbarer 4-Bit-Binärzähler mit Löschen

Fortsetzung:

Eingänge			Ausgänge
Clear	Load	Clock	QA–QD
L	X	X	L
H	L	X	Paralleles Laden
H	H	⌐_	Zählen

Beschreibung:
Dieser Baustein enthält einen Teiler 2:1, einen Teiler 8:1, sowie einen gemeinsamen Voreinstell- und einen Lösch-Eingang.

Betrieb:
Der Baustein kann als 4-Bit-Binärzähler verwendet werden, indem man den Ausgang QA mit 2Clock verbindet und die Taktfrequenz Pin 8 (1Clock) zuführt. Die möglichen Teilerverhältnisse sind 2:1, 4:1, 8:1, 16:1.
Wird QA nicht verwendet, so arbeitet der Zähler als 3-Bit-Binärzähler, wenn man den Takt an 2Clock (Pin 6) legt.
Die Zähler werden beim HL-Übergang (negative Flanke) des Taktes weitergestellt. Für normalen Zählbetrieb liegt der Lösch-Eingang (Clear) auf High. Bringt man ihn kurzzeitig auf Low, gehen alle Ausgänge ebenfalls auf Low.
Der Zähler ist über die Dateneingänge A bis D voreinstellbar, indem der gewünschte Code an diese Eingänge gebracht und der Anschluss Load kurzzeitig auf Low gelegt wird. Löschen und Laden sind asynchron, d.h. unabhängig vom Takt
Der Baustein entspricht dem 74177, hat jedoch eine größere Leistungsaufnahme, sowie eine etwas höhere maximale Taktfrequenz.

Anwendung:
Programmierbare Zähler und Teiler, Frequenz-Synthesizer.

Daten:	Std	LS	S	
Max. Taktfrequenz:				
Clock1	50	30	100	MHz
Clock2	25	15	50	MHz
Stromaufnahme	48	16	75	mA

74197 — Programmierbarer 4-Bit-Binärzähler mit Löschen

74198

8-Bit-Rechts/Links-Schieberegister (parallel/seriell-ein, parallel/seriell-aus) mit Löschen

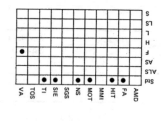

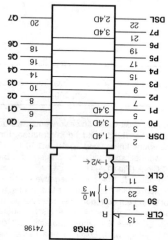

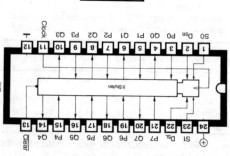

Fortsetzung:

Eingänge				Funktion
Clear	Clock	S0	S1	
L	X	X	X	Asynchrones Löschen
H	⤒	H	H	Paralleles Laden
H	⤒	L	H	Rechtsverschieben
H	⤒	H	L	Linksverschieben
H	X	L	L	Daten halten

Beschreibung:
Dieser Baustein enthält ein bidirektionales 8-Bit-Schieberegister für parallele und serielle Ein- und Ausgabe, sowie einen Löscheingang.

Betrieb:
Wenn der Löscheingang (Clear) auf Low gelegt wird, gehen alle Ausgänge (Q0 bis Q7) auf Low, unabhängig von allen übrigen Eingangsbedingungen.
Liegt Clear auf High, so wird die Betriebsart durch die beiden Mode-Control-Eingänge (S0, S1) bestimmt. Eine Links-Verschiebung erfolgt, wenn S0 Low und S1 High ist. Die seriellen Daten werden hierbei dem Eingang D_{SL} zugeführt.
Mit S0 auf High und S1 auf Low erfolgt eine Rechts-Verschiebung, wobei die seriellen Daten an D_{SR} gelegt werden.
Mit beiden Eingängen S0 und S1 auf High ist ein paralleles Laden der Daten P0 bis P7 möglich. Während des parallelen Ladens ist die serielle Dateneingabe gesperrt. Serielle und parallele Daten werden synchron in das Schieberegister beim LH-Übergang (positive Flanke) des Taktes am Anschluss Clock übernommen. Die Daten an den Dateneingängen müssen jedoch rechtzeitig vor der Flanke des Taktimpulses anliegen. S0 und S1 auf Low sperrt den Takt. Diese beiden Eingänge sollten nur geändert werden, wenn der Takteingang auf High liegt.

Anwendung:
Schieberegister, Datenspeicher, Seriell-parallel- und Parallel-seriell-Umwandlung.

Daten:	Std	F	
Maximale Taktfrequenz	25		MHz
Stromaufnahme	90		mA

74198	8-Bit-Rechts/Links-Schieberegister (parallel/seriell-ein, parallel/seriell-aus) mit Löschen

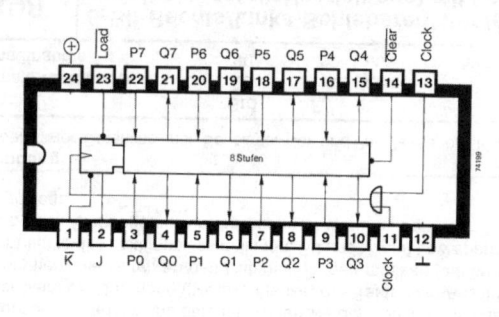

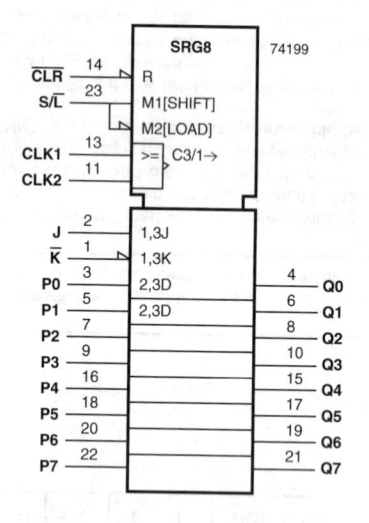

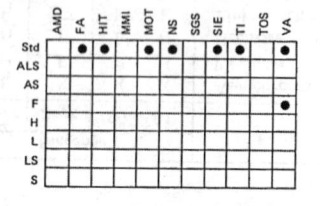

	AMD	FA	HIT	MMI	MOT	NS	SGS	SIE	TI	TOS	VA
Std		●	●		●	●			●	●	
ALS											
AS											
F											●
H											
L											
LS											
S											

74199	8-Bit-Schieberegister (parallel/seriell-ein, parallel/seriell-aus) mit Löschen

Fortsetzung:

Eingänge					Funktion
CLK1	Load	J	K	CLK2	CLR	
X	X	X	X	X	L	Löschen
↑	L	X	X	L	H	Paralleles Laden
↑	H	L	L	L	H	Rechtsverschiebung und Q0=L
↑	H	H	H	L	H	Rechtsverschiebung und Q0=H
↑	H	H	L	L	H	Rechtsverschiebung und compl. Q0
X	H	H	L	L	H	Rechtsverschiebung und compl. Q0

Beschreibung:
Dieser Baustein enthält ein 8-Bit-Schieberegister mit serieller und paralleler Ein- und Ausgabe, sowie einen Löscheingang.

Betrieb:
Dieses Schieberegister hat zwei Betriebsarten, nämlich Rechts-Verschiebung und Laden paralleler Daten, die durch den logischen Zustand von Pin 23 ($\overline{Load}$) gesteuert werden. Mit $\overline{Load}$ auf High werden serielle Daten über die Eingänge J und $\overline{K}$ eingegeben und bei jedem LH-Übergang (positive Flanke) des Taktes um 1 Bit nach rechts verschoben. Zu diesem Zweck werden die beiden Eingänge J und $\overline{K}$ miteinander verbunden.
Macht man den J-Eingang High und den $\overline{K}$-Eingang Low, komplementiert das Takten nur das 1. Bit des Registers und schiebt die übrigen im Register vorhandenen Informationen um eine Stufe weiter. Mit J auf Low und $\overline{K}$ auf High bleibt die 1. Stufe des Registers unverändert, während die übrigen Informationen wieder um eine Stufe weitergeschoben werden.
Um Daten parallel zu laden, werden die Informationen den Eingängen P0 bis P7 zugeführt und der $\overline{Load}$-Eingang auf Low gelegt. Dann werden diese Daten beim nächsten LH-Übergang des Taktes in das Register übernommen und erscheinen an den zugehörigen Ausgängen Q0 bis P7. Alle seriellen und parallelen Datentransfers arbeiten somit synchron und erfolgen an der positiven Flanke des Taktes.
Das Löschen erfolgt dagegen asynchron und unabhängig von allen übrigen Eingängen, indem man den Anschluss $\overline{Clear}$ kurzzeitig auf Low bringt.
Jeder der beiden Takteingänge kann allein verwendet werden, wobei der jeweils nicht verwendete Eingang auf Low gelegt werden muss. Man kann den zweiten Eingang auch zum Sperren des Taktes verwenden, indem man ihn auf High legt. Dies darf aber nur geschehen, während der andere Takteingang auf High liegt, sonst könnte sich eine falsche Triggerung ergeben.

Anwendung:
Register für arithmetische Einheiten, Seriell-parallel- und Parallel-seriell-Umwandlungen, Sequenz-Generatoren.

Daten:	Std	F	
Maximale Taktfrequenz	25	120	MHz
Stromaufnahme	90	40	mA

74199 — 8-Bit-Schieberegister (parallel/seriell-ein, parallel/seriell-aus) mit Löschen

74200 | 256-Bit-RAM (256x1) (TS)

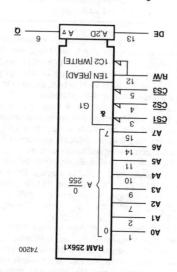

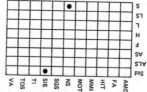

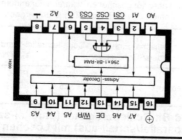

Fortsetzung:

Funktion	CS	$\overline{W}/R$	Ausgang: $\overline{Q}$
Einschreiben der Komplementär-Information	L	L	Hochohmig
Auslesen	L	H	wie eingespeicherte Information
Sperren	H	X	Hochohmig

Beschreibung:
Dieser Baustein enthält einen Schreib/Lesespeicher (RAM) mit 256 Bit, organisiert in 256 Worten zu je 1 Bit (256x1) und Tristate-Ausgang.

Betrieb:
Der gewünschte Speicherplatz 0 bis 255 wird über die Adressenleitungen A0 bis A7 binär angesteuert.
Über den Dateneingang DE wird in komplementärer Form eingeschrieben, wenn wenigstens einer der Chip-Auswahl-Eingänge ($\overline{CS1}$ bis $\overline{CS3}$) und der Eingang $\overline{W}/R$ (Write/Read) auf Low liegt. Der Ausgang $\overline{Q}$ ist hierbei hochohmig.
Zum Auslesen lässt man wieder einen der $\overline{CS}$-Eingänge Low und legt $\overline{W}/R$ auf High. Am Ausgang Q steht dann die in dem adressierten Speicherplatz eingespeicherte Information. Der Speicher wird gesperrt, wenn wenigstens einer der $\overline{CS}$-Eingänge High ist. $\overline{W}/R$ kann hierbei ein beliebiges Potential besitzen. Der Ausgang ist dann wieder hochohmig.
Dieser Baustein ist mit dem 74201 funktionsmäßig identisch, besitzt jedoch eine andere Pinbelegung für die Adressen-Eingänge.

Anwendung:
Schneller Zwischenspeicher für Daten.

Daten:	Std	
Zugriffszeit	80	ns
Stromaufnahme	100	mA

74200	256-Bit-RAM (256x1) (TS)

Neuerscheinungen

TTL-Taschenbuch, Teil 2
(74201 - 74640)
9. Aufl.
ISBN: 3-8266-0772-4
www.mitp.de

TTL-Taschenbuch, Teil 3
(74641 - 7430640)
9. Aufl.
ISBN: 3-8266-0802-X
www.mitp.de

CMOS-Taschenbuch 1
Standard-Bausteine
12. Aufl.
ISBN: 3-88322-120-1
www.mitp.de

CMOS-Taschenbuch 2
Spezial-Bausteine
6. Aufl.
ISBN: 3-88322-009-4
www.mitp.de

HCMOS-Taschenbuch
HCMOS-Bausteine
6. Aufl.
ISBN: 3-88322-137-6
www.mitp.de

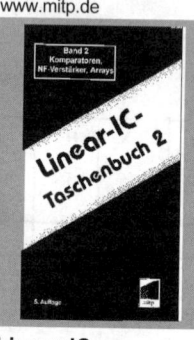

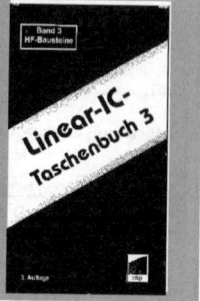

Linear-IC-Taschenbuch 1
Operationsverstärker
4. Aufl.
ISBN: 3-88322-349-2
www.mitp.de

Linear-IC-Taschenbuch 2
Komparatoren, NF-Verstärker, Arrays
4. Aufl.
ISBN: 3-88322-357-3

Linear-IC-Taschenbuch 3
HF-Verstärker
2. Aufl.
ISBN: 3-88322-388-3